Migration und Gegenwartsliteratur

Kulturtransfer
und ,Kulturelle Identität'

herausgegeben von

Natalia Bakshi, Elisabeth Cheauré,
Ekaterina Dmitrieva, Dirk Kemper,
Weertje Willms

Band 5

UNI FREIBURG

IGK 1956 Kulturtransfer Freiburg-Moskau

РОССИЙСКИЙ ГОСУДАРСТВЕННЫЙ ГУМАНИТАРНЫЙ УНИВЕРСИТЕТ
РГГУ

Matthias Aumüller, Weertje Willms (Hg.)

Migration und Gegenwartsliteratur

Der Beitrag von Autorinnen und Autoren osteuropäischer Herkunft zur literarischen Kultur im deutschsprachigen Raum

BRILL | Wilhelm Fink

Umschlagabbildung:
Kazimir Malevich (1878–1935), Dynamic Suprematism (1915/16), Tate Britain

Bibliografische Information der Deutschen Nationalbibliothek

Die Deutsche Nationalbibliothek verzeichnet diese Publikation in der Deutschen Nationalbibliografie; detaillierte bibliografische Daten sind im Internet über http://dnb.d-nb.de abrufbar.

Internet: www.fink.de

Einbandgestaltung: Evelyn Ziegler, München
Herstellung: Brill Deutschland GmbH, Paderborn

ISSN 2568-0269
ISBN 978-3-7705-6524-5 (hardback)
ISBN 978-3-8467-6524-1 (e-book)

Inhalt

Einführung

Matthias Aumüller und Weertje Willms

Ohne Frage ist der Beitrag von Autorinnen und Autoren mittelost-, südost- und osteuropäischer Herkunft zur literarischen Kultur im deutschsprachigen Raum der Gegenwart in den letzten Jahren zu einer bedeutenden Größe geworden. Die Verleihung des Deutschen Buchpreises (2019) an Saša Stanišić für sein Werk *Herkunft* ist nur das bislang jüngste, weithin sichtbare Indiz für diese Beobachtung. Der im ehemaligen Jugoslawien geborene Stanišić ist aber keineswegs der einzige Vertreter, der zu diesen Ehren gelangt ist. Renommierte Literaturpreise gehen seit einiger Zeit regelmäßig an Autorinnen oder Autoren, denen es nicht in die Wiege gelegt war, im literarischen Leben der deutschsprachigen Länder eine wichtige Rolle zu spielen – einfach deshalb, weil sie nicht mit Deutsch als erster Sprache aufwuchsen, sondern erst durch Migration dazu gezwungen oder in die Lage versetzt wurden, sich Deutsch als weitere Sprache anzueignen.[1] Da viele der heute etablierten Autorinnen und Autoren als Kinder oder sehr junge Erwachsene migriert sind und ihre Herkunftssprache beibehalten haben, verfügen sie über mindestens zwei aktive Sprachen, die sich zueinander keineswegs wie zwei verschiedene abgeschlossene Universen verhalten, sondern sich in ständiger Wechselwirkung befinden.[2]

Öffentliche Ehrungen haben immer auch einen politischen Aspekt, mal mehr, mal weniger. Und sicherlich ist es so, dass solche medial intensiv begleiteten Kulturereignisse eine eigene Dynamik im Bereich des Buchhandels entfalten. Trotzdem hat die Preisvergabe zuallererst literarische Gründe. Werke von Autorinnen und Autoren mit anderen Herkunftssprachen haben zum einen, wie eben angedeutet, durch ihre Sprachbiografien andere Möglichkeiten des sprachlichen Zugriffs, zum anderen importieren sie neuartige Geschichten und Perspektiven in die deutschsprachige Literatur. Beides muss nicht immer genutzt werden und wird auch nicht immer genutzt, wie einmal mehr das Beispiel Stanišić zeigt, der mit seinem Provinzroman *Vor dem Fest* (2014) dem Stereotyp des Autors von „Migrationsliteratur“ zu entkommen suchte. Doch häufig genug setzen sich die Autorinnen und Autoren mit ihrer besonderen sprachlich-kulturellen Situation auseinander, so dass eine neue

1 Eine Zusammenstellung von Preisen und PreisträgerInnen findet sich bei Isterheld 2017, 148.

2 Zur linguistischen Erforschung der sogenannten Herkunftssprachen vgl. Brehmer/Mehlhorn 2018.

Strömung innerhalb der deutschsprachigen Gegenwartsliteratur beobachtet werden kann, die auf dem kulturellen Transfer beruht, der durch AutorInnen mit Migrationserfahrungen geleistet wird. Unabhängig davon aber ist es ein literatursoziologisches Faktum, dass ein bestimmter Teil der Bevölkerung, der zwar in sich überaus unterschiedlich ist, aber eben das gemeinsame Merkmal eines Migrationshintergrundes hat, im literarischen Leben Fuß gefasst hat. Das war nicht immer so, wenn man etwa an die Schwierigkeiten denkt, die die Literatur der Zugewanderten in der alten Bundesrepublik vor 1989 hatte.

Wie wir wissen, hat es Migration immer schon gegeben; diese kann global betrachtet ebenso als Normalzustand gelten wie Mehrsprachigkeit.[3] In sprachlich weitgehend homogenen Gesellschaften ist jedoch das, was weltweit betrachtet normal ist, die Ausnahme. Daher ist die Verschiebung dessen, was derzeit oft mit gewissen Vorbehalten „Migrationsliteratur" genannt wird, von der Peripherie ins Zentrum der literarischen Landschaft im deutschsprachigen Raum bemerkenswert.[4] Es gibt bereits eine Reihe von Publikationen, die dieses Phänomen behandeln und dabei die Bandbreite in Schlaglichtern beleuchten.[5] Der vorliegende Band möchte mit seiner Schwerpunktsetzung auf Gegenwartsliteratur von Autorinnen und Autoren mit mittelost-, südost- und osteuropäischen Wurzeln einen Beitrag zu dem aktuell bedeutendsten, aber bisher noch wenig untersuchten Bereich dieses Spektrums leisten, was es im Folgenden zu erläutern gilt.

---

3 Zur weltweiten Verteilung von Mehrsprachigkeit vgl. Riehl 2014, 9 –10, 62–72.

4 Auch in anderen europäischen Ländern (etwa in Frankreich, England, den Niederlanden, Skandinavien) und den USA spielt Literatur von zugewanderten Autorinnen und Autoren, die neue sprachliche und kulturelle Erfahrungen in die Literatur ihrer jeweiligen Länder transferieren, eine nicht geringe Rolle. Hier haben sich ebenfalls wissenschaftliche Debatten um Theorien, Begrifflichkeiten und die Einordnung in die Literaturgeschichte entwickelt, von denen die deutschsprachige Forschung wichtige Impulse erhalten hat (z.B. Edward Said, Gayatri Spivak). Neben Unterschieden im Umgang mit der Literatur von AutorInnen mit Migrationshintergrund in den unterschiedlichen Ländern lassen sich auch Gemeinsamkeiten beobachten. So zeigt etwa die öffentliche Wahrnehmung des jungen dänischen Lyrikers palästinensischer Herkunft Yahya Hassan in Dänemark ähnliche Ambivalenzen wie sie im deutschsprachigen Raum in früheren Jahren deutlich wurden: Hassan hat sicherlich nicht zufällig enorme Aufmerksamkeit und großen Zuspruch mit Gedichten erlangt, in denen er seine Elterngeneration als integrationsunwillig, gewalttätig und islamhörig kritisiert. Auch andere Aspekte der Debatte, wie etwa die Stellungnahmen der AutorInnen selbst und ihre Einordnung in die jeweiligen ‚Nationalliteraturen', haben ihre Parallelen in der deutschsprachigen Diskussion und Situation, wie man etwa am niederländischen Autor iranischer Herkunft Kader Abdolah sehen kann. (Vgl. zur Situation in Frankreich Klinkert 2014, zu Schweden Makarska in diesem Band.).

5 Einen konzentrierten Überblick in Handbuchformat, freilich eher mit dem Blick über Europa hinaus, bietet Bay 2017.

Der Fokus des Bandes liegt auf literarischen Texten der letzten Jahre, er beschäftigt sich also mit *Gegenwartsliteratur*. Dies ist ein unscharfer Begriff, der im Gegensatz zu dem der Moderne seinen deiktischen Charakter nicht verloren hat. Das heißt, dass die Menge der literarischen Werke, die unter diesen Begriff fallen, nicht stabil ist, sondern sich ändert, je nach dem, wann der Begriff verwendet wird. Auch ist die Ausdehnung der Gegenwart in literarischer Hinsicht nicht stabil. Man könnte annehmen, dass zur Gegenwartsliteratur alle Werke von AutorInnen zählen, die zu dem gegebenen Zeitpunkt aktiv sind. Dann müsste man allerdings sehr weit zurückgehen und auch noch die Literatur der 1950er Jahre dazu zählen, denkt man etwa an Martin Walser. Das ist offenkundig nicht sinnvoll, weshalb der Begriff so gemeinhin auch nicht gebraucht wird. Die literarische Gegenwart wird in der Regel durch zeitgeschichtliche Zäsuren begrenzt, die sich auch auf das literarische Leben ausgewirkt haben. Die zweifellos tiefste Zäsur seit Ende des Zweiten Weltkriegs (nach dem der Begriff der Gegenwartsliteratur überhaupt erst auftauchte) ist die politische Wende in Europa 1989, eine weitere Zäsur wird auf die Jahrtausendwende gelegt, da zu diesem Zeitpunkt durch die fortschreitende Globalisierung und die durch die neuen Medien verursachten tiefgreifenden Veränderungen wiederum neue ästhetische und inhaltliche Perspektiven zu beobachten sind.[6] Hinzu kommt ein sich zu diesem Zeitpunkt manifestierender Generationenwandel (vgl. z.B. Kraft 2000, 11; Kammler 2004, 23).

Nach der Wende von 1989/90 lässt sich eine verstärkte Auseinandersetzung mit der deutsch-deutschen und der europäischen Geschichte beobachten, was die Themenbereiche Nationalsozialismus, Zweiter Weltkrieg, Holocaust, Vertreibung der Deutschen aus Mittel- und Osteuropa, DDR und Wende ins Zentrum vieler literarischer Auseinandersetzungen gerückt hat. Zwei wichtige Themen sind außerdem Familie und Generationen, die häufig in autobiografischen oder autofiktionalen Werken aufgearbeitet und nicht selten mit den zuvor genannten Themen verknüpft werden. Häufig stehen Identität und Adoleszenz im Fokus. Viele literarische Werke reagieren auf die Entwicklungen in den Biowissenschaften, insbesondere der Hirnforschung, und zwar sowohl in der erzählenden Literatur als auch in der Lyrik, die ein Revival erlebt. In den 1990er Jahren fängt die sogenannte Popliteratur das Lebensgefühl einer von Konsum und Kommerz geprägten Generation ein, nach 2000 spielen neue Medien und Digitalisierung eine größere Rolle. Wie aus den eingangs gemachten Erläuterungen bereits ersichtlich wird, sind auch inter- und

6 Aufgrund dieser Kontingenzen verzichten manche ForscherInnen darauf, den Terminus Gegenwartsliteratur zu verwenden (vgl. Landkammer 2019). Im Allgemeinen hat sich die Verwendung des Begriffs jedoch durchgesetzt.

transkulturelle Auseinandersetzungen vor dem Hintergrund von Migration ein wichtiger Zweig innerhalb der Gegenwartsliteratur, was damit einhergeht, dass sich zahlreiche neue AutorInnen auf dem Buchmarkt etablieren, die aus ihren biografischen Erfahrungen schöpfen. Auch diese Themen werden mit den anderen wichtigen Themen verbunden: Identität, Familie und Generationen sowie Zeitgeschichte werden in einem interkulturellen, von Migration geprägten Spannungsfeld betrachtet.

Zwar sind auch schon vor der Epochen-Zäsur von 1989 literarische Texte vor dem Hintergrund von Migrationserfahrungen geschrieben worden, die sich mit den daraus resultierenden interkulturellen Fragestellungen auseinandersetzen. Doch erst in den letzten Jahren ist dieses Phänomen auf dem deutschsprachigen Buchmarkt so sichtbar geworden, dass eine gesonderte wissenschaftliche Beschäftigung damit erforderlich erscheint. Dies zeigt sich etwa an dem als Sohn russisch-jüdischer Eltern in Prag geborenen Autor Maxim Biller, der in den Forschungen zur „Migrationsliteratur" zumeist nicht berücksichtigt wird, obwohl bzw. gerade weil er bereits in den 1990er Jahren Texte verfasste, die das Thema der Migration verhandelten. Denn zu dieser Zeit hatten sich erst vereinzelt AutorInnen aus dem slavischen Raum etabliert, so dass Billers Werk nicht – wie das der jüngeren AutorInnen – als einer Gruppe zugehörig wahrgenommen werden konnte.

Mit dieser Wahrnehmung als Gruppe ist ein weiteres Problem verbunden, nämlich das der *Benennung*. Seit den ersten literarischen Produktionen von zugewanderten Autorinnen und Autoren in der Bundesrepublik – in den 1960er Jahren aus der Gruppe der damals sogenannten Gastarbeiter – hat es Versuche gegeben, diesem Literaturzweig eine Bezeichnung zu verleihen. Viele verschiedene Begriffe wurden seitdem verwendet, etwa: Gastarbeiterliteratur, kleine Literatur, nicht nur deutsche Literatur, Chamisso-Literatur, Migrantenliteratur.[7] Da sich diese Kategorisierungen allein auf die Biografie der AutorInnen und nicht auf das Werk stützen und die Begriffe zudem ausgrenzend sind, wurden sie indes bald wieder aufgegeben. Seit den 1990er Jahren hat sich der Gebrauch der Termini Migrationsliteratur sowie interkulturelle und transkulturelle Literatur weitgehend durchgesetzt. Doch auch hinsichtlich dieser Begrifflichkeiten herrscht keine Einigkeit. So wollen die einen das Wort ‚Migration' aus der wissenschaftlichen Bezeichnung tilgen, andere halten diesen Hinweis gerade für wichtig; die einen betrachten Transkulturalität als theoretisch präzisere Weiterentwicklung von Interkulturalität, andere dagegen als eine Untergruppe derselben; und während manche eine eigene Bezeichnung des neu entstandenen Literaturzweigs per se als ausgrenzend oder

7 Vgl. hierzu etwa Lamping 2011; Blioumi 2000.

die Sache verfehlend erachten, sehen andere die Notwendigkeit, eine eigene Bezeichnung zu finden – sei es, um ein neues literarisches Phänomen zu benennen und ihm Rechnung zu tragen, sei es aus Respekt vor der literarischen Leistung der Autorinnen und Autoren, die Neues in die deutschsprachige Gegenwartsliteratur eingespeist haben. Auch unter den AutorInnen selbst, die häufig zu diesen wissenschaftlichen Fragen Stellung nehmen, gibt es hierzu keine einhellige Meinung.

Der Titel des vorliegenden Bandes weist darauf hin, dass die reale Migration bei den hier betrachteten AutorInnen ein wichtiger Motor und Bestandteil ihres literarischen Schaffens ist, er soll indes keine Begriffspräferenz ausdrücken. Der Band versteht sich vielmehr als Beitrag zur theoretischen und damit auch begrifflichen Debatte; in fast allen Beiträgen dieses Bandes wird das Problem der Kategorisierung und Bezeichnung explizit diskutiert, die ersten beiden Beiträge widmen sich diesem theoretischen Problem schwerpunktmäßig. Die Beiträgerinnen und Beiträger vertreten unterschiedliche Standpunkte und schlagen verschiedene Lösungen für das angesprochene Problem vor, welche der Diskussion um die Benennung neue Impulse geben soll. Ein besonderer Innovationsschub geht von der Kombination literatur-, sprach- und translationswissenschaftlicher Ansätze aus, durch den neue Perspektiven auf die bereits seit längerem geführte Theoriedebatte gewonnen werden können.

Indem der vorliegende Band seinen Schwerpunkt auf die *Literatur von Autorinnen und Autoren mit slavischen Sprachwurzeln* legt, fokussiert er innerhalb der Gruppe der Migrations-, inter- oder transkulturellen Literatur zusätzlich eine Subgruppe. Diese Entscheidung trägt zunächst dem Umstand Rechnung, dass der Anteil von (im linguistischen Sinne) slavischen Herkunftssprechern seit 1989 enorm gewachsen ist. Er übersteigt mittlerweile auch den Anteil der türkischen Herkunftssprecher.[8] Zwar machen diejenigen „Personen mit Migrationshintergrund", deren Wurzeln in der Türkei liegen, mit knapp 2,8 Millionen auf den ersten Blick die größte Gruppe aus, gefolgt von denen, die aus Polen zugewandert sind (2,3 Millionen);[9] doch dürfte die größte Sprechergruppe die russische sein, die aus der ehemaligen Sowjetunion stammt. Diese wird nicht in allen Statistiken als solche erfasst, weil viele von ihren Mitgliedern aus Kasachstan zugewandert sind, das nicht überall gelistet ist, weil asiatische

8 Die folgenden Angaben beziehen sich auf die Größe „Personen mit Migrationshintergrund [im weiteren Sinne]", die folgendermaßen definiert wird: „Eine Person hat dann einen Migrationshintergrund, wenn sie selbst oder mindestens ein Elternteil nicht mit deutscher Staatsangehörigkeit geboren ist." Statistisches Bundesamt (Destatis), 19. – Von ihnen auf die Zahl der HerkunftssprecherInnen zu schließen, ist nicht ohne weiteres möglich. Das sollte man beachten, wenn man von biografischen Daten auf sprachliche Fähigkeiten schließt.

9 Angaben nach Statistisches Bundesamt (Destatis), 2019, 62.

Staaten nicht in diese Statistik aufgenommen wurden;[10] hierbei handelt es sich zum größten Teil um Russlanddeutsche, die *per definitionem* als deutsche Staatsbürger gelten, in der Regel jedoch Russisch als Muttersprache sprechen.

Die Fokussierung auf slavischsprachige AutorInnen lässt sich außerdem mit der bereits angedeuteten Beobachtung begründen, dass unter den Autorinnen und Autoren nicht-deutscher Herkunft und Muttersprache, die derzeit so präsent auf dem deutschsprachigen Buchmarkt sind, der größte Teil aus dem slavischen Sprach- und Kulturraum stammt. Hier hat sich eine Verschiebung vollzogen, denn in den 1960er-90er Jahren waren es vor allem türkische Einwanderer, welche sich auf dem deutschsprachigen Buchmarkt etablierten (etwa Emine Sevgi Özdamar, Zafer Şenocak, Feridun Zaimoğlu). Die Schwerpunktsetzung des Bandes reflektiert damit eine quantitative Dominanzverschiebung innerhalb der literarischen Produktion und Rezeption der deutschsprachigen Gegenwartsliteratur. Damit zusammen hängt die Tatsache, dass sich der Großteil der bisherigen Forschungen zu diesem Literaturzweig mit türkischstämmigen AutorInnen beschäftigt, während es hinsichtlich der AutorInnen mit osteuropäischen Wurzeln noch Nachholbedarf gibt.

Der slavische Sprachhintergrund der AutorInnen wird auf durchaus unterschiedliche Weise in ihre literarischen Erzeugnisse eingebracht. So reagiert der Band außerdem auf den Bedarf an Differenzierung des überaus vielfältigen Spektrums, das die gegenwärtige Migrationsliteratur bietet.[11] Damit verbunden ist die Hoffnung, dass sich die Expertise, die etwa die Slavistik und die

10 Das lässt sich im Vergleich mit einer älteren Statistik erkennen, die auf dem Zensus von 2011 beruht. Danach beträgt der Anteil derjenigen, deren Herkunftsland Kasachstan ist, am Gesamtanteil der Bevölkerung mit Migrationshintergrund 8,1 % (Russische Föderation 8,6 %, Polen 13,1 %, Türkei 17,7 %). Nicht erfasst in dieser Statistik ist der Anteil derjenigen, die aus der Ukraine und anderen GUS-Staaten stammen. Daher kann man schließen, dass Russisch die am weitesten verbreitete Sprache in Deutschland (nach Deutsch) ist. Vgl. Zensus 2011, 13 (dort Abb. 5: Personen mit Migrationshintergrund in Deutschland nach ihrem häufigsten Herkunftsland).

11 Einige Publikationen mit dieser Stoßrichtung liegen bereits vor, auch in monografischem Umfang. Neben der erwähnten Abhandlung Isterheld 2017 vgl. Luschina 2018 zur Literatur russischstämmiger AutorInnen; zu AutorInnen aus Ostmitteleuropa vgl. Cornejo et al. 2014, Mártonffy/Vajda 2018 und Hitzke 2019; im Mittelpunkt des zweisprachigen Sammelbandes von Helbig-Mischewski/Zduniak-Wiktorowicz 2016 stehen deutsch- und englischsprachige Texte von AutorInnen mit polnischer Vita; zu Texten mit deutsch-bulgarischem Hintergrund vgl. Klüh 2009; deutschsprachige AutorInnen aus Südosteuropa untersuchen Meixner 2016 und Zink 2017. Die Forschungen zu Werken von Autorinnen und Autoren aus dem osteuropäischen Raum ist also noch nicht sehr umfangreich. Der vorliegende Band möchte die Forschungen zu diesem Themenbereich erweitern, indem er zum einen hauptsächlich bisher weniger beachtete Werke fokussiert und zum anderen literatur-, sprach- und übersetzungswissenschaftliche Aspekte kombiniert.

Translationswissenschaften bieten, ihren Weg in die Germanistik bahnt. Wie so häufig hat nämlich die Literatur der Literaturwissenschaft etwas voraus. Während die einzelnen Philologien sich oft genug in der Umzäunung ihrer Fachgrenzen verfangen, führt dieser Zweig der Gegenwartsliteratur vor, dass diese Grenzziehung in mancher Hinsicht obsolet ist.

Zu den Beiträgen

Wie bereits erwähnt, vertreten die Aufsätze dieses Bandes unterschiedliche Ansätze und Perspektiven, indem literaturwissenschaftliche Herangehensweisen sowie sprach- und übersetzungswissenschaftliche Perspektiven miteinander verbunden werden, um die Literatur von Autorinnen und Autoren nicht-deutscher Herkunft und Muttersprache in ihrer Vielfalt erfassen zu können.[12] Die Beiträge sind in zwei Abteilungen aufgeteilt: In der ersten finden sich Beiträge, die sich mit theoretischen und historischen Aspekten auseinandersetzen, in der zweiten widmen sich die Untersuchungen Werken von Autorinnen und Autoren, die vor dem Hintergrund unterschiedlicher slavischer Räume schreiben.

Im ersten Beitrag erörtert MATTHIAS AUMÜLLER den Begriff der Migrationsliteratur und die Geschichte seiner Verwendung. In begriffsanalytischer Orientierung wird das konzeptuelle Umfeld des Ausdrucks ‚Migrationsliteratur' sondiert. Durch die Gegenüberstellung mit historischen Alternativen werden Unterschiede und Gemeinsamkeiten problemorientiert herausgearbeitet. ‚Problemorientiert' heißt hier, dass die Einwände, die gegen die verschiedenen begrifflichen Vorschläge erhoben wurden, rekonstruiert und systematisiert werden. Auf diese Weise erhält man einen Überblick nicht nur über die begriffsgeschichtliche Entwicklung, die den Umgang mit dem Phänomen – also den literarischen Werken, die unter diesen Begriffen subsumiert werden – in den letzten Jahrzehnten reflektiert, sondern auch über die theoretischen Faktoren, die diesen Umgang steuern. Dazu zählen die Verknüpfung von sachlichen und normativen Ansprüchen, schwankende Vorstellungen über Extension und Intension des Begriffs usw.

Auch CHRISTIAN STELTZ setzt sich mit dem Begriff der Migrationsliteratur kritisch auseinander und fokussiert dafür die historisch ältere Literatur türkisch-deutscher Autorinnen und Autoren. Die Kenntnis dieser Literatur und

12 Auch hierzu liegen bereits Ansätze im Grenzbereich von Slavistik und Germanistik vor, vgl. Blum-Barth 2016, 124–127.

ihrer Wahrnehmung in der deutschen Öffentlichkeit und Forschung ist von großer Wichtigkeit, um die heutigen Produktionen auf dem Buchmarkt und die aktuellen wissenschaftlichen Diskussionen historisch einordnen und beurteilen zu können. Der Beitrag zeigt anhand der Romane *Berlin Savignyplatz* von Aras Ören, *Gefährliche Verwandtschaft* von Zafer Şenocak und *Selam Berlin* von Yadé Kara auf, inwiefern die Kategorisierung als Migrationsliteratur einer umfänglichen Rezeption literarischer Texte im Wege steht, und fragt nach alternativen Klassifikationsmöglichkeiten. Hierbei rücken gattungsspezifische Aspekte des europäischen Romans der Moderne sowie des Wende-, Schelmen- und Berlinromans in den Vordergrund, die unter dem Paradigma der Migrationsliteratur nur marginal wahrgenommen werden. Damit leistet der Beitrag neben seiner historischen Fundierung einen theoretischen Beitrag zur wissenschaftlichen Einordnung und Benennung von ‚Migrationsliteratur'.

Till Dembeck setzt den theoretischen Teil mit einem zur sprachlichen Dimension des Themas passenden methodischen Vorschlag fort. In seinem Beitrag beschreibt er literarische Texte als Schauplätze sprachlicher Migrationsprozesse und schlägt vor, die literarische Mehrsprachigkeit einzelner Texte jeweils anhand der sprachlichen ‚Einwanderungsgesetze' zu beschreiben, denen die Integration anderssprachiger Textteile folgt. Dass die konkrete Auswahl der ‚Sprachregeln', denen sich ein Text unterwirft, unmittelbar seine kulturpolitische Wirksamkeit bedingt, zeigt die Analyse der anderssprachigen Zitate in Paul Celans Gedicht „Schibboleth", eines Autors mithin, der nicht mehr zur Gegenwartsliteratur zählt, aber seinerzeit mit durchaus vergleichbaren Akzeptanzproblemen zu kämpfen hatte. Darin zeigt sich nicht zuletzt die historische Bedeutung unseres Themas.

Einen umfassenden Überblick über die seit 2000 anhaltende literarische Produktion von Autorinnen und Autoren aus Russland bzw. der ehemaligen Sowjetunion, die Deutsch als Schreibsprache gewählt haben, bietet Nora Isterheld. Neben migrationspolitischen und rezeptionsgeschichtlichen Ursachen skizziert der Beitrag die Stellung dieser Literatur auf dem deutschsprachigen Buchmarkt und fasst die wesentlichen Stil- und Themenmerkmale einer Literatur zusammen, die spezifische Kulturtransfers zwischen Ost und West leistet und die Narrative über die europäische Geschichte des 20. Jahrhunderts erweitert und erneuert.

Anknüpfend an diesen Überblick widmen sich die ersten drei Einzeluntersuchungen Werken russischstämmiger Autorinnen. Monika Wolting diskutiert am Beispiel des Romans *Der Russe ist einer, der Birken liebt* (2012) von Olga Grjasnowa die Bedeutung der Literatur für die Ausprägung des kulturellen Gedächtnisses. Spannungen und Dynamiken historischer Wandlungsprozesse können durch literarische Bilder festgehalten werden, und Autoren und Autorinnen setzen sich mit Umbrüchen und ihren jeweils unterschiedlichen historischen Ursachen und Folgen sowie Ausbreitungsräumen auf einer fiktionalen Ebene auseinander. In diesem Beitrag geht es zum einen um die Analyse literarischer Mittel, mit denen die Beeinflussung des Individuums durch die gegenwärtigen Krisensituationen dargestellt wird, zum anderen um die Untersuchung des im literarischen Text geschilderten Migrantenschicksals in Deutschland. Gerade die Verbindung von migrantischem Individuum und Umwelt in einem literarischen Text verleiht diesem den Status eines politisch engagierten Textes, denn Migranten sind vielfach mit der Situation konfrontiert, dass ihnen die volle Partizipation an der Gesellschaft verwehrt oder eine im Vergleich zur restlichen Bevölkerung andere Partizipation an der Gesellschaft zugesprochen wird.

Eva Hausbacher widmet sich innerhalb des breiten Spektrums der Literatur von Autorinnen und Autoren nicht-deutscher Herkunft und Muttersprache solchen in migratorischen Kontexten entstehenden Werken, die sie der transkulturellen Literatur zuordnet. Diese Literatur ist zu einem wichtigen Feld ästhetischer Innovation geworden und bewirkt eine Dynamisierung der Entwicklung sogenannter Nationalliteratur. Der Beitrag fokussiert die Spezifik transkultureller Schreibweisen hinsichtlich zweier Aspekte: zum einen geht es um die ästhetische Sprachlichkeit dieser Texte, die ihre Besonderheit aus dem Sprachwechsel der AutorInnen generiert; zum anderen um deren ‚Welthaltigkeit', die mit dem Kulturwechsel ihrer VerfasserInnen entsteht. Dabei löst die transkulturelle Perspektivierung der Texte häufig eine Dynamisierung klassischer Erinnerungsnarrative aus, durch die in der literarisch konstruierten Erinnerung neue Blickweisen auf die Geschichte entworfen und ‚Gegenerzählungen' zu den nationalen, die Kultur und das kulturelle Gedächtnis konstituierenden Narrationen gebildet werden. Diese Tendenzen in der transkulturellen Literatur werden am Beispiel der deutsch-russischen Autorin Olga Martynova exemplifiziert. Im Fokus der Analyse stehen zwei Werke Martynovas, die im Kontext von Migration und transkulturellen Schreibweisen stärker als spätere Texte der Autorin aufschlussreich erscheinen: ihr erster, in deutscher Sprache verfasster Prosatext *Sogar Papageien überleben uns* aus dem Jahr 2010 und der russischsprachige Lyrikzyklus *O Čvirike i Čvirke* (2010; dt. *Von Tschwirik und Tschwirka*, 2012). Berücksichtigt werden auch Interviews und Essays der Autorin zu Fragen des Sprach- und Kulturwechsels, wie zur Problematik des Labels „Migrationsliteratur".

Mit dem letzten Beitrag zur Literatur russischstämmiger AutorInnen wird von Weertje Willms ein Jugendbuch in den Mittelpunkt gestellt: *Dazwischen: Ich* (2016) der in Österreich lebenden Autorin sowjetisch-russisch-jüdischer Herkunft Julya Rabinowich. Die problematische Identitätssuche von Jugendlichen, die im migrationsbedingten interkulturellen Spannungsfeld eine besondere Schärfe und Spezifik erhält, wird hier einerseits mit der Genderthematik verknüpft und andererseits auf eine allgemeine Ebene gehoben. Denn die Erzählerin und Protagonistin des Buches ist ein Flüchtlingsmädchen, dessen Herkunft nicht benannt wird. Die deutlichen Parallelen zu Rabinowichs autofiktionalem Debütroman *Spaltkopf* (2008) verdeutlichen, dass Identitätsfindungsprozesse vor dem Hintergrund der Migration weniger nationale Besonderheiten aufweisen, als vielmehr transnationalen Charakter haben.

MARA MATIČEVIĆ ist anhand literarischer Beispiele von Saša Stanišić, Aleksandar Hemon, Marica Bodrožić und Terézia Mora dem südslavischen Kontext auf der Spur. Dabei greift sie den Begriff der Jugosphäre („Südsphäre") auf, ein Konstrukt, das die besondere Verfassung und Verflechtung des postjugoslawischen Kulturraums und seiner Grenzgebiete bezeichnet. Sie fragt nach textästhetischen Spezifika des Migrationsthemas und erkennt sie in der Kombination von Motiven der Bewegung mit denen der suchenden Selbstverortung, wie sie auch typisch ist für die Situation von MigrantInnen schlechthin.

Die bereits mehrfach angeklungene Frage nach der ‚nationalen Herkunft' der Migrations-, interkulturellen oder transkulturellen Literatur wird weiterhin problematisiert durch die Untersuchung des Werks *Vielleicht Esther* (2014) von Katja Petrowskaja, die – wie viele andere der hier betrachteten AutorInnen – aus mehreren Kultur- und Sprachräumen schöpft (Russland, Ukraine, Sowjetunion, Deutschland). KATHARINA MENDE erweitert den Untersuchungsfokus um eine translatorische Perspektive und setzt sich in ihrem Beitrag mit der polnischen Übersetzung des Buchs, *Może Estera*, auseinander, welche eine polnische Rezeption der ukrainisch-polnisch-deutschen bzw. internationalen Migrations- und Erinnerungsgeschichte ermöglicht. Der Beitrag untersucht die verschiedenen deutsch-polnischen, mehrsprachigen Beziehungen in der Sprache, in der Narration und in der Übersetzung des Werkes und beleuchtet die polnische Rezeption in Bezug auf Migration und Erinnerung.

Auch der Beitrag von RENATA MAKARSKA hat seinen Ausgangspunkt im polnischen Sprach- und Kulturraum, welcher jedoch wiederum überwunden und erweitert wird. Die Verfasserin untersucht Matthias Nawrats Roman *Der traurige Gast* (2019), der das Subgenre des Berlin- bzw. Großstadt-Romans mit dem Migrationsthema in transnationaler Hinsicht amalgamiert. Nach einem Überblick über aus Polen nach Deutschland emigrierte Autoren seit 1945 kommt Makarska zu dem Schluss, dass die neuere Generation, zu der auch Nawrat gehört, im Allgemeinen weniger auf Provokation, Selbstorientalisierung und sprachliche Transgression aus ist als die ältere Generation. In Nawrats Roman sind es nicht nur polnische Migranten, die zu Wort kommen, so dass hier das Migrationsthema ebenso nicht mehr national, sondern transnational verhandelt und damit auf eine neue Ebene gehoben wird. Der Roman ist eher kosmopolitisch ausgerichtet und verbindet auf diese Weise die Geschichte Deutschlands in den erzählten Biografien der Figuren mit der Geschichte Ostmitteleuropas.

Untersuchungsgegenstände des übersetzungswissenschaftlich ausgerichteten Beitrags von Eva Maria Hrdinová sind der Roman *Zur Strafe und aus Belohnung* (2014) der tschechischen Autorin Anna Zonová und der autobiografische Text *Katharsis* (2000) von Katharina Beta. Gemeinsam ist beiden neben den unterschiedlichen Migrationserfahrungen der ostkirchliche Hintergrund, der sich in Terminologie und Realien in den Texten niederschlägt. Im Ausgang von Überlegungen des tschechoslowakischen Übersetzungswissenschaftlers Jiří Levý ordnet Hrdinová die jeweiligen translatorischen Strategien zwischen den beiden Polen der Exotisierung und der Naturalisierung an, d.h. zwischen der potentiell exotisierenden Beibehaltung der in der Zielkultur der Übersetzung fremden Termini und Realien einerseits und der naturalisierenden Angleichung der originalen Termini und Realien an solche der Zielkultur bzw. -sprache andererseits.

Ebenfalls einen tschechoslowakischen Hintergrund gibt es in Maxim Billers Erzählung „Ein trauriger Sohn für Pollok" (1994), deren mehrsprachige Faktur Marek Nekula analysiert. Besonders die Figurennamen, aber auch deutsch-tschechisches Codeswitching in der Figurenrede werden als Verfahren gedeutet, für deren adäquates Verständnis Tschechischkenntnisse vonnöten sind. Dadurch gelingt es Nekula, tief in die intertextuellen und historischen Bezüge einzudringen, die Billers Erzählung mit Texten und Biografemen Milan Kunderas und Pavel Kohouts verbinden. Zugleich wirft er, angestoßen durch die Vita der dargestellten Protagonisten, einen Blick auf die politische Geschichte Osteuropas seit dem Spätstalinismus, die sich in ihrer Verschränkung mehrfachen Exils auch in der Vita des Autors Biller manifestiert, dessen Eltern aus der Sowjetunion in die Tschechoslowakei übersiedelten, wo Biller geboren wurde, und von dort später in die Bundesrepublik Deutschland.

Wie aus diesen Darstellungen deutlich wird, ist die nationale und kulturelle Herkunft der Autorinnen und Autoren häufig mehrdimensional: Zu den kulturellen Wurzeln des Herkunftslandes bzw. der Herkunftsländer, kommen häufig zusätzlich diejenigen der Eltern, die oft auch jüdische Wurzeln sind, die älteren Autorinnen und Autoren sind immer auch sowjetisch sozialisiert, was zudem impliziert, dass sie von der russischen Sprache und Kultur geprägt sind. Durch die Migration kommen neue Sprach- und Kulturräume hinzu. Daraus entsteht die spezifische literarische Situation, dass die Herkunftsidentitäten und -sprachen zwar stets eine gewichtige Rolle im literarischen Schaffen der Autorinnen und Autoren spielen, sie häufig genug aber ebenso in einen transkulturellen und -nationalen künstlerisch-ästhetischen Raum transferiert werden.

Danksagung

Die meisten Beiträge gehen auf Vorlesungen zurück, die im Rahmen einer von der Graduiertenschule für Ost- und Südosteuropastudien (GS-OSES) sowie von der ProArte-Stiftung (beide Regensburg) geförderten Ringvorlesung mit begleitenden Lesungen von Julya Rabinowich und Olga Martynova im Sommersemester 2018 an der Universität Regensburg gehalten wurden. Den Mitveranstalterinnen Prof. Dr. Dorothee Gelhard und Dr. Natalia Brüggemann (Institut für Slavistik) sei an dieser Stelle herzlich gedankt wie auch Dr. Christian Steltz (Institut für Germanistik) und Dr. Heidrun Hamersky (GS-OSES) für ihre Unterstützung bei der Organisation der damaligen Veranstaltung.

Ein herzlicher Dank geht an die Herausgeberinnen und Herausgeber der Reihe „Kulturtransfer und ‚kulturelle Identität'" für die freundliche Aufnahme des Bandes in diese Reihe. Den Gutachterinnen und Gutachtern danken wir an dieser Stelle für ihre wertvollen Hinweise.

Literatur

Bay, Hansjörg, „Migrationsliteratur (Gegenwartsliteratur III)", in: *Handbuch Postkolonialismus und Literatur*, hg. v. Dirk Göttsche/Axel Dunker/Gabriele Dürbeck, Stuttgart: Metzler, 2017, S. 323–332.

Blioumi, Aglaia, „‚Migrationsliteratur', ‚interkulturelle Literatur' und ‚Generationen von Schriftstellern'. Ein Problemaufriß umstrittener Begriffe", in: *Weimarer Beiträge* 46/4 (2000), S. 595–601.

Blum-Barth, Natalia, „Transkulturalität, Hybridität, Mehrsprachigkeit. Von der Vision zur Revision einiger Forschungstrends", in: *German as a foreign language* 1 (2016), S. 114–130, online verfügbar unter: http://www.gfl-journal.de/1-2016/blum-barth.pdf (letzter Zugriff: 08.01.2020).

Brehmer, Bernhard/Mehlhorn, Grit, *Herkunftssprachen*, Tübingen: Narr, 2018.

Bürger-Koftis, Michaela (Hg.), *Eine Sprache – viele Horizonte. Die Osterweiterung der deutschsprachigen Literatur. Porträts einer neuen europäischen Generation*, Wien: Praesens, 2008.

Chiellino, Carmine, *Interkulturelle Literatur in Deutschland. Ein Handbuch*, Stuttgart/ Weimar: Metzler, 2007.

Cornejo, Renata et al. (Hg.), *Wie viele Sprachen spricht die Literatur? Deutschsprachige Gegenwartsliteratur aus Mittel- und Osteuropa*, Wien: Praesens, 2014.

Heimböckel, Dieter/Weinberg, Manfred, „Interkulturalität als Projekt", in: *Zeitschrift für interkulturelle Germanistik* 5/2 (2014), S. 119–144.

Hitzke, Diana, *Nach der Einsprachigkeit. Slavisch-deutsche Texte transkulturell*, Berlin et al.: Peter Lang, 2019.

Isterheld, Nora, *„In der Zugluft Europas". Zur deutschsprachigen Literatur russischstämmiger AutorInnen*, Bamberg: University Press, 2017.

Kammler, Clemens, „Deutschsprachige Literatur seit 1989/90. Ein Rückblick", in: *Deutschsprachige Gegenwartsliteratur seit 1989. Zwischenbilanzen – Analysen – Vermittlungsperspektiven*, hg. v. Clemens Kammler/Torsten Pflugmacher, Heidelberg: Synchron, 2014, S. 13–36.

Kimmich, Dorothee/Schahadat, Schamma (Hg.), *Kulturen in Bewegung. Beiträge zur Theorie und Praxis der Transkulturalität*, Bielefeld: transcript, 2012.

Klinkert, Thomas (Hg.), *Migration et identité*, Freiburg i. Brsg.: Rombach, 2014.

Klüh, Ekaterina, *Interkulturelle Identitäten im Spiegel der Migrantenliteratur. Kulturelle Metamorphosen bei Ilija Trojanow und Rumjana Zacharieva*, Würzburg: Königshausen & Neumann, 2009.

Kraft, Thomas, „The show must go on. Zur literarischen Situation der neunziger Jahre", in: *aufgerissen. Zur Literatur der 90er*, hg. v. dems., München/Zürich: Piper, 2000, S. 9–22.

Lamping, Dieter, „Deutsche Literatur von nicht-deutschen Autoren. Anmerkungen zum Begriff der ‚Chamisso-Literatur'", in: *Chamisso – Viele Kulturen – eine Sprache*, hg. v. der Robert Bosch Stiftung, 5 (2011), S. 18–21.

Landkammer, Bernhard, *Nirgendwo/Überall. Räumliche Eindeutigkeitsauflösungen (in) deutschsprachiger Prosa seit 2000*, München: edition text + kritik, 2019.

Luschina, Nadja, *Russisches Fräuleinwunder auf Deutsch. Deutschsprachige Erzählliteratur von Autorinnen aus den Nachfolgestaaten der Sowjetunion zwischen 2005 und 2012*, Frankfurt a.M. et al.: Peter Lang, 2018.

Mártonffy, Marcell/Vajda, Károly (Hg.), *Grenzüberschreibungen. Identität, Migration und Interkulturalität in den Literaturen Mitteleuropas*, Baden-Baden: Nomos, 2018.

Meixner, Andrea: *Von neuen Ufern. Mobile Selbst- und Weltbilder in ausgewählten Texten der neueren deutschsprachigen Migrationsliteratur*, Göttingen: Niedersächsische Staats- und Universitätsbibliothek, 2016.

Helbig-Mischewski, Brigitta/Zduniak-Wiktorowicz, Małgorzata (Hg.), *Migrantenliteratur im Wandel. Junge Prosa mit (nicht nur) polnischen Wurzeln in Deutschland und Europa. Literatura migracyjna w procesie. Młoda proza (nie tylko) polskiego pochodzenia w Niemczech i w Europie*, Leipzig: Leipziger Universitätsverlag, 2016.

Riehl, Claudia Maria, *Mehrsprachigkeit. Eine Einführung*, Darmstadt: WBG, 2014.

Schmitz, Walter (Hg.), *Handbuch „Literatur der Migration" in den deutschsprachigen Ländern seit 1945*, Bd. I: *„Einwanderungsländer wider Willen". Prozess und Diskurs*, Dresden: Thelem, 2018.

Statistisches Bundesamt (Destatis), „Bevölkerung und Erwerbstätigkeit. Bevölkerung mit Migrationshintergrund. Ergebnisse des Mikrozensus 2018", Fachserie 1, Reihe 2.2, 2019, online verfügbar unter: https://www.destatis.de/DE/Themen/Gesellschaft-Umwelt/Bevoelkerung/Migration-Integration/_inhalt.html;jsessionid=B20720CDFDEC639DBD95114F8661F67B.internet731#sprg228898 (letzter Zugriff: 15.10.2019).

Welsch, Wolfgang, „Transkulturalität – Lebensformen nach der Auflösung der Kulturen", in: *Information Philosophie* 2 (1992), S. 5–20.

Willms, Weertje, „Hyperkulturelle Lyrik? Beobachtungen zur aktuellen deutschsprachigen Gegenwartslyrik", in: *Zeitschrift für interkulturelle Germanistik* 7.1 (2016), S. 61–80.

Zensus 2011. Metropolregion Hamburg, online verfügbar unter: https://www.zensus2011.de/SharedDocs/Downloads/DE/Publikationen/Aufsaetze_Archiv/2016_11_Nord_Metropolregion.pdf?__blob=publicationFile&v=2 (letzter Zugriff: 15.10.2019).

Zink, Dominik, *Interkulturelles Gedächtnis. Ost-westliche Transfers bei Saša Stanišić, Nino Haratischwili, Julya Rabinowich, Richard Wagner, Aglaja Veteranyi und Herta Müller*, Würzburg: Könighausen & Neumann, 2017.

TEIL I

Theoretische und historische Aspekte

Migration und Literatur

Überlegungen zum motiv- und gattungsbildenden Potenzial des Migrationsbegriffs als Bestandteil des Kompositums „Migrationsliteratur“

Matthias Aumüller

Seit mehreren Jahrzehnten wird über den Zusammenhang zwischen Migration und Literatur diskutiert. Wenn man im Kompositum „Migrationsliteratur“ statt „Migration-“ alternative Ausdrücke aus demselben Bedeutungsfeld einsetzt (wie z.B. „Gastarbeiter-“, „Chamisso-“ oder „Ausländer-“), reicht die Diskussion zurück bis mindestens in die 1970er Jahre. In Konkurrenz dazu treten andere Ausdrücke wie „interkulturelle“ bzw. „transkulturelle“ Literatur. Gibt es Eigenschaften, die für die literarischen Werke, die in diesem Zusammenhang gesehen werden, spezifisch sind? Und lassen sie sich auf einen Begriff bringen? Handelt es sich immer um denselben Begriff, der nur unter verschiedenen Ausdrücken existiert?

In der wissenschaftlichen Auseinandersetzung verschränken sich häufig deskriptive und normative Ansprüche, die mit diesen Ausdrücken verknüpft und als Gründe angeführt werden, um ältere, weniger angemessene Ausdrücke zu ersetzen. Im Zentrum meiner Überlegungen steht dabei der Begriff der Migrationsliteratur, den ich zu seinen terminologischen Alternativen in Beziehung setze, um die Grenzen seines Anwendungsspektrums genauer zu erfassen. Ziel meiner Ausführungen ist, die Ansprüche zu isolieren, die mit verschiedenen terminologischen Vorschlägen einhergehen. Auf dieser Basis lässt sich dann das Potenzial des Begriffs der Migrationsliteratur umreißen. Zu diesem Zweck werde ich zunächst ausgewählte Positionen darstellen und kommentieren. Die Auswahl ist problemorientiert, d.h. ich präsentiere Positionen, die jeweils mindestens ein Problem der Begriffsbestimmung offenbaren. Hat man erst einmal die Probleme identifiziert, ist man schon einen Schritt weiter. Meine Kommentare sind so angelegt, dass ich die jeweiligen Ansprüche und Ziele mit den vorgeschlagenen begrifflichen Mitteln in Beziehung setze. Im Ergebnis wird damit auch ein Überblick über die Faktoren erreicht, die bei explikativen Fragen grundsätzlich eine Rolle spielen: Unterscheidung zwischen Ausdruck und Begriff, Intension und Extension eines Begriffs usw. Ich verspreche also nicht nur spezielle auf die konzeptuelle Verbindung von Literatur und Migration bezogene Erkenntnisse, sondern auch einen allgemeinen Mehrwert meiner Überlegungen, die im Einzelnen keinem so ganz unvertraut sein werden, aber in ihrer Gesamtheit mit Bezug auf den Begriff der Migrationsliteratur dennoch unbeachtet geblieben sind.

© WILHELM FINK VERLAG, 2020 | DOI:10.30965/9783846765241_002

1 Überblick

Die Gegenstände der Diskussionsbeiträge über den Zusammenhang von Literatur und Migration lassen sich einer bestimmten literarischen Entwicklung bzw. literaturgeschichtlichen Reihe zuordnen, der ich vorläufig den Namen „Migrationsliteratur" gebe. Es ist eine Entwicklung, die mit sozialen Veränderungen, genauer, mit Einwanderung zu tun hat. Einwanderung gab es schon immer, aber in dem Maße literarische Früchte getragen wie in den vergangenen Jahrzehnten und vor allem in jüngster Zeit hat jene ältere Einwanderung (z.B. der sogenannten Ruhrpolen) wohl nicht.[1] Wenn es denn einen gibt, könnte der entscheidende Unterschied zwischen früheren Fällen und den gegenwärtigen darin bestehen, dass die migrantische Situation in der gegenwärtigen Literatur (seit den 1970er und 80er Jahren) einen höheren thematischen Stellenwert besitzt, während er früher weniger im Fokus war. Eine weitere Möglichkeit zur Unterscheidung wäre, dass in letzter Zeit Migration sehr stark gruppenbezogen gedacht wird, während sie früher – gerade im literarischen Bereich – eher als individuelles Phänomen gesehen wurde.

Schon an dieser Stelle muss man aber sehr vorsichtig sein. Autoren und Werke der unmittelbaren Gegenwartsliteratur, die in diesem Band zumeist Gegenstand der Analysen sind, haben noch keinen endgültigen literaturhistorischen Ort gefunden.[2] Sie dieser Entwicklung zuzuordnen heißt nicht, dass sie *nur* oder *zuallererst* in dieser Tradition stehen, geschweige denn, dass die Autoren sich selbst in dieser Tradition sehen. Es ist also der Blick von außen, wie man es mit einer behelfsmäßigen Metapher ausdrücken kann, der diese Kontextualisierung (Einordnung in eine literarhistorische Reihe) vornimmt. Das ist nicht verboten. Denn das heißt ja nicht, dass das der einzig mögliche Kontext ist, den man heranzieht. Aber literatur- und sozialgeschichtlich gesehen, hat diese Kontextualisierung nicht nur ihre Berechtigung, sondern sie verspricht auch dadurch einen potentiellen Erkenntnisgewinn, dass sie Unterschiede aufzeigt – Unterschiede zwischen der jetzigen Literatur vorwiegend slavischer Herkunftssprecher und der früheren Literatur von Einwanderern in die alte Bundesrepublik, die man zunächst mit dem inzwischen obsoleten Etikett „Gastarbeiterliteratur" versah (Weinrich 1983; Schami 1986). Wie ich

---

1 Einen knappen historischen Abriss über Literatur und Migration aus dem osteuropäischen Bereich im 20. Jahrhundert liefert Ackermann (2008).

2 Ich benutze bei sich auf Menschen beziehenden Sammelausdrücken im Plural durchgehend die morphologisch einfachere Form, ohne damit etwas über das tatsächliche Geschlecht der unter diesen Begriff fallenden Menschen zu sagen.

später ausführen werde, ist diese terminologische Variante in mehrfacher Hinsicht problematisch, nicht nur mit Blick auf die Komponente „Gastarbeiter", sondern auch hinsichtlich des ironischen Gebrauchs durch einige ihrer vermeintlichen Exponenten (Biondi und Schami 1981).

Blickt man zurück auf die ersten Anthologien und literaturwissenschaftlichen Publikationen, die auf das damals neue Phänomen reagierten, so taucht häufig die Bezeichnung „Migrantenliteratur" bzw. „Literatur von Migranten" auf (Schierloh 1984; Frederking 1985; Heinze 1986). Alternativ ist von „Literatur von Ausländern" bzw. „Ausländerliteratur" die Rede (Friedrich 1986; Ackermann/Weinrich 1986). Im zuletzt genannten Titel ist der Ausdruck in Anführungszeichen gesetzt, was die terminologische Hilflosigkeit ebenso wie die begriffliche Unsicherheit anzeigt, die den Umgang mit dem Phänomen seither begleiten. Auffällig ist, dass der Fokus der Begriffsbildung zunächst auf den Autoren lag: Gastarbeiter, Ausländer, Migranten. Das änderte sich in den 1990er Jahren, als der neutrale Ausdruck „Migrationsliteratur" Verbreitung fand.[3] Neutral ist der Ausdruck, weil er nicht figur- oder menschenbezogen ist, sondern eine thematische Situation markiert, von der die darunter subsumierten Texte handeln. Der damit bezeichnete Begriff bietet sich deswegen als Oberbegriff an. Aber auch dieser Begriff hat seine Tücken.

Grundsätzlich muss man gemein- und fachsprachliche Verwendungsweisen auseinanderhalten und entsprechend markieren, an welchen Diskurs man anschließt. Der Begriff der Migration bzw. des Migranten ist juristisch auf der Basis des Kriteriums, ob jemand politisch verfolgt wird, von dem des Flüchtlings zu unterscheiden. Diese Unterscheidung kann auch in literaturwissenschaftlichen Interpretationen relevant werden. Mir fällt jedoch kein guter Grund ein, warum man sie im allgemeinen Sprechen über Migrationsliteratur übernehmen sollte. Daher verstehe ich unter Migrationsliteratur, immer noch vorläufig, sowohl solche Literatur, die von freiwilliger oder aus ökonomischen Gründen erfolgter Migration (und ihren Folgen) handelt, als auch solche, die von politisch motivierter Flucht handelt. Schon Rösch (1992, 32) favorisiert „einen weiteren Begriff von Migration, der Flucht, Systemmigration, Aus- und Übersiedelung und andere Formen der Zuwanderung genauso einschließt wie Binnenmigration (und damit im Prinzip auch die deutsch-deutsche Migration)."

3 Vgl. Rösch 1992; Keiner 1999; Schenk et al. 2004; Feld 2011; Hausbacher 2010; Gürtler/Hausbacher 2012. Aufgeführt sind nur solche Titel, die das Kompositum beinhalten. Die Titel, in denen das Wort „Migration" mit „Literatur" und allfälligen weiteren Ausdrücken wie „Identität" und „Erinnerung" kombiniert wird, ließen sich in großer Zahl hinzufügen.

Betrachtet man die Forschung über die Anfänge der Migrationsliteratur und ihrer Publikations- und Rezeptionsgeschichte in der alten Bundesrepublik, so ist aus den Darstellungen ein eigentümlicher Antagonismus herauszulesen. Grob gesagt, hat dieser Antagonismus damit zu tun, dass die daran beteiligten Akteure – Autoren, Kritiker, Verleger, aber auch Wissenschaftler – verschiedene Positionen innerhalb des literarischen Feldes besetzten und unterschiedliche Agenden verfolgten. Einerseits ging es darum, eine marginalisierte Literatur, die kaum Zugang zur Öffentlichkeit hatte, bekannter zu machen, andererseits darum, die Eigenarten dieser Literatur gegen die etablierte Literatur zu positionieren.[4] Was aus der Sicht der (kulturell und wirtschaftlich) etablierten Literatur und deren ästhetischen Normen als Schwäche gelten konnte, mochte von der anderen Seite als Eigentümlichkeit gerechtfertigt werden. Hinzu kommt der Verdacht, dass die Institutionen, die sich um die Verbreitung der neuen Literatur verdient machten, nicht ohne Eigeninteresse handelten und die Literatur dazu benutzten, die eigene Position zu stärken und die eigene Existenz zu legitimieren. Auffällig ist, dass die Darstellungen hier nicht neutral sind, sondern von „Vereinnahmung" sprechen (Weigel 1992, 211) oder die Unangemessenheit ästhetischer Maßstäbe bei der Beurteilung der literarischen Erzeugnisse durch die Zeitgenossen andeuten (Wright 2014). Auch antiuniversalistische Positionen lassen sich entdecken. So wird behauptet, nur Menschen mit Migrationshintergrund könnten solche Literatur adäquat beurteilen (Chiellino 2000; kritisch hierzu vgl. Isterheld 2017, 118f.).

Das Grundproblem, das sich sowohl in der frühen Rezeptionsgeschichte mit der Literatur selbst und ihrer literaturkritischen Beurteilung als auch in den anhaltenden „Terminologiediskussionen" (Isterheld 2017, 111–132) zeigt, besteht in der mit der Konzeptualisierung einhergehenden Stigmatisierung, sodass die betroffene Literatur es, wie schon Weigel (1992, 209 [kursiv im Original]) formuliert, mit einer „Ambivalenz des Besonderen als *Bonus* bzw. Marktwert und [als] *Stigma* zugleich" zu tun hat. Gemeint ist damit, dass Migrationsliteratur einerseits im literarischen Feld inzwischen ganz offensichtlich eine mächtige Stelle besetzt – abzulesen an der Vergabe von Literaturpreisen

4 Während es heute kaum vorkommt, dass Autoren sich sozusagen zu einer Gruppenpoetik bekennen, gab es vor dreißig, vierzig Jahren ein ausgeprägtes Bewusstsein für die eigene Andersartigkeit. Damit übernahmen diese Autoren die erfahrene soziale Ausgrenzung in ihr literarisches Selbstverständnis. Rafik Schami (1986) stellt die Literatur der Minderheiten der (autochthonen) deutschen Literatur gegenüber, indem er auf das starke Erzählmoment verweist, das jene auszeichnet. „Erzählen ist ein Gesprächsangebot an den Leser. Es ist kein Monolog eines meinetwegen genialen Ichs, das sich zur Welt aufbläst, so daß die reale Welt zur Bedeutungslosigkeit schrumpft. [...] Diese Stärke unserer Literatur wird nicht genug gewürdigt." (Schami 1986, 57)

und den zahlreichen Nominierungen (vgl. die Übersicht in Isterheld 2017, 148) – und durch den Anschluss an diese literarische Reihe Vorteile ziehen kann („Bonus"); dass aber gerade durch die Zuschreibung zu einer speziellen Gattung wie Migrationsliteratur die Randstellung mit Bezug zur sonstigen etablierten deutschsprachigen Literatur, die keiner legitimierenden Etiketten bedarf, mittransportiert wird, sodass sich das gesellschaftliche Anerkennungsproblem der sozialen Gruppe auf der Ebene der Literatur reproduziert („Stigma"). Das Label „Migrationsliteratur" steht also in terminologischer Hinsicht im Verdacht, durch seine Zuschreibung an bestimmte Werke diese insofern abzuwerten, als mit der Etikettierung ein Exklusionsmechanismus in Gang gesetzt wird. Ist das so?

Bevor ich zu diesem normativen Problem komme, möchte ich die historisch-semantische Problematik am Beispiel des ältesten Terminus des Begriffsfeldes ansprechen.

2 Das Problem der Terminologie als historisch-semantisches Problem

Es ist mittlerweile hinlänglich bekannt, dass der Terminus „Gastarbeiter" eine unglückliche, weil nicht angemessene Prägung ist. Dabei war er, als er in Verbindung mit Literatur gebracht wurde, nicht abfällig gemeint. Es wurde gerade nicht die Erwartung daran geknüpft, die den politischen Sprachgebrauch motivierte, nämlich die Erwartung, dass die im Ausland angeheuerten Arbeitskräfte wieder in ihre Heimatländer zurückkehrten. Im Gegenteil, man übernahm mit der Bezeichnung „Gastarbeiterliteratur" einfach den allgemeinen Sprachgebrauch, verfolgte aber ein aufklärerisches Projekt, das auf die Anerkennung der Bundesrepublik als Einwanderungsland abzielte. Das ist das genaue Gegenteil von dem, was der Terminus „Gastarbeiter" ursprünglich ausdrücken sollte. Weinrich (1983, 914) meint in den Werken der auch von ihm so bezeichneten Gastarbeiterliteratur „eine politische Tendenz" zu erkennen, „die darauf abzielt, Gastarbeiter verschiedener Nationen in die Solidarität eines gemeinsamen Klassenbewußtseins einzubinden". Außerdem unterscheidet Weinrich (1983, 917) „Gastarbeiterliteratur" von „Ausländerliteratur" *tout court* und teilt letztere nach dem jeweiligen Status in drei Gruppen ein: aus ökonomischen Gründen Zugewanderte (damals sogenannten Gastarbeiter), aus politischen Gründen Zugewanderte (Asylsuchende, Exilanten) und freiwillig Zugewanderte.[5]

---

5 Man mag diesen Beitrag Weinrichs heute für veraltet halten, auch für paternalistisch mit Blick auf Formulierungen, die mancher als zu gönnerhaft empfinden kann. Dabei sollte man

Trotzdem wurde nicht immer das auf Anerkennung abzielende progressive Projekt Weinrichs und seiner Mitstreiter wahrgenommen; stattdessen wurde der Terminus „Gastarbeiterliteratur" wie auch seine späteren Alternativen wie „kleine Literatur", „Chamisso-Literatur" u.a. kritisiert. Problematisch ist der Begriff des Gastarbeiters in der Tat aus mehreren Gründen. Einer davon ist, dass diejenigen, auf die er sich bezieht, faktisch nicht für eine kurze Zeit nach Deutschland kamen, um hier zu arbeiten und später zurückzukehren, wie es zunächst gedacht war, sondern sich im Land ansiedelten. Ein anderer Grund ist, dass der Terminus ein Oxymoron in dem Sinne ist, dass man Gäste nicht arbeiten lässt (Biondi/Schami 1981, 149). Schließlich zählen viele der darunter rubrizierten Autoren gar nicht zu dieser gesellschaftlichen Gruppe, sondern haben studiert und sich in Deutschland aus intellektuellen Gründen und nicht aus ökonomischen Gründen niedergelassen. Ähnliche Gründe lassen sich gegen die genannten terminologischen Alternativen ins Feld führen. Mit Blick auf den Terminus „Gastarbeiterliteratur", der längst ausgemustert ist, liegt das terminologische Problem auf der Hand: Es gibt eine terminologische Komponente, deren Semantik irreführend ist im Hinblick auf den Gegenstandsbereich, auf den sich der Terminus bezieht. Daher wurde der Terminus bald ersetzt, zunächst mit ebenfalls personenbezogenen Alternativen wie „Ausländerliteratur" oder „Migrantenliteratur", später mit abstrakten Komponenten wie „Migrationsliteratur".[6]

Auch dieser Ausdruck ist auf Ablehnung gestoßen (Howard 1997, 11), aber eine bessere Variante hat sich bislang nicht durchsetzen können. Alternativen wie „inter-" oder „transkulturelle" Literatur sind einerseits zu weit, weil sie das politisch-soziale Spezifikum von „Migrationsliteratur" nicht erfassen, und andererseits zu eng, weil, wie ich im fünften Abschnitt verdeutlichen werde, damit bestimmte Anforderungen an literarische Texte verknüpft werden.[7] Mag der Terminus „Migrationsliteratur" gegenwärtig noch den Vorteil haben, semantisch neutral und hinreichend allgemein und spezifisch zugleich zu sein,

---

aber nicht aus dem Blick geraten lassen, dass die Ausgangssituation eine andere war und Weinrichs Werben für die Werke eine ähnlich emanzipatorische Langzeitwirkung hatte wie mit Bezug auf überkommene Kanonvorstellungen das Aufkommen der sogenannten Pop-Literatur und ihrer Advokaten.

6 Gegen die personenbezogenen Begriffe wird wiederum ein terminologischer Einwand erhoben: Es sei nicht adäquat, von Migrantenliteratur zu sprechen, weil unter den gemeinten Autoren auch solche seien, die im Aufnahmeland geboren sind. Vgl. Rösch (2004, 91).

7 Davon abgesehen, ist ein besonderes Problem der Termini „interkulturell" und transkulturell", dass sie vor allem auch dazu dienen, Forschungsprogramme auf den Begriff zu bringen, d.h. sie bezeichnen Forschungsansätze, unter denen jegliche Texte untersucht werden können.

so ist doch keineswegs ausgemacht, dass das so bleiben wird. Die Komponente „Migration“ kann sich im politischen Sprachgebrauch irgendwann so abgenutzt haben, dass sie auch im literaturwissenschaftlichen Kontext untragbar wird.

3 Das Problem der Terminologie als normatives Problem

Das tiefergehende Terminologieproblem besteht im Kern in der Unterstellung, dass mit der Zuschreibung eines Begriffs wie dem der Migrationsliteratur bestimmte normative Behauptungen einhergehen würden, die sich auf die gemeinten Werke und Autoren tendenziell diskriminierend auswirken. Die Beschwerde gründet auf dem Eindruck, dass Autoren und Werke, sobald mit dem Etikett „Migrationsliteratur“ versehen, auf diesen Aspekt reduziert werden. Aus der Perspektive der betroffenen Autoren sind Begriffe wie Migrationsliteratur oder Migrantenliteratur ausgrenzend und lenken die Aufmerksamkeit insofern auf eine ihrem literarischen Anspruch äußerliche Eigenschaft, als sie „Migration“ als zentralen Aspekt der unter sie fallenden literarischen Werke spezifizieren, der für die Autoren aber gerade nicht im Mittelpunkt steht. Die Zuschreibung wird als Festlegung auf ein bestimmtes Thema erlebt, auf das sich die Autoren selbstverständlich nicht beschränken lassen wollen (Zaimoğlu/Abel 2006). Was Yüksel Pazarkaya (1986) vor über dreißig Jahren an der Zuschreibung „Gastarbeiterliteratur“ bzw. „Gastarbeiterautor“ kritisierte, beziehen zeitgenössische Autoren auf die Zuschreibung „Migrationsliteratur“ (Grjasnowa 2017). Über eine Folge dieser Zuschreibung beschwert sich auch Olga Martynova in ihrem titelgebenden Essay *Über die Dummheit der Stunde*: Man „fragt fast ausschließlich nach der aktuellen politischen Lage in Russland. Jedoch ist meine Meinung […] zu dieser aktuellen Lage viel weniger relevant als meine Meinung zur deutschen Poetik, was mir noch kein Interviewer glauben wollte“ (Martynova 2018, 111).

Bei diesem Problem geht es darum, dass man ein Korpus von Werken sowie eine Gruppe von Autoren vor Augen hat, dessen und deren Ränder unscharf sind, und dass man mit Hilfe eines passenden Ausdrucks ein Merkmal herausgreift, das für Korpus bzw. Gruppe charakteristisch sein soll. Hinter dem Terminologieproblem, so wird jetzt deutlich, steckt eigentlich ein anderes Problem: eine Art Zuschreibungsproblem. Autoren wehren sich gewöhnlich gegen die Zuschreibung, Teil der Migrationsliteratur zu sein, weil sie durch die Zuordnung zu dieser (bzw. überhaupt zu einer bestimmten Gruppe) in eine Schublade gesteckt zu werden meinen, mit der Folge, dass sie nicht als individuelle Autoren wahrgenommen werden, sondern als jeweils einer von vielen. Kategorisierung scheint *per se* als ausgrenzend empfunden zu werden.[8] Das aber ist fatal. Denn ein Werk oder einen Autor einer Gruppe von Werken oder Autoren zuzuordnen, die einander in einer bestimmten Hinsicht ähnlich sind, heißt ja nicht, ihn oder es auf dieses Merkmal zu reduzieren bzw. ihm sonstige Merkmale abzusprechen. Das Frageinteresse ist in dem Moment eben nicht auf die Eigenartigkeit eines einzelnen Werks oder der Poetik eines einzelnen Autors gerichtet, sondern auf bestimmte Gemeinsamkeiten zwischen mehreren Werken verschiedener Autoren.

Trotzdem mag der Eindruck von Autoren wie Martynova oder Zaimoğlu nicht unberechtigt sein. Es kann sein, dass das Interesse, das ihnen bzw. ihrem Werk entgegengebracht wird, von Themen gespeist ist, die für die Autoren selbst nachrangig sind. Nur liegt es eben nicht an der Terminologie selbst, sondern daran, was Menschen – in diesem Falle also Literaturkritiker oder, *horribile dictu*, Literaturwissenschaftler – mit dieser Terminologie anstellen. Das – ich wiederhole es – ist aber nicht *per se* verwerflich.[9]

Nun könnte man eine quantitativ-empirische Analyse von Literaturkritiken, literaturwissenschaftlichen Studien und Interviews durchführen, die zu dem Ergebnis kommt, dass das Migrationsthema tatsächlich den Diskurs über die literarischen Werke dieser Autoren dominiert. Hätte man damit nicht den Beweis, dass die verwendete Terminologie diskriminierend ist? – Ich denke nicht. Es wäre lediglich der Beweis, dass dieses Thema die Kritiker interessiert und die Rezeption der Texte fördert.

Das Terminologieproblem ist letztlich ein Oberflächenproblem, und ein Gutteil der Diskussion ist dem Umstand geschuldet, dass zwischen Terminus bzw. Ausdruck einerseits und Begriff andererseits nicht unterschieden wird. Das eigentliche Problem ist nicht das des Ausdrucks oder der reinen Bezeichnung,

---

8 Wer wollte dem nicht erst einmal zustimmen: „Der Versuch, die Literatur in Schubladen einzustecken, nach Themen, Berufen oder Klassen aufzuteilen, führt irre." (Şenocak 1986, 67) Doch das ist ein Teil der wissenschaftlichen Aufgaben, und es würde in die Irre führen, wenn man diese Aufgabe fallenließe.

9 Hier drohen epistemologische Abgründe mit normativen Felsvorsprüngen. Man könnte der Meinung sein, Sprache diktiere Vorstellungen, und daraus ableiten, auf Terminologien zu verzichten, die vereinfachende, unliebsame oder falsche Vorstellungen verbreiten und befördern. Es kann durchaus sein, dass man sich gewissermaßen zum Sklaven der Sprache macht und sich dem ausliefert, was sich in einer Sprechergemeinschaft zu einer bestimmten Zeit durchgesetzt hat. Man muss es aber nicht. Dass Sprache Vorstellungen vorgebe, ist meiner Meinung nach kein allgemeines Gesetz, weil man einzelne sprachliche Ausdrücke und die Begriffe, die sie transportieren, immer reflektieren, differenzieren und präzisieren kann. – Terminologieprobleme dieser Art sind also Scheinprobleme, die aus einer gewissen kognitiven Bequemlichkeit resultieren.

sondern besteht darin, dass sowohl das Phänomen – nehmen wir nur die Menge der literarischen Werke und klammern die Autoren aus – als auch das charakteristische Merkmal dieser Menge, anhand dessen sie unter einem Begriff subsumiert wird, nicht stabil ist. Das liegt daran, dass die literarische Reihe, um die es geht, noch nicht abgeschlossen ist, noch kein historisches Phänomen, sondern im Werden begriffen ist. Gerade deswegen ist es aber nötig, die bislang diskutierten Vorschläge zu sortieren und zu analysieren.

Wir haben es in diesem Zusammenhang mit zwei eng verbundenen Problemen zu tun, die ich zum Zwecke der Analyse aber trenne. Ich fange mit dem Problem des Umfangs bzw. der Extension an. Es betrifft die Frage, um welche Werke bzw. Autoren es eigentlich geht. Dazu muss ich etwas weiter ausholen.

4 Das Problem der unterschiedlichen Extensionen

Gastarbeiterliteratur, Ausländerliteratur, Migrantenliteratur, Migrationsliteratur, Chamisso-Literatur, kleine Literatur, interkulturelle und transkulturelle Literatur, auch Emigrations- oder Exilliteratur – das sind zunächst einmal verschiedene Wörter.[10] Sind Wörter gemeint und nicht die Gegenstände, auf die sie sich beziehen, verwendet man sie metasprachlich. Im Text müssten sie dann in Anführungsstrichen stehen. So will ich es auch halten: Wenn ich „Gastarbeiterliteratur" schreibe, beziehe ich mich auf den Ausdruck; wenn ich hingegen die Anführungszeichen weglasse und von Gastarbeiterliteratur schreibe, beziehe ich mich auf die Menge der Werke, die zu dem so bezeichneten Korpus gehören (sollen): die Extension des Begriffs. Nun kann es sein, dass diese Menge leer ist, weil es gar keine solchen Werke gibt, so wie es auch keine Einhörner gibt und keine Einflügeligen Schwalbenpeterlinge. Allerdings gibt es Einhornliteratur, nicht aber Schwalbenpeterlingliteratur.

Die Menge der Einhörner ist leer, aber viele Menschen haben eine Vorstellung von Einhörnern. Anders gesagt, sie haben einen Begriff von einem Einhorn, der vermutlich in den meisten Fällen so beschrieben werden kann: pferdähnliches Wesen von zumeist weißer Farbe mit einem langen, geraden, spitz zulaufenden Horn auf der Stirn. Es gibt fiktionale Erzählungen, die diesen Begriff vermitteln: Das ist die Einhornliteratur, also die Menge der literarischen Werke, in denen von Einhörnern die Rede ist. Wenn man die

10 Vergleichbare Listen tauchen schon in älteren Publikationen auf (Keiner 1999, 4; Hausbacher 2009, 25; Isterheld 2017, 111) und dokumentieren, dass der Diskurs schon länger begriffliche Überlegungen einbezieht.

Menge dieser Werke „Einhornliteratur“ nennt, so schließt das nicht aus, dass man sie auch unter einem anderen Begriff subsumieren kann, etwa dem der *Fantasy*-Literatur, wobei zu beachten ist, dass die beiden Begriffe trotzdem Unterschiedliches bedeuten (eine andere Intension haben) und auch nicht denselben Mengen-Umfang haben (nicht ko-extensional sind), weil nicht jedes Werk, in dem von einem Einhorn die Rede ist, zur *Fantasy*-Literatur gehört (etwa Werke der Kinder- und Jugendliteratur, in denen Kinder oder Jugendliche von Einhörnern träumen, ohne dass außerhalb der kindlich-jugendlichen Träume irgendetwas Fantastisches passiert) und nicht jedes Werk der *Fantasy*-Literatur von Einhörnern handelt.

Im Falle der Gastarbeiterliteratur ist es so, dass – selbst wenn man zu dem Schluss käme, dass es keinen einzigen Gegenstand gibt, auf den sich der Ausdruck „Gastarbeiterliteratur“ bezieht (und *a fortiori* auch kein entsprechendes Korpus) – es immerhin einen Begriff gibt, den man meint, wenn man von Gastarbeiterliteratur spricht. Für jene, die den Begriff einführten, war der Begriff jedoch nicht leer. Bevor ich im nächsten Abschnitt etwas darüber sage, wie dieser Begriff inhaltlich bestimmt wurde, genügt ein Blick auf die Beispiele, um zu erkennen, welche Werke darunter subsumiert wurden. Zunächst waren es Texte sowohl in deutscher Sprache als auch in anderen Sprachen, die sich aber an ein deutschsprachiges Publikum richteten. Natürlich hatten die Texte etwas damit zu tun, was man damals unter Gastarbeiter verstand. Sie waren aber meist nicht von typischen Gastarbeitern verfasst. Schon die Titel der Anthologien der 1980er Jahre zeigen, dass die Menge der Gastarbeiterliteratur als Teilmenge der größeren Menge der Ausländerliteratur aufgefasst wurde (Schaffernicht 1981; Ackermann 1982; Ackermann/Weinrich 1986; Friedrich 1986). Mit der Verbreitung des Begriffs der Migrationsliteratur wurde der Umfang noch einmal vergrößert. Denn eine Einteilung, die sich an der Staatsbürgerschaft orientiert, schien auch nicht angemessen zu sein.

Die Modifikation des Terminus brachte eine Veränderung des Umfangs mit sich, auf dessen einzelne Bestandteile die neuen Termini sich bezogen. Nun zählten eben auch andere Texte dazu, die vorher der Gastarbeiter- oder Ausländerliteratur gegenübergestellt wurden. Das Problem, das aus der erweiterten Extension entsteht, ist, dass nun Texte zusammengefasst werden, die nur eine ganz allgemeine Eigenschaft teilen, sodass dem Begriff keine große Aussagekraft innewohnt. So wünschenswert die Verabschiedung unangemessener Vokabeln ist, die Folge in diesem Fall ist nicht nur in semantischer Hinsicht, dass durch eine immer stärkere Dehnung der Begriff seine Intension entleert, sondern auch in pragmatischer Hinsicht, dass unter der Hand trotzdem jeweils Verschiedenes unter demselben *Ausdruck* verstanden wird. Das letztere heißt, dass in der Verwendung des Ausdrucks „Migrationsliteratur“ der so stark dehnbare Begriff der Migrationsliteratur mit anderen Begriffen konfundiert wird, die viel spezifischer sind.

Damit bin ich nun am eigentlichen Problem angelangt.

5 Das Problem der Intension als Heterogenitätsproblem

Wenn man noch einmal die Aufzählung von Bezeichnungen am Anfang des vorangegangenen Abschnitts in den Blick nimmt, so fällt auf, dass die Reihe eine Unterscheidung zu erlauben scheint: die nämlich zwischen Bezeichnungen, die offenbar auf die Verfasser abzielen, und solchen, bei denen das nicht der Fall ist: Gastarbeiter-, Ausländer- oder Migrantenliteratur hier und Migrationsliteratur dort. In der Tat wurden die ersten Begriffe so verstanden. Man bezog die Komponenten auf die Verfasser, und auch die Verfasser selbst parallelisierten, wie z.B. Pazarkaya (1986, 60) „Gastarbeiterliteratur" und „Gastarbeiterautor", indem sie unter „Gastarbeiterliteratur" die Literatur von Gastarbeitern verstanden (und erst in zweiter Linie die Literatur über Gastarbeiter). Bei genauerem Hinsehen jedoch gibt es keinerlei Regel, die besagt, dass in einem Fall wie „Gastarbeiterliteratur" die Komponente „Gastarbeiter" sich auf die Verfasser dieser Literatur bezieht. Sie könnte sich auf die Thematik beziehen ebenso wie auf die Zielgruppe. Man vergleiche Komposita wie „Kinder- und Jugendliteratur", „Bauernliteratur", „Goetheliteratur" usw.[11] Gerade an einem Begriff wie dem der Kinder- und Jugendliteratur wird deutlich, dass Gegenstand und (in diesem Fall) primäre Adressatengruppe darin überblendet werden.

Die erste einfache Erkenntnis lautet also, dass man den Ausdrücken allein nicht immer entnehmen kann, was damit gemeint wird. Das gilt umso mehr für einen Ausdruck wie „Migrationsliteratur", der zwar auf den ersten Blick gegenstandsbezogen ist und auch so gemeint war – als Gegenbegriff zu den meist autorbezogenen Begriffen wie dem der Migrantenliteratur und seiner Verwandten. Aber dennoch wird auch unter dem *Ausdruck* weiterhin die Literatur von Migranten verstanden, also ein anderer *Begriff*. Es gibt also weiterhin einen autorbezogenen wie auch einen gegenstandsbezogenen

11 Lamping (2011, 18) weist in seiner kritischen Auseinandersetzung mit dem Ausdruck „Chamisso-Literatur" darauf hin, dass dieser Ausdruck nicht wie der Ausdruck „Goethe-Literatur" funktioniert, da dieser sich auf die Literatur über Goethe bezieht, jener aber auf Literatur von „Autoren und Autorinnen *wie* Chamisso". Die Kritik bezieht sich auf die analoge Terminologiebildung, die die Andersartigkeit der Begriffe verdeckt. Beide Ausdrücke sind nicht gut vergleichbar, weil unter dem Begriff der Goetheliteratur Sekundärliteratur verstanden wird und unter dem der Chamisso-Literatur aber Primärliteratur.

Begriff der Migrationsliteratur. Zwar fallen viele Texte sowohl unter den einen als auch unter den anderen Begriff, weil sich in den Texten die eigenen Erfahrungen der Autoren wiederfinden, nämlich eben Migrationserfahrungen. Aber das muss natürlich nicht so sein. Weder sind Migranten als Autoren auf das Thema festgelegt, noch kann das Thema nur von Migranten literarisch verarbeitet werden. Literaturgeschichtlich relevant und interessant wird die Frage nach der Migration, weil offenbar dieses Thema in den Texten früherer Autoren mit Migrationsvita nicht *in dem Maße* eine Rolle spielt wie in den Texten der Autoren seit den 1970er Jahren bis heute.

Mit guten Gründen scheint sich der Begriff der Migrationsliteratur gegenüber anderen durchgesetzt zu haben, auch wenn er nicht unumstritten ist. Heidi Rösch (1992) profiliert ihn gegen den autorbezogenen Begriff, um damit den Gegenstand bzw. das Thema der literarischen Werke zu erfassen statt biografischer Merkmale der Autoren. In Abgrenzung zur autorbezogenen „MigrantInnenliteratur" und zur eng gegenstandsbezogen „Literatur zum Thema Arbeitsmigration" ist Migrationsliteratur nach Rösch (1992, 35) „bestimmt durch Gegenstand, Form und Funktion, durch das Schreiben in Deutschland und die interkulturelle Literaturgestaltung".[12] Was sich damals noch recht überzeugend anhörte, ist inzwischen dennoch überholt, denn diese Formulierung legt nahe, dass sich das Werk eines Autors auf das Thema der Migration festlegen lasse. Aber das ist natürlich nicht der Fall. Autoren, die mit Migrationsliteratur hervorgetreten sind, schreiben auch über anderes, denkt man z.B. an Olga Martynovas Roman *Der Engelherd* (2016), in dem es u.a. um die Ermordung behinderter Menschen durch die Nazis und die Erinnerung daran geht. Der Begriff der Migrationsliteratur hat einen weiteren Nachteil: Gerade weil er so offen und so weit ist, erlaubt er es, darunter trotzdem vornehmlich die Autoren zu verstehen und nicht den Gegenstand.[13]

Diese notorische Intransparenz der Ausdrücke zwingt uns nicht nur dazu, genau anzugeben, worauf wir uns jeweils beziehen, wenn wir einen Ausdruck wie „Migrationsliteratur" benutzen. Wir müssen uns auch darüber klar

12 Interessant ist ihre damalige Prognose: „Er [der Gegenstand der Literatur, M.A.] verdrängt langfristig sicher eine Kategorisierung anhand der AutorInnenbiografie, zumal sich verschiedene betroffene AutorInnen auch vehement dagegen zur Wehr setzen, aufgrund ihrer Biographie und nicht aufgrund ihres Werks einer literarischen Gattung zugeordnet zu werden." (Rösch 1992, 31)

13 Das wird deutlich in einem weiteren Interview mit Olga Grjasnowa (2018): „Migrations-Literatur ist tatsächlich etwas, was auf Deutsch geschrieben wird und wo zum Beispiel in meinem Fall, in dem von Saša Stanišić und Nino Haratischwili einfach Leute zusammengefasst werden unter einem Oberbegriff, die stilistisch und inhaltlich, thematisch, generationsübergreifend kaum was miteinander zu tun haben, sondern das ist einfach nur eine kurze biografische Randnotiz."

werden, dass die Analysebereiche und Erkenntnisziele jeweils ganz andere sind. Migrationsliteratur im Sinne der Literatur von Migranten ist ein Begriff aus dem Bereich der Literatursoziologie, Migrationsliteratur im Sinne der Literatur über Migranten ist ein Begriff aus dem Bereich der Interpretation oder Motivik. Ein Werk wie Sten Nadolnys *Selim oder die Gabe der Rede* (1990) lässt sich unter dem zweiten Begriff subsumieren, nicht aber unter dem ersten.[14]

Ein autorbezogenes Verständnis des Begriffs zeigt z.B. Ackermann (2008, 16), wenn sie die jüngere Migrationsliteratur seit den 1970er Jahren von der Literatur älterer Autoren mit Migrationshintergrund dadurch unterscheidet, dass die „meisten dieser neuen deutschsprachigen Autoren [...] erst durch Migration und Auseinandersetzung mit der Fremdheitserfahrung zum Schreiben gekommen" seien.

Die Nützlichkeit dieses literatursoziologischen Begriffs wird gelegentlich angezweifelt. Lamping (2011, 21) hält es für „angebracht, über neue, postnationale Konzepte von Einzelliteraturen nachzudenken". Das ist richtig, und es ist auch richtig (vgl. Köstlin 2000), dass vor dem Hintergrund von nicht einmaligen Migrations- und Globalisierungsprozessen Migration eben keine Ausnahme ist (und niemals war, mit Ausnahme kurzer Perioden von wenigen Jahrzehnten in einzelnen Regionen), sondern die Regel – und dass daher auch bald kein Bedarf mehr existiert, diese Eigenschaft als Charakteristikum begrifflich zu fixieren. In literatur- wie sozialgeschichtlicher Perspektive wird aber der Einschnitt als historischer Einschnitt dadurch nicht nivelliert. Dass die deutschsprachige Literatur sich mit Blick auf das Migrationsthema in den letzten vierzig bis fünfzig Jahren verändert hat, anfangs unmerklich und am Rande und mittlerweile immer deutlicher, ist ein historisches Faktum, und es ist nichts weniger als ehrenrührig, wenn einem Autor attestiert wird, dass er daran Anteil habe.

Als Zwischenergebnis lässt sich festhalten, dass die Heterogenität der Begriffsintensionen darin besteht, dass das Phänomen zum einen über den Gegenstand der Texte (also Migrationsgeschichten bzw. über Figuren, die Migrationserfahrungen haben) erfasst wird und zum anderen über die Biografie der Verfasser. Wir sehen nun, dass es sich um zwei verschiedene Begriffe handelt, die zuweilen unter demselben Ausdruck – „Migrationsliteratur" – firmieren.

Aber damit nicht genug. Auch in den Fällen, in denen vom Gegenstand der Texte die Rede ist, gibt es unterschiedliche Intensionen. Oben habe ich den

---

14 Wenn man allerdings Binnenmigration und Umsiedlung zur Migration rechnet und die direkten Nachkommen von Migranten ebenfalls als Personen mit Migrationshintergrund klassifiziert, gehört auch Nadolny dazu.

weiten Migrationsbegriff von Rösch (1992) erwähnt. Aber sie selbst engt den Begriff der Migrationsliteratur wieder ein und stellt bestimmte Anforderungen, damit ein Text dazu gezählt werden kann. Und zwar ist die Migrationsliteratur nach Rösch (1992, 208) durch „verschiedene interkulturelle Erzählformen" geprägt, die „ein konstitutives Merkmal der Migrationsliteratur" seien. Es stellt sich die Frage, was das für Erzählformen sind. Als erstes Merkmal nennt Rösch (1992, 208) „Kulturvermittlung", die „auf ein besseres Verständnis für die Kulturen und Sprachen ethnischer Minderheiten und deren Aufwertung in der Aufnahmegesellschaft" ziele. Dabei verknüpft sie eine repräsentierende mit einer emanzipatorischen Funktion der Kulturvermittlung. Unter Kulturvermittlung versteht sie nicht nur das Einbeziehen von Fremdsprache und fremdkulturellen Wissensbeständen oder den Umstand, „daß der Text in Hinblick auf ein fremdkulturelles Publikum produziert wird" (Rösch 1992, 210), sondern auch die Kritik von kulturellen Stereotypen und eine „empathische Kulturkritik": „Dabei geht es darum, das Fremde im Rückgriff auf das Eigene zu verstehen, indem psychosoziale und kulturelle Hintergründe kritisch beleuchtet werden." (Ebd. 1992, 211)

Hier vermischt Rösch ihren weiten Begriff der gegenstandsbezogenen Migrationsliteratur mit einem anderen Begriff: dem interkultureller Erzählformen. Problematisch ist zunächst, dass es hier gar nicht um Formen des Erzählens geht, wie der Ausdruck zu besagen scheint, sondern um ein weiteres inhalts- bzw. gegenstandsbezogenes Kriterium. Die „fremde" Kultur soll Gegenstand der Texte der Migrationsliteratur sein. Zudem wird an diese Texte noch eine weitere Anforderung gestellt, und zwar eine ideologisch-normative Anforderung. Die andere Kultur soll nicht abwertend dargestellt werden.

Meine Ausführungen sind rein deskriptiv zu verstehen: Mir fällt auf, dass in ein und demselben Text durch die Verschränkung verschiedener Begriffe – Rösch führt den Begriff der interkulturellen Erzählformen ein, um den Begriff der Migrationsliteratur zu spezifizieren – die ursprüngliche Definition verändert wird. Das geschieht nicht völlig grundlos, auch wenn das in Röschs Studie selbst nicht reflektiert wird. Es liegt an ihrer didaktischen Zielsetzung, dass Rösch den kulturvermittelnden Aspekt in ihrer Definition so stark macht. Das ist legitim, wirkt sich aber nachteilig auf die Transparenz der Begriffsbestimmung aus, denn es wird mit mehreren Begriffen operiert, die nicht alle auf derselben Ebene liegen.

Wie heterogen die Intensionen sind, lässt sich mit weiteren Beispielen belegen. Im folgenden Zitat wird nicht nur der Gegenstandsbereich eingeengt (statt Migrationsgeschichten überhaupt, nur Migrationsgeschichten mit einem bestimmten Themenspektrum), sondern auch wieder in dem anaphorisch gebrauchten Wörtchen „sie" der gegenstandsbezogene mit dem autorbezogenen

Begriff überblendet: „Als so genannte Migrationsliteratur erzählen sie [Texte deutsch schreibender Schriftsteller ausländischer Herkunft, M.A.] vor allem Geschichten von Identitätskrisen, vom Zerrissensein zwischen Welten, der Sehnsucht nach dem Zurückgelassenen, elementarer Verlust- und Fremdheitserfahrung." (Preschl 2017, 165) Migrationsliteratur ist ein Begriff, der, wie schon der Untertitel von Preschls Aufsatz, „Statt einer Migrationsliteratur: Literarische Entdeckungsreisen und transkulturelles Schreiben", andeutet, ersetzt werden soll. Aber auch hier wird nicht klar, was eigentlich ersetzt werden soll, denn Preschl unterscheidet nicht scharf genug zwischen den Gegenständen, um die es geht (die Texte), und dem Begriff, mit dem sie erfasst werden sollen. Der Literatur der Verlusterfahrung setzt Preschl die Literatur entgegen, deren Fokus kulturelle Bereicherung ist: transkulturelle Literatur. Es scheint ihm also auch um unterschiedliche Extensionen zu gehen.

Zwischen den beiden Vorschlägen liegt ein Vierteljahrhundert. Im ersten Fall wird der Begriff der Migrationsliteratur mit dem der interkulturellen Literatur erklärt, im zweiten Fall wird er mit dem der transkulturellen Literatur kontrastiert. Dazwischen liegt die Ablösung des Begriffs des Interkulturellen durch den des Transkulturellen, wie sie sich etwa bei Hausbacher (2009) niederschlägt.[15] Hausbacher (2009, 27) stellt dem Begriff der Interkulturalität den der Transkulturalität gegenüber, womit sie „das sich selbst im stetigen Wandel befindliche, nur vorläufig fixierbare Ergebnis kultureller Wandlungs- und Transformationsprozesse" meint, während sie unter Interkulturalität „die Beziehung zwischen Kulturen, die als mehr oder weniger stabile Einheiten aufgefasst werden", versteht.[16] Wiederum wird der Begriff der Migrationsliteratur mit einem anderen Begriff erklärt und die Extension auf eine Eigenschaft festgelegt, nämlich auf die Eigenschaft, dass diejenigen Werke, die dazu zählen, sich kultureller Festlegungen entziehen.

Die Verschränkung von verschiedenen Merkmalen – hier das Merkmal, gemäß dem Texte von Migranten bzw. migrantischen Situationen handeln, mit dem Merkmal, gemäß dem sich die Texte kultureller Festlegungen entziehen – ist ein weiterer Fall von Heterogenität, der das Verstehen, was mit diesen Begriffen eigentlich gemeint ist, erschwert. Zu seiner Heterogenität trägt außerdem

15 Als Beispiel für ein bewusstes Festhalten am Begriff des Interkulturellen vgl. Zink (2017).

16 Es ist hier nicht die Frage, ob die Ersetzung des Begriffs des Interkulturellen durch den des Transkulturellen sinnvoll ist oder nicht und ob die Gründe angemessen sind. So ist der Homogenitätsvorwurf an den Begriff des Interkulturellen nicht haltbar (vgl. Dörr 2008, 23). Es spricht einiges dafür, dass die Ausdrücke denselben Begriff bezeichnen. – Das hier angesprochene Problem besteht nun vielmehr darin, dass komplexere Begriffe dazu benutzt werden, einen relativ einfachen Begriff wie den der Migrationsliteratur zu erklären. Zur Gegenüberstellung der beiden Begriffe vgl. Willms (2016, 56–59).

der in Anm. 7 bereits erwähnte Umstand bei, dass Inter- bzw. Transkulturalität nicht zuletzt auch einen Forschungsansatz bezeichnet. Ein weiterer Nachteil dieses Begriffs liegt demnach darin, dass das Forschungsprogramm auf die Gattung von Werken projiziert wird. Dies ist letztlich das Problem aller Versuche, die einen eigentlich thematisch oder stofflich motivierten Begriff wie den der Migrationsliteratur durch ästhetisch motivierte Begriffe definieren wollen. Es ist für die Theorie fatal, wenn man eine inhaltlich bestimmte Auswahl von Werken ästhetisch auf einen Nenner bringen möchte. Daher würde ich dafür plädieren, auch unter Interkulturalität lediglich eine thematische Eigenschaft von Texten zu verstehen (s.u.). Über dieses gemeinsame Merkmal lassen sich die verschiedenen Begriffe koordinieren bzw. in einen Zusammenhang bringen. Man vermeidet auf diese Weise solche Kategorienfehler, ursprünglich deskriptive Kategorien (gemeinsames Merkmal: „handelt von Migration") durch normative Kategorien (gemeinsames Merkmal: „folgt einer bestimmten Ästhetik/Poetik", sei sie rhizomartig, hybrid, dialogisch usw.) zu erklären.

6 Ausblick

Was folgt aus diesen begriffskritischen Betrachtungen? Ich möchte mit drei Überlegungen schließen. Die erste betrifft das Verhältnis der Begriffe zueinander, die zweite die Differenzierung von unterschiedlichen Zielsetzungen und Fragestellungen und die dritte die Konsequenzen für die Literaturgeschichte. Es geht also je um eine generische, methodologische und literaturhistorische Einordnung.

1. Generische Einordnung: Es könnte hilfreich sein, die Vielfalt der Ausdrücke („Migrationsliteratur", „Minderheitenliteratur", „interkulturelle Literatur" etc.) nicht als alternative Intensionen für dieselbe Extension zu behandeln – denn das ist das, was ich als Terminologieproblem bezeichnet habe –, sondern *mit verschiedenen Extensionen* zu belegen. Demnach ist „transkulturelle Literatur" nicht einfach der bessere Terminus für das, was früher häufig „Migrationsliteratur" hieß. Wohl gibt es eine Schnittmenge, aber nicht jeder Text, der transkulturell ist, gehört zur Migrationsliteratur, noch ist jeder Text, der eine Migrationssituation zum Gegenstand hat, transkulturell – in dem Sinne, dass das dem Text zugrundeliegende Kulturkonzept instabil ist. Auch gehört nicht jeder interkulturelle Text zur Migrationsliteratur; aber das Umgekehrte gilt in diesem Fall schon, denn jeder Text, der von einer Migrationssituation handelt, ist *eo ipso* interkulturell, weil die Migrationssituation gerade im Übergang

von einer zur anderen Kultur besteht.[17] Der so verstandene Begriff der interkulturellen Literatur bietet sich demnach als Oberbegriff an, unter den der Begriff der Migrationsliteratur mit koordinierten Begriffen subordiniert werden könnte: z.B. mit dem der Exilliteratur und dem der Reiseliteratur, die beide auch zur interkulturellen Literatur gehören, nicht aber zur Migrationsliteratur. Letztere unterscheidet sich von der Exilliteratur dadurch, dass die Textsprache die des Aufnahmelandes ist, während Exilliteratur die des Herkunftslandes beibehält.[18] Reiseliteratur ist wiederum selten fiktional, und die interkulturelle Situation ist von vornherein temporär, das reisende Subjekt steuert die interkulturelle Situation in der Regel viel stärker oder hat jedenfalls einen anderen Aktionsradius und andere Interessen als das migrierende Subjekt.[19] Weitere Begriffe ließen sich koordinieren, etwa auch der der postkolonialen Literatur, der zu den drei genannten jeweils ebenso Schnittmengen bildet wie der der transkulturellen Literatur.

2. Methodologische Einordnung: Der Ausdruck „Migrationsliteratur" ist nur vordergründig ein guter Ersatz für eindeutig autorbezogene Ausdrücke wie „Migrantenliteratur", weil er Differenzierungen verschleiert: und zwar nicht nur die zwischen werk- und autorbezogenem Begriff, sondern auch die zwischen literatursoziologischen und literaturhistorischen Zielsetzungen. Es wäre allerdings verfehlt, würde man den autorbezogenen Begriff auf literatursoziologische und den werkbezogenen Begriff auf literaturhistorische Fragestellungen festlegen. Wichtig ist stattdessen, daran zu erinnern, dass es ziemlich fruchtlos ist, Begriffe zu diskutieren, ohne die Zielsetzungen in den Blick zu nehmen, die mit ihnen verknüpft werden.

Wenn man einer literatursoziologischen Fragestellung nachgeht und Autorengruppen erforschen möchte, etwa mit Bezug auf ihre bevorzugten Sujets oder auf die Wissensbestände, dann kann es sinnvoll sein, den autorbezogenen Begriff der Migrantenliteratur als Oberbegriff zu verwenden und in mehrere Unterbegriffe zu differenzieren. In Bezug auf die Literatur von Autoren russischer bzw. sowjetischer Herkunft ließe sich z.B. die Frage stellen,

---

17 Hier lege ich einen anspruchslosen Begriff des Interkulturellen zugrunde, der von besonderen dialogischen Eigenschaften und Authentizität (vgl. Chiellino 2000) freihält.

18 Zur Abgrenzung mit Bezug zur russischen Literaturgeschichte vgl. Hausbacher (2009, 30–36). Im Übrigen betrifft die beschriebene Problematik des Begriffs der Migrationsliteratur ebenso den Begriff der Exilliteratur, unter dem primär die Situation der Autoren verstanden wird und nicht der Inhalt der Texte. Vgl. die Exilromane von Ernst Weiß, die nicht vom Exil handeln.

19 Das soll nicht heißen, dass es keine fiktionale Reiseliteratur gäbe. Sie gibt es, z.B. Marion Poschmanns *Schwarzweißroman* (2005).

warum unter den vielen anerkannten und in der überregionalen Presse diskutierten Autorinnen und Autoren nur eine Autorin russlanddeutscher Herkunft ist (Eleonora Hummel) oder warum ein Autor wie Eugen Ruge überhaupt nicht in diesem Kontext rezipiert wird, obwohl er im Ural geboren wurde, eine russische Mutter hat und in seinem Werk der russische Sprachhintergrund von Bedeutung ist.[20]

Autorbezogene Begriffe haben aber auch dort ihre Berechtigung, wo sich Autoren eben als Migranten inszenieren oder als solche inszeniert werden bzw. wo das autobiografische Element für die Interpretation wichtig wird (vgl. Isterheld 2017, 149–160; Zink 2017, 14). Ein Begriff wie der der Migrantenliteratur lässt sich z.B. nach Herkunftsländern oder -regionen untergliedern. Solche Begriffe taugen zur Korpusbildung oder zur Eingrenzung der Fragestellung. Tiefergehende analytische Durchschlagskraft haben sie nicht. Daher sollte man sie nicht wichtiger nehmen, als sie sind. Interessanter sind sicherlich die werkbezogenen Kategorien, die zur Erschließung dessen dienen, was früher „Stoff" hieß.

3. Literaturhistorische Einordnung: Auch die literatursoziologische Frage nach der Bedeutung der Migranten für die deutschsprachige Literatur lässt sich in historischer Perspektive beantworten. Man kann die Herkunft von Autoren deutschsprachiger Literatur zu verschiedenen Zeitpunkten quantifizieren und daraus einen historischen Verlauf ersehen, aus dem man wiederum bestimmte Schlussfolgerungen ziehen oder den man mit anderen Phänomenen in Verbindung bringen kann. Häufiger jedoch wird man werkbezogenen Fragen in historischer Perspektive nachgehen, also etwa der Frage, ob und wie sich die deutschsprachige Literatur mit Blick auf die behandelten Themen entwickelt. Man kann die Frage stellen, inwiefern sich das, was wir allgemein als literarische Texte zusammenfassen, die von Migrationserfahrungen handeln, im Verlauf der letzten fünfzig Jahre geändert hat. Weitere Fragen sind, inwiefern Wissens- und Motivbestände aus anderen Ländern in die Texte einfließen. Schließlich kann man den Migrationsstoff anhand von Fallanalysen strukturieren und rekurrente Eigenschaften herausfiltern. Auf diese Weise kann man die offensichtliche Häufung von Migrationssujets während einer literaturgeschichtlichen Phase differenzierter analysieren und Motivkomplexe feststellen, die für solche Sujets – aber nicht nur für solche – typisch sind, und dadurch Querbezüge zu anderen Stoffen herstellen. Identität, Familie, Alterität sind allgemeine Ingredienzien von Migrationsliteratur, die neben

20 So lässt sich der Familienname Umnitzer im Roman *In Zeiten des abnehmenden Lichts* (2011) besser einschätzen, wenn man weiß, das russ. „umnica" ein gebräuchlicher familialer Ausdruck mit positiver Konnotation für einen klugen Menschen ist.

der Migrationssituation selbst eine Rolle spielen und in ihrer jeweiligen Einbindung in das Migrationssujet sicherlich auf eine je spezifische Weise ausgestaltet sind, die es in Textinterpretationen zu ermitteln gilt. Nicht am Schlagwort „Migration" sollte man sich reiben, sondern es mit Inhalt füllen, und zwar mit dem, was die literarischen Texte darüber zu sagen haben.

Literatur

Ackermann, Irmgard (Hg.), *Als Fremder in Deutschland. Berichte, Erzählungen, Gedichte von Ausländern*, München: dtv, 1982.

–, „Die Osterweiterung in der deutschsprachigen ‚Migrantenliteratur' vor und nach der Wende", in: *Eine Sprache – viele Horizonte ... Die Osterweiterung der deutschsprachigen Literatur. Porträts einer neuen europäischen Generation*, hg. v. Michaela Bürger-Koftis, Wien: Praesens, 2008, S. 13–22.

Ackermann, Irmgard/Weinrich, Harald (Hg.), *Eine nicht nur deutsche Literatur. Zur Standortbestimmung der „Ausländerliteratur"*, München: Piper, 1986.

Biondi, Franco/Schami, Rafik, „Literatur der Betroffenheit", in: *Zu Hause in der Fremde. Ein Ausländer-Lesebuch*, hg. v. Christian Schaffernicht, Reinbek: Rowohlt, 1984 [1981], S. 136–150.

Chiellino, Carmine, „Interkulturalität und Literaturwissenschaft", in: *Interkulturelle Literatur in Deutschland. Ein Handbuch*, hg. v. dems., Stuttgart: Metzler, 2000, S. 387–398.

Dörr, Volker C., „Deutschsprachige Migrantenliteratur. Von Gastarbeitern zu Kanakstas, von der Interkulturalität zur Hybridität", in: *Literatur der Migration – Migration der Literatur*, hg. v. Karin Hoff, Frankfurt a.M.: Lang, 2008, S. 17–33.

Feld, Natalia, „Von der Migrationsliteratur zu translationswissenschaftlichen Entwürfen", in: *Texturen – Identitäten – Theorien. Ergebnisse des Arbeitstreffens des Jungen Forums Slavistische Literaturwissenschaft in Trier 2010*, hg. v. Nina Frieß et al., Potsdam: Universitätsverlag, 2011, S. 443–458.

Frederking, Monika, *Schreiben gegen Vorurteile. Literatur türkischer Migranten in der Bundesrepublik Deutschland*, Berlin: Express-Edition, 1985.

Friedrich, Heinz (Hg.), *Chamissos Enkel. Literatur von Ausländern in Deutschland*, München: dtv, 1986.

Grjasnowa, Olga, „„Olga Grjasnowa findet Label ‚Migrationsliteratur' unsäglich', dpa-Interview, 25.03.2017", online verfügbar unter: https://www.welt.de/newsticker/dpa_nt/infoline_nt/boulevard_nt/article163153046/Olga-Grjasnowa-findet-Label-Migrationsliteratur-unsaeglich.html (letzter Zugriff: 16.10.2018).

Grjasnowa, Olga, „„Heimat hat nichts mit dem Grundgesetz zu tun'. Olga Grjasnowa im Gespräch mit Anja Reinhardt, DLF-Interview, 15.10.2018", online verfügbar unter:

https://www.deutschlandfunk.de/exil-in-der-literatur-heimat-hat-nichts-mit-dem-grundgesetz.691.de.html?dram:article_id=430564 (letzter Zugriff: 17.10.2018).

Gürtler, Christa/Hausbacher, Eva, „Fremde Stimmen. Zur Migrationsliteratur zeitgenössischer Autorinnen“, in: *Migration und Geschlechterverhältnisse*, hg. v. Eva Hausbacher et al., Wiesbaden: Springer VS, 2012, S. 122–141.

Hausbacher, Eva, *Poetik der Migration. Transnationale Schreibweisen in der zeitgenössischen russischen Literatur*, Tübingen: Stauffenburg, 2009.

–, „‚Die Welt ist rund.‘ Transnationale Schreibweisen in der zeitgenössischen Migrationsliteratur (Marija Rybakova, Julya Rabinowich)“, in: *Germanoslavica* 21 (2010), S. 27–42.

Heinze, Hartmut, *Migrantenliteratur in der Bundesrepublik Deutschland. Bestandsaufnahme und Entwicklungstendenzen zu einer multikulturellen Literatursynthese*, Berlin: Express-Edition, 1986.

Howard, Mary, „Einleitung“, in: *Interkulturelle Konfigurationen. Zur deutschsprachigen Erzählliteratur von Autoren nichtdeutscher Herkunft*, hg. v. ders., München: Iudicium, 1997, S. 7–15.

Isterheld, Nora, *„In der Zugluft Europas“. Zur deutschsprachigen Literatur russischstämmiger AutorInnen*, Bamberg: University Press, 2017.

Keiner, Sabine, „Von der Gastarbeiterliteratur zur Migranten- und Migrationsliteratur – literaturwissenschaftliche Kategorien in der Krise?“, in: *Sprache und Literatur* 30 (1999), S. 3–14.

Köstlin, Konrad, „Kulturen im Prozeß der Migration und Kultur der Migration“, in: *Interkulturelle Literatur in Deutschland. Ein Handbuch*, hg. v. Carmine Chiellino, Stuttgart: Metzler, 2000, S. 365–386.

Lamping, Dieter, „Deutsche Literatur von nicht-deutschen Autoren. Anmerkungen zum Begriff der ‚Chamisso-Literatur‘“, in: *chamisso* 5 (2011), S. 18–21, online verfügbar unter: https://www.bosch-stiftung.de/sites/default/files/publications/pdf_import/Chamisso _Magazin _2011_Nr5.pdf (letzter Zugriff: 09.10.2018).

Martynova, Olga, *Über die Dummheit der Stunde. Essays*, Frankfurt a.M.: S. Fischer, 2018.

Pazarkaya, Yüksel, „Literatur ist Literatur“, in: *Eine nicht nur deutsche Literatur. Zur Standortbestimmung der „Ausländerliteratur“*, hg. v. Irmgard Ackermann/Harald Weinrich, München: Piper, 1986, S. 59–64.

Preschl, Johannes, „Sprachnomaden. Statt einer Migrationsliteratur: Literarische Entdeckungsreisen und transkulturelles Schreiben“, in: *Zeitschrift für interkulturelle Germanistik* 8/2 (2017), S. 165–175.

Rösch, Heidi, *Migrationsliteratur im interkulturellen Kontext. Eine didaktische Studie zur Literatur von Aras Ören, Aysel Özakun, Franco Biondi und Rafik Schami*, Frankfurt a.M.: Verl. f. Interkulturelle Kommunikation, 1992.

–, „Migrationsliteratur als neue Weltliteratur“, in: *Sprachkunst* 35/1 (2004), S. 89–109.

Schaffernicht, Christian (Hg.), *Zu Hause in der Fremde. Ein Ausländer-Lesebuch*, Reinbek: Rowohlt, 1984. [Original: Fischerhude: Atelier im Bauernhaus, 1981.]

Schami, Rafik, „Eine Literatur zwischen Minderheit und Mehrheit", in: *Eine nicht nur deutsche Literatur. Zur Standortbestimmung der „Ausländerliteratur"*, hg. v. Irmgard Ackermann/Harald Weinrich, München: Piper, 1986, S. 55–58.

Schenk, Klaus/Todorow, Almut/Tvrdík, Milan (Hg.), *Migrationsliteratur. Schreibweisen einer interkulturellen Moderne*, Tübingen: Francke, 2004.

Schierloh, Heimke, *Das alles für ein Stück Brot. Migrantenliteratur als Objektivierung des „Gastarbeiterdaseins". M. e. Textsammlung*, Frankfurt a.M.: Peter Lang, 1984.

Şenocak, Zafer, „Plädoyer für eine Brückenliteratur", in: *Eine nicht nur deutsche Literatur. Zur Standortbestimmung der „Ausländerliteratur"*, hg. v. Irmgard Ackermann/Harald Weinrich, München: Piper, 1986, S. 65–69.

Weigel, Sigrid, „Literatur der Fremde – Literatur in der Fremde", in: *Gegenwartsliteratur seit 1968*, hg. v. Klaus Briegleb/Sigrid Weigel, München: Hanser, 1992, S. 182–229.

Weinrich, Harald, „Um eine deutsche Literatur von außen bittend", in: *Merkur* 37 (1983), S. 911–920.

Willms, Weertje: „Hyperkulturelle Lyrik? Beobachtungen zur deutschsprachigen Lyrik der Gegenwart", in: *Zeitschrift für interkulturelle Germanistik* 7/1 (2016), S. 55–75.

Wright, Chantal, „Before Chamisso. The role of the Munich *DaF* writing competitions and anthologies in the promotion of a ‚deutsche Literatur von außen', 1979-1987", in: *Oxford German Studies* 43 (2014), S. 20–36.

Zaimoğlu, Feridun/Abel, Julia, „‚Migrationsliteratur ist ein toter Kadaver'. Ein Gespräch", in: *Literatur und Migration. Sonderband Text + Kritik*, hg. von Heinz Ludwig Arnold, München: edition text + kritik, 2006, S. 159–166.

Zink, Dominik, *Interkulturelles Gedächtnis. Ost-westliche Transfers bei Saša Stanišić, Nino Haratischwili, Julya Rabinowich, Richard Wagner, Aglaja Veteranyi und Herta Müller*, Würzburg: Königshausen & Neumann, 2017.

„Arm dran ist, wer nur sein eigenes Land hat"

Zu den Perspektiven auf und aus der türkisch-deutschen Literatur

Christian Steltz

„Arm dran ist, wer nur sein eigenes Land hat" – diese Erkenntnis könnte von Jacob Grimm stammen, dem Märchensammler und Gründungsvater der Germanistik, dem ein kleiner Junge an der Landesgrenze im Jahre 1837 die Hand geben sollte, da er – der als Mitglied der Göttinger Sieben verfolgt wurde – ein Flüchtling sei.[1] Ebenso gut könnte sie ein Zitat von Johann Wolfgang von Goethe sein, hat doch der deutsche Dichterfürst als Stürmer und Dränger zunächst das Beste aus England und Frankreich importiert, um nach seinem Italienaufenthalt schließlich ganz Gegenteiliges aus den südlichen Literaturen der Antike zu übernehmen. Das Zitat stammt aber nicht von Goethe. Es stammt auch nicht von Jacob Grimm oder Franz Kafka, James Joyce, Ernest Hemingway, Samuel Beckett oder Sir Salman Rushdie, die gleichermaßen für Weltoffenheit und Kosmopolitismus einstehen. Es stammt aus Zafer Şenocaks *Die Prärie* (Şenocak 1997, 5) und kommt somit von einem Autor, dessen Texte für gewöhnlich als Teil der sogenannten Migrationsliteratur wahrgenommen werden.[2]

1 Vgl. zu dieser Anekdote Walter 2016 sowie von Treitschke 1886, 56.

2 An dieser Stelle ist anzumerken, dass die Bezeichnung ‚Migrationsliteratur' im Folgenden als Behelfsbezeichnung für die häufig synonym gebrauchten Bezeichnungen ‚Gastarbeiter'-, ‚Immigranten'-, ‚Ausländer'- und ‚Migrantenliteratur' verwendet wird (vgl. Keiner 1999, 4; Steltz 2015a, 156f.). Der mehrfache Bezeichnungswechsel ist als Folge des Aufkommens einer Political Correctness zu verstehen und dokumentiert mit seinem Bemühen um eine wertneutrale Bezeichnung zunächst die anhaltende Diskriminierung und Stigmatisierung von auswärtig Zugereisten in Deutschland seit den 1960er Jahren. Anders ist die kurze Halbwertzeit ursprünglich neutraler Begriffe nicht zu erklären. Die Rede von einer inter- oder transkulturellen Literatur erscheint mir als terminologische Lösung nicht minder problematisch. Selbst ihre Verfechter müssen zugeben, dass dieses Phänomen „seinem sprachlichen Wesen nach so alt ist wie die deutsche Literatur selbst" (Chiellino 2007, 51). Kulturelle Grenzüberschreitungen und konkrete Wanderungen kennzeichnen die westliche Literatur seit ihren Anfängen, wenn man beispielsweise an frühe schriftliche Überlieferungen wie die Irrfahrten des Odysseus oder den alttestamentarischen Auszug des Volkes Israel aus Ägypten denkt. Aus der Perspektive eines Distant Reading wird deutlich, dass die Literaturgeschichtsschreibung nicht um eine Berücksichtigung der „wechselseitige[n] Mobilität von Schriftstücken, von Handelsrouten und von Personen, die schriftlich sozialisiert" (Schüttpelz 2009, 348) waren, herumkommt. Gleiches gilt für Geschichte allgemein, die nicht unwesentlich von Migrationsbewegungen beeinflusst wird. Ob in den Anfängen der Menschheit, die erst seit den 1980er Jahren der sogenannten „Out of Africa"-Hypothese gemäß im Gebiet des heutigen Äthiopien in einer Zeit sehr, sehr weit vor der Unsrigen vermutet werden (vgl.

 | DOI:10.30965/9783846765241_003

Mit einem Blick auf den Kanon der modernen Weltliteratur soll im Folgenden untersucht werden, wie Texte von türkisch-deutschen Autorinnen und Autoren, denen aufgrund der Chronologie der Migrationsgeschichte Nachkriegsdeutschlands eine Vorreiterrolle zukommt, rezipiert worden sind. Die Wahrnehmung der heute auf dem Buchmarkt, in der deutschsprachigen Öffenltichkeit und in der Forschung sichtbaren Autorinnen und Autoren aus Osteuropa speist sich zu wesentlichen Teilen aus dieser Vorgeschichte, deren Kenntnis somit eine wichtige Voraussetzung für die Einrodnung der aktuellen ‚Migrationsliteratur' ist. Es sollen exemplarisch ausgewählte Texte der Migrationsliteratur analysiert werden, die auch ohne Schwierigkeiten alternative Klassifikationen zulassen würden.[3] Diese theoretischen Überlegungen und ihre Schlussfolgerungen hinsichtlich terminologischer Schwierigkeiten lassen sich leicht auf die Literatur von osteuropäischstämmigen Autorinnen und Autoren übertragen und sind als gedankliche Anregung für die allgemeine Theoriediskussion zu verstehen.

Bei den drei herangezogenen Texten handelt es sich um Romane, die z.T. schon bei Adelson Berücksichtigung finden: Aras Örens *Berlin Savignyplatz* (1995), Zafer Şenocaks *Gefährliche Verwandtschaft* (1998)[4] und Yadé Karas *Selam Berlin* (2003). Die Untersuchung fokussiert die Perspektiven der türkisch-deutschen Literatur, wobei die Pluralform ganz bewusst verwendet wird, da es einerseits um jene Perspektiven gehen wird, aus der die türkisch-deutsche Literatur öffentlich wahrgenommen wird, sowie andererseits um Perspektiven auf das gesellschaftliche Leben in Deutschland, welche von Texten der türkisch-deutschen Literatur neuartig eröffnet werden. Letztere werden in der Auslandsgermanistik generell stärker wahrgenommen, in den nordamerikanischen

---

Schüttpelz 2009, 341) oder in der neuesten Geschichte, ist dabei einerlei. Für ersteres steht die moderne Paläoanthropologie ein, die sich auf genetische sowie linguistische Befunde stützt. Letzteres haben u.a. die Arbeiten von Klaus J. Bade und Dirk Hoerder gezeigt. Als Ergebnis der Forschung zum Bereich weltweiter Migration kann festgehalten werden, dass jeder Mensch auf eine Migrationsgeschichte zurückblickt. Verwandt ist letztlich jeder mit jedem; man muss nur weit genug in der Zeit zurückgehen. Aus diesen Gründen lehne ich auch die Bezeichnung ‚Literatur der Postmigration' ab, die suggerieren soll, „dass es sich hier um Autoren handelt, deren Leben und Schreiben auf eine nicht genauer definierte Weise zeitlich *nach* einer Migrationserfahrung situiert ist" (Peters 2011, 501). Selbstverständlich gelten alle genannten Einwände auch für den Begriff ‚Migrationsliteratur', der angesichts der terminologischen Misere vorläufig – nämlich bis zum Ende dieses Aufsatzes – als Behelfsbezeichnung verwendet werden soll.

3 Mit dieser Zielsetzung folgt die Untersuchung dem Vorbild Leslie A. Adelsons, die ab 2002 kontinuierlich Argumente dafür hervorgebracht hat, türkisch-deutsche Texte der Gegenwartsliteratur anders zu rezipieren, nämlich beispielsweise als Wendeliteratur.

4 Şenocaks Roman ist in Adelsons Studie unter der Überschrift ‚Genocide and Taboo' ein ganzes Unterkapitel gewidmet (vgl. Adelson 2005, 104–122).

German Studies ist gar von einem „Turkish Turn in Contemporary German Literature“ (Adelson 2005) die Rede. In der deutschen Universitätslandschaft macht sich ein entsprechendes Umdenken immer stärker bemerkbar. So kann der Paderborner Literaturwissenschaftler Michael Hofmann im ersten Band der von ihm herausgegebenen literaturwissenschaftlichen Reihe *Studien zur deutsch-türkischen Literatur und Kultur* das Innovationspotenzial eines Perspektivenwechsels wie folgt betonen: „Die deutsche Gesellschaft [...] kann sich selbst neu verstehen und interpretieren, wenn sie sich im Lichte der deutsch-türkischen Begegnung sieht, deren epochale Bedeutung immer noch weitgehend unterschätzt wird“ (Hofmann 2013, 7). So betrachtet läge die Vermutung nahe, dass Texte der türkisch-deutschen Literatur ein Bild von der Gegenwartsgesellschaft in Deutschland zeichnen können, das zu einem verbesserten Selbstverständnis führen kann. Daher soll im Folgenden nach dem spezifischen Mehrwert der exemplarischen literarischen Texte gefragt werden, wenn vor dem gegebenen Hintergrund die Frage nach alternativen Klassifikationsmöglichkeiten, z.B. nach stilistischen Kriterien (wie Intertextualität oder Schreibweisen der Moderne) oder Gattungsaspekten (Wende-, Familien- oder Schelmenroman), für die Texte zur Diskussion steht.

1 Aras Örens *Berlin Savignyplatz*

Der erste literarische Text, an dem sich mögliche Klassifikationsalternativen aufzeigen lassen, stammt von einem Autor, der für gewöhnlich als Vertreter einer klassischen Migrationsliteratur wahrgenommen wird, war er doch bereits Teil der ersten Riege jener Autoren, deren Texte in den 1980er Jahren unter der Bezeichnung „Gastarbeiterliteratur“ rezipiert wurden.[5] Aras Ören gehört neben den (fast ausschließlich männlichen) Autoren, die sich 1980 im „Polynationalen Literatur- und Kunstverein“ (u.a. Gino Chiellino, Franco Biondi und Suleman Taufiq) zusammengeschlossen haben, um öffentliche Aufmerksamkeit zu erzielen und alternative Distributionsstrukturen zu schaffen, und den Autoren, die Anfang der 1980er Jahre von Rafik Schami und Jusuf Naoum in der Reihe „Südwind-Gastarbeiterdeutsch“ publiziert wurden, zur randständigen Gruppe von Autoren, deren Werke zumeist als „Betroffenheitsliteratur“[6] – als „Schrei aus der Fremde“ (Kuruyazıcı 1990, 94) – rezipiert worden sind, da sie

5 Zur Rezeptionsgeschichte literarischer Texte, die in der zweiten Hälfte des 20. Jahrhunderts von Nicht-Muttersprachlern des Deutschen geschrieben wurden, sowie zur Genealogie der Bezeichnung interkultureller Literatur vgl. Steltz 2015a, insbesondere 156–164.

6 Zur Bewertung dieses Begriffs siehe Biondi/Schami 1981, 133.

vornehmlich um die Themen Migration, Fremdheitserfahrung sowie Sprach- und Identitätskrise kreisten, wobei zumeist „der Ton der Betroffenheit und der sozialen Anklage vorherrschend" (Hofmann 2006, 198) gewesen sei. Für die Erschließung der Migrationsliteratur der 1980er Jahre in der neugermanistischen Forschung ist Irmgard Ackermann und Harald Weinrich, die zugleich für entsprechende Publikations- und Distributionsmöglichkeiten gesorgt haben, ein hoher Stellenwert zuzuschreiben.[7] Letzterer hat auch die Begründung des Adelbert-von-Chamisso-Preises, der im Jahr 1985 erstmalig verliehen wurde, zu einem nicht unwesentlichen Teil mit zu verantworten.[8]

Örens 1995 erschienener Roman *Berlin Savignyplatz* ist zunächst auf Türkisch verfasst und dann ins Deutsche übersetzt worden, womit ein für türkischstämmige Vertreter der Gastarbeiterliteratur häufig vorzufindendes Produktionsmuster gegeben ist.[9] Vor diesem Hintergrund verwundert es kaum, dass bei der Rezeption des Romans vordergründig jene Merkmale betont worden sind, die für Gastarbeiter- bzw. Migrationsliteratur charakteristisch sind. Zu nennen wären hier vorrangig die Biografie des Verfassers, in der Hinsicht, dass es sich um einen Nicht-Muttersprachler des Deutschen handelt, sowie die Handlungsebene, auf der Migranten als Figuren agieren und die Migrationserfahrung zum Thema gemacht wird.

Vor dem Hintergrund alternativer Klassifikationsoptionen für Texte der Migrationsliteratur ist in diesem konkreten Fall ein genauerer Blick auf die Entstehungsgeschichte aufschlussreich. Der Roman ist in den Jahren 1990 und 1991 entstanden und 1993 zunächst in der türkischen Fassung erschienen. Die deutsche Übersetzung von Deniz Göktürk erschien weitere zwei Jahre später, also 1995.[10] Bedenkt man zudem, dass die Handlung des Romans mit dem Fall der Mauer schließt, überrascht es doch zumindest ein wenig, dass Örens Text nicht als Wenderoman wahrgenommen wurde (insbesondere da das deutschsprachige Feuilleton ja sehnsüchtig auf *den* Wenderoman gewartet hat) (vgl. Beilein 2015; Tommek 2015b).[11] Bezeichnenderweise findet sich im Aufsatz „Die Wiederkehr des Erzählens. Neue Beispiele der Wendeliteratur" von Hannes

---

7 Siehe etwa: Ackermann 1982, 1983, 1984, 1996 sowie Ackermann/Weinrich 1986, Weinrich 1984, 1985.

8 Der erste mit dem Preis ausgezeichnete Autor war übrigens Aras Ören.

9 In den 1980er Jahren haben z.B. auch Güney Dal, Aysel Özakın und Habib Bektaş so gearbeitet. Vgl. Chiellino 2007, 54.

10 Zum Stellenwert des Jahres 1995 für die Gegenwartsliteraturschreibung siehe allgemein Tommek et al. 2015, zur signifikanten Bedeutung des Jahres 1995 für die Migrationsliteratur vgl. Steltz 2015a.

11 Als treffende Bilanz dieser allgemeinen Erwartungshaltung im Feuilleton siehe Bucheli 2005.

Krauss, der als Bestandsaufnahme konzipiert ist, kein einziger Text der sogenannten Migrationsliteratur. Auch Yadé Karas Debütroman *Selam Berlin* aus dem Jahr 2003, über den an späterer Stelle zu sprechen sein wird, bleibt unberücksichtigt.[12]

Wenn die Klassifikation als Migrationsliteratur erst einmal hinterfragt ist, zeigen sich durchaus einige weitere Klassifikationsmöglichkeiten. So könnte beispielsweise die hohe Frequenz intertextueller Bezugnahmen in *Berlin Savignyplatz* eine Alternative eröffnen. Intertextualität ist ein häufig vorzufindendes Textcharakteristikum von Migrationsliteratur, das aber auch viele andere Textgruppen auszeichnet (vgl. Steltz 2015a, 164–167). Schließlich lässt sich der sprach- und selbstreflexive Umgang mit literarischen Traditionen über die Postmoderne bis hin zu den modernistischen Avantgarden zurückverfolgen.

Der komplexe Einsatz intertextueller Bezugnahmen – speziell auf die deutsche Literatur – in Texten von Autoren nicht-deutscher Muttersprache, die aus einem anderen kulturellen Kontext stammen, lässt sich „als Verwirklichung einer ästhetischen Teilhabe in eben jenen Momenten deuten, in denen eine tatsächliche soziale und politische Teilhabe verwehrt wird“ (Steltz 2015a, 164). Mit Hilfe intertextueller Anleihen stellen Texte der Migrationsliteratur mit dem Ziel, kulturelle Anerkennung zu erlangen, eine Verbindung zwischen der Herkunfts- und der Aufnahmegesellschaft her. Örens Roman markiert seine intertextuellen Bezugspunkte bereits in der Titelgebung: Neben Döblins *Berlin Alexanderplatz* (1929), auf den der Titel anspielt, schimmert im Untertitel „Auf der Suche nach der Gegenwart V“[13] ein weiterer Schlüsseltext der europäischen literarischen Moderne durch: Marcel Prousts *Auf der Suche nach der verlorenen Zeit* (1913–1927). So gesehen dürfte auch die „Vielfalt und

12 Vgl. Krauss 2004. In diesem Aufsatz stehen mit Volker Braun, Thomas Brussig, Brigitte Burmeister, Friedrich Christian Delius, Günter Grass, Christoph Hein, Wolfgang Hilbig, Kerstin Jentzsch, Hermann Kant, Uwe Kolbe, Thomas Rosenlöcher, Hans Joachim Schädlich, Klaus Schlesinger, Ingo Schulze, Jens Sparschuh, Uwe Timm und Christa Wolf vermeintliche Biodeutsche im Fokus. Es muss aber zugestanden werden, dass die Veröffentlichung von Karas Roman wohl sehr knapp vor oder gar erst nach Redaktionsschluss stattgefunden hat.

13 Das Großprojekt seiner Recherche kommentiert Ören selbst in *Unerwarteter Besuch*, dem letzten als Suche nach der Gegenwart ausgeschriebenen literarischen Text, wie folgt: „Seit ich am 13. Mai 1983 begann, am ‚Aufstieg der Gündoğdus‘ zu schreiben, bin ich ‚der gegenwärtigen Zeit‘ auf der Spur. Im Dezember 1987 beendete ich ‚Granatapfelblüte‘, im August 1989 ‚Das geheime Leben des A‘, im Juni 1990 ‚Sehnsucht nach Hollywood‘, im Juli 1991 ‚Berlin Savignyplatz‘. Und schließlich, wie ein Reisender, der nach einer anstrengenden Reise zur Ruhe kommt, beende ich heute, am 1. August 1993, meine Erzählung ‚Unerwarteter Besuch‘ und beschließe so zehn Jahre mühevoller Arbeit. Jetzt bin ich mit der ‚gegenwärtigen Zeit‘ zu Ende.“ (Ören 1997, 38)

Gleichzeitigkeit von Ichs“ (Chiellino 2007, 61), „die sich kaum einwandfrei den einzelnen Figuren zuordnen lassen“ (Sölçün 2007, 147), nicht nur als Auswirkung eines Identitätskonflikts, wie er für die Migrationsliteratur typisch ist, sondern auch als formal-ästhetische Anleihe beim europäischen Roman der Moderne gelesen werden. Wenn der Erzähler des Romans, der sowohl intern als auch extern fokalisiert als Figur innerhalb der Romanhandlung agiert, sich mit dem leitmotivisch wiederholten Satz „Ich bin nicht er“ (Ören 1995, 11) von der Figur Ali Itır, die aus Örens früherer Erzählung *Bitte nix Polizei* (1981) entlehnt ist,[14] abgrenzt, dann erinnert dies auch an Max Frischs *Stiller* (1954).[15] Wie bei Max Frisch sind die Übergänge zwischen Realität, Erinnerung und Gedankenspiel in beiden Texten fließend.[16] So werden beide Texte von Anfang bis Ende von einer dominanten Unbestimmtheit geprägt. Bilanzierend kann festgehalten werden, dass der Roman mit intertextuellen Verweisen und einer stark ausgeprägten Selbstreflexivität an die literarische Moderne anknüpft, die er zugleich in ein „in den frühen Texten schon angelegtes anspruchsvolles postmodernes literarisches Modell“ (Hofmann 2006, 198) überführt.

2 Zu Zafer Şenocak

Folgend soll ein Prosatext von jenem Autor untersucht werden, von dem das titelgebende Zitat dieses Aufsatzes stammt. Das Zitat aus Zafer Şenocaks *Die Prärie* umschreibt jene verfremdende Wirkung von Migrationsliteratur, von der Michael Hofmann gesagt hat, dass sie dem deutschen Leser „etwas abverlangt, was ihm immer noch schwer fällt: eine Begegnung mit dem Anderen und

14 Weitere intertextuelle Anleihen beziehen sich auf Örens Berlin-Trilogie, bestehend aus *Was will Niyazi in der Naunynstraße?* (1973), *Der kurze Traum aus Kagithane* (1974) und *Die Fremde ist auch ein Haus* (1980).

15 Ein weiterer intertextueller Bezugspunkt wird deutlich, wenn die Figur Manfred Kohlhaas, mit welcher der Erzähler befreundet ist, an einer Stelle vom Erzähler (wohl irrtümlich) als Michael Kohlhaas bezeichnet wird (vgl. Ören 1995, 170).

16 In *Bitte nix Polizei* geht es bezeichnenderweise auch nicht „um die Detektivarbeit der Klärung eines lang zurückliegenden Kriminalfalles, sondern um die Ausgestaltung der Legende von Ali Itır in der Fantasie des Erzählers und von da aus in der Fantasie der Leser“ (Ackermann 1997, 25–26). Ob überhaupt ein konkreter Kriminalfall vorliegt, lässt sich nicht mit Genauigkeit sagen. Gleiches gilt für die Figur Ali Itır, deren ontologischer Status im Text durch seine Bestätigung paradoxerweise zugleich hinterfragt wird, wenn es heißt: „Gewißheit herrscht nur über die Existenz einer Person namens Ali Itır, deren wahre Identität unbekannt ist. Daß der Name ‚Ali Itır‘ dieser nicht wirklich existierenden oder einst existenten Person nur zugeschrieben sein könnte, ändert nichts an ihrer Realität. Ali Itır ist also eine existierende Person, die es nicht gibt, oder das Gegenteil davon: eine nichtexistente Person, die es dennoch gibt.“ (Ören 1995, 29–30)

eine Reflexion über das, was er als deutsche Literatur und deutsche Identität begreift“ (2006, 201). In ungekürzter Form macht der zitierte Satz die an Hegel und Brecht erinnernde Dimension der Verfremdung deutlich: „Arm dran ist, wer nur sein eigenes Land hat, denn niemand kennt sein eigenes Land wirklich.“ (Şenocak 1997, 5)

Im Fall von Zafer Şenocak kann auch umgekehrt festgehalten werden, dass das eigene Land den Autor nicht wirklich kennt. Wie andere türkisch-deutsche Autorinnen und Autoren seines Alters, z.B. Feridun Zaimoğlu, ist Zafer Şenocak im frühen Kindesalter nach Deutschland gekommen. Der Sohn eines Publizisten und einer Lehrerin, der 1961 in Ankara geboren wurde, zog im Alter von acht Jahren mit seiner Familie von Istanbul nach München. Dort beendete er die Schule mit dem Abitur und studierte Germanistik, Politikwissenschaft und Philosophie. Kurz nach dem Mauerfall siedelte er nach Berlin um.[17] Hinsichtlich seines Stellenwerts als Autor halten Tom Cheesman und Karin E. Yeşilada im Vorwort ihres Sammelbands aus dem Jahr 2003, welcher für sich in Anspruch nehmen kann, die erste literaturwissenschaftliche Buchveröffentlichung zu Şenocak zu sein, fest, dass der Autor als Dichter und Romancier in Frankreich und der Türkei Wertschätzung erfahre und in den USA als bedeutender Essayist wahrgenommen werde, während er in Deutschland selbst kaum beachtet werde (2003, X). Dazu passt, dass die deutschen Ausgaben von Şenocaks Texten in Kleinverlagen, nämlich im Dağyeli-Verlag, damals noch nicht in Berlin-Neukölln, sondern in Frankfurt a.M. beheimatet, und im Münchner Babel-Verlag veröffentlicht worden sind.[18] Dieser Umstand könnte auch der spezifischen Situation der Gattung Lyrik auf dem Buchmarkt geschuldet sein, wurde Şenocak in Deutschland zunächst stärker als Lyriker wahrgenommen. Das lyrische Werk darf insofern als erfolgreich gelten, als dass viele Gedichte in Anthologien aufgenommen und in Zeitschriften publiziert worden sind. Lag der Schwerpunkt der Textproduktion in den achtziger Jahren noch auf Gedichten, so hat sich das in den neunziger Jahren in Richtung Essayistik und Prosa verschoben. Mit diesem Wandel geht auch eine veränderte Wahrnehmung einher, die ihren Ausdruck u.a. darin findet, dass Karin E. Yeşilada 2003 in einem Aufsatz zum lyrischen Werk explizit daran erinnern muss, dass es sich bei Şenocak um einen Lyriker handelt, da er „im letzten Jahrzehnt eher als ‚public intellectual‘ wahrgenommen [worden sei] denn als Lyriker“ (Yeşilada 2003a, 112).[19]

17 Zur Biografie vgl. Yeşilada 2003b.

18 Eine Ausnahme stellt der bei Rotbuch veröffentlichte Text *Die Prärie* dar.

19 Vgl. hierzu ebenfalls: Konzett 2003.

Charakteristisch für Şenocaks frühe Lyrik ist das Gedicht „Doppelmann" aus dem 1985 erschienenen Gedichtband *Flammentropfen*, das wie die Mehrheit der Gedichte aus den achtziger Jahren den Themenkomplex um ein Leben in zwei Welten bearbeitet.[20] Mit dem ausgeprägten biografischen Bezug dieses Gedichtes, der in der Mehrsprachigkeit von sprechendem Ich im Gedicht und Autor gegeben ist, und der martialischen Metaphorik, die das Ich zum Opfer stilisiert, tendiert der Text dazu, als typischer Gastarbeitertext im Sinne der „Betroffenheitsliteratur" zu erscheinen. In dieser Nische hat man Şenocak lange Zeit sehen wollen.

Zu dieser Position im literarischen Feld gehört auch ein gewisses politisches Engagement, das in Şenocaks Wirken als Essayist und Journalist auszumachen ist. Ergebnisse dieses Engagements sind Veröffentlichungen wie z.B. die Essay-Sammlung *Atlas des tropischen Deutschland* (1992), die Herausgabe der zweisprachigen Publikation mit dem Titel *Deutsche Türken. Das Ende der Geduld. Türk Almanlar. Sabrın sonu* (1993; gemeinsam mit dem Kulturwissenschaftler Claus Leggewie), in welcher Şenocak selbst den ersten Aufsatz mit dem Titel „Deutsche werden – Türken bleiben" beigesteuert hat, oder die Streitschrift *Deutschsein* aus dem Jahr 2011. Im *Atlas des tropischen Deutschland* hat Şenocak als Essayist bereits 1992 politische Ziele formuliert, die mit der öffentlichkeitswirksamen Publikation von Feridun Zaimoğlus *Kanak Sprak* drei Jahre später erreicht werden.

> Wir müssen an diesem Spiel endlich als Spieler teilnehmen und nicht als Figuren und Steine, mit denen gespielt wird. Wir müssen uns auf allen Ebenen der Frage stellen, wer an den Hebeln der Macht sitzt, wer über uns verfügt. Wir müssen uns bemühen, stärker am politischen Leben teilzunehmen, daran zu arbeiten, Institutionen zu schaffen, Sprachrohre, um Medienwirksamkeit und Lautstärke zu gewinnen. (Şenocak 1992, 28)

Zaimoğlu, den einige gerne zu dem hier geforderten Sprachrohr erklärt haben,[21] hat sich anders als Şenocak zunehmend von politischen Kontexten verabschiedet. Aus ästhetischer Perspektive markieren Şenocak und Zaimoğlu, deren Prosadebüts beide in das Jahr 1995 fallen,[22] den Wendepunkt von der

---

20 Der Text bemüht jenes kulturelle Narrativ des Daseins „Between two worlds", das Leslie A. Adelson durch ihr Konzept der „touching tales" zu ersetzen sucht. Vgl. Adelson 2005, 20–23. Vgl. ebenfalls Jordan 2006 und Vlasta 2015, 101–103.

21 Vgl. hierzu Jamal Tuschicks programmatische Feststellung: „Seit er öffentlich mitredet, wird über Immigration anders geredet als zuvor." (Tuschick 2000, 107)

22 Konkret handelt es sich hierbei um Şenocaks *Der Mann im Unterhemd*, erschienen im Babel-Verlag München, und um Zaimoğlus bei Rotbuch erschienenes Buch *Kanak Sprak*.

Gastarbeiter- zur Migrantenliteratur der zweiten und dritten Generation.[23] Für sein politisches Engagement sowie für sein poetisches Werk hat Şenocak im 21. Jahrhundert zunehmend Anerkennung erfahren. In Großbritannien und den USA ist er ein gefragter Writer in Residence. In Deutschland dokumentieren ein Gastaufenthalt als Poet in Residence an der Universität Duisburg-Essen im Jahr 2007 sowie die Gastprofessur für „Interkulturelle Poetik an der Universität Hamburg“, welche er im Sommersemester 2016 innehatte, ein aufkeimendes Interesse.

Der häufig vorgenommenen Zuordnung vieler Şenocak-Texte zur Migrationsliteratur stehen explizite Abgrenzungsversuche seitens des Autors gegenüber. Hierin liegt eine wesentliche Gemeinsamkeit mit Feridun Zaimoğlu, der seine neue Position im literarischen Feld im Vorwort zu *Kanak Sprak* mittels Distanzierung von Vorgängertexten umreißt:

> Eine weinerliche, sich anbiedernde und öffentlich geförderte „Gastarbeiterliteratur“ verbreitet seit Ende der 70er Jahre die Legende vom „armen, aber herzensguten Türken Ali“. Sie verfasst eine „Müllkutscher-Prosa“, die den Kanaken auf die Opferrolle festlegt. Die „besseren Deutschen“ sind von diesen Ergüssen „betroffen“, weil sie vor falscher Authentizität triefen, ihnen „den Spiegel vorhalten“, und feiern jeden sprachlichen Schnitzer als poetische Bereicherung ihrer „Mutterzunge“. (Zaimoğlu 1995, 12)

Bis auf den spitzzüngigen Verweis auf Emine Sevgi Özdamars *Mutterzunge* könnte diese Abgrenzung auch von Şenocak stammen. In *Gefährliche Verwandtschaft*, dem dritten Teil der Berlin-Tetralogie, zeigt sich Şenocak gegenüber dem Literaturbetrieb ähnlich kritisch. Dort fungiert der Berliner Schriftsteller Sascha Muhteschem[24] als Ich-Erzähler, der aufgrund seiner

---

23 In diesem Zusammenhang soll angemerkt werden, dass beiden Autoren zunächst die öffentliche Anerkennung verwehrt worden ist. Den Adelbert-von-Chamisso-Preis hat Zaimoğlu z.B. erst 2005 erhalten, also nach dem Friedrich-Hebbel-Preis 2002 und dem Preis der Jury beim Ingeborg-Bachmann-Wettbewerb 2003. In Sargut Şölçüns Darstellung der Literatur der türkischen Minderheit im *Handbuch der interkulturellen Literatur* aus dem Jahr 2000 wird Zaimoğlu im Kapitel „Die 90er Jahre: Selbstbegegnung als neue Bodenständigkeit“ nicht einmal erwähnt. (Vgl. Şölçün 2007)

24 Über Muhteschems Funktion innerhalb der Berlin-Tetralogie äußert sich Şenocak in einem Interview wie folgt: „Ich habe ja eine Figur entworfen, für diese vier Prosabände, manche bezeichnen sich als Romane, andere als Erzählungen, andere als Mischform, es ist einfach eine neue Form. Und die werden zusammengehalten von einer Figur. Sie kommt in Bänden zwei und drei als ganz klar benannte Sascha Muhteschem raus, in eins und vier sehr verschwommen, und es ist auch nicht unbedingt die gleiche Figur, sondern in vielen verschiedenen Identitäten und Formen – aber Charakterzüge dieser Figur sind ähnlich, erkennt man. Und er ist eigentlich so ein Zwischengenerationentyp, er passt auch nirgendwo rein.“ (Cheesman 2003a, 21)

Familiengeschichte einige Parallelen zu Şenocak aufweist. Muhteschem hat eine deutsch-jüdische Mutter und einen türkischen Vater, weist also eine „hybrid identity" (Segelcke 2011, 402) auf, weshalb sein Werk – ebenso wie das des Autors Şenocak – öffentlich in die Schublade der Migrationsliteratur gesteckt wird; ganz zum Ärger der Schriftstellerfigur, wie diese offenbart:

> Doch schon bald wurde mir auf Lesungen die Frage gestellt, was denn meine Texte eigentlich mit dem Leben der Türken in Deutschland zu tun hätten? Warum schrieb ich denn nicht über die Erfahrungen der Gastarbeiter? Über Fremdenfeindlichkeit? Auch wollte man wissen, in welcher Sprache ich träumte. Ich konnte diese Fragen nicht beantworten. Ich schrieb weiter. Ich fühlte mich zu Dichtern wie Rimbaud, Celan, Eich, Huchel und Bachmann hingezogen. Romane von Kafka und Camus haben mir immer mehr bedeutet als die Werke von Yaşar Kemal. (Şenocak 2016, 207)

An dieser Stelle zeigt sich, inwiefern Kategorienbildung die Rezeption literarischer Texte beeinflusst. Wenn man die Biografie des Autors hier weniger wichtig nehmen würde als die literarischen Vorbilder, dann müsste diskutiert werden, was *Gefährliche Verwandtschaft* mit Rimbaud, Celan, Camus oder Franz Kafka zu tun hat, also wie sich der Roman zum Erbe der Moderne verhält. Angesichts einer solchen Frage würden wesentliche Textmerkmale, so ließe sich vermuten, dann anders bewertet. Der Text wäre mehr als nur „embedded in various forms of transnational and cross-cultural entanglement" (Arens 2011, 296). Aus autobiografischer Betroffenheitsliteratur würde mit Leichtigkeit ein performatives Spiel um Fakt und Fiktion, bei dem der Autor auch in den Figuren noch erkennbar bleibt. Man denke an Franz Kafka und seine mit Chiffren versehenen Protagonisten K. und Josef K.; auf Kafka wird auch stilistisch angespielt. Viele der lose aneinandermontierten Erzählungen in *Der Erottomane* zum Beispiel erinnern sprachlich stark an Kafkas rhizomartige Prosa. Ferner weisen Şenocaks Texte moderne Charakteristika wie Polyphonie und Fragmentierung auf, die mit komplexen narrativen Konstruktionen einhergehen, die sich über mehrere Diegesen erstrecken. In *Gefährliche Verwandtschaft* versucht Sascha Muhteschem über die Tagebücher seines Großvaters die Hintergründe von dessen Selbstmord im Jahr 1936 zu rekonstruieren. Der Großvater war im Ersten Weltkrieg für den Tod zahlreicher Armenier verantwortlich, womit Şenocak „in the form of the narrator-protagonist's countermemory [an] mostly forgotten events of a shared history in the twentieth century" (Segelcke 2011, 399) im türkisch-deutschen Verhältnis erinnert und somit den Nachweis erbringt, dass er keine Angst vor Tabuthemen hat.

Im *Erottomanen* erhält der Ich-Erzähler gemäß Şenocaks oben zitierter Einschätzung der Funktion Muhtechems (s. Fn. 24) – auch hier ein in Berlin lebender türkisch-deutscher Schriftsteller, der eine erkennbare Nähe zum Autor aufweist – von seinem Freund Tom kurze Texte aus dem Nachlass eines gewissen R. (vgl. Şenocak 1999, 13), einem vermeintlichen Opfer eines sadomasochistischen Ritualmords. Diese Texte bilden eine Binnenerzählung, die der Erzähler in der Rahmenerzählung für sich „Das Findelbuch des Erottomanen“ nennt, womit über das Merkmal der Selbstreflexivität und Metatextualität erneut an die Moderne bzw. Postmoderne angeknüpft wird (vgl. Şenocak 1999, 14). Wenn der Text später Ambivalenzen aufweist – zunächst wird der Staatsanwalt Tom (eigentlich Tayfun) als eigentlicher Autor der Texte von R. identifiziert und dann werden Tom und Robert, für den die Chiffre R. einsteht, als zwei Partial-Ichs einer Figur entlarvt –, dann lässt sich das natürlich als Identitätskonflikt deuten. Diesen aber als Migrationsphänomen zu interpretieren, greift meines Erachtens zu kurz. Die Partial-Ichs lassen sich freilich ähnlich wie Georg Bendemann und der Freund in Petersburg in Kafkas *Das Urteil* oder der Rotpeter genannte Affe im *Bericht an eine Akademie* als metaphorische Bearbeitung des Spannungsfelds zwischen Integration und Assimilation begreifen,[25] ebenso gut kann man sie aber als Stellvertreter verschiedener Schreibweisen verstehen. Über mehrere Anspielungen wird nahegelegt, dass die Chiffre R. für Robert einsteht und damit auf den Roman der Moderne verweisen könnte, nämlich auf Robert Musil.

3 Yadé Karas *Selam Berlin*

Abschließend soll mit Yadé Karas Romandebüt *Selam Berlin* aus dem Jahr 2003, für das die Autorin 2004 der Adelbert-von-Chamisso-Förderpreis und der Deutsche Bücherpreis verliehen wurde, ein Text untersucht werden, der vor dem gegebenen Hintergrund der problematischen Klassifikation ‚Migrationsliteratur‘ eine besonders interessante Stellung einnimmt. Im Roman um den Abiturienten Hasan Kazan, dessen persönliche Biografie aufgrund der zwei Wohnorte seiner Familie zwischen Berlin und Istanbul hin- und herpendelt, fungiert der Mauerfall, mit dem die Romanhandlung am 9. November 1989 einsetzt, als „zentrales Movens des Plots: Er motiviert Hasans Rückkehr nach Berlin, ist Auslöser des familiären Konflikts und Zentrum der gesellschaftlichen Umbrüche“ (Peters 2011, 507). Der konzeptionellen Ausrichtung auf die Berliner Mauer entsprechend, findet die Romanhandlung nach dem weltmeisterlichen Fußballsommer um Mitternacht in der Nacht zum 3. Oktober 1990,

25 Vgl. hierzu beispielsweise Schüttpelz 2007, 108–110.

dem Tag der Wiedervereinigung, ein Ende. In Rezensionen sowie in literaturwissenschaftlichen Arbeiten zum Roman ist der beschriebenen Konzeption auch Rechnung getragen worden, indem der Text als Wendeliteratur wahrgenommen wurde, während einschlägige Studien zur Wendeliteratur *Selam Berlin* zunächst ignoriert haben, wie der obige Verweis auf den Aufsatz von Hannes Krauss verdeutlicht.

Was für den Wenderoman gilt, lässt sich auch in Hinsicht auf den Familienroman beobachten. So kann Michaela Holdenried noch 2012 feststellen, dass keine der jüngeren Studien „Yadé Kara oder andere interkulturelle Familiengeschichten auch nur am Rande" (Holdenried 2012, 90) erwähne. Dieser Umstand ist meines Erachtens der klassifikatorischen Verlockung geschuldet, komplexe Sachverhalte unter dem Paradigma der Migration auszusondern und den Komplexitätsgrad somit scheinbar zu reduzieren. Gleiches trifft auf andere Prosagattungen zu, wie z.B. den Schelmenroman, auf den später noch eingegangen werden soll.

Am Protagonisten des Romans lässt sich „the influence of the ‚Kanaksta', whose attitude expresses opposition to the mainstream and who advocates the idea of a transnational and trans-ethnic identity, as a role model for Turkish men of Hasan's age" (Fachinger 2007, 49) ablesen. Bei ihm und seinen Peers Kazim, Leyla oder Cora handelt es sich längst nicht mehr um Figuren, die mit „dem viel zitierten Bild der MigrantInnen, die ‚zwischen zwei Welten' stehen" (Vlasta 2015, 101) übereinstimmen. Als Berliner oder genauer Kreuzberger, denn so sieht Hasan seine wahre Identität, wählt der junge Schelm situativ aus verschiedenen Identitätsangeboten aus. „Er hat sich daran gewöhnt, entweder als Almanci oder als Kanacke [sic] zu gelten, je nachdem, ob er sich gerade in Istanbul oder Berlin aufhält." (Vlasta 2015, 110) Sein Umgang mit der Bezeichnung ‚Kanake' führt vor Augen, dass das beleidigende Schmähwort tatsächlich ganz im Sinne der von Feridun Zaimoğlu in *Kanak Sprak* zusammengetragenen Stimmen vom Rande der Gesellschaft wie vom Autor erhofft in weniger als einem Jahrzehnt „zum identitätsstiftenden Kennwort" (Zaimoğlu 1995, 17) für die Gruppe junger männlicher Türken hat werden können (vgl. Steltz 2015, 503). Hasan nimmt die Bezeichnung ebenso galant an wie das „Hansi", mit dem ihn Oma Wessel anspricht (vgl. Kara 2003, 36). Vor diesem Hintergrund erscheint mir der Blickwinkel, aus welchem Julia Bodenburg konstatiert, dass die Figur nicht subversiv sei (2009, 6), da der Roman zwar die ungleiche Verteilung der Mittel zur Identitätsbildung aufzeige, aber „keine Strategien an[biete], um dieses assymmetrische [sic] Verhältnis zu verändern" (2009, 6), mit der ausschließlichen Fokussierung auf den Protagonisten etwas zu eingeschränkt. Denn durch die genaue Beschreibung der unausgeglichenen Zustände, insbesondere durch die Beschreibung der Filmwelt, eröffnet der Text als Ganzes doch ein gewisses subversives Potenzial. Asymmetrischer als das Verhältnis zwischen Hasan und dem Regisseur Wolf Lohn, dem „bekannteste[n] Filmregisseur hierzulande" (Kara 2003, 92), dem „Guru der Gurus des neuen deutschen Films" (Kara 2003, 209), kann ein Machtgefälle kaum konzipiert werden. Lohn ist als Freund der hübschen Cora nicht nur Hasans Rivale in Liebesangelegenheiten, er eröffnet Hasan mit dem Angebot, die Rolle eines türkischen Drogendealers für einen ausgefallenen Schauspieler zu übernehmen, die einmalige Möglichkeit zum Quereinstieg in eine für ihn vollkommen neue Welt. Inwieweit Wolf dabei auch die Definitionsgewalt über Identitäten zukommt, erkennt Hasan nicht auf Anhieb. Erst als ihm bewusst wird, dass Wolf ihn nur als Handlanger für die Bestätigung seiner eigenen Vorurteile ausnutzen will, regt sich Widerwille in dem jungen Kreuzberger. Im Gespräch über junge türkische Männer wischt Wolf Hasans Einwände, dass nicht jeder junge Türke in Kreuzberg ein Messer bei sich trage, mit dem Argument vom Tisch, dass er „doch schließlich [selbst] in Kreuzberg" (Kara 2003, 244) gelebt habe. Dass seine persönliche Kreuzbergerfahrung im Vergleich zu Hasans zeitlich stark begrenzt ist, da er schnell „die Schnauze voll von Kreuzberg [hatte] und [...] zum Savignyplatz ins bürgerliche Charlottenburg" (Kara 2003, 237) zog, nachdem drei Mal in seiner Kreuzberger Wohnung eingebrochen wurde, fällt an dieser Textstelle nicht ins Gewicht. Wider besseres Wissen fügt sich Hasan („Schließlich war er der Regisseur, er hatte Ahnung, er hatte recht. Punkt. Weiter nichts!" [Kara 2003, 245]) und spielt die Rolle so, wie es Wolf wünscht, obwohl er weiß, dass dieser ihn nur dazu benutzt, „seine abgewichste Meinung, seine Bilder, Vorstellungen zu bestätigen" (Kara 2003, 245). Er gibt den Messerstecher, einen dieser „typischen Kreuzberger Jungs, so ein[en] Macho, der die Ehre der Schwester rettet" (Kara 2003, 253), auch wenn ihm die klischeehafte Figurengestaltung eigentlich zu eindimensional ist. Zu verlockend ist die Aussicht auf „Cash" (Kara 2003, 252), da fallen moralische Bedenken, an der Verbreitung diskriminierender Klischees mitzuwirken und somit eine Gefahr für die Minderheit darzustellen, wie sie der eigentlich für die Rolle vorgesehene etablierte Schauspieler Murat Kaya hegt, unter den Tisch. Vor diesem Hintergrund lässt sich der Name Wolf Lohn durchaus als sprechender Name auffassen.

Auf diese Weise entscheidet nicht der türkisch-deutsche Kreuzberger darüber, was Kreuzberg ist, sondern der aus der Provinz stammende Regisseur. Wie Laura Peters festgestellt hat, fungiert der Kiez dergestalt „als Ort, an dem deutsch-türkische Identitäten verhandelt und Eigen- wie Fremdbilder zueinander in Bezug gesetzt werden" (2011, 510). Bezeichnenderweise dominiert das Fremdbild an dieser Stelle das Selbstbild, wodurch die absolut dringliche Notwendigkeit positiver Vorbilder in den Medien unterstrichen wird. Über die

Applikationsangebote im deutschen Fernsehen sagt Hasan: „Die Leute vom Fernsehen hatten uns einfach vergessen." (Kara 2003, 282) Neben den breiten Hüften von Sophia Loren, dem Schnurrbart von Omar Sharif und dem Klischee vom kriminellen Messerstecher „lief damals nichts Türkisches im Deutschen Fernsehen" (Kara 2003, 282). Entsprechend füllt Hasans halb ernst gemeinter Berufswunsch – er will Tagesschausprecher werden (vgl. Kara 2003, 228, 273) – auf der fiktionalen Ebene eine Lücke aus: Er manifestiert den Wunsch nach sozialer Anerkennung und Teilhabe.

Auch in Bezug auf die psychologische Dimension von Identitätskonstruktionsprozessen in interkulturellen Umgebungen erweist sich Wolfs Denken als wenig komplex. An gleich mehreren Textstellen erscheint es vehement durch eine Orientierung an binären Oppositionen gekennzeichnet zu sein, zumindest schätzt Hasan das so ein:

> Ich glaube, Wolf hatte die irrige Annahme von zwei Kulturen, die aufeinanderprallen. Und so einer wie ich musste ja dazwischen zerrieben werden. Eigentlich hatte ich alles von beidem. Von Ost und West, von deutsch und türkisch, von hier und da. Aber das konnten Leute wie Wolf nicht verstehen oder wollten es nicht verstehen. Sie sahen in mir immer einen Problemfall. Jemanden, der nicht dazugehörte. Piss off! Ich war so, wie ich war. Die anderen versuchten mir Probleme einzureden, die ich nicht hatte. Sie konnten mit so einem wie mir nicht umgehen. Ich paßte nicht in ihr Bild, und sie konnten mich nicht einordnen. Ich war wie ein Flummiball, sprang zwischen Osten und Westen hin und her, ha. (Kara 2003, 223)[26]

Mit dem hier bemühten Bild des Flummiballs stellt Hasan den üblichen Kategorien eine eigens neu geschaffene gegenüber. Was die Textstelle jedoch deutlich macht, ist der Umstand, dass auch Hasans Denk- und Wahrnehmungsweise nicht ohne Kategorientafeln auskommt. Auch er ordnet seine Mitmenschen bestimmten Kategorien zu und lässt sich dabei zunächst von Äußerlichkeiten lenken, die er nicht selten von medialen Vorbildern ableitet. So nimmt er seinen Halbbruder Adem zunächst als „Gregory Peck Typ" (Kara 2003, 83) wahr, um dann später, nachdem er Adems biografische Basisfakten, die keiner vorgefertigten Kategorie entsprechen, erfahren hat, wie im Fall des Flummis auf uneigentliche Sprache, hier den Vergleich, zurückzugreifen: „Ossitürke, klickte es bei mir. Ein Halbtürke im Osten war wie ein Kakadu in der Lüneburger Heide." (Kara 2003, 84)

26 Für Michaela Holdenried erweckt diese Textpassage fast den Anschein, als habe Hasan Leslie Adelsons Manifest *Against Between*, das mit der Vorstellung vom Migranten ‚between two worlds' bricht, unterschrieben (vgl. Holdenried 2012, 105).

Vor dem Hintergrund der Frage nach alternativen Klassifikationsmöglichkeiten lässt sich die im Text vorgeführte, medienorientierte Performativität von Identitätskonstruktion, wie auch in *Berlin Savignyplatz*[27], als Verweis auf den Roman der Moderne lesen.[28] Daneben lassen sich in Karas häufig in der Kategorie Migrationsliteratur[29] wahrgenommenem Roman noch weitere Aspekte finden, welche die Anknüpfung an weitere Prosagattungen und literarische Phänomene zulassen.

Michaela Holdenried macht in *Selam Berlin* z.B. „intertextuelle Referenzen auf europäische Traditionen wie den Schelmenroman […], eine genuin deutsche Gattung wie den Bildungsroman und möglicherweise auf orale Traditionen oder Karagöz-Elemente bzw. eine türkische Tradition der Schelmenerzählung" (2012, 92) aus. In diesem Zusammenhang liest Holdenried den Beginn des Romans, an dem Hasan masturbiert, während auf dem elterlichen Fernseher in der Istanbuler Wohnung eine Nachrichtensendung die Öffnung der Berliner Mauer zeigt, überzeugend als intertextuellen Verweis auf Thomas Brussigs *Helden wie wir* (vgl. 2012, 94). Mit dieser Einzelreferenz geht der systemreferenzielle Verweis auf die Gattungen des Schelmen- und Wenderomans einher, welche das Fundament für den Stellenwert des Romans als erster türkisch-deutscher Wenderoman legt (vgl. Fachinger 2007, 247; Holdenried 2012, 95). Wie Brussigs Roman verbindet auch *Selam Berlin* die großen politischen Ereignisse mit einer individuellen Familiengeschichte, die ganz entscheidend von der sexuellen Getriebenheit ihres pikarischen Helden geprägt ist. Bei Kara zeigt sich diese reziproke Verbindung beispielsweise im Streit zwischen Hasans Eltern, von dem es heißt, dass dahinter „ganz andere Dinge schlummerten. Es war der grundsätzliche Kampf von Neuer Welt gegen

---

27 Bei Ören wären hier z.B. die mysteriösen Auftritte des Schauspielers, der Ali Itır in einem Fernsehfilm verkörpert hat, sowie die Figuren Jürgen B. und Jutta, deren erste gemeinsame journalistische Arbeit, die sie auch privat zusemmengebracht hat, ebenfalls „eine Reportageserie über die Türken Kreuzberg" (Ören 1995, 149) gewesen ist, relevant. In *Gefährliche Verwandtschaft* lassen sich entsprechende Identitätsaspekte in den Pseudonymen und Partial-Ichs erkennen.

28 Daneben verweisen in *Selam Berlin* auch verschiedene Einzelreferenzen, ähnlich wie in *Berlin Savignyplatz,* allgemein auf den Roman der Moderne, z.B. auf Robert Musil: „Hier in der Nähe hatte Robert Musil gewohnt und den Roman *Mann ohne Eigenschaften* geschrieben. Genauso hatte ich mich manchmal gefühlt …" (Kara 2003, 230) oder Erich Kästners *Fabian,* wenn Leyla sagt: „Ach, Hansi, du bist so ein Moralist, so altmodisch" (Kara 2003, 379). Daneben wäre es ebenfalls lohnenswert, eine genauere Untersuchung der im Text vorgenommenen Analogiebildungen zwischen Türken und Afro-Amerikanern (die wohl u.a. für das starke Interesse der nordamerikanischen Germanistik an dem Roman verantwortlich ist) und zwischen Türken und Juden vorzunehmen. Letzteres böte sich für eine kontrastive Analyse von *Selam Berlin* und *Gefährliche Verwandtschaft* an.

29 Siehe Adelbert-von-Chamisso-Förderpreis 2004.

Alte Welt. Ost gegen West. Und vor allem Babas Schwäche für blonde Frauen." (Kara 2003, 11) Die binäre Gegenüberstellung von Orient und Okzident erweist sich angesichts der Verlockungen durch das andere Geschlecht als nachrangig. Dass es nicht nur die Blondinen sind, die es Said Kazan, der im Roman durchgehend der Familienkonstellation entsprechend als ‚Baba' bezeichnet wird, angetan haben, verrät sein Sohn an anderer Stelle: „Baba mochte die Frauen, ob hell oder dunkel, dick oder dünn, er mochte sie alle." (Kara 2003, 116) Überhaupt legt Hasans Vater einen eklektizistischen Umgang mit solchen Identitätsangeboten an den Tag, die sich im Grunde genommen ausschließen müssten. Bilanzierend erkennt sein Sohn: „Wenn es ums Essen ging, war Baba Osmane, wenn es um Politik ging, Marxist, und wenn es ums Geschäft ging, dann war Baba Kapitalist." (Kara 2003, 118) Als klassischer Schelm, der „die Lebensideologie von der Unzulänglichkeit alles Menschlichen [vertritt] und [...] die Welt als Bühne, als eitlen Wahn, [betrachtet]" (Hübner 1990, 412), windet sich der Vater durch die widrigen Bedingungen der feindlich gesinnten Umwelt, wobei er die eigene Rolle situativ anzupassen weiß. Als jemand, der nicht nur zwischen Istanbul und Berlin, zwischen türkischer Herkunftskultur und deutscher Kultur in der Aufnahmegesellschaft, sondern zugleich im innerdeutschen Vergleich auf beiden Seiten des Eisernen Vorhangs agiert, gibt Said Kazan ein eindrucksvolles Beispiel davon ab, wie Identität durch individuelle Akte performativ hervorgebracht wird: „Baba bewegte sich in zwei Systemen, auf zwei Bühnen, wie ein Schauspieler, der seine Kostüme und Requisiten für zwei Theaterstücke bereithält. So hielt Baba alles für Ost- und Westauftritte bereit." (Kara 2003, 309)

Ähnlich verhält es sich mit seinem Sohn, wie die Wandelbarkeit zeigt, mit welcher dieser seine Chance in der Filmwelt ergreift. In Bezug auf amouröse Vorlieben deckt Hasan mit der zu Romanbeginn erwähnten Blondine Britta (Kara 2003, 6) und der dunkelhaarigen Cora ebenfalls die gesamte Bandbreite ab. Beide – Vater wie Sohn Kazan – ironisieren durch ihr pikareskes Wesen die „Suche nach einer transnationalen ‚hybriden' Identität" (Holdenried 2012, 103), sodass der Romanschluss, an dem Hasan den Song *The Joker* der Steve Miller Band aus dem Jahre 1974, der 1990 über einen Levi's-Werbespot erneut den Weg in die Billboard-Charts fand, wie ein metatextuelles Fazit zur Frage der Gattungszugehörigkeit erscheint: „I am joker ... a midnight talker ... a Mauer walker, da, da, di." (Kara 2003, 382)

Auf den Kunstgriff, eine Schelmenfigur das politische Großereignis der Wende erzählen zu lassen, ist Thomas Brussig bekanntlich schon vor Yadé Kara gekommen. Der Mehrwert dieses Textes liegt also nicht in seiner erzählerischen Konzeption. Was Karas Roman von anderen Wenderomanen unterscheidet, ist die eingenommene Perspektive. Hasan Kazans Blick auf

Berlin und die Wiedervereinigung rückt die Gegenüberstellung von Wessis und Ossis angesichts der Dichotomie von Okzident und Orient in den Hintergrund. Sein Berlin erscheint als ‚dritter Ort‘ im Sinne Homi K. Bhabhas; sein Familienstammbaum mit Istanbuler und gleichzeitig West- und Ostberliner Ästen gleicht etwas „Neuem, das sowohl für deutsche als auch für türkische Leser eine Herausforderung“ (Hofmann 2006, 196) darstellen kann; eine Herausforderung, aus der bestenfalls ein neues, gemeinsames Selbstverständnis für beide Gruppen entstehen kann.

4 Fazit

Um abschließend zu einem Fazit gelangen, soll zunächst kurz an den Titel und Untertitel dieses Aufsatzes erinnert werden. Dort finden sich die Perspektiven der türkisch-deutschen Literatur bewusst in der Pluralform. Denn eine Schwierigkeit im Umgang mit türkisch-deutscher Literatur, die in gleichem Maße für die Literatur von Autorinnen und Autoren aus anderen Herkunftskulturen und -sprachen Gülitgkeit hat, resultiert daraus, dass die Texte zunächst asymmetrisch aus nur einer Perspektive wahrgenommen wurden, aus der sie zunächst als Gastarbeiter-, später als Ausländer- und dann als Migrantenliteratur in bestimmte Schubladen gesteckt worden sind. Aus dieser Perspektive werden zahlreiche interessante Aspekte der Texte nicht angemessen wahrgenommen. Um dies exemplarisch zu veranschaulichen, wurden die Analyseschwerpunkte bei den drei untersuchten Romanen auf genuin moderne Textmerkmale gelegt. Dazu gehörten u.a. die hohe Anzahl intra- und intertextueller Verweise, Polysemie, Selbstreflexivität, Metatextualität sowie textinhärente Muster der Identitätskonstitution, deren Gebundenheit an Fremd- und Selbstbilder sowie der hohe Stellenwert medialer Vorbilder für die performative Hervorbringung hybrider Identitäten. Auf diese Weise wurden alternative Klassifikationsmöglichkeiten aufgezeigt, beispielsweise gattungsspezifisch im Kontext des Wende-, Berlin- oder Schelmenromans. Als Konsequenz spräche einiges dafür, im gedanklichen Anschluss an Leslie Adelson die Aufmerksamkeit auf jene Perspektiven auf das gesellschaftliche Leben in Deutschland zu verlagern, welche von Texten der türkisch-deutschen Literatur eröffnet werden. Diese Perspektiven sind kosmopolitisch, sie überschreiten notwendigerweise die Grenzen der traditionellen Nationalphilologien, werden damit ihrem Gegenstand aber eher gerecht. Denn die europäische Literatur der Moderne lebt stets von den kulturellen Kontexten, in denen sie entsteht. Ob man dabei an James Joyces erzähltechnisch innovatives Romanexperiment *Ulysses* oder an die minimalistische Kurzprosa eines Franz Kafka denkt: Immer spielen die sprachlichen und kulturellen Entstehungskontexte dieser europäischen Metropolenliteratur eine Rolle. In diesem Sinne ist die Literatur der Moderne immer schon Migrantenliteratur gewesen. Die zentralen Merkmale der türkisch-deutschen Literatur, die Hofmann auf die Spannung zwischen Tradition und Moderne heruntergebrochen hat (vgl. Hofmann 2013, 11), prägen moderne Literatur seit jeher.

Das politische Ziel der Vertreter der einstigen Gastarbeiterliteratur ist 2018 erreicht. Migranten sind nicht nur akzeptierte Akteure im Literaturbetrieb, sie haben auch einen bedeutenden Anteil an ihm, wenn man sich die Nominierungen für die beiden wichtigsten Buchpreise ansieht. Von daher ist es nicht unbedingt bedauernswert, dass der Chamisso-Preis im Jahr 2017 in dem irakischstämmigen Autor Abbas Khider einen letzten Preisträger gefunden hat. Man braucht diesen Sonderpreis nicht mehr, wie Petra Fachinger bereits vor geraumer Zeit festgestellt hat: „Turkish-German writers no longer are exclusively presented with literary prizes reserved for those of non-German background." (Fachinger 2007, 245) Entsprechend wäre die Frage, ob nicht auch die Forschung auf spezifizierende Komposita verzichten und künftig nur noch von Literatur sprechen sollte. Dabei wäre jedoch zu hoffen, dass dieser Aufsatz, der zur Bezeichnung der entsprechenden Gruppe von Texten auf den Begriff Migrationsliteratur zurückgegriffen hat, nicht zur Verstetigung dieses defizitären und daher unliebsamen Begriffs beiträgt.

Literatur

Ackermann, Irmgard (Hg.), *Als Fremder in Deutschland. Berichte, Erzählungen, Gedichte von Ausländern*, München: dtv, 1982.

– (Hg.), *In zwei Sprachen leben. Berichte, Erzählungen, Gedichte von Ausländern*, München: dtv, 1983.

– (Hg.), *Türken deutscher Sprache. Berichte, Erzählungen, Gedichte*, München: dtv, 1984.

–, „Deutsche ver-fremdet gesehen – Die Darstellung des ‚Anderen' in der ‚Ausländerliteratur'", in: *Schreiben zwischen zwei Kulturen*, hg. v. Paul Michael Lützeler, Frankfurt a.M.: Fischer, 1996, S. 211–221.

–, „Ali Itırs Wandlungen. Aras Örens Romanheld zwischen Wirklichkeit und Phantasie", in: *Interkulturelle Konfigurationen. Zur deutschsprachigen Erzählliteratur von Autoren nichtdeutscher Herkunft*, hg. v. Mary Howard, München: Iudicium, 1997, S. 17–30.

–/Weinrich, Harald (Hg.), *Eine nicht nur deutsche Literatur. Zur Standortbestimmung der Ausländerliteratur*, München: Piper, 1986.

Adelson, Leslie A., *The Turkish Turn in Contemporary German Literature. Toward a New Critical Grammar of Migration*, New York: Palgrave Macmillan, 2005.

Arens, Hiltrud, „Family Secrets and Hybrid Identities. Rewriting the Past for the Future in Rafik Schami's *Reise zwischen Nacht und Morgen* and Zafer Senocak's *Gefährliche Verwandtschaft*.“, in: *Colloquia Germanica* 41 (2011), S. 295–313.

Beilein, Matthias, „Wendejahre und Digitalisierung: Der Literaturbetrieb im Jahr 1995.“, in: *Wendejahr 1995. Transformationen der deutschsprachigen Gegenwartsliteratur*, hg. v. Heribert Tommek/Matteo Galli/Achim Geisenhanslüke, Berlin/Boston: de Gruyter, 2015, S. 93–111.

Biondi, Franco/Schami, Rafik, „Literatur der Betroffenheit. Bemerkungen zur Gastarbeiterliteratur“, in: *Zuhause in der Fremde. Ein Ausländer-Lesebuch*, hg. v. Christian Schaffernicht, Fischerhude: Atelier im Bauhaus, 1981, S. 136–150.

Bodenburg, Julia, „Kanaken und andere Schauspieler. Performative Identitäten bei Feridun Zaimoğlu und Yadé Kara“, in: *Germanica* [online], 38 (2006), online verfügbar unter: https://journals.openedition.org/germanica/418 (letzter Zugriff: 21.03.2019).

Bucheli, Roman, „Wende ohne Ende? Deutschland wartet noch immer auf den Roman zur Wiedervereinigung“, in: *Neue Zürcher Zeitung* (10.12.2005), online verfügbar unter: http://www.nzz.ch/2005/12/10/fe/ articledd5ur_1.189906.html (letzter Zugriff 21.03.2019).

Cheesman, Tom, „‚Einfach eine neue Form‘: Gespräch mit Zafer Şenocak“, in: *Zafer Şenocak*, hg. v. Tom Cheesman/Karin E. Yeşilada, Cardiff: University of Wales Press, 2003, S. 19–30.

–/Yeşilada, Karin E., „Preface“, in: *Zafer Şenocak*, hg. v. Tom Cheesman/Karin E. Yeşilada, Cardiff: University of Wales Press, 2003, S. IX–X.

Chiellino, Carmine, „Einleitung: Eine Literatur des Konsenses und der Autonomie – Für eine Topographie der Stimmen“, in: *Interkulturelle Literatur in Deutschland. Ein Handbuch*, hg. v. Carmine Chiellino, Stuttgart: Metzler, 2007, S. 51–62.

Fachinger, Petra, „A New Kind of Creative Energy. Yadé Kara's ‚Selam Berlin‘ and Fatih Akin's ‚Kurz und schmerzlos‘ and ‚Gegen die Wand‘“, in: *German Life and Letters* 60/2 (2007), S. 243–260.

Hofmann, Michael, *Interkulturelle Literaturwissenschaft. Eine Einführung*, Paderborn: Fink, 2006.

–, *Deutsch-türkische Literaturwissenschaft*, Würzburg: Königshausen & Neumann, 2013.

Holdenried, Michaela, „Eine Position des Dritten? Der interkulturelle Familienroman *Selam Berlin* von Yadé Kara“, in: *Die interkulturelle Familie. Literatur- und sozialwissenschaftliche Perspektiven*, hg. v. Michaela Holdenried/Weertje Willms, in Zusammenarbeit mit Stefan Hermes, Bielefeld: transcript, 2012, S. 89–106.

Hübner, Klaus, „Schelmenroman“, in: *Metzler Literatur Lexikon. Begriffe und Definitionen*, hg. v. Günther und Irmgard Schweikle, 2. Aufl., Stuttgart: Metzler, 1990, S. 412–413.

Jordan, Jim; „More Than A Metaphor: The Passing of The Two Worlds Paradigm in German-Language Diasporic Literature“, in: *German Life and Letters* 59/4 (2006), S. 488–499.

Keiner, Sabine, „Von der Gastarbeiter- zur Migranten- und Migrationsliteratur – literaturwissenschaftliche Kategorien in der Krise?“, in: *Sprache und Literatur in Wissenschaft und Unterricht* 83 (1999), S. 3–14.

Konzett, Matthias: „Writing Against the Grain: Zafer Şenocak as Public Intellectual and Writer“, in: *Zafer Şenocak*, hg. v. Tom Cheesman/Karin E. Yeşilada, Cardiff: University of Wales Press, 2003, S. 43–60.

Krauss, Hannes, „Die Wiederkehr des Erzählens. Neue Beispiele der Wendeliteratur“, in: *Deutschsprachige Gegenwartsliteratur seit 1989. Zwischenbilanzen, Analysen, Vermittlungsperspektiven*, hg. v. Clemens Kammler/Torsten Pflugmacher, Heidelberg: Synchron, 2004, S. 97–108.

Kuruyazıcı, Nilüfer: „Stand und Perspektiven der türkischen Migrantenliteratur“, in: *Begegnung mit dem „Fremden“. Grenzen – Traditionen – Vergleiche, Akten des VIII. Internationalen Germanisten-Kongresses, Tokyo 1990*, Bd. VIII, Sektion 14: *Emigranten- und Immigrantenliteratur*, hg. v. Eijirō Iwasaki, München: Iudicium, 1990, S. 93–100.

Ören, Aras, *Berlin Savignyplatz. Auf der Suche nach der Gegenwart V*, Berlin: Elefanten Press, 1995.

–, *Bitte nix Polizei*, Düsseldorf: Claasen, 1981.

–, *Unerwarteter Besuch. Auf der Suche nach der gegenwärtigen Zeit VI*, Berlin: Elefanten Press, 1997.

Özdamar, Emine Sevgi, *Mutterzunge*, Köln: Kiepenheuer & Witsch, 1998.

Peters, Laura, „Zwischen Berlin-Mitte und Kreuzberg. Szenarien der Identitätsverhandlung in literarischen Texten der Postmigration nach 1989 (Carmen-Francesca Banciu, Yadé Kara und Wladimir Kaminer)“, in: *Zeitschrift für Germanistik* 21/3 (2011), S. 501–521.

Schüttpelz, Erhard: „Eine Berichtigung für eine Akademie“, in: *Kafkas Institutionen*, hg. v. Arne Höcker/Oliver Simons, Bielefeld: transcript, 2007, S. 97–124.

Schüttpelz, Erhard, Weltliteratur in der Perspektive einer Longue Durée: Die fünf Zeitschichten der Globalisierung, in: *Wider den Kulturenzwang. Kulturalisierung und Dekulturalisierung in Literatur, Kultur und Migration*, hg. v. Özkan Ezli/Dorothee Kimmich/Annette Werberger, Bielefeld: transcript, 2009, S. 339–360.

Segelcke, Elke, „National History and Politics of Memory in Turkish-German Literature“, in: *Colloquia Germanica* 44/4 (2011), S. 396–407.

Şenocak, Zafer, *Atlas des tropischen Deutschland. Essays*, Berlin: Babel, 1992.

–, *Der Mann im Unterhemd*, Berlin: Babel, 1995.

–, *Die Prärie*, Hamburg: Rotbuch, 1997.

–, *Der Erottomane. Ein Findelbuch*, München: Babel, 1999.

–, *Gefährliche Verwandtschaft*, München: Babel, 2016 [1998].

Şölçün, Sargut, „Literatur der türkischen Minderheit“, in: *Interkulturelle Literatur in Deutschland. Ein Handbuch*, hg. v. Carmine Chiellino, Stuttgart: Metzler, 2007, S. 135–152.

Steltz, Christian, „Migrantenliteratur“, in: *Wendejahr 1995. Transformationen der deutschsprachigen Gegenwartsliteratur*, hg. v. Heribert Tommek/Matteo Galli/ Achim Geisenhanslüke, Berlin/Boston: de Gruyter, 2015a, S. 156–174.

–, „Kanak Sprak“, in: *Wendejahr 1995. Transformationen der deutschsprachigen Gegenwartsliteratur*, hg. v. Heribert Tommek/Matteo Galli/Achim Geisenhanslüke, Berlin/ Boston: de Gruyter, 2015b, S. 501–508.

Tommek, Heribert: „Schreibweisen der Gegenwartsliteratur im Querschnitt des Jahres 1995“, in: *Wendejahr 1995. Transformationen der deutschsprachigen Gegenwartsliteratur*, hg. v. Heribert Tommek/Matteo Galli/Achim Geisenhanslüke, Berlin/ Boston: de Gruyter, 2015, S. 8–25.

Treitschke, Heinrich von, *Deutsche Geschichte im neunzehnten Jahrhundert. Bd. 2. Bis zu den Karlsbader Beschlüssen*, 3. Aufl., Leipzig: Hirzel, 1886.

Tuschick, Jamal, „‚Bruder, du bist meine Stimme‘. Feridun Zaimoğlu, Kombattant im Kulturkampf“, in: *Aufgerissen. Zur Literatur der 90er Jahre*, hg. v. Thomas Kraft, München: Piper, 2000, S. 105–116.

Vlasta, Sandra, „Das Ende des ‚Dazwischen‘ – Ausbildung von Identitäten in Texten von Imran Ayata, Yadé Kara und Feridun Zaimoğlu“, in: *Von der nationalen zur internationalen Literatur. Transkulturelle deutschsprachige Literatur und Kultur im Zeitalter globaler Migration*, hg. v. Helmut Schmitz, Amsterdam: Rodopi, 2015, S. 99–116.

Walter, Hans-Albert, *Gib dem Herrn die Hand, er ist ein Flüchtling. Essay*, Düsseldorf: C.W. Leske, 2016.

Yeşilada, Karin E., „Poetry on its Way: aktuelle Zwischenstationen im lyrischen Werk Zafer Şenocaks“, in: *Zafer Şenocak*, hg. v. Tom Cheesman/Karin E. Yeşilada, Cardiff: University of Wales Press, 2003a, S. 112–129.

–, „Zafer Şenocak: Outline Biography“, in: *Zafer Şenocak*, hg. v. Tom Cheesman/ Karin E. Yeşilada, Cardiff: University of Wales Press, 2003b, S. 16–18.

Zaimoğlu, Feridun, *Kanak Sprak*, Hamburg: Rotbuch, 1995.

Mehrsprachigkeit als Migration

Wie Sprachen in Texte einwandern

Till Dembeck

Literarische Mehrsprachigkeit wird oft mit Migration in Verbindung gebracht, und zwar meist mit der Migration von Autoren. Das gilt ist insbesondere für all diejenigen Arbeiten, die sich mit ‚translingualism' befassen, also mit Texten, die in einer anderen Sprache geschrieben wurden als der Muttersprache des Autors. Besonders gerne werden dabei ‚Sprachmemoiren' gelesen, also mehr oder weniger autobiografische Texte, die von der meist migrationsbedingten Konfrontation des Autors mit einer anderen Sprache (meist derjenigen, in der er nun schreibt) berichten.

In meinem Beitrag setze ich mich demgegenüber mit einer anderen Art von Migration auseinander – das signalisiert ja bereits mein Titel: Mehrsprachigkeit *als* Migration. Mich interessiert Migration als sprachliches Phänomen; genauer: ich beschreibe den literarischen Text als *Schauplatz* sprachlicher Migration. Natürlich hängt sprachliche Migration oft mit der Bewegung von Menschen zusammen. Dies ist aber nicht immer der Fall, beispielsweise beim anderssprachigen Zitieren. Hier sind es in erster Linie Texte (oder Teile von Texten), die sich bewegen und an anderer Stelle wiederauftauchen. Auf den Zusammenhang zwischen ‚echter' Migration und ‚bloß sprachlicher' Migration werde ich zurückkommen.

Ich beginne mit einfachen, teils literarischen Beispielen, um die enorme formale Vielfalt literarischer Mehrsprachigkeit vor Augen zu führen (1). Im Anschluss daran stelle ich einige allgemeine Überlegungen zur Mehrsprachigkeit und zu ihrer Relevanz für die Literaturwissenschaft an (2). Daraus ergibt sich mein Vorschlag, die Erforschung literarischer Mehrsprachigkeit unter dem Schlagwort ‚Mehrsprachigkeitsphilologie' neu zu organisieren (3). In einer detaillierteren Analyse einiger meiner Anfangsbeispiele zeige ich dann, wie die ‚Einwanderungsgesetze' der Literatur, wie ich formulieren möchte, mit der kulturpolitischen Wirkungskraft (oder auf Englisch: *agency*) der Texte in Verbindung stehen, also mit der politischen Position, die sie jeweils zu der Frage beziehen, wie wir den Dingen Bedeutsamkeit zumessen sollten (4). An dieser Stelle der Argumentation wird klar werden, dass das anderssprachige Zitieren die paradigmatische Form von Mehrsprachigkeit als Migration ist (5). In einem letzten Schritt werde ich den Fokus weiten und fragen, inwiefern Mehrsprachigkeitsphilologie zur Debatte um Weltliteratur beitragen kann – und

© WILHELM FINK VERLAG, 2020 | DOI:10.30965/9783846765241_004 inwiefern sie damit auch für die Erforschung ‚echter' Migration, also derjenigen von Menschen, von Relevanz ist (6).

1 Literarische Darstellungen von Mehrsprachigkeit

Es ist wichtig zu sehen – auch mit Blick auf Literatur –, dass sich die Komplexität der mehrsprachigen Wirklichkeit allein mit dem Konzept des Codeswitchings nicht erfassen lässt. Das Luxemburgische ist ein gutes Beispiel dafür. Es handelt sich beim Luxemburgischen um eine Kontaktsprache. Kontaktsprachen wie zum Beispiel Pidgins, Kreolsprachen oder *mixed languages* sind Idiome, die sich auf der Basis von mindestens zwei vorher voneinander getrennten Sprachen entwickelt haben. Fast alle europäischen Sprachen sind in diesem Sinne Kontaktsprachen. Aber im Luxemburgischen bleibt dieses sprachhistorische Faktum aktuell und sichtbar. Das sieht man beispielsweise an diesen beiden Tweets des luxemburgischen Finanzministers, Pierre Gramenga (@pierrgramenga):

> Moody's confirméiert AAA fir Lëtzebuerg. Eiser Wirtschaft & Finanzplatz geet et gutt. D'Staatsfinanze sinn zolitt. (4.3.2017)
> AAA och vun @spglobalratings confirméiert. Och an Zukunft: Wuesstum; équilibréierte Budget; niddreg Schold (17.3.2017)

Das Luxemburgische hat keine Probleme damit, jederzeit – und ohne davon viel Aufhebens zu machen – Elemente aus dem Deutschen und dem Französischen zu übernehmen. Im Beispiel finden sich neben dem Luxemburgischen („geet et gutt", „niddreg Schold") Standarddeutsch („Wirtschaft", „Zukunft") und französische Wörter, die morphologisch an das Luxemburgische angepasst sind („confirméiert", „équilibréiert", „Budget"). Dieses Verfahren ist für das Luxemburgische allgemein charakteristisch: Es sieht die Integration deutscher und französischer Elemente planmäßig vor, ja, es gibt sogar grammatische Regeln dafür. Mit einer Formulierung von Robert Stockhammer könnte man auch sagen, dass das Luxemburgische zumindest mit Blick auf Deutsch und Französisch eine ausgesprochen großzügige „Migrations- und Integrationspolitik" verfolgt (Stockhammer 2014, 318). Aus diesen Sprachen einwandernde Wörter – Quintilian nennt sie *verba peregrina*, herumwandelnde Wörter (*Institutio Oratoria*, I.5.55) – werden im Luxemburgischen schnell heimisch, ohne dabei die Deutsch- bzw. Französischsprachigkeit ganz zu verlieren. Allerdings ist ihr Status manchmal etwas unklar – in Gramengas Tweets weiß man an einigen Stellen nicht so genau, welche Sprache er gerade benutzt, vielmehr wirken einzelne Elemente ‚translingual' (wie die aktuelle soziolinguistische Erforschung sprachlicher „superdiversity“ das wahrscheinlich nennen würde; vgl. Blommaert 2010). Im Luxemburgischen werden die *verba peregrina* aus dem Deutschen und Französischen also nur teilweise in ihre neue Umgebung ‚eingebürgert‘, sie unterhalten weiterhin eine Beziehung zu ihrer Herkunftssprache und haben daher spezifische Konnotationen, wobei beispielsweise das Französische häufig Urbanität oder Kosmopolitismus anzeigt – oder auch: einen Möchtegern-Kosmopolitismus. Adornos berühmte Formulierung, die Fremdworte seien die „Juden der Sprache“ (Adorno 1951, 200) verweist auf diese kulturelle Polyvalenz migrierender sprachlicher Elemente und Strukturen.

Wie verhält sich die Literatur zu diesen unterschiedlichen Formen sprachlicher Migration, die ich hier natürlich nur sehr oberflächlich dargestellt habe? Eines der Phänomene, das hier zu beachten ist, ist die Darstellung mehrsprachiger Figurenrede in literarischen Texten. Dies ist, soweit ich sehe, die erste Form von literarischer Mehrsprachigkeit, die von der Forschung untersucht worden ist und auf die man literarische Mehrsprachigkeit gerne reduziert, auch wenn es darüber hinaus noch sehr viele andere Formen der literarischen Mehrsprachigkeit gibt. Die meisten Arbeiten gehen dabei davon aus, dass in mehrsprachiger Kommunikation mehrere, distinkte und jeweils an Muttersprachler gebundene Sprachen vorkommen müssen; gefragt wird üblicherweise, wie diese unterschiedlichen Sprachen in eigentlich einsprachigen Texten (und man geht dann auch davon aus, dass Texte in der Regel einsprachig sind) wiedergegeben werden. Das heißt: die meisten Arbeiten zur literarischen Mehrsprachigkeit interessieren sich eigentlich für die Darstellung von Codeswitching in der Literatur.

Meir Sternberg hat in einem sehr einflussreichen Artikel von 1981 vorgeschlagen, drei Darstellungsmodi zu unterschieden: Er nennt zum Ersten die *„referential restriction“*, das heißt, ein Darstellungsverfahren, das von Vornherein alles ‚fremde‘ Sprachmaterial aus dem Bereich dessen ausschließt, was dargestellt wird (Sternberg 1981, 223); zum Zweiten das *„vehicular matching“*, das heißt, die Wiedergabe aller im Geschehen vorkommenden Sprachen im Original (Sternberg 1981, 223); und zum Dritten die Anwendung der *„homogenizing convention“*, das heißt, die Wiedergabe eines mehrsprachigen Geschehens in nur einer Sprache (Sternberg 1981, 224). Dabei verfahren die ersten beiden Modi, also „referential restriction“ und „vehicular matching“, eigentlich gleich, denn sie stellen die sprachliche ‚Wirklichkeit‘ des Geschehens so dar, ‚wie sie ist‘. Am interessantesten ist daher der dritte Modus.

Die meisten Anwendungen der „homogenizing convention“ tun schlicht so, als gäbe es keine Sprachdifferenzen, auch wenn der Leser sogleich sieht, dass dies eigentlich nicht sein kann. In den höfischen Romanen des Mittelalters reisen die Protagonisten oft sehr weit und durch vieler Herren Länder, ohne jemals an die Grenzen ihrer Sprachkompetenz zu stoßen. Sehr oft werden Sprachdifferenzen aber auch in irgendeiner Art und Weise angezeigt. Das wichtigste Prinzip solcher Anwendungen der „homogenizing convention" lässt sich an dem in Abb. 3.1 zu sehenden Auszug aus *Astérix et les Goths* von Albert Uderzo und René Goscinny aus dem Jahr 1963 ablesen. Die Differenz zwischen dem Gallischen und dem Gotischen wird hier durch zwei unterschiedliche Schrifttypen und durch andere grafische Mittel angezeigt. Dabei wird dem Leser vor Augen geführt, wie wenig man sich auf Dolmetscher verlassen kann: Das gallische „Nein" wird zu einem gotischen „Ja".

Abb. 3.1 Albert Uderzo/René Goscinny, Astérix et les Goths (Paris: Hachette, 2013 [1963]), online verfügbar unter: http://goscinny.free.fr/Traduction.htm (letzter Zugriff: 23.10.2019)

Beispiele für eine dergestalt ‚latente' Darstellung anderer Sprachen in einem (scheinbar) einsprachigen Text finden sich in den unterschiedlichsten literaturhistorischen Zusammenhängen.[1] So zeigen etwa in Shakespeares Komödien Blankvers und Prosa die unterschiedlichen Soziolekte an, die die aristokratischen Helden und die ‚Fools' jeweils sprechen. Einen ähnlichen Trick findet man im zweiten Teil von Goethes *Faust* (1832) und in Franz Grillparzers dramatischer Trilogie *Das goldene Vlies* (1819). Bei Grillparzer sprechen die Griechen größtenteils in Blankversen, die ‚barbarischen' Kolcher aber in freien Versen. Hier stehen die beiden unterschiedlichen Versmaße nicht (nur) für zwei unterschiedliche Soziolekte, sondern für zwei Sprachen, die ihren Sprechern eigentlich nicht auf Anhieb verständlich sind (Weissmann 2017). Im zweiten Teil des *Faust* reist der Held nach Griechenland, um Helena kennenzulernen.

1 Zur Differenz zwischen latenter und manifester Mehrsprachigkeit siehe Radaelli 2011, 53.

Als sich die beiden dann tatsächlich treffen, wird die Tatsache, dass Helena klassisches Griechisch spricht, durch das Versmaß angezeigt (sie spricht in jambischen Trimetern). Helena wiederum wundert sich über die Sprache eines von Fausts Vasallen, der sie in einer gereimten Lobrede anspricht, denn den im klassischen Griechisch noch unbekannten Endreim kann sie nicht kennen. Es ist also konsequent, dass Helena Faust darum bittet, ihr diese seine Sprache beizubringen – und daraus entwickelt sich schließlich das gemeinsame Versmaß bzw. Idiom ihrer Partnerschaft (siehe Dembeck 2018). Natürlich sind die Beispiele keinesfalls auf das Drama beschränkt. Bei Karl May beispielsweise kann die Unterscheidung zwischen Standarddeutsch und Sächsisch anzeigen, dass ‚eigentlich' Englisch (Standarddeutsch) und Deutsch (Sächsisch) gesprochen werden. Schließlich kommt es im Film oft vor, dass fremde Sprachen nur durch einzelne Einsprengsel oder durch eine ‚fremdartige' musikalische Untermalung angezeigt werden.

Ein unter Literaturwissenschaftlern besonders populäres Beispiel für die latente, indirekte oder implizite literarische Darstellung von Mehrsprachigkeit ist Feridun Zaimoğlus *Kanak Sprak* von 1995. Das Buch ist vor allem für das Idiom bekannt geworden, in dem es geschrieben ist und das (angeblich) dazu dient, die Sprechweise postmigrantischer (meist türkischer) Jugendlicher in Deutschland wiederzugeben. Das Vorwort zu Zaimoğlus Buch annonciert die folgenden Texte allerdings eindeutig als „Nachdichtung" (also nicht einmal als Übersetzung) von mündlichen Interviews, deren Tonbandaufnahmen vernichtet worden sind – ein relativ offener Hinweis darauf, dass man es mit frei erfundenen Texten zu tun hat (Zaimoğlu 2011, 19). Die *Kanak Sprak* ist also nichts anderes als eine literarische Konstruktion. Es ist interessant, dass ausgerechnet das Türkische sich fast überhaupt nicht im Text findet. Yasemin Yildiz hat ausführlich gezeigt, dass der Text eigentlich eine Mischung aus (norddeutschem) Dialekt, Hip-Hop-Englisch, Jiddish und einem gehobenen literarischen (ja, bisweilen biblischen) Deutsch darstellt (Yildiz 2012, 186).

Zaimoğlus Text hat mit den zuvor aufgeführten Fallbeispielen gemein, dass er eine Art kulturelle Camouflage betreibt: Einzelne sprachliche Elemente und Strukturen ‚tun so', als seien sie aus einer anderen Sprache in den Text und ‚seine' Sprache eingewandert. Selbstverständlich wird eine solche indirekte Darstellung anderer Sprachen vor allem im Rahmen der literarischen Fiktion funktionieren. Aber es gibt einen noch tieferen Grund dafür, dass es überhaupt möglich ist, Sprachdifferenzen, die auf unterschiedlichen Strukturebenen angesiedelt sind, füreinander einstehen zu lassen – also beispielsweise die Differenz zwischen zwei Idiomen, die ihren Sprechern wechselseitig auf

Anhieb nicht verständlich sind, durch unterschiedliche Varietäten ein- und derselben Sprache oder durch unterschiedliche Versmaße.

2 Was ist Mehrsprachigkeit?

Um dies zu verstehen, muss man sich auf eine etwas allgemeinere Argumentationsebene begeben und die Frage stellen, was eigentlich Mehrsprachigkeit ist bzw. genauer: wie Mehrsprachigkeit aus philologischer Perspektive – im Unterschied zur linguistischen Perspektive – beschrieben werden kann.

Dazu möchte ich ein Beispiel aufrufen, das Yildiz in ihrem Buch *Beyond the Mother Tongue* anführt, um zu zeigen, dass auch etwas, was landläufig als Beispiel für Mehrsprachigkeit durchgehen würde, zutiefst von etwas geprägt sein kann, was Yildiz „Einsprachigkeitsparadigma", „monolingual paradigm", nennt (Yildiz 2012, 2): das Kunstprojekt „Wordsearch", das Karin Sander im Auftrag der Niederlassung der Deutschen Bank in New York mit dem Ziel durchgeführt hat, die sprachliche Vielfalt der Stadt New York vor Augen zu führen (vgl. zum Folgenden Yildiz 2012, 1–3, 21–25). Sander hatte 250 in New York lebende Muttersprachler 250 verschiedener Sprachen gebeten, jeweils ein Wort in ihrer Muttersprache zu benennen. Alle 250 Wörter wurden dann in die jeweils 249 anderen Sprachen übersetzt und alle Wörter in großen Tabellen als Beilage zur New York Times publiziert. Problematisch findet Yildiz nicht nur die reichlich engstirnige Vorstellung von Übersetzung, die diesem Projekt zugrunde liegt (also die Vorstellung, es gebe zu jedem Wort zunächst eine Entsprechung im Englischen und dann wiederum eine in jeder anderen Sprache, denn übersetzt wurde allem Anschein nach über das Englische). Vor allem zeigt sie, dass das Projekt die Auffassung artikuliert, es sei für jeden Menschen natürlich, genau eine Muttersprache zu haben. In der Kombination beider Auffassungen – Natürlichkeit der *einen* Muttersprache und unproblematische Korrespondenzverhältnisse – sieht Yildiz das Einsprachigkeitsparadigma begründet.

Dem kann man hinzufügen, dass „Wordsearch" zwar viele sprachliche Elemente in Bewegung setzt, für die Einwanderung all dieser Elemente in das Projekt dabei aber ausgesprochen strenge Regeln anwendet. Offenkundig ist die Hauptsprache des Projekts das Englische, also die Sprache, in die die Namen aller Teilnehmer transkribiert – und somit durchaus auch übersetzt wurden. Wenn wir annehmen, dass es sich bei den Projektteilnehmern größtenteils um Migranten handelte, so zeigt sich, dass sie und ihre Sprachen den Weg in das Projekt nur unter der Voraussetzung haben beschreiten können, dass sie sich der englischen Sprache und ihrer spezifischen Art und Weise, Bedeutsamkeit zu produzieren, unterworfen haben. Man könnte auch sagen, dass das Projekt (und mit ihm das Einsprachigkeitsparadigma als Ganzes) auf der Grundoperation aufbaut, (kulturelle) Komplexität auf distinkte bzw., wie ich sagen würde, digitale Einheiten zu reduzieren.

Yildiz' Überlegungen zum Einsprachigkeitsparadigma gehören zu den wirkungsmächtigsten Beiträgen der aktuellen Forschung zur literarischen Mehrsprachigkeit, und insbesondere ihre Analysen zu den literarischen Effekten der ‚postmonolingual condition', auf die ich hier nur am Rande am Beispiel Zaimoğlus hingewiesen habe, sind wegweisend, insofern sie zeigen, dass man auch scheinbar einsprachige Texte mit Blick auf ihre Mehrsprachigkeit analysieren kann. Es gibt aber weitere Konzepte, die ähnliche Aufmerksamkeit verdienen. Jenseits der soziolinguistischen Erforschung von „translanguaging" und „superdiversity" sind hier Arbeiten aus der Übersetzungswissenschaft, der angewandten Linguistik und auch der Literaturwissenschaft zu nennen, die systematisch die Grenzen des Konzepts der *langue* – und das heißt zum Beispiel die Unklarheit der Grenzen jeder *langue* – aufzeigen und damit die stillschweigenden Voraussetzungen des Einsprachigkeitsparadigmas in Frage stellen.

So hat etwa Thomas P. Bonfiglio eine systematische historische ‚Dekonstruktion' der Begriffe ‚Muttersprachler' und ‚Muttersprache' vorgelegt, ausgehend von einer Lektüre von Dantes *De vulgari eloquentia* (um 1300) (Bonfiglio 2010; siehe auch Derrida 1998 [1996]); David Martyn zeigt in ähnlich argumentierenden Arbeiten, welch zentrale Rolle das Schaffen Johann Gottfried Herders für die Geschichte dieser Begriffe gespielt hat (Martyn 2014). Ausgehend von postkolonialen Kontexten haben Alastair Pennycook und Sinfree Makoni demonstriert, dass jegliche sprachliche Einheit im Sinne von *langue* (also im Sinne eines Sprachsystems, das es ermöglicht zu entscheiden, was zu einer Sprache gehört und was nicht, d.h. auch, was korrekt gebildet ist und was nicht) keineswegs als etwas Gegebenes aufgefasst werden darf, sondern immer durch kulturpolitische Maßnahmen hergestellt und in diesem Sinne ‚erfunden' ist (Makoni/Pennycook 2005). David Gramling hat diese These aufgegriffen, aber zugleich betont, dass die Idee der Einsprachigkeit auch wiederum selbst ‚erfinderisch' gewesen ist – nämlich in dem Sinne, dass sie eine ganze Reihe spezifisch moderner gesellschaftlicher Entwicklungen vorangetrieben oder zumindest begünstigt hat (beispielsweise die Entstehung von Demokratien, die Entwicklung von Wissenschaftssprachen oder die Rechtsdogmatik des Europarechts) (Gramling 2016). Und Naoki Sakai hat in einem intensiv rezipierten Aufsatz mit dem Titel „How to Count a Language" gezeigt, dass die Vorstellung von Sprachen als distinkten, voneinander getrennten

Einheiten durch das Konzept der Übersetzung zuallererst konstituiert wird (Sakai 2009). Dementsprechend kann wiederum Gramling die Idee einer universellen Übersetzbarkeit für den Motor der modernen Einsprachigkeit halten (Gramling 2016, 122–129).

Auch zu einer konkreteren Beschreibung einer Mehrsprachigkeit, die nicht auf der dem Einsprachigkeitsparadigma verhafteten Vorstellung von Sprachen als in sich abgeschlossenen Einheiten beruht, sind von Seiten der Literaturwissenschaft Vorschläge gemacht worden. So hat Rainier Grutman in seinen Studien zur Sprachvielfalt in der Literatur aus dem Québec des 19. Jahrhunderts den Begriff des „hétérolinguisme" geprägt, der gerade die Tatsache bezeichnet, dass literarische Texte oft von eher niederschwelligen Sprachdifferenzen geprägt sind (Grutman 1997). Stockhammer benutzt, um auf die Tatsache hinzuweisen, dass einzelne sprachliche Elemente oder Strukturen zu unterschiedlichen Graden unterschiedlichen Idiomen zugeordnet sein können, den Begriff der „Sprachigkeit", der eben diese Zugehörigkeit bezeichnet. Denkbar sind beispielsweise multiple oder ambivalente Sprachigkeiten einzelner sprachlicher Strukturen oder Elemente (Arndt et al. 2007; vgl. Martyn 2014, 49–50). Mit einer ähnlichen Zielsetzung hat abermals Gramling vorgeschlagen, M. A. K. Hallidays Begriff der „semiodiversity" aufzugreifen, der die fundamentale Divergenz bezeichnet, die jede Bedeutungsproduktion im konkreten Sprachgebrauch potentiell jederzeit zum Effekt hat und die nicht auf „glossodiversity", also die Vielfalt separierter und jeweils ineinander übersetzbarer Codes, reduziert werden kann. „Glossodiversity" ist in dieser Terminologie nichts anderes als die letztendlich triviale Vervielfältigung von Einsprachigkeiten, wie sie auch für Yildiz den Kern der meisten Auffassungen von Mehrsprachigkeit ausmacht; dagegen bezeichnet „semiodiversity" eine Form der sprachlichen Vielfalt, die nicht von Vornherein in ihrer Sprachigkeit definiert (oder definierbar) ist, sondern sich aus der unvorhersehbaren Kreativität des alltäglichen Sprachgebrauchs ergibt (Gramling 2016, 32).

Alles in allem kann man aus dem hier nur ganz grob skizzierten Forschungsstrang drei Schlussfolgerungen ziehen:

A. Die *langue*, verstanden als einzelsprachiges System, ist weder ‚natürlich' gegeben noch eine Voraussetzung des Sprechens.

B. Sprache als distinkte, von anderen Sprachen unterschiedene und in andere Sprachen übersetzbare Einheit ist immer eine ‚Erfindung', d.h. das Ergebnis kulturpolitischer Anstrengungen und Eingriffe. Insofern es Einzelsprachen gibt, belegen sie den Erfolg von Regulierungsmaßnahmen, die feste Verfahren etabliert haben, nach denen falsche und richtige Äußerungen eindeutig identifiziert werden können. Ein zentrales Element dieser kulturpolitischen Maßnahmen ist die Anwendung sprachlicher Einwanderungsgesetze.

C. Mehrsprachigkeit ist nicht (nur) die Gegebenheit mehrerer, zählbarer Idiome, sondern die Gegebenheit sprachlicher Elemente oder Strukturen, die an unterschiedliche, mehr oder weniger gut unterscheidbare Idiome gebunden sind (im Sinne von ‚Sprachigkeit'). Das entspricht der Erfahrung, dass der Rechtsstatus von Einwanderern (der definitionsgemäß digital ist – man ist ‚legal' oder nicht, 0/1) nichts mit der Komplexität ihrer kulturellen und sprachlich-sprachigen Zugehörigkeiten zu tun hat.

3 Was ist Mehrsprachigkeitsphilologie?

Auf der Grundlage dieser Hypothesen kann ich nun skizzieren, was ich unter Mehrsprachigkeitsphilologie verstehe. Die epistemologische und methodische Reichweite der Einsicht in die ‚Erfundenheit' aller sprachlichen Einheiten kann besser abgeschätzt werden, wenn man sich die methodologische Differenz zwischen Philologie und Linguistik vor Augen führt. Genauer möchte ich Mehrsprachigkeit als Forschungsbereich von genuin philologischem Interesse beanspruchen, also als Forschungsbereich, der auch anders als mit linguistischen Methoden bearbeitet werden kann (zum Folgenden siehe ausführlich Dembeck 2018).

Im Anschluss an Peter Szondi lässt sich Philologie (im engeren Sinne des Wortes) beschreiben als Beschäftigung mit sprachlichen Äußerungen in ihrer historischen Singularität. Das bedeutet, dass die Philologie die potentielle Signifikanz *jedes* Details unterstellen muss, unabhängig vom ersten Eindruck und vom Vorverständnis. Philologie folgt daher nicht der Regel empirischer Wissenschaften, dass ein einzelnes Faktum keinen Unterschied macht, d.h. keine statistische Relevanz hat (Szondi 1967). Ganz im Gegenteil: Die Philologie nimmt es sich heraus, auch an singulären Phänomenen des Sprechens interessiert zu sein, beispielsweise an den Streichungen in Kafkas Manuskripten. Philologie muss gegenüber dem scheinbaren Nicht-Signifikanten der Texte offenbleiben und auch hier immer nach Relevantem suchen. Nur deshalb kann man aus Befunden zu Kafkas Manuskripten legitimerweise Schlussfolgerungen für die Interpretation seiner Erzählungen ziehen. Und als Philologen sind wir auch dazu verpflichtet, die zehn Donnerworte in *Finnegans Wake* zu verstehen, die man in keinem Wörterbuch finden kann. Allgemeiner gesagt: Für die Philologie ist auch das Rauschen der Sprache potentiell bedeutsam (vgl. Young 2016, 1213).

Es ist wichtig zu sehen, dass die Linguistik als empirische Wissenschaft an Singularität in *diesem* Sinne nicht interessiert ist (auch wenn sie natürlich Teil der Philologie im weiteren Sinne des Wortes ist). Das ist offensichtlich für all jene Teilbereiche der Linguistik, die sich mit der Erschließung der *langue* von Einzelsprachen befassen. Man kann in den frühen Arbeiten Noam Chomskys nachlesen, dass die Kompetenz von Muttersprachlern, zwischen korrekt und nicht korrekt gebildeten Äußerungen zu unterscheiden, der eigentliche Gegenstand der Sprachwissenschaft sein muss, nicht deren potentiell singuläre Performanz (Chomsky 1965, 21). Natürlich ist Chomsky nicht repräsentativ für dasjenige, was die Linguistik interessiert. Aber auch diejenigen Linguisten, die sich für den partikularen, je einzelnen Sprachgebrauch interessieren, also beispielsweise der Großteil der Soziolinguisten, und die daher weniger an den einzelnen *langues* interessiert sind, sondern versuchen zu beschreiben, wie einzelne Sprecher sprachbezogene Entscheidungen treffen, interessieren sich für diese Singularitäten immer nur insofern, als sie irgendeine Form von Regelhaftigkeit aufweisen. Selbst für diejenigen Linguisten, die sprachliche „superdiversity" untersuchen (vgl. Blommaert 2010), stellt ein singuläres Ereignis nicht für sich selbst ein linguistisches Faktum dar, sondern nur, insofern es ein empirisches Korpus gibt, auf dessen Grundlage sich seine Relevanz nachweisen lässt. Insofern ist jede sprachwissenschaftliche Forschung an die Konstruktion zählbarer sprachlicher Einheiten als ihre Grundoperation gebunden: Die linguistische Beschreibung einer *langue* beispielsweise wird immer damit beginnen zu ergründen, welche Phoneme die Grundbausteine dieses Sprachsystems bilden. Letztlich geht die Einheit jeder *langue* auf die Konstitution solcher digitaler Einheiten zurück; auf den höheren Ebenen der Sprachstruktur (also auf morphologischer und syntaktischer Ebene) konstituieren die Regeln für die Erzeugung korrekter Einheiten die Einheit der Sprache.

Um einen naheliegenden Einwand vorwegzunehmen: Natürlich beschäftigt sich die Philologie mit der Konstitution digitaler Einheiten, ja, man könnte darin sogar das Kerngeschäft der Philologie sehen, denn es geht uns ja uranfänglich, nämlich insofern wir mit der Edition von Texten zu tun haben, um die Konstitution von Text, genauer: von Buchstaben, also digitalen Einheiten. Der Unterschied liegt aber darin, dass jeder philologischen Konstruktion (auch wenn das paradox klingt) eine sehr systematische Vorläufigkeit innewohnt: Die Philologie muss gegenüber allem, was sie konstituiert, prinzipiell skeptisch bleiben. Es ist zwar einerseits unsere Aufgabe herauszufinden, was an demjenigen, was wir lesen, signifikant ist – wir müssen, beispielsweise, dazu in der Lage sein, den Buchstaben ‚A' in (fast) allen Figuren aus Abb. 3.2 zu erkennen.

Insofern sind wir immer schon mit einer Reduktion von Komplexität befasst, die jenem Akt der Digitalisierung kongruent ist, die den Kern jeder

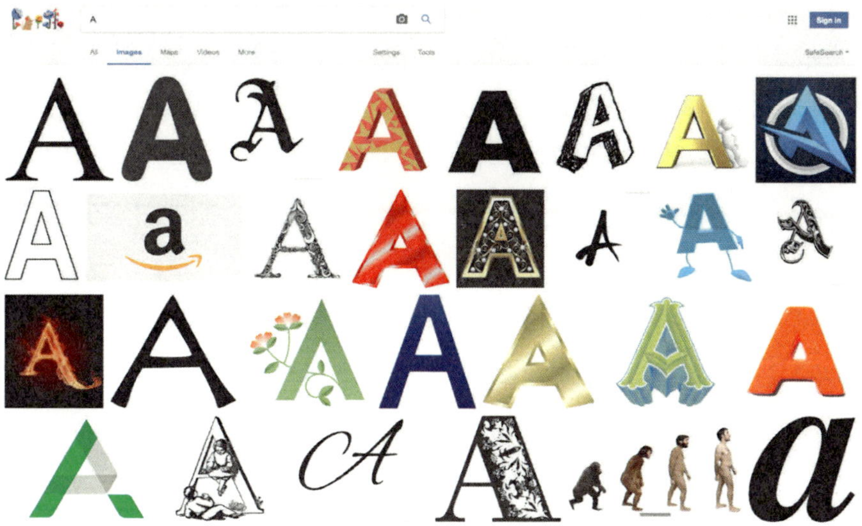

Abb. 3.2 Ergebnis einer Google-Bildersuche für ‚A' (letzter Zugriff: 8. April 2017)

linguistischen Beschreibung einer *langue* bildet (siehe hierzu und zum Folgenden Dembeck 2013a). Andererseits müssen wir uns pausenlos bewusst halten, dass alles, was wir im Rahmen dieses Prozesses als nicht-signifikant aussortiert und ignoriert haben, sich in irgendeinem anderen Zusammenhang als durchaus signifikant, ja, als entscheidend erweisen kann. Wir dürfen nie vergessen, dass jedes ‚A' von einer Vielfalt von Ornament und Rauschen umgeben ist, die sich von ihm nicht ohne weiteres ablösen lässt, so wie auch jeder Sprachlaut eine Vielzahl phonetischer Qualitäten aufweist, die keine Transkription verzeichnet, die aber dennoch bedeutsam sein können – etwa dann, wenn wir einen ‚fremden' Akzent heraushören.

Aus diesen allgemeinen Überlegungen lassen sich recht unmittelbar Schlüsse über die Voraussetzung einer Mehrsprachigkeitsphilologie ziehen: Denn wenn für die Philologie jedes sprachliche Rauschen potentiell signifikant ist, so heißt dies, dass auch jede Beeinträchtigung der Integrität des Idioms, in dem ein Text (scheinbar) verfasst ist, als potentiell bedeutsam gelten muss. Die Philologie ist ja gerade in dem Sinne Erbin der antiken Rhetorik, dass sie (anders als die Grammatik damals bzw. die Linguistik heute) aufgeschlossen ist gegenüber jeder Verletzung sprachlicher Regularien bzw. Regularitäten. Vom philologischen bzw. rhetorischen Standpunkt aus können Mehrsprachigkeit (und auch Fehlerhaftigkeit) mehr oder weniger mühelos in das Repertoire der Mittel eingereiht werden, die ein Sprecher benutzen kann, um etwas ‚gut' (wenn auch womöglich nicht korrekt) zu sagen. Auch was als fehlerhaft oder unrein erscheint, kann, wie Martyn pointiert, potentiell als rhetorische Figur durchgehen (Martyn 2004).

Wenn ich recht sehe, beruhen alle oben angeführten Positionen, die sich dagegen wenden, Mehrsprachigkeit lediglich als Vervielfachung von Einsprachigkeiten zu beschreiben, mehr oder weniger bewusst auf einer philologischen Grundlage. Ihrer aller Kritik am Einsprachigkeitsparadigma oder am linguistischen Konzept der *langue* impliziert ein Interesse an sprachlichem Rauschen, an „semiodiversity", um noch einmal Gramlings Begriffsvorschlag zu zitieren. Umgekehrt erscheint die schlichte Voraussetzung, Texte bzw. allgemein das Sprechen gehörten normalerweise (oder: natürlicherweise) genau einer *langue* an, als eine für philologische Zwecke unnötige Reduktion von Komplexität, eine apriorische Digitalisierung der sprachlichen Realität, der der singuläre Fall immer entgehen muss. Die Mehrsprachigkeitsphilologie zeichnet sich durch ihre systematische Skepsis gegenüber dieser Art von Digitalisierung aus und versucht, sprachliches Rauschen grundsätzlich als bedeutsam zu lesen. Damit vollzieht sie eine Bewegung, die derjenigen, bei der Interpretation auf Kafkas Manuskripte zurückzugreifen, sehr ähnelt, nur dass sie auf einen anderen Aspekt des Textes bezogen ist.

Wir Philologen müssen also, wenn wir beabsichtigen, die unterschiedlichen Arten und Weisen zu erforschen, auf die Literatur mehrsprachig sein kann, unser Modell von Sprachdifferenz aus unserem Interesse am Singulären heraus entwickeln. Das bedeutet nicht, dass wir keinen Gebrauch von linguistischer Theoriebildung machen könnten – ganz im Gegenteil, linguistische Begriffe sind für uns sehr nützlich. Aus philologischer Perspektive aber muss jede linguistische Kategorisierung zunächst für provisorisch gehalten werden. Denn jeder Text, insofern man ihn in seiner Singularität wahrnimmt, überschreitet womöglich die Regularitäten, die wir an und in ihm voraussetzen – und ist prinzipiell frei, grammatische Normen anzunehmen oder auch nicht.

Man kann es auch so formulieren: Als Philologe muss man, aus methodischen Gründen, immer voraussetzen, dass jeder Text seine eigenen Einwanderungsgesetze erlässt und durchsetzt, und zwar mit Blick auf alle sprachlichen Elemente und Strukturen, auch auf diejenigen, die von Vornherein als ‚heimisch' qualifiziert zu sein scheinen. Jeder Text ist autonom in dem Sinne, dass jede sprachliche Regelmäßigkeit, die man an und in ihm beobachten kann, ob sie nun in der kodifizierten Grammatik einer nationalen Standardvarietät, in der Stilgestalt eines Soziolekts oder in der Regelmäßigkeit von *language mixing* besteht, als eine Einschränkung, ein *constraint*, aufgefasst werden muss, dem sich der Text ‚freiwillig' unterwirft. Das heißt, dass aus der Perspektive der Mehrsprachigkeitsphilologie ‚Grammatik' funktional äquivalent ist zu jeder anderen Form von *constraint*, also etwa zu metrischen, gattungspoetischen oder rhetorischen Strukturvorgaben.

Das erklärt, warum in einer literarischen Darstellung Differenzen auf einer dieser Ebenen für analoge Differenzen auf einer anderen Ebene einstehen können, wie wir es am Beispiel von Shakespeare, von Goethes *Faust* und von Grillparzers *Das goldene Vlies* gesehen haben. Es ist die funktionale Äquivalenz zwischen Idiomen, die ihren Sprechern wechselseitig nicht (auf Anhieb) verständlich sind, den unterschiedlichen Dialekten, Soziolekten und anderen Varietäten ‚einer' Sprache, den unterschiedlichen ästhetischen, stilistischen oder rhetorischen Strategien, die im Text ‚am Werk' sind (wie zum Beispiel unterschiedliche Versmaße), und anderen ‚künstlichen' Einschränkungen der Sprachgestaltung, die es der literarischen Darstellung ermöglicht, Differenzen auf einer Ebene der Sprachstruktur durch analoge Differenzen auf einer anderen Ebene zu ersetzen. Und insofern man mit Blick auf diese unterschiedlichen Strukturebenen in jedem Text auf irgendeine Form von Varianz stoßen kann, lässt sich nun auch formulieren, dass jeder Text einigermaßen gewinnbringend als mehrsprachiger Text gelesen werden kann, was, wohlgemerkt, nicht heißt, dass jeder Text aus philologischer Sicht mehrsprachig *ist*. Eher ist es so, dass die Einsprachigkeit von Texten ein Sonderfall gegenüber der ‚normalen' Mehrsprachigkeit von Texten ist.

Es ist wichtig festzuhalten, dass die Hypothese, jeder Text erlasse seine eigenen Einwanderungsgesetze, eine rein methodische Relevanz hat – sie sagt nichts darüber aus, wie (literarische) Texte tatsächlich produziert werden. Kein Text kann ganz an seinen potentiellen Lesern vorbei formuliert werden, weshalb es unwahrscheinlich ist, dass ein Text eine vollkommen neue Sprache erfindet (obwohl es auch dafür Beispiele gibt). Natürlich ist die Sprachkompetenz jedes Autors beschränkt; natürlich ist sein Spielraum durch die Vorgaben der Verlagsindustrie weiter eingeengt (vgl. Lennon 2010); und natürlich macht der kulturpolitische Kontext ganz allgemein bestimmte sprachliche Entscheidungen unwahrscheinlich. Wenn wir aber, all diesen Tatsachen zum Trotz, den einzelnen Text so betrachten, als sei er voll und ganz autonom in der Auswahl der ‚Sprachregeln', denen er sich unterwirft, so gibt uns dies jene Feinfühligkeit, die man braucht, um die ganze Vielfalt literarischer Mehrsprachigkeit zu erfassen.

Man könnte nun protestieren, dass ich damit ja den Gegenstand meines Interesses selbst abschaffe: Wenn alle Texte als mehrsprachige gelesen werden können – warum sollte man sich dann auf mehrsprachige Literatur spezialisieren? Meine Antwort hierauf ist, dass die Erforschung literarischer Mehrsprachigkeit eben nicht dasselbe ist wie die Erforschung mehrsprachiger Literatur. Literarische Mehrsprachigkeit zu erforschen bedeutet nicht, von den vielen ‚normalen', d.h. einsprachigen Texten diejenigen abzusondern, die mehrsprachig sind und daher ein besonderes Interesse verdienen. Es bedeutet vielmehr, eine andere Perspektive auf den literarischen Text zu entwickeln – und zwar eine Perspektive, die es einem dann erlaubt, unterschiedliche Formen und Grade von Mehrsprachigkeit in literarischen Texten zu unterscheiden und jeweils mit Blick auf ihre kulturpolitischen Implikationen zu untersuchen.

Die Zielsetzung der Mehrsprachigkeitsphilologie ist so gesehen die Erfassung von Sprachvielfalt auf allen Ebenen der Textstruktur, und die Untersuchung der Arten und Weisen, wie die jeweils zu konstatierende sprachliche Vielfalt auf diejenige der anderen Ebenen bezogen ist. Mehrsprachigkeitsphilologie setzt nicht voraus, dass ein Text in einer Sprache (in irgendeiner Sprache) verfasst ist, sondern fragt umgekehrt danach, welches die Sprachen dieses Textes sind und wie diese (unterschiedlichen) Sprachen – die beispielsweise, wie bereits gesehen, auch metrische Regelmäßigkeiten einschließen können – sich aufeinander beziehen. Man könnte auch sagen, dass Mehrsprachigkeitsphilologie nichts anderes ist als der systematische Versuch, in literarischen Texten Spuren und Effekte sprachlicher Migration zu entdecken und zu verfolgen.

Damit möchte ich, wohlgemerkt, nicht leugnen, dass man die unterschiedlichen Ebenen, auf denen Sprachvielfalt beschrieben werden kann, unterscheiden kann und muss. Im Gegenteil! Einen Großteil ihres Interesses bezieht die Mehrsprachigkeitsphilologie daraus, dass sie sich eben auch für Sprachdifferenzen interessiert, die Verständigungsprobleme mit sich bringen – also für dasjenige, was sich auf der ersten der vorhin aufgezählten Strukturebenen abspielt. Hier könnte man von Mehrsprachigkeit im engeren Sinne sprechen. Der entscheidende Punkt ist aber, dass man, wenn man (literarische) Texte betrachtet, diese Form von Mehrsprachigkeit nicht losgelöst von denjenigen Formen von Sprachvielfalt beobachten darf, die auf anderen Ebenen situiert sind und daher unauffälliger erscheinen.

4 Literarische Sprachmischung

Kommen wir zu konkreterem Material: Welche Ergebnisse kann eine Analyse im Sinne der Mehrsprachigkeitsphilologie zeitigen, wenn man sich beispielsweise Goethes *Faust* zuwendet (für das Folgende siehe Dembeck 2018)? Selbst wenn Goethes Text nach Lexik und Grammatik fast ausschließlich deutschsprachig zu sein scheint (es gibt in Teil I und II insgesamt ca. 15 Verse auf Latein und zwei englische Wörter, allesamt Zitate), findet sich mit Blick auf die *constraints*, die auf der ästhetisch-rhetorischen Ebene zu beobachten sind, eine sehr große

Vielfalt. Das Drama präsentiert sich als extrem komplexes Zusammenspiel von metrischen Strukturen, rhetorischen Strategien und (dramatischen wie anderen) Gattungskonventionen. Es gibt kaum ein metrisches Schema, das zu Goethes Zeit bekannt gewesen ist und das man nicht irgendwo im Text fände. Goethe gebraucht Metren unterschiedlichen Ursprungs, beispielsweise die romantische *ottava rima*, den deutschen Knittelvers, antike Metren, den Blankvers und viele andere, teils auch idiosynkratische Versformen. Es ist ein Gemeinplatz der Forschung, dass der Wechsel des Metrums oft verwendet wird, um die einzelnen Protagonisten zu charakterisieren, oder um umgekehrt ihre Äußerungen durch eine eigentlich nicht passende Form zu konterkarieren. Man kann die Ansicht vertreten, dass die metrischen Strukturen in diesem Drama (ähnlich wie bei Shakespeare) den Status von Soziolekten einnehmen, womit auch hier *constraints* auf der Ebene der ästhetischen Struktur mit grammatischen *constraints* in Verbindung gebracht werden.

Auch dies ist von der Goetheforschung natürlich beschrieben worden – in Gramlings Terminologie könnte man von einer Form von „semiodiversity" sprechen. Es kommt nun aber darauf an, die *spezifische* Form von *semiodiversity* zu erfassen, die *Faust* entfaltet, und sie in Verbindung damit zu setzen, wie der Text Sprachdifferenzen beschreibt und wie er sich damit wiederum auf zeitgenössische Beschreibungen von Sprachvielfalt bezieht. Offenkundig verweisen die metrischen Muster und Gattungskonventionen, mit denen der Text spielt, jeweils auf die historischen und sprachlichen Kontexte, aus denen sie stammen. Auf diese Art und Weise gewähren sie diesen Sprachen und Kulturen eine Art latente Präsenz im Text. Daher kann man sie als migrierende formale Strukturen beschreiben, die weiterhin auf ihren Ursprung verweisen bzw. eine Beziehung zu ihm unterhalten. Das ist besonders evident mit Blick auf migrierende metrische Schemata, die einerseits unmittelbar an die Prosodie und das phonemische System der Sprache gebunden sind, aus der sie stammen, andererseits in ihrem schlichten Schematismus auf andere Sprachen übertragbar sind. Aber auch andere ästhetische/rhetorische *constraints* können, zu unterschiedlichen Graden, auf Ursprünge in anderen sprachlichen oder kulturellen Kontexten verweisen. Insofern indiziert die manifeste formale Vielfalt des *Faust* eine latente Mehrsprachigkeit des Texts, die wiederum explizit, nämlich in der bereits erwähnten Szene des Helena-Akts im zweiten Teil, auf Fragen der Sprachdifferenz im engeren Sinne bezogen wird.

So zeigt sich, dass der Text *Faust* tatsächlich eigenen sprachlichen Einwanderungsgesetzen folgt. Damit vertritt er ein kulturpolitisches Interesse, zu dem sich zeitgenössisch beispielsweise eine Parallele in Wilhelm von Humboldts Versuch findet, dem Geist der Menschheit in der Zusammenschau ihrer vielen Sprachen auf die Spur zu kommen. Davon handelt Humboldts

Abhandlung *Über die Verschiedenheit des menschlichen Sprachbaues* (1836), die kurz nach dem *Faust* erschienen ist, deren Grundzüge Goethe aber bekannt gewesen sein dürften. Sowohl Humboldts sprachwissenschaftlicher Traktat als auch Goethes Drama unternehmen den Versuch, die sprachliche Vielfalt der Menschheit innerhalb eines einzigen wissenschaftlichen bzw. poetischen Idioms zumindest abzubilden und so zumindest den Schein einer menschheitlichen Synthese zu erzeugen.

Technisch gesehen ist Zaimoğlus Versuch, den Slang türkischer postmigrantischer Jugendlicher in Deutschland ‚nachzudichten', keineswegs sehr weit entfernt von der literarischen Sprachmischung, die Goethe im *Faust* betreibt. Auch Zaimoğlu evoziert in einem vergleichsweise einsprachigen Verfahren Mehrsprachigkeit, wenn er die dialektale und soziolektale Varianz des zeitgenössischen Deutsch ausschöpft sowie biblischen und literatursprachlichen Stil zitiert. Die kulturpolitischen Implikationen dieses Verfahrens sind allerdings ganz andere, denn es geht hier darum, gegen die Erwartungen der Literaturszene der 1990er Jahre Fremdheit und Anderssprachigkeit in die deutsche Literatursprache einzubringen. Folgt Goethes *Faust* einer Strategie der Aneignung (selbst wenn sie dabei von humanistischen, kosmopolitischen Interessen geleitet ist), möchte Zaimoğlu die deutsche Literatursprache verfremden. Bemerkenswert ist, dass der Text zwar scheinbar Stereotype über türkisch-deutsche Jugendliche reproduziert, dabei aber eine Sprache benutzt, die recht unmittelbar in der deutschen Literaturtradition verwurzelt ist. Diese Ambivalenz ist für die kulturpolitische Wirkung des Textes wahrscheinlich viel wichtiger als die Nachzeichnung der postmigrantischen Wirklichkeiten in Deutschland, für die man *Kanak Sprak* lange gehalten hat.

5 Anderssprachiges Zitieren

Ich komme jetzt zu derjenigen Technik literarischer Mehrsprachigkeit, die, soweit ich sehe, am unmittelbarsten als Form von Migration verstanden werden darf – das anderssprachige Zitieren. Allgemein kann man das Zitieren beschreiben als die (mehr oder weniger) wörtliche Wiederholung eines Wortlauts aus einer anderen Quelle und zugleich den (mehr oder weniger) expliziten Verweis auf diese Quelle. Zitieren bedeutet also immer schon, fremde Rede, *parole*, ins Spiel zu bringen. Beim anderssprachigen Zitieren kommt hinzu, dass zwischen dem zitierten und dem zitierenden Text eine Sprachdifferenz zu konstatieren ist. Das anderssprachige Zitieren vollzieht also nicht nur eine migratorische Bewegung von einem (singulären) Text in einen anderen, sondern auch von einem sprachlichen Kontext in einen anderen.

Man mag darin einen eher schwachen Bezug auf das Thema Migration sehen, wenn man Migration als Bewegung von Menschen versteht. Dennoch gibt es eine recht präzise Kongruenz zwischen beiden Bewegungen. Anderssprachiges Zitieren ist die Bewegung singulärer Strukturen und Elemente in andere Texte *und* sprachliche Kontexte. Und so wie ‚echte' Migranten ihre Identität in der neuen Umgebung neu bestimmen müssen, obwohl sie zugleich weiterhin in Verbindung zu ihrem vormaligen Aufenthaltsort stehen, nehmen im Falle der anderssprachigen Zitation migrierende, singuläre sprachliche Strukturen und Elemente in ihrer neuen Umgebung eine neue Bedeutung an, obwohl sie gleichzeitig weiterhin mit den (einmaligen) historischen Umständen ihres historischen Herkunftsorts in Verbindung stehen.

Analytisch gesehen sind mit Blick auf das anderssprachige Zitieren zwei Dinge von Interesse – einerseits der Grad seiner ‚Wörtlichkeit', der nicht nur von der Treue der Transkription abhängt, sondern auch von der Treue der Übersetzung (und überhaupt von der Frage, ob übersetzt wird oder nicht), und andererseits von der Explizitheit des Verweises auf die Quelle: Anderssprachige Zitate ‚transportieren' ihren ursprünglichen sprachlichen und kulturellen Kontext auf sehr unterschiedliche Art und Weise. Sie können mit dem Text, aus dem sie stammen, auch dessen weiteren Kontext repräsentieren, oder sie können sich in ihren Konnotationen auf eine einzelne Situation eingrenzen – womit zwei Extreme der literarischen Einwanderungsgesetzgebung bezeichnet werden. Letzteres ist der Fall für das anderssprachige Zitieren in Paul Celans Gedicht „Schibboleth" aus *Von Schwelle zu Schwelle* (1955) (Celan 2004, 59–60; vgl. zum Folgenden Dembeck 2013b).

Schibboleth

Mitsamt meinen Steinen,
den großgeweinten
hinter den Gittern,

schleiften sie mich
in die Mitte des Marktes,
dorthin,
wo die Fahne sich aufrollt, der ich
keinerlei Eid schwor.

Flöte,
Doppelflöte der Nacht:
denke der dunklen
Zwillingsröte
in Wien und Madrid.

Setz deine Fahne auf Halbmast,
Erinnerung.
Auf Halbmast
für heute und immer.

Herz:
gib dich auch hier zu erkennen,
hier, in der Mitte des Marktes.
Ruf's, das Schibboleth, hinaus
in die Fremde der Heimat:
Februar. No pasaran.

Einhorn:
du weißt um die Steine,
du weißt um die Wasser,
komm,
ich führ dich hinweg
zu den Stimmen
von Estremadura.

Die am wenigsten deutschsprachige Stelle des Gedichts sind die Worte „no pasaran" – ein Zitat der anti-faschistischen Parole aus dem Spanischen Bürgerkrieg, die bedeutet: ‚Sie [die Faschisten, T.D.] werden nicht durchkommen/passieren'. Das Gedicht schildert – oder eher: beschwört – eine Hinrichtung. Das Ich wurde auf den Markt gezerrt und fordert sein Herz auf, seiner politischen Haltung treu zu bleiben und die Losung „no pasaran" auszurufen. Dieser Aufruf würde die Annahme der Feinde, der Faschisten, gewonnen zu haben, als fehlerhaft ausweisen: Durchgekommen sind die Faschisten nicht, sie haben das Herz des Hingerichteten nicht einnehmen können.

Zugleich verweist der Titel des Gedichts – ein weiteres anderssprachiges Zitat – auf eine Problematik der kulturellen Differenz, denn die Eigenart, das Wort „Schibboleth" nur so oder auch anders aussprechen zu können, offenbart nach dem *Buch der Richter* (Ri 12, 5–6) die kulturelle Identität eines Sprechers. Erzählt wird dort die Geschichte der Epharimiter, die für ihre Eigenart bekannt waren, den Laut „sch" [ʃ] weder aussprechen noch womöglich gar von dem Laut „s" [z] unterscheiden zu können, den sie an seiner Stelle durchgängig verwandten. Als die Ephraimiter nach einer verlorenen Schlacht vor ihren Feinden flohen, mussten sie einen Fluss überqueren. Die Feinde postierten sich an der Furt, forderten jeden, der hinüberwollte, auf, das Wort „Schibboleth" auszusprechen und brachten alle diejenigen um, die „Sibboleth" sagten.

Jacques Derrida hat darauf hingewiesen, dass es sich bei „Schibboleth" und „Sibboleth" eigentlich um zwei phonetische Varianten desselben hebräischen Worts handelt, dass also der Unterschied zwischen den beiden Aussprachen nicht phonemisch ist und keine Bedeutsamkeit besitzt (Derrida 2002 [1986], 51, 58). Das heißt, dass in dieser Geschichte eine eigentlich nicht-signifikante sprachliche Differenz dennoch unterscheidend, ja, entscheidend wird – sie wird zum Tötungsgrund und hindert die Ephraimiter in einem sehr buchstäblichen Sinne daran, durchzukommen, es heißt nichts anderes als: „no pasaran".

Celans Gedicht kehrt also die Situation der biblischen Geschichte genau um, denn das Losungswort, das ‚Schibboleth' „no pasaran", wünscht nicht nur, dass die Feinde nicht werden passieren können, sondern seine Äußerung bewirkt dies sogar. Das heißt: diejenigen, die aus Anlass eines kontingenten Ausschlusskriteriums bereit sind zu töten, haben dadurch die Bedeutsamkeit dieses Kriteriums falsch eingeschätzt, weil sie nicht sehen, dass die irreduzible Singularität des Individuums niemals restlos auf allgemeine Begriffe reduziert werden kann. Das „no pasaran" muss als rettendes Wort für ihren verallgemeinernden Zugriff unlesbar bleiben. Es bleibt den Feinden immer opak.

Was bedeutet es vor diesem Hintergrund, dass Celan das spanische Original „no pasaran" in den deutschen Text einwandern lässt? Warum und wie genau passiert dieses Zitat die Sprachgrenze auf seinem Weg in das Gedicht? Es wird im deutschen Text zum Symbol für die irreduzible Singularität des Subjekts. Es bleibt aber zugleich in seiner neuen Umgebung fremd – oder genauer: wir wissen eigentlich nicht, wie fremd es hier bleibt, denn Celan zitiert sozusagen mit Akzent, und zwar in einem sehr buchstäblichen Sinne, weil auf dem Wort „pasaran" ein Akzent auf der letzten Silbe fehlt, der für die Aussprache dieses Worts im Spanischen aber entscheidend ist: Ohne den Akzent müsste das Wort mit Betonung auf der zweiten Silbe ausgesprochen werden – „no pasáran". Hat sich das Schibboleth also an die deutsche, mehr oder weniger akzentfreie Orthografie angepasst? Oder macht Celan schlicht einen Fehler? Wir können das nicht wirklich entscheiden, und gerade darin mag die Pointe des Gedichts bestehen: Das Schibboleth „no pasaran" bleibt unlesbar, unaussprechlich nicht nur für die Feinde des Ich, sondern auch für uns Leser – und das ist der Effekt der Sprachdifferenz zwischen dem Zitat und dem zitierenden Text. Wir Leser können nicht in das Gedicht eindringen, es bleibt unzugänglich für jede Interpretation, die versuchen würde, seine komplexe Struktur auf eine distinkte Bedeutung zurückzuführen – wie es die Feinde tun, wenn sie das Ich hinrichten.

Von besonders bitterer Ironie ist, dass die Frage des Akzents für Celan persönlich noch in den 1950er Jahren kulturpolitisch aktuell wurde. Celan scheiterte mit seinem Vortrag vor der Gruppe 47 im Jahr 1952 vor allem aufgrund seiner Vortragsweise, die von der anwesenden literarischen Elite Westdeutschlands u.a. als jüdisch diffamiert wurde (siehe Epping-Jäger 2007). Vor diesem Hintergrund bezieht „Schibboleth" auch Stellung gegenüber den dominanten Positionen des Literaturbetriebs der 1950er Jahre.

6 Weltliteratur, (sprachliche) Migration, Mehrsprachigkeitsphilologie

Meine Ausführungen erlauben vielleicht drei vorsichtige Schlussfolgerungen mit Blick auf Fragen, die für die Literaturwissenschaft aktuell von einiger Bedeutung sind. Sie betreffen Weltliteratur, Migration und Digitalisierung.

Weltliteratur: Auch wenn ich nur einige wenige Beispiele vorstellen konnte – und dies auch noch in viel zu großer Knappheit – sollte doch deutlich geworden sein, dass sich literarische Texte in ihrer sprachlichen Vielfalt sehr unterschiedlich, in unterschiedlicher Form und in unterschiedlicher Intensität, auf die Welt beziehen. Grundsätzlich ist die Mehrsprachigkeitsphilologie als Methode auf alle literarischen Texte und Traditionen anwendbar. Daher kann die Etablierung eines Kanons ‚der' mehrsprachigen Literatur – wie bereits gesehen – nicht ihr Ziel sein. Umgekehrt sollte es ihr um die Erforschung der Vielfalt literarischer Mehrsprachigkeit in der Weltliteratur gehen. Auch in diesem Punkt ist der Blick auf den *Faust* aufschlussreich. Denn man wird wahrscheinlich sagen können, dass die intrinsische, wenn auch eher latente Mehrsprachigkeit des Textes für einen sehr hohen Grad an ‚Welthaltigkeit' einsteht, noch bevor der Text selbst beginnt zu migrieren und Teil der Weltliteratur zu werden. Die komparatistische Forschung beschreibt Weltliteratur – teils mit und teils gegen Goethes eigene Vorstellungen – als Netzwerk migrierender literarischer Texte und Lektüren, die in neuen Kontexten jeweils auf neuartige Weise Bedeutsamkeit erlangen oder auch in ihrer irreduziblen Unübersetzbarkeit in Erscheinung treten. So definiert etwa David Damrosch Weltliteratur als „not an infinite, ungraspable canon of works but rather a mode of circulation and reading", der durch Übersetzungen am Laufen gehalten wird (Damrosch 2003, 5), während für Emily Apter gerade die Unübersetzbarkeit des individuellen Werks die Grundlage jeder Beschreibung von Weltliteratur sein muss (Apter 2013). Demgegenüber könnte man mit den Mitteln der Mehrsprachigkeitsphilologie dazu übergehen, die Migration literarischer Strukturen und *constraints* zu rekonstruieren, um so die intrinsische Welthaltigkeit literarischer Texte zu ergründen. Damit wäre der Erforschung von Weltliteratur eine neue Perspektive gegeben: Es ginge nicht mehr um Fragen der Übersetzbarkeit (translatability), sondern um Fragen der Übertragbarkeit (transferability) sprachlicher *constraints*.

Migration: Wenn man davon ausgeht, dass jeder (literarische) Text seine eigenen Einwanderungsgesetze erlässt und dass diese Gesetze mehr oder weniger eng an kulturpolitische Haltungen zu Fragen der sprachlichen und damit auch kulturellen Vielfalt gekoppelt sind, dann ist die Mehrsprachigkeitsphilologie ein Werkzeug dafür, die Bewegung sprachlicher Elemente und

Strukturen durch den Raum der Sprache zu verfolgen. Diese Bewegung kann auch eine solche sein, die nicht unbedingt auch die Bewegung von Menschen, also ‚echte' Migration, impliziert. Sie ist aber auch dann ein unabdingbarer Bestandteil jener unaufhörlichen Bewegung von Menschen, die einen Großteil der Menschheitsgeschichte ausmacht. Nicht zuletzt muss darauf hingewiesen werden, dass jeder Kulturkontakt, der durch Migration zustande kommt, auf sprachlich-kulturelles ‚Wissen' bezogen ist, das unabhängig von den Personen bereits migriert ist; man glaubt schon etwas zu wissen von den Fremden, denen man begegnet. Selbst wenn man als Amerikaner den Kolumbus entdeckt, tut man dies mit wie auch immer gearteten Überzeugungen über kulturelle Alterität. Die Gründe, Kontexte und Konsequenzen ‚echter' Migration müssen politisch, sozial und ökonomisch beschrieben werden – was die Aufgabe anderer Disziplinen als der Philologie ist. Aber auch die Mehrsprachigkeitsphilologie kann ihren Beitrag leisten, wenn sie nämlich bedenkt, dass jede Konstellation sprachlicher Vielfalt in einem literarischen Text, ob bewusst oder unbewusst, kulturpolitische Implikationen hat. Wenn sie diese Implikationen ausleuchtet, kann sie ein Bewusstsein dafür erzeugen, wie Sprachdifferenzen kulturelle Vielfalt ausformen, d.h. die Vielfalt der Verfahren, Dingen Bedeutsamkeit zuzumessen. Und sie kann vielleicht dazu beitragen, dass dieses Bewusstsein Interesse weckt, anstatt Ablehnung hervorzurufen (vgl. Baecker 2003 [2000], 57).

Digitalisierung: Könnte es so etwas wie eine digitale Mehrsprachigkeitsphilologie geben? Klar ist zumindest, dass das *data mining*, das eine digitale Mehrsprachigkeitsphilologie zu betreiben hätte, nicht nur über gut funktionierende Algorithmen für Spracherkennung und Übersetzung verfügen müsste, sondern dass diese beispielsweise auch dazu fähig sein müssten, einen vormals unbekannten Akzent zu registrieren. Sie müssten dazu in der Lage sein, unvorhergesehene (unvorhersehbare?) Interferenzen auf allen Ebenen der Sprachstruktur zu erkennen (vgl. hierzu Dembeck 2010).

Literatur

Adorno, Theodor W., *Minima Moralia. Reflexionen aus dem beschädigten Leben*, Frankfurt a.M.: Suhrkamp, 1951.

Apter, Emily, *Against World Literature: On the Politics of Untranslatability*, London: Verso, 2013.

Arndt, Susan/Naguschewski, Dirk/Stockhammer, Robert, „Einleitung: Die Unselbstverständlichkeit der Sprache", in: *Exophonie. Anders-Sprachigkeit (in) der Literatur*, hg. v. dens., Berlin: Kadmos, 2007, S. 7–27.

Baecker, Dirk, *Wozu Kultur?*, Berlin: Kadmos, 2003 [2000].

Blommaert, Jan, *The Sociolinguistics of Globalization*. Cambridge et al.: Cambridge University Press, 2010.

Bonfiglio, Thomas P., *Mother Tongues and Nations: The Invention of the Native Speaker*, New York: Mouton de Gruyter, 2010.

Celan, Paul, *Von Schwelle zu Schwelle*, Bd. I.4.1 von: *Historisch-Kritische Ausgabe*, hg. v. Holger Gehle, Frankfurt a.M.: Suhrkamp, 2004.

Chomsky, Noam, *Aspects of the Theory of Syntax*, Cambridge, Mass.: M.I.T. Press, 1965.

Damrosch, David, *What is World Literature?*, Princeton: Princeton University Press, 2003.

Dembeck, Till, „Kann man Kultur digitalisieren?", in: *Weimarer Beiträge* 3 (2010), S. 421–431.

–, „Reading Ornament: Remarks on Philology and Culture", in: *Orbis Litterarum* 68/5 (2013a), S. 367–394.

–, „No pasaran – Lyrik, Kulturpolitik und Sprachdifferenz bei T. S. Eliot, Paul Celan und Rolf Dieter Brinkmann", in: *arcadia* 48/1 (2013b), S. 1–41.

–, „Multilingual Philology and Monolingual *Faust:* Theoretical Perspectives and a Reading of Goethe's Drama", in: *German Studies Review* 41/3 (2018), S. 567–588.

Derrida, Jacques, *Monolingualism of the Other, or, the Prothesis of Origin*, Stanford: Stanford University Press, 1998 [1996].

–, *Schibboleth. Für Paul Celan*, Wien: Passagen, 2002 [1986].

Epping-Jäger, Cornelia, „Stimmbrücke. Celan liest in Niendorf", in: *Deixis und Evidenz*, hg. v. Horst Wenzel/Ludwig Jäger, Freiburg i. Brsg.: Rombach, 2007, S. 195–215.

Grutman, Rainier, *Des langues qui résonnent. L'hétérolinguisme au XIX*e *siècle québecois*, Montréal: Fides, 1997.

Gramling, David, *The Invention of Monolingualism*, New York et al.: Bloomsbury, 2016.

Lennon, Brian, *In Babel's Shadow: Multilingual Literatures, Monolingual States*, Minneapolis, London: University of Minnesota Press, 2010.

Makoni, Sinfree/Pennycook, Alastair, „Disinventing and (Re)Constituting Languages", in: *Critical Inquiry in Language Studies* 2/3 (2005), S. 137–156.

Martyn, David, „ ", in: *Rhetorik. Figuration und Performanz*, hg. v. Jürgen Fohrmann, Stuttgart: Metzler, 2004, S. 397–419.

–, „Es gab keine Mehrsprachigkeit bevor es nicht Einsprachigkeit gab: Ansätze zu einer Archäologie der Sprachigkeit (Herder, Luther, Tawada)", in: *Philologie und Mehrsprachigkeit*, hg. v. Till Dembeck/Georg Mein, Heidelberg: Winter, 2014, S. 39–51.

Quintilianus, Marcus Fabius, *Institutionis Oratoriae libri XII / Ausbildung des Redners. Zwölf Bücher*, hg. u. übers. v. Helmut Rahn, Darmstadt: Wissenschaftliche Buchgesellschaft, 2006.

Radaelli, Giulia, *Literarische Mehrsprachigkeit. Sprachwechsel bei Elias Canetti und Ingeborg Bachmann*, Berlin: Akademie, 2011.

Sakai, Naoki, „How do we count a language? Translation and discontinuity", in: *Translational Studies* 2/1 (2009), S. 71–88.

Sternberg, Meir, „Polylingualism as Reality and Translation as Mimesis", in: *Poetics Today* 2/4 (1981), S. 221–239.

Stockhammer, Robert, *Grammatik. Wissen und Macht in der Geschichte einer sprachlichen Institution*, Berlin: Suhrkamp, 2014.

Szondi, Peter, *Hölderlin-Studien: Mit einem Traktat über philologische Erkenntnis*, Frankfurt a.M.: Suhrkamp, 1967.

Weissmann, Dirk, „When Austrian Classical Tragedy Goes Intercultural. On the Metrical Simulation of Linguistic Otherness in Franz Grillparzer's *The Golden Fleece* (1820)", in: *Critical Multilingualism Studies* 5/3 (2017), S. 52–74.

Yildiz, Yasemin, *Beyond the Mother Tongue: The Postmonolingual Condition*, New York: Fordham University Press, 2012.

Young, Robert J. C., „That Which Is Casually Called a Language", in: *Publications of the Modern Language Association of America* 131/5 (2016), S. 1207–1221.

Zaimoğlu, Feridun, *Kanak Sprak. Koppstoff. Die gesammelten Mißtöne vom Rande der Gesellschaft*, Köln: Kiepenheuer & Witsch, 2011 [1995/1998].

Die Russen sind wieder da!

Wie russischstämmige AutorInnen den deutschsprachigen Literaturbetrieb erobern

Nora Isterheld

1 Die „Osterweiterung" der deutschsprachigen Gegenwartsliteratur

„Die Russen sind wieder da!" – könnte man scherzhaft meinen, wenn man den aktuellen deutschsprachigen Buchmarkt überblickt und die zahlreichen Neuerscheinungen, die seit der Jahrtausendwende von russischstämmigen AutorInnen veröffentlicht wurden. Zu diesen zählen Alina Bronsky, Alexandra Friedmann, Anna Galkina, Marjana Gaponenko, Lena Gorelik, Olga Grjasnowa, Ekaterina Heider, Jan Himmelfarb, Eleonora Hummel, Oleg Jurjew, Wladimir Kaminer, Dmitrij Kapitelman, Kat Kaufmann, Wlada Kolosowa, Lana Lux, Tanja Maljartschuk, Olga Martynova, Katja Petrowskaja, Katerina Poladjan, Julya Rabinowich, Sasha Marianna Salzmann, Mitja Vachedin, Nellja Veremej, Vladimir Vertlib, Dimitrij Wall und Ella Zeiss.[1] Die Liste ist lang, die Bandbreite an Stilformen groß, der Bezug zum russisch-sowjetischen Kulturraum jedoch allgegenwärtig. Die AutorInnen werden in der Literaturkritik und in der Literaturwissenschaft in den letzten Jahren daher zunehmend im Zusammenhang betrachtet und als literarisches Phänomen, das – ausgelöst durch den Fall des Eisernen Vorhangs – zu einer äußerst produktiven „Osterweiterung" (Ackermann 2008) der deutschsprachigen Gegenwartsliteratur beiträgt.[2]

---

1 Aufgrund der synchronen, sich stetig verändernden Quellenlage sind bibliografische Angaben schnell überholt, im Zuge einer Überblicksdarstellung innerhalb eines Sammelbandes sprengen sie ohnehin den Rahmen. Nachfolgend werde ich deshalb nur auf einzelne Texte verweisen. Kurz vor der Drucklegung meiner Dissertation, aus der hier zusammenfassend einige Ergebnisse referiert werden, umfasste die deutschsprachige Literatur russischstämmiger AutorInnen bereits 94 Werke (Isterheld 2017, 407–410).

2 Auch Natascha Wodin und Irina Liebmann können zur russisch-deutschen Literatur hinzugezählt werden. Als Nachfahrinnen der sogenannten zweiten russischen Migrationswelle sind sie bereits in den 1980er Jahren in der BRD sowie in der DDR als Schriftstellerinnen in Erscheinung getreten. Nachdem es um beide zwischenzeitlich etwas ruhiger wurde, scheint sich zeitgleich zur besagten „Osterweiterung" der jungen deutschsprachigen Literatur ein Comeback der älteren Generation zu vollziehen. Sowohl Liebmann als auch Wodin wurden mit dem Preis der Leipziger Buchmesse ausgezeichnet, Liebmann für das Erinnerungsbuch über ihren Vater Rudolf Herrnstadt *Wäre es schön? Es wäre schön!* (2008), Wodin für ihren Roman *Sie kam aus Mariupol* (2017).

 | DOI:10.30965/9783846765241_005

2 Russisch-deutsche Migrationsgeschichte

Die deutschsprachige Literatur russischstämmiger AutorInnen lässt sich nicht nur im Kontext allgemeiner Globalisierungsprozesse erklären, sondern ist zugleich das – vorläufige – Resultat russisch-deutscher Migrationsgeschichte. Die meisten russischstämmigen AutorInnen sind als sogenannte „Kontingentflüchtlinge" nach Deutschland gekommen. Als Ursache für diese Migrationsbewegung gilt die Umbruchphase, die durch Michail Gorbačëvs Perestrojka eingeleitet wurde. Diese beschränkte sich nicht nur auf das politische Feld, sondern führte durch den zunehmenden Verlust sowjetischer Wert- und Verhaltensnormen zu einer geradezu existenziell empfundenen Krise, die wirtschaftliche, soziale und kulturelle Lebensbereiche gleichermaßen umfasste (Eimermacher 1997). Zeitgleich zum Systemwandel nutzten nationalistische und rechtsradikale Gruppen die Zukunftsängste der russischen Bevölkerung aus und schürten die ohnehin latent schwelende Judenfeindlichkeit im Land. Aus Furcht vor Pogromen und in der Hoffnung auf ein wirtschaftlich besseres Leben wanderten Hunderttausende russische Juden vor allem nach Israel, in die USA und nach Deutschland aus. Das Migrationsziel Deutschland als Land der Täter war international von Anfang an umstritten und bedeutete einen Wendepunkt in der deutsch-jüdischen Geschichte (Gitelman 2010).

Am 12. April 1990 bekannte sich die neu gewählte Volkskammer der DDR erstmals zu ihrer Kriegsschuld und beschloss, verfolgten Juden Asyl zu gewähren (Berger 2010). Mit Blick auf die diplomatischen Beziehungen zu Israel, das seit seiner Gründung eine ethnozentrische Strategie verfolgte und sich als einzige historisch legitimierte jüdische Heimat begriff, und das innenpolitische Selbstverständnis der BRD, das sich seinerzeit noch längst nicht als Einwanderungsland verstand, wurde diese Regelung kurze Zeit später im Zuge der deutschen Einigung abgewandelt und einwandernde Juden aus der Sowjetunion nach dem „Kontingentflüchtlingsgesetz" aufgenommen.[3] Dabei ging es

3 Das sogenannte „Kontingentflüchtlingsgesetz" lautet offiziell „Gesetz über Maßnahmen für im Rahmen humanitärer Hilfsaktionen aufgenommene Flüchtlinge", kurz „HumHAG". Es spricht von einem festgesetzten Kontingent von Flüchtlingen, das jedoch nie beziffert wurde. Auch der Flüchtlingsstatus, wie er nach der Genfer Konvention definiert ist, war bei vielen Zuwanderern aus der ehemaligen Sowjetunion kaum erfüllt, weshalb der Begriff „Kontingentflüchtling" in mehrfacher Hinsicht irreführend ist und kritisiert wurde. Seit 2005 ist die Zuwanderung von jüdischen Zuwanderern aus der ehemaligen Sowjetunion weitaus restriktiver geregelt, sodass der Nachweis jüdischer Abstammung allein nicht mehr ausreicht, um in Deutschland aufgenommen zu werden, sondern auch andere Kriterien wie Alter, berufliche Qualifikation und Deutschkenntnisse herangezogen werden. Zuvor reichte es aus, die jüdische Herkunft durch den entsprechenden Eintrag im Pass oder durch einen jüdischen Elternteil nachzuweisen. Die statistischen Zahlen zur Einwanderung

der Politik nicht nur um die Wahrnehmung der historischen Verantwortung, sondern auch um die Wiederbelebung jüdischer Kultur in Deutschland, die nach dem Holocaust nicht mehr an ihre frühere Vielfalt und Bedeutung anschließen konnte.

Zwar stiegen die Mitgliederzahlen in den jüdischen Gemeinden durch die Zuwanderer aus der ehemaligen Sowjetunion ab 1990 stark an, gleichwohl setzte recht bald eine deutliche Ernüchterung seitens der alteingesessenen und sich nunmehr in der Minorität befindlichen deutsch-jüdischen Gemeinschaft ein. Denn die meisten jüdischen Zuwanderer waren so sehr an die säkulare sowjetische Lebensweise assimiliert, dass sie ihre jüdische Identität nicht mehr religiös, sondern vornehmlich als Eintrittskarte in den Wohlstand versprechenden Westen verstanden. Die Integration in die jüdischen Gemeinden in Deutschland erwies sich folglich als problematisch, da Einheimische und Zuwanderer ungleiche Erwartungshaltungen hatten und aufgrund unterschiedlicher Erfahrungsgeschichten andere Erinnerungskulturen pflegten (u.a. Belkin 2010; Glöckner 2012).

Integrationsprobleme hatte auch die zweite, zeitgleich nach Deutschland zugezogene Einwanderergruppe, aus der sich die russisch-deutsche Literatur ebenfalls rekrutiert. Russlanddeutsche, die offiziell je nach Einreisedatum als „Aussiedler" oder „Spätaussiedler" kategorisiert werden, gelten nicht als Ausländer, sondern als heimkehrende Staatsangehörige.[4] Ihre deutschen Vorfahren waren im 18. Jahrhundert von Zarin Katharina II. mit einer Reihe von Privilegien nach Russland abgeworben worden und ließen sich als Kolonisten zunächst an der Wolga und im nördlichen Schwarzmeergebiet nieder. Im Verlauf der Geschichte – angefangen von der deutschen Reichsgründung 1871 bis zu den beiden Weltkriegen des 20. Jahrhunderts – wurden Russlanddeutsche immer wieder mit der Politik des Deutschen Reiches assoziiert und so zum

---

russisch-jüdischer Migranten weichen in der Literatur bisweilen erheblich voneinander ab, da Uneinigkeit darüber besteht, wer genau zu dieser Zuwanderergruppe zu zählen ist. In den zwei Dekaden zwischen 1991 und 2011 ist von ca. 230.000 Menschen auszugehen, von denen allerdings nur knapp die Hälfte als jüdische Gemeindemitglieder registriert gewesen sind (Haug 2007; Glöckner 2012).

4 Zahlenmäßig ist die russlanddeutsche Gruppe der jüdischen weit überlegen, auch wenn sich dieses Verhältnis nicht auf dem literarischen Markt widerspiegelt und AutorInnen mit russlanddeutschen Wurzeln und Themen (v.a. Hummel, Zeiss) in der Minorität sind. Laut den Daten des Bundesverwaltungsamtes zur Zuwanderung von Aussiedlern und Spätaussiedlern sind seit 1950 rund 4,5 Mio. Menschen nach Deutschland gekommen, davon etwa 2,5 Mio. seit 1990. Als „Aussiedler" gilt, wer bis Ende 1992 nach Deutschland eingereist ist, als „Spätaussiedler", wer seit Anfang 1993 nach Deutschland immigriert ist. Darüber hinaus werden nur bis Ende 1992 geborene Personen als „Spätaussiedler" anerkannt, weshalb langfristig mit einem Auslaufen dieser Migrationsform zu rechnen ist (Worbs et al. 2013).

Spielball deutsch-russischer Beziehungen. Aus diesem Grund war die russlanddeutsche Minderheit wiederholt Verfolgungen und Zwangsumsiedlungen ausgesetzt, was zu einer Zersplitterung und Verdrängung russlanddeutscher Kultur führte. Ähnlich wie die von Diskriminierung betroffene jüdische Bevölkerung versuchte das Gros der russlanddeutschen Minderheit sich an die sowjetischen Gegebenheiten anzupassen und vergaß darüber weitgehend das sprachliche und kulturelle Erbe der Vorfahren. Aufgrund fortwährender Benachteiligungen auch nach Stalins Tod und der immer schlechter werdenden Wirtschafts- und Versorgungslage in der Sowjetunion entschieden sich viele Russlanddeutsche für ein Leben in Deutschland. Bis heute erfolgt ihre Aufnahme in der BRD nach dem Bundesvertriebenengesetz von 1953, das seit seiner Verabschiedung immer wieder kontrovers diskutiert wurde, da es an den deutschen Opferdiskurs anknüpfte und den Deutschen ermöglichte, sich selbst nicht nur als Täter, sondern auch als Kriegsopfer zu sehen (Isterheld 2014).

3 Migrationshintergrund als Markenkern

Die sogenannte vierte Migrationswelle, unter die sowohl jüdische „Kontingentflüchtlinge" als auch Russlanddeutsche subsumiert werden, ist aus deutscher Perspektive eng mit den emotionalen Nachwehen des Zweiten Weltkrieges verbunden. Gleiches gilt für den Erfolg russisch-deutscher AutorInnen auf dem hiesigen Buchmarkt, der sich nicht nur durch globale Trends begründen lässt, sondern auch unmittelbar mit den Eigenheiten des deutschen Literaturbetriebs zusammenhängt. Geprägt von der Nachkriegsliteratur und deren Erinnerungsdiskursen, hat dieser ganz eigene Literaturdebatten und Kanonmechanismen hervorgebracht, von denen die russisch-deutsche Literatur heute profitiert.

Angestoßen durch die polemisch geführte Diskussion um Christa Wolfs Erzählung *Was bleibt* (1990), die als „deutsch-deutscher Literaturstreit" in die Literaturgeschichte eingegangen ist, wurde die gesamte deutschsprachige Nachkriegsliteratur einer Neubewertung unterzogen. Sowohl die politische und soziale Umbruchsituation nach der Wende als auch die drastischen Entwicklungsschübe der audiovisuellen und digitalen Massenmedien hatten die Legitimität engagierter Literatur nachhaltig infrage gestellt. Entsprechend trat Mitte der 1990er Jahre eine junge AutorInnengeneration auf den Plan, die den literaturkritischen Forderungen nach einer Entpolitisierung der Literatur weitgehend nachkam. Die Texte der sogenannten „Pop-" und

„Fräuleinwunderliteratur", die den Buchmarkt bis etwa 2000 geprägt haben, konnten das deutsche Feuilleton trotzdem nicht vollständig überzeugen. Das von der Literaturkritik verabschiedete Paradigma von der als kopflastig und moralinsauer empfundenen Literatur der Bundesrepublik schien durch das selbstreflexive Spiel der Popliteraten nun in sein Gegenteil umzuschlagen. So wurden die These von der Talentlosigkeit deutscher SchriftstellerInnen und die Forderung nach dem großen deutschen Zeit-, Wende- oder Berlin-Roman, den zu schreiben weder die alte noch die neue AutorInnengeneration für tauglich befunden wurde, zu den hartnäckigsten Gemeinplätzen der deutschen Literaturkritik (Köhler und Moritz 1998).

Das vorherrschende Grundgefühl einer defizitären indigenen Literatur äußert sich etwa darin, dass russisch-deutsche AutorInnen im Feuilleton auffallend häufig ihren nativen deutschsprachigen KollegInnen gegenübergestellt werden und bei Juryentscheidungen den Vorzug erhalten. Auf der Longlist des Deutschen Buchpreises standen etwa Lena Gorelik, Alina Bronsky, Olga Grjasnowa, Nellja Veremej und Sasha Marianna Salzmann. Zu den Gewinnerinnen des Ingeborg-Bachmann-Wettbewerbs zählen Olga Martynova, Katja Petrowskaja und Tanja Maljartschuk. Mit dem Preis der Leipziger Buchmesse ausgezeichnet wurden Irina Liebmann und Natascha Wodin. Die lange Liste der Preisauszeichnungen für russisch-deutsche AutorInnen reicht weiter vom Hohenemser Literaturpreis für Eleonora Hummel, dem aspekte-Literaturpreis für Kat Kaufmann bis zum Kindle Storyteller Award für Ella Zeiss.

Die PreisträgerInnen begrüßen zwar die Aufmerksamkeit für ihr Werk, lehnen aber eine Rezeption ab, die ihren Sprach- und Kulturwechsel als besonderes Qualitätsmerkmal hervorhebt. Die enorme Bedeutung der Migrationsbiografien, vor deren Hintergrund viele Texte der russisch-deutschen Literatur gelesen und auf die sie teilweise reduziert werden, ist allerdings nicht nur ein „Wahrnehmungsphänomen", sondern zugleich eine gezielt eingesetzte „Marktstrategie" (Willms 2013). Der Literaturbetrieb zeichnet sich in den letzten zwei Jahrzehnten durch eine Professionalisierung und Forcierung von Autorinszenierungen aus – ein Trend, dem sich russisch-deutsche AutorInnen und ihre Verlage zunutze machen. Das forcierte Spiel mit dem deutschen Publikumsinteresse an authentischen und aufregenden Geschichten mit Russlandbezug wird beispielsweise bei der Titelwahl und Covergestaltung sichtbar. Viele Romane und Erzählungen bedienen bereits auf dem Umschlag stereotype Lesererwartungen und rekurrieren auf traditionell russisch-sowjetische Sujets und Symbole, so zum Beispiel Olga Grjasnowas *Der Russe ist einer, der Birken liebt* (2012) oder Vladimir Vertlibs *Lucia Binar und die russische Seele*

(2015). Intertextuelle Bezüge zur klassischen russischen Literatur lassen sich etwa in Lena Goreliks Debüt *Meine weißen Nächte* (2004) beobachten, das nicht nur Assoziationen an die kurzen stimmungsvollen Sommernächte in Sankt Petersburg weckt, sondern auch an die ähnlich lautende Erzählung Dostoevskijs. Kaminers *Onkel Wanja kommt* (2012) referiert wiederum auf Čechovs berühmten Vierakter und seinen Titelhelden.

Daneben findet sich auf den Buchumschlägen eine Reihe von Symbolen, die im Westen üblicherweise mit Russland verbunden werden. Zu diesen Fremdstereotypen zählen etwa Matrjoschkapuppen und Ikonen, pelzbesetzte Wintermäntel, Birken und kulinarische Spezialitäten wie Wodka, Hering und russischer Kartoffelsalat. Auch sowjetische Embleme wie der Rote Stern oder Hammer und Sichel werden als plakative Identitätsmarker in die Buchgestaltung eingebracht. Die russische Identität fungiert auf diese Weise als simplifizierender und aufmerksamkeitsstärkender Rahmen für die Inszenierung ganz unterschiedlicher Erzählinhalte und übernimmt damit markenbildende Funktion.

4 Nationalkulturelle und systempolitische Narrative

Migrationsspezifische Vermarktungsstrategien machen sich nicht nur para-, sondern auch intratextuell in der Darstellung nationalkultureller Identitätskonstruktionen bemerkbar. Als typisch deutsch erscheinen beispielsweise Eigenschaften wie Kultiviertheit, Pünktlichkeit, Geiz, Ordnungswahn, Pedanterie, Spießbürgerlichkeit, die Vorliebe für Bioprodukte oder der sonntägliche „Tatort"-Termin. Wenn vom russischen Nationalcharakter die Rede ist, wird immer wieder auf den klassischen Topos der russischen Seele referiert und auf damit verbundene Wesenszüge wie Tiefgründigkeit, Emotionalität, Herzlichkeit und einen starken Hang zum Religiösen oder Aberglauben. Auch die Klischees vom neureichen Russen, der Russenmafia oder dem Russenghetto und seinen sozial schwachen, bildungsfernen Bewohnern spielen eine prominente Rolle (Bronsky 2008; Wall 2015).

Häufig werden unterschiedliche nationale Mentalitäten im Zusammenhang von Reisen oder in Rückblenden miteinander konfrontiert und als diskursive Rollenmuster entlarvt. Obwohl in den Texten häufig dekonstruktive Stilmittel wie Ironie und Groteske zu beobachten sind, lässt sich nicht immer zweifelsfrei feststellen, ob die Gegenüberstellung von Russen und Deutschen monokulturelle Beschreibungsmuster und nationale Stereotypen tatsächlich unterläuft oder doch eher zementiert. Vor allem Wladimir Kaminers kurze Prosatexte leben vom offensiven Kulturenvergleich, haben mit der wachsenden

Zahl jährlich erscheinender Erzählbände jedoch an subversiver Kraft verloren (u.a. Kaminer 2000, 2003).

Eindeutig kritisches Potenzial haben hingegen systempolitische Narrative, da sie sowohl die Lebensrealität im Sozialismus als auch im Kapitalismus anklagen und Vorstellungen vom Osten und Westen als Konstruktionen entlarven. Neben der sowjetischen Kindheit und Jugend (u.a. Kaminer 2001; Kolosowa 2012; Vachedin 2017), so lässt sich in unzähligen Texten beobachten, fungiert vor allem der Westen als idealisierter „Sehnsuchtsort" (Heero 2009). Häufig konstituiert er sich über abstrakte Wohlstandsvisionen und Bezüge aus der Konsumkultur. Zu den begehrten westlichen Luxusgütern, die der Ethnologe Arjun Appadurai aufgrund ihrer hohen symbolischen Bedeutung und ihres Distinktionswerts als „incarnated signs" (1986) beschrieben hat, gehören vor allem Lebensmittel. Der leidenschaftliche Verzehr von Avocados, McDonald's-Fritten, Snickers- und Bounty-Riegeln wird so zum unmittelbaren Einverleibungs- und Assimilationsakt, der explizit politische Implikationen hat und sich als deutliche Abgrenzung von realsozialistischen Konsum- und Lebensmodellen lesen lässt. Russland bzw. die Sowjetunion bleibt in diesen Darstellungen das rückständige Andere, das mit Wohnungs- und Warenknappheit, Schlangestehen, Tauschhandel und informellen Netzwerken verknüpft wird.

Das Bild vom reichen, fortschrittlichen Westen wird in der Regel jedoch bereits mit den krisenhaften Auswirkungen des postsozialistischen Frühkapitalismus gebrochen, spätestens jedoch, wenn die ErzählerInnen mit ihren Familien im deutschen, österreichischen oder amerikanischen Alltag ankommen (u.a. Friedmann 2014; Galkina 2017; Gorelik 2004; Rabinowich 2011, 2012; Veremej 2013; Vertlib 1995, 1999). Häufig spielt sich dieser zunächst in Asylbewerberheimen, kleinen Mietwohnungen, unbeliebten Wohngegenden oder an anderen peripheren Orten ab und spiegelt so auch topologisch den Status der Desintegration wider. Vom erhofften Wohlstand bleiben die meisten ProtagonistInnen – zumindest zunächst – ausgeschlossen. In den Texten russisch-deutscher AutorInnen erweisen sich mithin sowohl der sozialistische Osten als auch der kapitalistische Westen als defizitär. Im Rahmen dieser „dualen Systemkritik" (Sorko 2007) werden stereotype Bilder zwar immer wieder aufgerufen, durch die aus der Migrationserfahrung gewonnene Einsicht in verschiedene Lebenswelten jedoch früher oder später als Konstrukte entlarvt. Gleichzeitig resultiert aus dieser Doppelperspektive ein hohes Maß an struktureller Diversität. Die Verschränkung unterschiedlicher Zeiträume bringt dabei zugleich überraschende Verbindungslinien und Anachronismen zum Vorschein, die vor allem auch auf gegenwärtige gesellschaftspolitische Problemlagen in Deutschland und Russland verweisen.

5 Transkulturelle Geschichtsnarrative und transgressive Gattungsmuster

Historische Ereignisse spielen in der russisch-deutschen Literatur eine besondere Rolle. Als zentraler Bezugspunkt der Geschichte erweist sich dabei vor allem der Fall des Eisernen Vorhangs, nicht nur weil er der Auslöser für den Sprach- und Kulturwechsel des häufig autobiografisch angelegten Figurenpersonals ist, sondern auch weil transkulturelle Erinnerungsprozesse durch ihn schlagartig an Dynamik gewannen. Mit der massenhaften Migration von Menschen von Ost nach West wurden zugleich spezifische Gedächtnisinhalte in Bewegung gesetzt, die dem deutschen Publikum bislang weitgehend unbekannt waren.[5] Dazu gehören beispielsweise Erinnerungen an die Leningrader Blockade (u.a. Vertlib 2001; Martynova 2010; Kolosowa 2018) oder das Massaker von Babij Jar (Petrowskaja 2014). Ähnlich wie in der nativen deutschsprachigen Literatur wird der Zweite Weltkrieg in den Texten russischstämmiger AutorInnen als traumatisches Kernerlebnis beschrieben – allerdings aus einer Perspektive, die sich aus einem neuen, dem etablierten deutschen Täter- und Verlierergedächtnis zuwiderlaufendem Erinnerungsarchiv speist. Der Topos vom „Großen Vaterländischen Krieg", der als heldenhafte Niederschlagung Nazi-Deutschlands in das kollektive Gedächtnis der Sowjetunion und ihrer Nachfolgestaaten eingegangen ist, beleuchtet die deutsch-russische Geschichte quasi von der Gegenseite. Dabei lenken die Texte russischstämmiger AutorInnen nicht nur den Blick auf die offizielle sowjetische Geschichtsschreibung, sondern erstmals auch auf eine Reihe staatlich unterdrückter Minderheitengedächtnisse.

Die Romane, die auf die stalinistischen Säuberungen und das Gulag-System, die sowjetische Dissidentenszene und ihre Künstlerkreise (u.a. Hummel 2013; Gorelik 2013) sowie die Vertreibungs- und Diskriminierungsgeschichte der russlanddeutschen (Hummel 2005, 2009; Zeiss 2018a, 2018b) und jüdischen Bevölkerung (u.a. Himmelfarb 2015; Rabinowich 2011; Vertlib 2012) rekurrieren, ermöglichen dem deutschen Leser nun auch Inneneinsichten in einen

5 In Anlehnung an aktuelle Konzepte aus den Kultur- und Gedächtniswissenschaften beschreibt Astrid Erll die grenzüberschreitende Bewegung von Erinnerung als Reise. Nach ihrem Verständnis sind „travelling memories" längst nicht nur ein migrationsspezifisches Phänomen, sondern Teil von jedermanns Alltag, ohne dass deshalb spezifische Gedächtnisinhalte in einer homogenisierten globalen Kultur aufgelöst werden, im Gegenteil: „[T]he incessant wandering of carriers, media, contents, forms, and practices of memory, their continual ‚travels' and ongoing transformations through time and space, across social, linguistic and political borders" (Erll 2011, 11) interpretiert Erll als notwendige Voraussetzung lebendiger Erinnerungskultur.

Kulturraum, der ihm bislang weitgehend als terra incognita galt. Die deutschsprachige Literatur russischstämmiger AutorInnen erweitert auf diese Weise die Geschichtsnarrative über Russland und die Sowjetunion und schärft die Wahrnehmung für kulturelle Binnendifferenzierungen und politische Zusammenhänge. Mit der Thematisierung des sowjetisch-afghanischen Kriegs oder des Bergkarabachkonflikts zwischen Armenien und Aserbaidschan (Grjasnowa 2012) werden darüber hinaus auch vermeintliche Nebenschauplätze in die deutschsprachige Literatur eingeführt, die auf der „mental map" (Tolman 1948) der westlichen Leserschaft bislang weitgehend gefehlt haben.

In der Gesamtschau lassen sich vor allem in den Frühwerken russisch-deutscher AutorInnen authentifizierende Darstellungstechniken beobachten: Autodiegetische Erzählerfiguren und selbstreferenzielle Subjektentwürfe, migrationsspezifische Stoffe und deren retrospektive, häufig achronologische Aufbereitung sowie ausgestellte intra- und paratextuelle Inszenierungsstrategien rücken den Großteil der Debütromane daher strukturell in die Nähe moderner Autobiografien.[6] Einander ähnelnde Lebensläufe und Erzählsituationen lassen allerdings viele Texte Gefahr laufen – wie es Morris Dickstein für die „immigrant fiction" formuliert hat –, die immer gleiche Geschichte zu erzählen: „about their coming of age, their sense of estrangement and cultural displacement, the ordeal of language, the conflicts between generations, and their need for acknowledgment within their new world" (2008).

Gleichzeitig werden in der literarischen Gestaltung persönlicher Lebensgeschichten historische Ereignisse in ihrer kulturellen Codierung für den Leser erst sicht- und erfahrbar. Geschichte wird auf diese Weise nicht nur fiktional überformt, sondern auch in ihrer *eigenen* Fiktionalität reflektiert. Insofern schließt die russisch-deutsche Literatur zugleich an die Tradition historischer Romane an. Als Medien transkultureller Erinnerungsarbeit reflektieren die deutschsprachigen Werke russischstämmiger AutorInnen vor allem Formen mündlicher, intergenerationeller Überlieferung und greifen dabei dezidiert auf Gattungsmuster des Familienromans zurück.[7] Dies lässt sich zum einen mit

6 Ich rekurriere dabei auf die von Michaela Holdenried erarbeiteten innovativen Strukturmerkmale moderner Autobiografien: „a) Zentralperspektive als ästhetische Objektivierung", „b) Dissoziierte Chronologie und vitale Zeitordnung", „c) Selbstreferentialität", „d) Stilisierung und Stilpriorität" sowie „e) Fragmentarität und Schlussproblematik" (Holdenried 2000, 44–51).

7 Gattungstypologisch ist der Familienroman im Grunde nur durch seinen thematischen Schwerpunkt definiert, da er sich strukturell von angrenzenden Gattungen wie etwa der Autobiografie kaum unterscheidet und zunehmend aus einem Bestand transkultureller Erzählverfahren schöpft. Der Familienroman gilt daher als eine Art Hybridgenre, wobei er in der Forschung bisweilen vom Generationenroman unterschieden wird. Während ersterer sich allgemein auf den Themenkomplex Familie bezieht, fokussiert der Generationenroman

der in Literaturwissenschaft und Literaturkritik vielfach registrierten globalen Renaissance dieses Genres seit der Jahrtausendwende erklären (u.a. Catani 2011; Costagli und Galli 2010; Löffler 2005), zum anderen mit der in den Texten häufig thematisierten Migrationserfahrung, die trotz teils schwieriger und intergenerationell unterschiedlich verlaufender Akkulturationsprozesse die Familie als identitätsstiftende Solidargemeinschaft stärkt (Helfferich 2012). Als Epizentrum historischen Erzählens ist die Familie in der russisch-deutschen Literatur nicht nur deshalb zu bezeichnen, weil sie ein weites thematisches Netz diachroner Bezüge ausspannt, sondern da sie auch strukturell unterschiedliche Zeiten und Orte miteinander koordiniert.

Temporale und topografische Verschränkungen sowie die Verbindung unterschiedlicher Gattungsmuster können als Ausdruck eines gesteigerten Komplexitätsbewusstseins für historische und kulturelle Zusammenhänge interpretiert werden. Von realistischen bis hin zu meta- und hypertextuellen Erzählverfahren reizen russisch-deutsche AutorInnen die gesamte Bandbreite narrativer Gestaltungsmöglichkeiten transnationaler Geschichte aus.

6 Jüdische „Patchwork"-Identitäten unter säkularen Vorzeichen

Die russisch-deutsche Literatur befindet sich nicht nur im bilateralen Spannungsfeld nationaler Geschichtsnarrative, sondern ist vor dem jüdischen Hintergrund vieler ihrer AutorInnen häufig sogar in ein Dreiecksverhältnis kollektiver Erinnerungsgemeinschaften eingebunden. Als Folgeerscheinung der vierten Migrationswelle wird sie in der Literaturkritik bisweilen als literarisches Zeugnis einer Renaissance des deutschen Judentums verstanden (u.a. Stoldt 2005). Jedenfalls kommt kaum eine Rezension ohne den Hinweis auf das sogenannte „Kontingentflüchtlingsgesetz" aus, das weniger aus humanitären als vielmehr erinnerungspolitischen Gründen verabschiedet wurde. Die damit verbundene Erwartung, jüdisches Leben in Deutschland könne durch Immigranten revitalisiert werden, scheint so auch aufs literarische Feld übertragen zu werden und immer wieder in der hoffnungsvollen These zu münden, die Tradition der deutsch-jüdischen Literatur werde auch nach dem Tod Marcel Reich-Ranickis wenn schon nicht fortgeschrieben, dann aber immerhin adäquat ersetzt (Biller 2014).

---

die diachrone Dimension familiärer Beziehungen. Häufig wird er deshalb auch als Inbegriff des Familienromans verstanden und synonym zu diesem verwendet (Costagli/Galli 2010, 8–9).

Vor allem der Holocaust bleibt ein wichtiger Referenzpunkt in der russisch-deutschen Literatur, wenngleich er nunmehr eher einer unter vielen in einem insgesamt äußerst reichhaltigen Repertoire multikulturell codierter Narrative ist. Im Zuge dieser Erweiterung jüdischer Geschichte(n) ist bei vielen russisch-deutschen AutorInnen ein pluralistisches Selbstverständnis zu beobachten, das mit Dmitrij Belkin am besten als „Patchwork-Judentum" (2015) bezeichnet werden kann. Zugleich werden in der Polyphonie der deutsch-jüdischen Gegenwartsliteratur häufig ironisch-humorvolle Zwischentöne hörbar. Das selbstreflexive Spiel mit Stereotypen nimmt auch jüdische Themen und Topoi nicht aus. Die Rede von hakennasigen Juden, nervigen Philo- und dummen Antisemiten (Gorelik 2011; Grjasnowa 2012) markiert dabei im Gegensatz zur deutsch-jüdischen Literatur der 1980er und 1990er Jahre längst keinen Tabubruch mehr, sondern ist vielmehr Ausdruck eines generellen Medien- und Kommunikationswandels und einer damit einhergehenden Zunahme performativer Repräsentationstechniken. Stereotype Selbst- und Fremdzuschreibungen werden dabei so rezitiert und inszeniert, dass sie in ihrer diskursiven Konstitution kenntlich gemacht werden und als ironische Mimikry Einsichten beim Leser evozieren können.

Als Stellvertreter einer Opfergemeinschaft wollen sich die AutorInnen der russisch-deutschen Literatur ausdrücklich nicht mehr verstanden wissen. Jüdische Identitätsfragen spielen ohnedies längst nicht bei allen eine Rolle, und wenn doch, werden sie hauptsächlich auf säkulare Weise beantwortet. Entsprechend erzählen ihre ProtagonistInnen in der Regel von einem assimilierten, typisch sowjetischen Familienleben, in dem jüdische Traditionen und Feste weitgehend verloren gegangen sind und das osteuropäische Schtetl als kultureller Lebensmittelpunkt von der Landkarte verschwunden ist. Für die jungen ErzählerInnen bleibt die ostjüdische Heimat der Vorfahren ein ferner, exotisch anmutender Erfahrungsraum, der nur noch vom zufälligen Hörensagen ein Begriff ist.

Vor dem Hintergrund des gesellschaftlichen Anpassungsdrucks in der Sowjetunion zeichnet sich vielfach ein Traditionsbruch zwischen der Eltern- und Großelterngeneration ab, der später von den Kindern in der postsowjetischen Ära kaum mehr überbrückt werden kann. Aufarbeitungsversuche finden vor allem im Zuge von Reisen statt. Viele junge ProtagonistInnen fahren nach Israel, um die eigene jüdische Identität wiederzuentdecken oder sich vielmehr erst anzueignen (u.a. Gorelik 2007; Kapitelman 2016; Vertlib 2012). Nicht nur die schwierige politische Lage im Nahen Osten, vor allem die Einsicht in die eigene religiöse Entfremdung hat auf die Reisenden desillusionierende Wirkung. Religiöse Riten – so der häufige Tenor – bieten keinen Halt mehr. Verfolgung und Diskriminierung werden aus der vermeintlichen Exklusivität jüdischer Erfahrungsgeschichte herausgelöst und mit der Lebenswirklichkeit von anderen Minderheiten und Migranten verknüpft (Grjasnowa 2012, 2017; Vertlib 2018). Die Einzigartigkeit der Shoa wird damit allerdings nicht nivelliert, ebenso wenig wie jüdische Themen und Topoi ihre spezifische Semantik einbüßen. Als konkrete Narrative und traditionelle Wissensbestände jüdischer Identität sind sie weiterhin präsent, auch wenn die emotionale Verbundenheit dazu einer eher intellektuellen und ironisch-distanzierten Haltung gewichen ist. Dass in diesem Zusammenhang vermehrt aktuelle Migrationsdiskurse in den Fokus des Interesses rücken, ist charakteristisch für die russisch-deutsche Literatur und Ausdruck einer generellen Erweiterung des Diaspora-Begriffs, der heute eine Vielzahl transversaler Gemeinschaften bezeichnen kann und häufig synonym zu einem zeitgenössischen „Lebensmodell" (Charim und Auer Borea 2012) verstanden wird.

Nicht *was* jüdisch ist, charakterisiert die deutsch-jüdische Literatur russischstämmiger AutorInnen, sondern *dass* überhaupt weiterhin danach gefragt und bisweilen sogar mit Nachdruck gefahndet wird. Die Verschränkung jüdischer Identitätsdiskurse und familiärer Spurensuche ist symptomatisch für die deutsch-jüdische Literatur russischstämmiger AutorInnen und verweist zugleich auf eine Bedeutungsverschiebung des Generationenbegriffs – von einem traditionell geschichtsphilosophischen Verständnis zu einem transgenerationellen, das unbewusste innerfamiliäre Vererbungsprozesse in den Vordergrund rückt.

7 Kulturspezifische Geschlechter- und Familienentwürfe

Im Kontext genealogischer Erzählprogramme lassen sich darüber hinaus Genderentwürfe beobachten, die aus westlicher Perspektive äußerst ungewöhnlich sind. Anders als die deutsche Nachkriegs- und sogenannte „Väterliteratur" der 1970er und 1980er Jahre wird Geschichte in den Texten russischstämmiger AutorInnen in der Regel nicht patri-, sondern matrilinear erzählt. Vor allem Großmutterfiguren nehmen als Trägerinnen des Familiengedächtnisses und hauptverantwortliche Erzieherinnen vielfach eine prominente Position ein. Als fürsorgliche, organisationsstarke Familienmanagerinnen sind sie mit dem klassischen Symbolinventar russischer Weiblichkeitsmythen verknüpft, die Mutterschaft als zentralen Wert nationaler Identität ausweisen und – nach folkloristischen und christlich-orthodoxen Vorbildern – mit Hingabe und Selbstaufopferung assoziieren. Zugleich schließen sie an den historischen Topos der starken Frau an, der mit dem Dekabristen-Aufstand, der vorrevolutionären Frauenbewegung und vor allem der sowjetischen Geschlechterideologie verbunden ist. Die despotische (Groß-)Mutter ist als Synthese dieser russisch-sowjetischen Weiblichkeitsbilder zu verstehen. Bereits in der Sowjetunion galt sie als *der* realgesellschaftliche und literarische Frauentypus schlechthin (u.a. Barker 1986; Ebert 2004). Im Rahmen meiner Analysen kann ich nachweisen, wie dieser nun – mit einiger Verspätung – über die Texte russisch-deutscher AutorInnen auch Eingang in die deutschsprachige Literatur findet (u.a. Bronsky 2010, 2015).

Von der transkulturellen Fortschreibung russisch-sowjetischer Geschlechterkonzepte sind auch die Männerfiguren betroffen: In den Familien spielen sie häufig nur eine untergeordnete oder gar keine Rolle. Sie sind entweder tot, verschollen, verantwortungslos oder lebensuntüchtig und überlassen die Familienarbeit dem anderen, in diesem Fall weitaus stärkeren Geschlecht. Sowohl im familiären als auch im gesellschaftlichen Leben bleiben sie desintegriert, und zwar nicht nur in der Sowjetunion, in der Männer sich nach feministischer Lesart in allen Lebensbereichen um ihre Männlichkeit gebracht sahen, sondern auch im demokratischen Westen. Mit den kulturellen Anpassungsleistungen im Aufnahmeland haben sie im Gegensatz zu ihren pragmatisch veranlagten und allein am Wohl der Kinder orientierten Partnerinnen erhebliche Schwierigkeiten. Häufig treten sie als Intellektuelle und Künstler in Erscheinung und ziehen sich sowohl aus der Realität als auch aus der Verantwortung zurück (u.a. Kapitelman 2016; Rabinowich 2011).

Für die Kinder, aus deren Perspektive in der Regel erzählt wird, hat diese Familienkonstellation oft traumatische Konsequenzen. Sie haben nicht nur mit allgemeinen adoleszenz- und migrationsspezifischen Problemen zu tun, die eine Art innerfamiliäre Erfahrungskonstante bilden (Willms 2012), sondern müssen sich überdies im gynozentrischen Herrschaftsraum der (Groß-)Mütter behaupten. Häufig wird der Ausbruch aus dem Familienmatriarchat daher als Voraussetzung für den gesunden Identitäts- und Erwachsenwerdungsprozess der ProtagonistInnen beschrieben und mit der Reise nach Russland als symbolischem Initiationserlebnis verbunden (u.a. Liebmann 2013; Poladjan 2011; Rabinowich 2011).

8 Literarische Transferleistungen und gesellschaftliche Transformationsprozesse

Die deutschsprachige Literatur russischstämmiger AutorInnen ist ein historisch einzigartiges und literarisch vielschichtiges Phänomen, das Toleranzpotenzial freisetzt. Denn obwohl seit dem Fall des Eisernen Vorhangs immer engere Verbindungen auf politischer, wirtschaftlicher und kultureller Ebene geknüpft wurden, wirkt Russland aus westeuropäischer Perspektive weiterhin als unheimlicher Ort der Bedrohung. Die Gründe dafür liegen nicht nur in der aktuellen Politik, sondern in dem geradezu paradigmatischen Projektionsverhältnis zwischen Ost und West, das historisch weit hinter die Bipolarität des Kalten Krieges zurückgeht.

Unterhaltung und ökonomische Verwertbarkeit schließen Wissensvermittlung nicht aus, im Gegenteil. Die russisch-deutsche Literatur leistet spezifische Kulturtransfers und erweitert die Wahrnehmung für eine ganze Reihe nationalkultureller, systempolitischer, religiöser sowie genderspezifischer Identitätskonstruktionen. Gleichzeitig sensibilisiert sie die Leserschaft für grenzüberschreitende Lebensmodelle, die im Zeitalter globaler Migration zunehmend zur Erfahrungsnormalität werden und gesellschaftliche Transformationsprozesse beschleunigen.

Literatur

Ackermann, Irmgard, „Die Osterweiterung in der deutschsprachigen ‚Migrantenliteratur' vor und nach der Wende", in: *Eine Sprache – viele Horizonte ... Die Osterweiterung der deutschsprachigen Literatur. Porträts einer neuen europäischen Generation*, hg. v. Michaela Bürger-Köftis, Wien: Praesens, 2008, S. 13–22.

Appadurai, Arjun, „Introduction: Commodities and the politics of value", in: *The social life of things. Commodities in cultural perspective*, hg. v. Arjun Appadurai, Cambridge: Cambridge University Press, 1986, S. 3–63.

Barker, Adele Marie, *The Mother Syndrome in the Russian Folk Imagination*, Columbus: Slavica Publishers, 1986.

Belkin, Dmitrij, „Mögliche Heimat: Deutsches Judentum zwei", in: *Ausgerechnet Deutschland/Именно Германия. Jüdisch-russische Einwanderung in die Bundesrepublik*, hg. v. Dmitrij Belkin/Raphael Gross, Berlin: Nicolai, 2010, S. 25–29.

–, „Wir könnten Avantgarde sein. Die Zukunft des Patchwork-Judentums", in: *Russisch-jüdische Gegenwart in Deutschland. Interdisziplinäre Perspektiven auf eine Diaspora im Wandel*, hg. v. Karen Körber, Göttingen/Bristol: Vandenhoeck & Ruprecht, 2015, S. 153–161.

Berger, Almut, „Ein Tabu der Nachkriegsgeschichte wird gebrochen. Aufnahme russisch-jüdischer Emigranten in der DDR. Ein Zeitzeugenbericht", in: *Ausgerechnet Deutschland/Именно Германия. Jüdisch-russische Einwanderung in die Bundesrepublik*, hg. v. Dmitrij Belkin/Raphael Gross, Berlin: Nicolai, 2010, S. 55–59.

Biller, Maxim, „Letzte Ausfahrt Uckermark", in: *Die Zeit*, 20.02.2014, S. 45, online verfügbar unter: https://www.zeit.de/2014/09/deutsche-gegenwartsliteratur-maxim-biller (letzter Zugriff: 22.02.2020).

Bronsky, Alina, *Scherbenpark*, Köln: Kiepenheuer & Witsch, 2008.
–, *Die schärfsten Gerichte der tatarischen Küche*, Köln: Kiepenheuer & Witsch, 2010.
–, *Baba Dunjas letzte Liebe*, Köln: Kiepenheuer & Witsch, 2015.
Catani, Stephanie, „Was bleibt von der Geschichte? Form und Funktion historisch-fiktionalen Erzählens im 21. Jahrhundert", in: *Das erste Jahrzehnt. Narrative und Poetiken des 21. Jahrhunderts*, hg. v. Julia Schöll/Johanna Bohley, Würzburg: Königshausen & Neumann, 2011, S. 23–35.
Charim, Isolde/Auer Borea, Gertraud (Hg.), *Lebensmodell Diaspora. Über moderne Nomaden*, Bielefeld: transcript, 2012.
Costagli, Simone/Galli, Matteo (Hg.), *Deutsche Familienromane. Literarische Genealogien und internationaler Kontext*, München: Wilhelm Fink, 2010.
Dickstein, Morris, „Questions of Identity: The New World of the Immigrant Writer", in: *The Writer Uprooted. Contemporary Jewish Exile Literature*, hg. v. Alvin H. Rosenfeld/Eva Hoffman, Bloomington, Indianapolis: Indiana University Press, 2008, S. 110–132.
Ebert, Christa, *Die Seele hat kein Geschlecht. Studien zum Genderdiskurs in der russischen Kultur*, Frankfurt a.M. et al.: Peter Lang, 2004.
Eimermacher, Karl, „Kultur in der Krise? Zum Umbruch in Rußland in den Jahren 1987–1997", in: *Kultur und Krise. Rußland 1987–1997*, hg. v. Elisabeth Cheauré, Berlin: Arno Spitz, 1997, S. 9–16.
Erll, Astrid, „Travelling Memory", in: *parallax* 17.4 (2011), S. 4–18, online verfügbar unter: http://dx.doi.org/10.1080/13534645.2011.605570 (letzter Zugriff: 22.02.2020).
Friedmann, Alexandra, *Besserland*, München: Graf, 2014.
Galkina, Anna, *Das neue Leben*, Frankfurt a.M.: Frankfurter Verlagsanstalt, 2017.
Gitelman, Zvi Y., „Wie konnten sie nur? Jüdische Immigranten aus der Sowjetunion in Deutschland", aus dem Englischen v. Tina Delavre, in: *Ausgerechnet Deutschland/Именно Германия. Jüdisch-russische Einwanderung in die Bundesrepublik*, hg. v. Dmitrij Belkin/Raphael Gross, Berlin: Nicolai, 2010, S. 21–24.
Glöckner, Olaf, „Selbstbewusst, intellektuell, transnational – Jüdische Zuwanderung aus der UdSSR und GUS 1990", in: *Von ganz weit weg – Einwanderer aus der ehemaligen Sowjetunion*. Katalog zur gleichnamigen Ausstellung des Jüdischen Museums München vom 11.07.2012–27.01.2013, hg. v. Jutta Fleckenstein/Piritta Kleiner, München/Berlin: Jüdisches Museum, Hentrich & Hentrich, 2012, S. 18–27.
Gorelik, Lena, *Meine weißen Nächte*, München: Schirmer & Graf, 2004.
–, *Hochzeit in Jerusalem*, München: Schirmer & Graf, 2007.
–, *Lieber Mischa: ... der Du fast Schlomo Adolf Grinblum geheißen hättest, es tut mir so leid, dass ich Dir das nicht ersparen konnte: Du bist ein Jude*, München: Graf, 2011.
–, *Die Listensammlerin*, Berlin: Rowohlt, 2013.
Grjasnowa, Olga, *Der Russe ist einer, der Birken liebt*, München: Hanser, 2012.
–, *Gott ist nicht schüchtern*, Berlin: Aufbau, 2017.

Haug, Sonja, *Soziodemographische Merkmale, Berufsstruktur und Verwandtschaftsnetzwerke jüdischer Zuwanderer*, unter Mitarbeit von Michael Wolf, Nürnberg: Bundesamt für Migration und Flüchtlinge, 2007.

Heero, Aigi, „Zwischen Ost und West. Orte in der deutschsprachigen transkulturellen Literatur", in: *Von der nationalen zur internationalen Literatur. Transkulturelle deutschsprachige Literatur und Kultur im Zeitalter globaler Migration*, hg. v. Helmut Schmitz, Amsterdam/New York: Rodopi, 2009, S. 205–225.

Helfferich, Cornelia, „Migration – Zerreißprobe oder Stärkung des Familienzusammenhalts? Überlegungen anhand von zwei empirischen Studien zu Familienplanung und Migration im Lebenslauf", in: *Die interkulturelle Familie. Literatur- und sozialwissenschaftliche Perspektiven*, hg. v. Michaela Holdenried/Weertje Willms, Bielefeld: transcript, 2012, S. 63–85.

Himmelfarb, Jan, *Sterndeutung*, München: C.H. Beck, 2015.

Holdenried, Michaela, *Autobiographie*, Stuttgart: Reclam, 2000.

Hummel, Eleonora, *Die Fische von Berlin*, Göttingen: Steidl, 2005.

–, *Die Venus im Fenster*, Göttingen: Steidl, 2009.

–, *In guten Händen, in einem schönen Land*, Göttingen: Steidl, 2013.

Isterheld, Nora, „Ewig fremd im eigenen Land? – Russlanddeutsche Heimat- und Identitätsentwürfe im Wandel der Geschichte", in: *Wie viel Heimat braucht der Mensch? Auf der Suche nach einer Identität zwischen Russland und Deutschland*, hg. v. Hartmut Koschyk/Lothar de Maizière, Berlin: Metropol, 2014, S. 73–78.

–, *„In der Zugluft Europas". Zur deutschsprachigen Literatur russischstämmiger AutorInnen*, Bamberg: University of Bamberg Press, 2017.

Kaminer, Wladimir, *Russendisko*, München: Manhattan, 2000.

–, *Militärmusik*, München: Manhattan, 2001.

–, *Mein deutsches Dschungelbuch*, München: Manhattan, 2003.

–, *Onkel Wanja kommt. Eine Reise durch die Nacht*, München: Manhattan, 2012.

Kapitelman, Dmitrij, *Das Lächeln meines unsichtbaren Vaters*. Berlin: Hanser, 2016.

Köhler, Andrea/Moritz, Rainer (Hg.), *Maulhelden und Königskinder. Zur Debatte über die deutschsprachige Gegenwartsliteratur*, Leipzig: Reclam, 1998.

Kolosowa, Wlada, *Russland to go. Eine ungeübte Russin auf Reisen*, München: Goldmann, 2012.

–, *Fliegende Hunde*, Berlin: Ullstein Fünf, 2018.

Liebmann, Irina, *Wäre es schön? Es wäre schön! Mein Vater Rudolf Herrnstadt*, Berlin: Berlin Verlag, 2008.

–, *Drei Schritte nach Russland*, Berlin: Berlin Verlag, 2013.

Löffler, Sigrid, „Die Familie. Ein Roman. Geschrumpft und gestückelt, aber heilig", in: *Literaturen* 6 (2005), S. 18–26.

Martynova, Olga, *Sogar Papageien überleben uns*, Graz: Droschl, 2010.

Petrowskaja, Katja, *Vielleicht Esther*, Berlin: Suhrkamp, 2014.

Poladjan, Katerina, *In einer Nacht, woanders*, Berlin: Rowohlt Berlin, 2011.
Rabinowich, Julya, *Spaltkopf*, Wien: Deuticke, 2011.
–, *Die Erdfresserin*, Wien: Deuticke, 2012.
Sorko, Katrin, *Die Literatur der Systemmigration. Diskurs und Form*, München: Martin Meidenbauer, 2007.
Stoldt, Till-R., „Gogol statt Goethe", in: *Welt am Sonntag*, 06.02.2005, S. 14, online verfügbar unter: https://www.welt.de/print-wams/article122852/Gogol-statt-Goethe.html (letzter Zugriff: 22.02.2020).
Tolman, Edward, „Cognitive Maps in Rats and Men", in: *Psychological Review* 55.4 (1948), S. 189–208, online verfügbar unter: http://psychclassics.yorku.ca/Tolman/Maps/maps.htm (letzter Zugriff: 22.02.2020).
Vachedin, Mitja, *Engel sprechen Russisch*, München: DVA, 2017.
Veremej, Nellja, *Berlin liegt im Osten*, Salzburg: Jung und Jung, 2013.
Vertlib, Vladimir, *Abschiebung*, Salzburg: Müller, 1995.
–, *Zwischenstationen*, Wien: Deuticke, 1999.
–, *Das besondere Gedächtnis der Rosa Masur*, Wien: Deuticke, 2001.
–, *Schimons Schweigen*, Wien: Deuticke, 2012.
–, *Lucia Binar und die russische Seele*, Wien: Deuticke, 2015.
–, *Viktor hilft*, Wien: Deuticke, 2018.
Wall, Dimitrij, *Gott will uns tot sehen*, Köln: Eichborn, 2015.
Willms, Weertje, „Die ‚Newcomerin' Alina Bronsky im Kontext der russisch-deutschen Gegenwartsliteratur und ihre Rezeption im deutschen Feuilleton", in: *Alman Dili ve Edebiyatı Dergisi – Studien zur deutschen Sprache und Literatur* 29/1 (2013), S. 65–84.
–, „‚Wenn ich die Wahl zwischen zwei Stühlen habe, nehme ich das Nagelbrett.' Die Familie in literarischen Texten russischer MigrantInnen und ihrer Nachfahren", in: *Die interkulturelle Familie. Literatur- und sozialwissenschaftliche Perspektiven*, hg. v. Michaela Holdenried/Weertje Willms, Bielefeld: transcript, 2012, S. 121–141.
Wodin, Natascha, *Sie kam aus Mariupol*, Reinbek: Rowohlt, 2017.
Worbs, Susanne/Bund, Eva/Kohls, Martin/Gostomski, Christian Babka von, *(Spät-) Aussiedler in Deutschland. Eine Analyse aktueller Daten und Forschungsergebnisse*, Nürnberg: Bundesamt für Migration und Flüchtlinge, 2013.
Zeiss, Ella, *Wie Gräser im Wind. Tage des Sturms*, Bd. 1, BoD und Kindle, 2018.
–, *Von Hoffnung getragen. Tage des Sturms*, Bd. 2, BoD und Kindle, 2018.

TEIL II

Einzelanalysen aus literatur-, sprach- und übersetzungswissenschaftlicher Perspektive

Das Politische der Migrationsliteratur am Beispiel von Olga Grjasnowas Roman *Der Russe ist einer, der Birken liebt* (2012)

Monika Wolting

1 Versuch einer Begriffsbestimmung

In diesem Beitrag wird versucht, die literarischen Texte, die heutzutage den Sparten Migrationsliteratur, transkulturelle bzw. interkulturelle, postkoloniale, kosmopolitische Literatur zugeordnet werden, als politische Literatur zu lesen. Die Anwendung dieser Perspektive könnte einen neuen Zugang zu Texten eröffnen, die von Migranten und Migrantinnen wie auch Autoren und Autorinnen mit Migrationshintergrund geschrieben werden.

Auf die Frage nach der Verbindung von Politik und Literatur antwortet die deutsch-ukrainische Autorin Katja Petrowskaja folgendermaßen:

> Meine Literatur wie auch meine literarischen Figuren sind Ergebnisse politischer Umwälzungen, ich selbst wäre nie nach Moskau zur Schule gegangen, hätte es Tschernobyl nicht gegeben, keiner der Passagen von *Vielleicht Esther* hätte je geschrieben werden können, wäre das 20. Jahrhundert ein friedliches Jahrhundert gewesen.[1]

Der deutsch-polnische Schriftsteller Artur Becker sagte 2018 bei dem Treffen „Literatur an der Neisse" in Görlitz zu dem Thema: „Ja, meine Literatur ist auch politisch, nicht nur weil mich Politik interessiert, aber gerade wegen der Konstellation Polen-Deutschland, beide Länder sind seit Jahrhunderten miteinander verbunden und verwoben, befreundet zur Heine-Zeit, verfeindet in vielen anderen Perioden, in so einer explosiven Konstellation muss die Literatur politisch sein."[2] Auf die Frage, warum Becker schreibe, kommt die prompte Antwort: „Ich gehe gegen Stereotype und Vorurteile vor und möchte zeigen, dass weder Polen noch Deutschland ohne seinen direkten Nachbarn im Westen und im Osten seine eigene Kultur, Sprache, Literatur begreifen

---

1 Katja Petrowskaja ist 1970 in Kiew geboren, 1999 zog sie nach Berlin. 2014 veröffentlichte sie bei Suhrkamp den Roman *Vielleicht Esther*. Das Gespräch führte Monika Wolting am 17.05.2018 mit der Autorin in Wrocław.

2 Artur Becker ist 1968 in Bartoszyce/Polen geboren, seit 1985 lebt er in Deutschland. Er debütierte 1997 mit dem Roman *Der Dadajsee*. Das Gespräch führte Monika Wolting im April 2018 mit dem Autor in Görlitz.

 | DOI:10.30965/9783846765241_006

kann". Daraus lässt sich ableiten, dass zu einem vollständigen Bild des Eigenen das Wahrnehmen des Anderen in seiner kulturellen und politischen Andersartigkeit gehört (vgl. Wolting 2016, 50–57). Auch in den Texten der deutsch-aserbaidschanischen Autorin Olga Grjasnowa spielen politische Ereignisse eine elementare Rolle. In einem Gespräch erzählt die Schriftstellerin, sie habe beim Schreiben des Romans *Der Russe ist einer, der Birken liebt* die Notwendigkeit verspürt, die politischen Ereignisse in Aserbaidschan näher zu erläutern, da „sie dem deutschen Leser mit einer nicht geringen Wahrscheinlichkeit unbekannt sein könnten. Dieses Verfahren findet sich", sagt sie, „aber in sehr vielen Texten, angefangen beim *Drachenläufer* bis hin zu *Krieg und Frieden*."[3]

Die Aussagen der Autoren weisen auf eine wichtige, außerhalb der ästhetischen Besonderheit literarischer Texte liegende Funktion: Literatur wird hier zum Speicher individueller Erinnerung über politische Ereignisse. Dieses Vorgehen der Autoren und Autorinnen führt zu der Annahme, dass Literatur als Medium der ‚Erinnerung' gelesen werden kann. In Bezug auf die Ereignisse, die des Öfteren die Protagonisten der literarischen Texte zur Migration bewegen, erscheint die Anwendung der kulturwissenschaftlichen Paradigmen Erinnerung und Gedächtnis als sinnvoll. Erinnerungen werden in der Wissenschaft als identitätsbildend und -stabilisierend verstanden, denn sie schaffen den Referenzrahmen, in dem das Vergangene aus der gegenwärtigen Perspektive beurteilt und die zukünftige Erwartung beschworen wird. Harald Welzer bezeichnet das individuelle Gedächtnis als die „temporale Feedbackmatrix unseres Selbst" (Welzer 2007, 57). Erinnerungen werden nicht als Dokumente des Vergangenen verstanden, sie haben keinen Anspruch auf die Abbildung der Realität, sondern unterliegen einer ständigen Auswahl und Modifizierung (Assmann, 2002, 156) wie auch Emotionalisierung. Das individuelle Gedächtnis, das die Inhalte der literarischen Texte maßgeblich gestaltet, wird zugleich in der Literatur gespeichert. Da Literatur bekanntlich als Medium der Formung und Veränderung des kulturellen Gedächtnisses fungiert (Erll/Nünning 2006, 13–14), ist ihr ein großes Störungspotenzial zuzuschreiben. Zum einen kann Literatur das „offizielle Gedenken" unterstützen beziehungsweise ergänzen, sie kann aber auch ein Gegen-Gedächtnis bilden und Irritationen hervorrufen, die wiederum zu gesellschaftlichen Diskussionen und Aushandlungen führen können.

3 Olga Grjasnowa ist 1984 in Baku geboren, 1996 übersiedelte sie mit den Eltern nach Deutschland. 2012 debütierte sie bei Hanser mit dem Roman *Der Russe ist einer, der Birken liebt*. Das Gespräch wurde von Monika Wolting innerhalb der Veranstaltungen „Pop-Up Pavillon" des Goethe-Instituts Krakau 2016 in Wrocław geführt.

Auch wenn heutzutage von einem transkulturellen Wechsel in der deutschsprachigen Literatur gesprochen wird, so ist das Phänomen der Literatur, die aus der Fremderfahrung, aus der Notwendigkeit der Auseinandersetzung mit dem Eigenen und dem Fremden entsteht, in der deutschsprachigen Literatur nicht neu. Man kommt mit den Überlegungen bedeutend weiter, wenn man auf die Texte der Exilliteratur der 1930er Jahre zurückgreift, den Begriff also ausdehnt und die Zeitmarke bereits vor der in den 1960er Jahren entstandenen sogenannten Gastarbeiterliteratur ansetzt. Wenn von der Prämisse ausgegangen wird, dass Literatur über politische und soziale Anliegen kulturell reflektiert, so kommt man zu zeitübergreifenden Vorstellungen von Flüchtlingsfiguren. Die Schicksale und damit verbundene existenzielle Ängste der Geflüchteten setzen unabhängig von der historischen Zeit an dem schwierigen Moment des Aufbrechens und des Ankommens an. Der historische Blick auf die Problematik der Flucht, der Vertreibung, der Migration könnte einen bedeutenden Teil der gegenwärtigen Diskussion darstellen.

Heute kommen viele Autoren und Autorinnen, die sich dem Thema der Migrationsbewegungen widmen, aus den Kreisen der türkischen, italienischen und spanischen Gastarbeiter der 1950er Jahre, der politischen und wirtschaftlichen Flüchtlinge aus Polen, der Tschechoslowakei, Bulgarien, Rumänien der 1970er und 1980er Jahre. Sie stammen aus den Kreisen der Republikflüchtlinge, der Kriegsflüchtlinge aus Bosnien und Herzegowina, Slowenien und Kroatien der 1990er Jahre, der Kontingentflüchtlinge und politischen und wirtschaftlichen Flüchtlinge aus den sowjetischen und postsowjetischen Gebieten, der Krisenmigranten aus Nordafrika, Südostasien sowie der ökologischen Migranten. Der erweiterte Blickwinkel setzt sich zum Ziel, die literarischen Repräsentationen von Migration und Exil, Flucht und Vertreibung in der deutschsprachigen Literatur noch breiter anzusetzen und sie im gesamten 20. und 21. Jahrhunderts zu diskutieren.[4] Diese Perspektive führt das Politische der Literatur ins Zentrum der literaturwissenschaftlichen Beschäftigung. Ein ähnlicher Ansatz ist an dem gegenwärtigen Engagement des deutschen P.E.N.-Zentrums für das Writers-in-Exile-Programm zu beobachten, das als ein Stipendienprogramm für verfolgte Schriftsteller ins Leben gerufen wurde. Das Programm knüpft an den Leitgedanken des 1934 in London gegründeten

4 Die so gewonnenen Erkenntnisse können im Endeffekt einen Beitrag für die methodologische Reflexion leisten, Migrationsliteratur und Exilliteratur nicht als zwei getrennte Schwerpunkte der Literaturwissenschaft zu denken, sondern sie gemeinsam zu betrachten, auch wenn in der gegenwärtigen Forschung eine ganz andere begriffliche Ausgangssituation vorherrscht.

P.E.N.-Clubs deutscher Schriftsteller im Exil an, geflüchteten Schriftstellern, Autoren und Journalisten Zuflucht zu bieten (Haslinger und Sperr 2017, 9).

Das Literatursystem bietet einen doppelten Zugang zur Exil- und Migrationsthematik: Zum einen ist es interessant, nach der Literaturkritik, nach dem Leben und der Außenwirkung der geflüchteten Autoren zu fragen, zum anderen die Themen, Motive, Figuren, Räume, die konkret in literarischen Texten realisiert werden, literaturwissenschaftlich zu betrachten. Denn wenn man sich der Migration mittels allgemeiner Verhaltenstheorien nähert, versteht man die Wanderung von Stadt zu Stadt, von Land zu Land, von Kontinent zu Kontinent als Anpassung von Individuen an veränderte politische wie gesellschaftliche Rahmenbedingungen in der unmittelbaren Umwelt. Jede Person misst ihrem Wohnort einen bestimmten Nutzen bei, der sich aus verschiedenen Aspekten zusammensetzt. „Sinkt der Wohnort-Nutzen-Faktor unter das persönliche Anspruchsniveau, so ergibt sich daraus Unzufriedenheit und die Notwendigkeit der Anpassung" (Kley 2008, 33) bzw. die Infragestellung des Wohnort-Nutzens.

Die *Flüchtlingsfigur* (auch Migrantenfigur) entwickelt eine eigenartige Beziehung zum Raum, sie wird dadurch oft als Gegenfigur zum literarisch positiv konnotierten *Grenzgänger* entworfen, bei dem der Wohnort-Nutzen diesseits und jenseits der Grenze die Balance hält. Das Fehlen dieser Balance macht den Geflüchteten zur Figur ohne einen stabilen Fixpunkt im Raum, was wiederum dazu führt, dass sie als ‚Figur des Dritten' Störungen in bestehende Systeme bringt. Gerade die Figurationen der Flüchtlingsfigur, die die deutschsprachige Literatur nicht erst seit der Exilliteratur maßgeblich gestaltet, sind als Träger des Politischen zu sehen.

Migration lässt sich des Weiteren als Prozess verstehen, der sich zwischen fremden und persönlichen Ansprüchen ereignet. So könnte man mit Niklas Luhmann die Migration als eine der sozialen Situationen bezeichnen, in denen sich der Mensch befinden kann. Der Migrant stellt sich in einen Kontext, in dem er sich Ansprüchen anderer nicht entziehen kann, und muss dabei eigene Ansprüche auf die Probe stellen. Da sich ein Individuum im Luhmannschen Sinne aus verschiedenen Systemen, die miteinander in Beziehung stehen, zusammensetzt, werden die einzelnen Systeme während der Migration auf unterschiedliche Weise gestört und damit gegebenenfalls verändert (Luhmann 2008, 80). Die eigenen Ansprüche beziehen sich auf die autopoietischen Systeme, die jedes Individuum in sich vereint, also auf das Körperliche, das Religiöse, die ethnische Zugehörigkeit, den sozioökonomischen Status oder das Familiäre. Die fremden Ansprüche kommen aus der Umwelt, auf die die politische Situation, die staatlichen Macht- und Gewaltformen und -ansprüche verschiedener Akteure, die sozialen und kulturellen Normen einen bedeutenden Einfluss ausüben.

Gerade Literatur besitzt die Fähigkeit, die Prozesse der Störung und die stattfindende Veränderung oder auch die Verhärtung der einzelnen Systeme mit ihren Mitteln darzustellen, denn sie schafft Figuren, die, mit individuellen Merkmalen ausgestattet, in der Umwelt entsprechend agieren. Insbesondere die Verbindung vom migrantischen Individuum und der Umwelt verleiht einem literarischen Text den Status eines politisch engagierten Textes, denn Migranten sind vielfach mit der Situation konfrontiert, dass ihnen eine andere oder eingeschränktere Partizipation (Eigenmann et al. 2016, 4) in der Gesellschaft zusteht oder ermöglicht wird als anderen Teilen der Bevölkerung des Herkunfts- und des Ziellandes. Das Einstehen für die Rechte in der Gesellschaft benachteiligter Gruppen war schon immer das Betätigungsfeld eines politisch engagierten Autors.

Wenn noch Ende der 1980er Jahre die deutsche Literatur als individualistisch, selbstbezogen und unpolitisch bezeichnet wurde, so wurde im ersten Jahrzehnt des neuen Jahrtausends der Ruf nach einer sich ernsthaft mit der Gegenwart auseinandersetzenden erzählenden Literatur laut. 2005 veröffentlichten Matthias Politycki, Martin R. Dean, Thomas Hettche und Michael Schindhelm in der *Zeit* ein „Positionspapier" mit dem Titel „Was soll der Roman?". Im Zentrum des Beitrags steht das Votum für einen „relevanten Realismus", der „die zwar unbequeme, aber aufregende Gegenwart zum zentralen Ort des Erzählens und des Erzählten" werden lassen sollte. Auch wenn es bereits vor 2005 Romane in deutscher Sprache gab, die sich weitgehend mit den globalen Problemen auseinandersetzten (vgl. Lützeler 2009, 337–346), ist das Thesenpapier insofern von Bedeutung, als dass es eine klare Forderung an Autoren und Autorinnen ausspricht. Die Verfasser geben zu bedenken:

> […] ist unser Ziel eine relevante Narration, denn wir glauben, dass dem Roman heute eine gesellschaftliche Aufgabe zukommt: Er muss die vergessenen oder tabuisierten Fragen der Gegenwart zu seiner Sache machen, er muss die Problemfelder, ob in lokalem oder globalem Kontext, in eine verbindliche Darstellung bringen. Die Forderung nach mehr Relevanz leiten wir nicht nur aus unserem Alter ab, sondern auch aus dem Zustand einer „unheimlich" gewordenen Welt. Ihre Bewohnbarkeit beizubehalten und weiter zu erschließen ist die Aufgabe des Romans. Dies setzt voraus, dass der Schreibende eine erkennbare Position bezieht, die moralische Valeurs mit ästhetischen Mitteln beglaubigt. (Dean et al. 2005)

Die Autoren fordern von gegenwärtigen Romanciers eine Verbindung von Realität und Fiktion, Subjekt und Gesellschaft, Globalem und Lokalem, Moral und Ästhetik. Mit dem Näherrücken von globalen Konflikten an die Peripherie der Wohlstandsgesellschaft und mit der ersten deutschen Teilnahme an einem Krieg nach einer 60-jährigen Abstinenz kommen die Postulate der „Moralisten" rechtzeitig (vgl. Wolting 2019): Zu bekämpfen sei die „grassierende Irrelevanz, die unser kulturelles Leben lähmt". Der „relevante Realismus" ergibt sich aus der Verbindung von „Zeitgenossenschaft" und „ästhetisch-moralischer Verantwortung". Die Autoren und Autorinnen der Migrationsromane stehen diesen Kombinationen poetologisch sehr nahe, ihre Texte machen neue, oft fremde Deutungs- und Wahrnehmungspositionen sichtbar, realisieren einen Perspektivwechsel und sprechen im Namen des Individuums.

In der Forderung der vier Autoren nach einem „emphatischen Begriff des Romans", der der deutschen Gegenwartsliteratur abhandengekommen sei, artikuliert sich ein Realitätsbezug, der sich auf ein Erzählen „aus der Mitte erlebten Lebens heraus" beziehe und die beständige Sichtung der untergehenden Welt und das Ringen um „neue Utopien" mit einschließe (Dean et al. 2005). Dabei heben die Autoren gerade den Roman als „die durchlässigste, aufnahmefähigste Literaturgattung" hervor, der in „der Mitte des gesellschaftlichen Diskurses entsteht" und „aus ihr heraus immer seine größten Entwicklungen vollzieht". Auch Juli Zehs Forderungen vom 04. März 2004 gehen in eine ähnliche Richtung:

> Er [der Schriftsteller, M.W.] müsste einfach zu bestimmten politischen Themen eine Meinung entwickeln und diese von Zeit zu Zeit öffentlich kundtun. Mehr als jeder andere hat er die Chance, politisch zu agieren und trotzdem seine Herdenphobie zu pflegen. (Zeh 2004)

Die Autorin ist davon überzeugt, dass

> der Literatur per se eine soziale und im weitesten Sinne politische Rolle zukommt, weil es ein natürliches Bedürfnis der Menschen ist, zu erfahren, was andere Menschen – repräsentiert durch den Schriftsteller und seine Figuren – denken und fühlen. Allein deshalb darf die Literatur auf dem Gebiet der Politik nicht durch den Journalismus ersetzt oder verdrängt werden, und sie soll sich nicht hinter ihrem fehlenden Experten- und Spezialistentum verstecken. Sie steht vielmehr in der Verantwortung, die Lücken zu schließen, die der Journalismus aufreißt, während er bemüht ist, ein Bild von der Welt zu zeichnen. (Zeh 2004)

Was Juli Zeh von den Autoren und Autorinnen fordert, ist nicht in erster Linie die öffentliche Äußerung politischer Meinungen, sondern mögliche Ideen für einen Zugang zu politischen Themen zu entwickeln, die den Blick auf die Weltkonflikte schärfen sollen. Die Funktion der Literatur bestünde demnach in dem Erklären und Veranschaulichen der Weltzusammenhänge, im Aufwerfen von Fragen, die eine breite Öffentlichkeit angehen, in dem gemeinsamen, im Schreib- und Leseprozesse entstehenden Ringen um Antworten und Positionen.

Olga Grjasnowa äußert sich zu diesem Schwerpunkt in einer Produktion der Bosch-Stiftung mit folgenden Worten:

> Ich glaube, es ist heute wichtiger denn je, sich einzumischen, sich eine Meinung zu bilden und diese zu verfolgen, auch politisch zu verfolgen. Wir können nicht die Politik den anderen überlassen und hoffen, wenn wir das alles aussitzen werden, wird es wieder alles gut, denn von selber wird nichts gut. (Grjasnowa 2017)

2 Der Roman *Der Russe ist einer, der Birken liebt* als engagierter Text

Olga Grjasnowa engagiert sich politisch, indem sie über aktuelle gesellschaftspolitische Themen schreibt und ihre Geschichten in Zeiten und Räumen besonderer politischer Umbrüche ansiedelt.

Die Autorin ist in Aserbaidschan aufgewachsen und mit elf Jahren mit ihren Eltern als Kontingentflüchtling nach Deutschland gekommen, hat sich selbst aber nie als Flüchtling wahrgenommen. Sie spricht Russisch und Aserbaidschanisch, ihre Arbeitssprache ist Deutsch. Die Autorin hat bisher drei Romane veröffentlicht: 2012 *Der Russe ist einer, der Birken liebt* bei Hanser, 2014 *Die juristische Unschärfe einer Ehe* ebenfalls bei Hanser und 2017 beim Aufbau Verlag einen Roman, der von zwei Syrern erzählt, die nach Deutschland fliehen: *Gott ist nicht schüchtern*. Darin erzählt sie vom Ausbruch des Bürgerkriegs und der riskanten, oft tödlichen Flucht über das Meer nach Europa. Das Thema der Flucht und der in der Gegenwart ausgetragenen Kriege stellen das politische Drehmoment in Grjasnowas Literatur dar.

Der Roman *Der Russe ist einer, der Birken liebt* schildert in einigen Passagen eine literarische Vorstellung, zum einen des Konflikts zwischen den Armeniern, Aserbaidschanern und Russen an der südlichen Peripherie der UdSSR, der in den 1980er Jahren erneut an Gewaltpotenzial zugenommen hatte, zum anderen dessen Einflussnahme auf das private Leben der Protagonisten. Der Roman eröffnet einen lokalhistorischen Blick auf ethnische Konflikte und den Separatismus in umstrittenen Randlagen des Imperiums zu einer Zeit, als der Kampf um Reform oder Zerstörung der Sowjetunion tobte und sich anschließend Nationalstaaten formierten. Die territoriale Zuordnung Aserbaidschans geht auf einen Bürgerkrieg und die anschließende Eroberung des Territoriums durch Bolschewiki im Jahre 1920 zurück, in deren Folge Aserbaidschan 1922 Teil der Union Sozialistischer Sowjetrepubliken wurde. Am 18. Oktober 1991 wurde Aserbaidschan mithilfe von Befreiungsbewegungen wie der *Volksfront Aserbaidschans* von der Sowjetunion unabhängig. Die verursachte Aufstörung durch die militärischen Auseinandersetzungen führte in den ersten Jahren der Unabhängigkeit zu massiven gesellschaftspolitischen Problemen und einer Migrationsbewegung aller dort ansässigen Bevölkerungsgruppen. Bei den Migranten handelte es sich um Armenier, Aserbaidschaner, Russen, Georgier und Juden (vgl. Rau 2009). Seit 1991 wurde es durch die Regierung der Bundesrepublik Juden und Menschen mit jüdischen Vorfahren aus den Nachfolgestaaten der Sowjetunion ermöglicht, als Kontingentflüchtlinge nach Deutschland einzureisen. Nach Angaben des Bundesverwaltungsamtes und des Amtes für Migration und Flüchtlinge sind zwischen 1991 und 2004 insgesamt 219.604 jüdische Zuwanderer nach Deutschland gekommen. Zum Vergleich: In einem ähnlichen Zeitraum sind rund 1,9 Millionen Spätaussiedler aus dem Gebiet der ehemaligen Sowjetunion in die Bundesrepublik eingewandert.

Der Roman *Der Russe ist einer, der Birken liebt* spielt auf der Gegenwartsebene in Deutschland (Frankfurt a.M.) und in Israel (Tel Aviv), auf der Vergangenheitsebene in Baku der 1990er Jahre. Die Protagonistin Mascha ist mit ihren Eltern im Jahr 1996 als Kontingentflüchtling aus Aserbaidschan nach Deutschland gekommen, zur Zeit der Romanhandlung studiert sie Fremdsprachen, arbeitet als Übersetzerin und bereitet sich auf eine Prüfung zur EU-Dolmetscherin vor. Den historischen Hintergrund des Textes bilden der Nahostkonflikt, die postsowjetischen Bürgerkriege und die barbarische Auseinandersetzung zwischen Armeniern und Aserbaidschanern um Bergkarabach. Grjasnowa spricht offen die Themen an, die um die Reibungsflächen migrantischer Identität, um die Kriegstraumata, die sich aus dem unmittelbaren Erleben von Massaker und Pogromen ergeben, um die Heimatlosigkeit, um das Fremdsein in Deutschland und um die Globalisierung kreisen.

Die Störungen, die die Protagonistin stets erlebt, bilden das Netz, in dem sich die Geschichte ereignet. An dieser Stelle gilt es darauf hinzuweisen, dass Störungen nicht nur vernichtende Folgen nach sich ziehen, sondern sie können unter Umständen bestärkend wirken und neue Möglichkeiten für die Betroffenen eröffnen (Jäger 2004, 48). Denn das Individuum „kann nur noch durch Exklusion definiert werden" (Luhmann 1989, 158), also durch „Formen fehlender sozialer Berücksichtigung" (Luhmann 1997, 620). Die Positionen von Migranten und Flüchtlingen entziehen sich der innergesellschaftlichen Zuordnung. Dies ergibt sich daraus, dass nach Luhmann die Gesellschaft als Kommunikationsorgan verstanden wird und die Position des Migranten diesen aus bestimmten Operationen der Kommunikation ausschließt.

Das Störungsprinzip ist das konstitutive Prinzip in Grjasnowas Roman. Der Roman beginnt mit einer Äußerung der Ich-Erzählerin Maria (Mascha) Kogan: „Ich wollte nicht, dass dieser Tag begann. Ich wollte liegenbleiben und weiterschlafen, aber durch die weit geöffneten Fenster drangen in unser Schlafzimmer das Lachen der Gemüseverkäufer und das Rattern der Straßenbahn.“ (DR, 9)[5] Der Einstieg in den Roman markiert bereits eine Verneinung, einen Widerstand gegen das Selbstverständliche. Die äußeren Umstände sind stärker als der Wille der Protagonistin, drängen in ihren privaten, geschlossenen Lebensraum ein und zerstören, wie auf den nächsten Seiten des Romans deutlich wird, durch den Tod von Maschas Freund Elias ihre Lebensform und ihre bisherige Lebensvorstellung. So ist dem Romananfang – Maschas Verweigerung der äußeren Einflüsse – zu entnehmen, sie erwarte von dem nun anbrechenden Tag nichts Aufbauendes. Man wird in diesem Fall von einer reservierten Haltung eines Menschen sprechen, dessen Erfahrungshintergrund auf negativen Erlebnissen beruht. Über die verstörenden Momente, die Mascha in ihrer Kindheit und früher Jugend in Aserbaidschan erlebt hat, spricht sie mit niemandem. Ebenso wenig erzählen ihre Eltern von den belastenden Erlebnissen in Aserbaidschan:

> Der zweite Abend wurde melancholisch, meine Eltern saßen auf dem Sofa und erinnerten sich an das Glitzern der Meeresoberfläche in der Bucht von Baku, an die Ausflugsdampfer […] Es waren fast nur schöne Erinnerungen, die sie aufgehoben hatten. Sie vergaßen absichtlich Korruption, die Nationale Front und die kilometerlangen Schlangen vor leeren Lebensmittelgeschäften und westlichen Botschaften. (DR, 54)

In Bezug auf erinnerungstheoretische Fragestellungen lässt sich hier Folgendes behaupten: Es wird hauptsächlich das erinnert, was dem eigenen Selbst, der eigenen Identität Stärke verleiht, das Traumatische, Verstörende wird aus der wachen Erinnerung gelöscht, es wird bewusst oder unbewusst vergessen. Die Figuren des Romans verweigern sich Erinnerungen an Geschehnisse, die ihr Leben in Baku vernichtet haben. Mascha konstatiert den im Anblick des Elends und der Zerstörung erzwungenen Prozess des Vergessens, der für sie bereits in Baku eingesetzt hatte: „Flüchtlinge aus Bergkarabach kampierten in Decken gewickelt in Parks, einige waren verstümmelt. […] Ich spielte indessen mit Puppen und übte Vergessen.“ (DR, 49) Mascha hat die traumatischen Erlebnisse nicht vergessen, aber sie erinnert sich an sie nur ungern, denn für den Prozess des Erinnerns ist die Aufgabe grundlegend, dass Menschen versuchen, vergangene Erlebnisse in ein sinnstiftendes Verhältnis zur jeweiligen Gegenwart zu bringen, weil es nur auf diesem Wege möglich wird, das Ich zu stärken (vgl. Schacter 2001; Welzer 2007). Auch wenn es Mascha auffällt, dass ihre Eltern die komplizierten Themen, die womöglich ihre Identität in Frage stellen würden, vermeiden, spricht auch sie selbst nicht über das Vergangene. Es ist zu vermuten,

5 Zitate aus dem Roman *Der Russe ist einer, der Birken liebt* werden im Folgenden mit dem Kürzel ‚DR‘ gekennzeichnet.

dass Mascha ihre Identität soweit stabilisiert hatte, dass die Erinnerungen an die traumatischen Erlebnisse nicht sinnstiftend an ihre gegenwärtige persönliche Situation anzukoppeln wären. Denn Mascha sucht nach einer Identität, die nicht vom Flüchtlings-Dasein bestimmt sein soll. Weil Identität sich im ständigen Wandel kommunikativer und diskursiver Prozesse ausbildet, wird in der Forschung davon ausgegangen, dass Identität kein statisches oder festes Produkt ist. Sie stellt vielmehr ein temporäres Ergebnis der Selbst- und Fremdbestimmung eines Individuums, immer den momentanen Stand der Selbsterzählung (vgl. Beck 1997, 127–135; Abels 2010) oder nach Luhmann der Selbstbeobachtung dar, denn ein Individuum charakterisiert sich „nicht durch seine Beziehungen zu anderen, sondern durch seine Beziehung zu sich selbst" (Luhmann 1989, 122). Identität basiert auf „Prozessen der Konstruktion und ist als Folge von Differenzierung, Diskriminierung, Ausschluss und Normierungsprozessen wie auch von gesellschaftlichen Machtbeziehungen" (Wolting 2017, 10) zu begreifen. Die Frage nach der Luhmannschen Exklusion und Inklusion kann hier als zentral angesehen und als politisches Merkmal erfasst werden. Welche Formen der Erinnerung ermöglichen den Protagonisten eine Teilhabe an der Kommunikation in der Gesellschaft, an ihrer politischen Wirkung in der Herkunfts- und Zielgesellschaft?

In der sogenannten transkulturellen Literatur, der Grjasnowas Texte in der Regel zugerechnet werden, bildet sich die Reflexivität der Identität am deutlichsten heraus, da gerade in den Texten von Autorinnen und Autoren mit Migrationshintergrund das Nationale, Ethnische und Kulturelle einer unaufhörlichen Selbstbefragung zum Zwecke der Einschätzung der Identität unterworfen werden (Wolting 2018, 266).

Dieses Verschweigen der existenziellen Geschehnisse, die einen beträchtlichen Einfluss auf den Lebensweg der Protagonistin Mascha ausüben, führt mehrmals zu Konflikten mit ihrem Lebenspartner Elias. Elias fordert sie des Öfteren dazu auf, ihm ihre Geschichte zu erzählen: „‚Wieso sagst du mir nicht endlich, was mit dir passiert ist? Ihr seid doch 1996 ausgewandert, als es nicht mehr sein musste.' ‚Nicht mehr sein musste. Was weiß du schon. [...] Du hörst dich an wie das Ausländeramt' [...]". (DR, 41–42) Mascha hatte es vermieden, ihre Identität über das Flüchtlingsschicksal, die Bürgerkriegserlebnisse, die nationale und religiöse Herkunft zu definieren, sie sagt: „Ich wollte nicht, dass ein Genozid nötig ist, um mich zu verstehen." (DR, 150) An ihre Geschichte, die sie nach einem heftigen Streit mit Elias dann doch bereit ist zu erzählen, tastet sie sich sehr vorsichtig heran. An dieser Stelle ist es interessant, das ‚Wie' des Erzählens etwas genauer zu untersuchen.

> „Es gab ein Kind, und es gab einen Vater. Der Vater wollte das Kind in Sicherheit bringen. Bis zu Großmutters Wohnung mussten sie zehn Minuten lang

> laufen. Das Kind war noch keine sieben und spürte, dass sich in den letzten Tagen etwas verändert hatte, aber es hätte nicht sagen können, was. Daran dachte das Kind, als eine Frau neben ihm aufschlug. Das Blut rann langsam bis zu den Kinderschuhen, und die Schuhspitzen des Kindes färbten sich rot. Das Blut war warm, und die Frau war jünger, als ich es heute bin. [Übergang zur Ich-Erzählperspektive, M.W.] Das Kind wischte sich eine Haarsträhne aus dem Gesicht, und Blut blieb an seiner Wange. Es hätte schlimmer kommen können, sagte die Großmutter am späten Abend, während sie die Blutkruste von den Kinderschuhen abwusch." (DR, 42–43)

Für die erste Schilderung ihres Schicksals vor Elias benutzt Mascha aus dem Märchen bekannte Formen oder formelhaftes Sprechen. In dem Märchen erzählt sie die Geschichte des Mädchens, das sie einmal war. Damit erreicht sie den nötigen Abstand, um über ihre traumatischen Erfahrungen sprechen zu können. Olga Grjasnowa setzt für die Figurenrede einen personalen Erzähler, der die Erzählperspektive eines Kindes annimmt und sich aus dieser Perspektive an die Gräuel des Bürgerkriegs erinnert. So kann die erwachsene Mascha den Abstand zu den Erlebnissen des kleinen Mädchens Mascha gewährleisten und sie ist im Stande, über verstörende Erfahrungen der Vergangenheit zu sprechen.

Mascha kommentiert die Erlebnisse von früher nicht, sie ergänzt sie auch nicht um ihr gegenwärtiges Wissen. Die Erzählung über das traumatische Ereignis zeichnet eine hermetische Form aus, womit deutlich gemacht wird, dass kein Verarbeitungsprozess des Erlebten in Gang gekommen ist. Die Szene erscheint in Maschas Alpträumen, die nach dem Tod von Elias eingesetzt haben (DR, 107).

Die Zeit der 1990er Jahre in Baku ist aus Maschas Gedächtnis nicht gelöscht, sie kann auf ihre Erinnerungen zurückgreifen. Diese Ereignisse werden durch eine Situation, in der Mascha eine Gruppe Jugendlicher beobachtet, ins Gedächtnis gerufen. Nach dem einleitenden, zunächst dem Leser wenig sagenden Kommentar „Ich bin froh, dass meine Jugend zu Ende war" folgt eine längere Passage, in der sich Mascha an die politische Situation und die damit verbundenen traumatischen Momente aus ihrem Leben erinnert. Olga Grjasnowa greift auch hier zu einer neuen Erzählform, sie verankert das fiktionale Erzählen in einem faktualen Netz von historischen Ereignissen der Unabhängigkeitsbewegung am südlichen Rande der Sowjetunion seit dem Ende der 1980er Jahre. Sie passt das ‚Wie' des Erzählens dem Stoff an, den sie in den Roman einzubinden beabsichtigt.

Das Verfahren der Autorin ist nicht kompliziert, aber effektiv: Dem Kalendarium des Unabhängigkeitsbestrebens Aserbaidschans, das seit Anfang 1987 in Gang kommt, fügt sie fiktive Schilderungen meist verstörender Momente aus dem Leben von Mascha oder auch fiktive Geschichten aus dem

Leben anderer fiktiver Personen hinzu. Das ‚Wie' generiert in diesem Fall das ‚Was' des Erzählens. Im Text wird dies wie folgt realisiert:

> Am 20. Februar 1988 verkündete das Autonome Gebiet Bergkarabach seinen Austritt aus der damaligen Aserbaidschanischen Sowjetrepublik. Es kam zu ersten Zusammenstößen, die ersten Aserbaidschaner mussten fliehen. [...] Ich war mit meiner Mutter auf dem Weg zum Konservatorium, als die ersten Gerüchte Baku erreichten. [...] „Wenn du *fundukh* sagen kannst, bist du ein Muslim. Dann ist alles gut." Meine Mutter erklärte mir, Aserbaidschaner und Armenier würden das Wort unterschiedlich aussprechen. [...] Etwa dreißig Menschen starben während des Pogroms. (DR, 45–46)

Durch das Einsetzen dieses Verfahrens stellt die Autorin in literarisch aufgelockerter Form die Geschichte des Unabhängigkeitskrieges bzw., wenn es um die Sicht der Erzählerin geht, des Zerfalls der Sowjetunion und des Genozids an den Aserbaidschanern in Armenien und den Armeniern in Aserbaidschan dar. Die Autorin geht in diesem Teil chronologisch vor, gibt die Eckdaten der historischen Ereignisse an, benennt die jeweiligen Gegner und beschreibt die Folgen der kriegerischen Auseinandersetzung für die Bevölkerung. Diese Informationen werden in Maschas Erzählung eingebettet, in der sie über persönliche Verluste spricht, wie die lebensgefährliche Arbeit des Vaters als Beobachter in Karabach, aufgrund derer sie fliehen mussten, oder den Tod ihres Großvaters:

> Als er [mein Großvater, M.W.] mit der Tram zur Universität fuhr, wo er anorganische Chemie unterrichtete, wurde er für einen Armenier gehalten und zusammengeschlagen. Drei Tage später starb er an einem Herzinfarkt. Ich hatte ihn an jenem Morgen in seinem Lieblingssessel gefunden. (DR, 47)

Die im Roman dargestellten historischen Ereignisse, erwecken sie auch den Anschein der Sachlichkeit, werden subjektiv, aus der Sicht der Ich-Erzählerin Mascha, dargestellt, die sich selbst als Opfer der Bewegungen sieht. Als Erzählerin beschreibt sie lediglich das Leid der wehrlosen aserbaidschanischen und armenischen Bevölkerung und das Aufwachen nationaler Bestrebungen.

> Der Hass war nichts Persönliches, er war strukturell. Die Menschen hatten keine Gesichter, keine Augen, keine Namen und keine Berufe mehr – sie wurden zu Aserbaidschanern, Armeniern, Georgiern und Russen. Menschen, die sich ein Leben lang gekannt hatten, vergaßen alles über den anderen. Nur die vermeintliche Nationalität blieb. (DR, 46–47)

An dieser Stelle analysiert Mascha die Gründe für den entfachten Bürgerkrieg, sie nimmt den einzelnen Menschen in Schutz, verleiht ihm den Opferstatus.

Den Ursprung des Genozids erahnt sie in der vorherrschenden Struktur der neuen Ordnung. Sie unterstellt dem Krieg keine Befreiungs- und Unabhängigkeitsbestrebungen, sondern klagt: „Der Kampf um die Macht und das Erdöl war längst im Gange. In Baku wurde die *Nationale Front* gegründet." (DR, 46) Der strukturelle Hass, der die persönlichen Motive und Gefühle explizit ablehnt, bietet den Akteuren die Möglichkeit, sich als moralisch handelnde Personen zu empfinden, weil sie sich im Rahmen normativer Standards, die nach 1988 in dieser Region einsetzen, verhalten. Die Nationale Front, eigentlich Volksfront Aserbaidschans, wird hier in einem Zug mit dem Kampf um Macht und Erdöl, mit „Plünderungen, Vergewaltigungen, Verstümmelungen und Morde[n]" (DR, 47) genannt und nicht mit den Befreiungsbewegungen, durch die – laut historischer Quellen – Aserbaidschan, Armenien oder eben Bergkarabach ihre Unabhängigkeit von der Sowjetunion erlangten. Damit erreicht Grjasnowa eine Narration der Gegenposition zum offiziellen, historischen Erzählen. Olga Grjasnowa macht ihren Text zum Speicher des individuellen Gedächtnisses der Kriegsflüchtlinge, denn Maschas Erzählung präsentiert die Sichtweise des geflüchteten Teils der Bevölkerung Aserbaidschans, der weder zu den Aserbaidschanern noch zu den Armeniern gezählt werden konnte.

Sie stellt dar, wie gewisse Gruppen aus der Gesellschaft exkludiert werden, wie sie ihr Partizipationsvermögen einbüßen. Die Folge dieses Prozesses ist die Entscheidung für die Migration. Das Mitleid der Erzählerin gilt dem einzelnen Menschen ohne Rücksicht auf die Bevölkerungsgruppe, der er angehört. Sie nennt auch ganz explizit den Grund für die Flucht der Familie: „Aber unsere Auswanderung hatte nichts mit dem Judentum, sondern mit Bergkarabach zu tun." (DR, 44) Mit Bergkarabach meint sie die Machtbestrebungen dieser kleinen Region, die 1991 ihre Unabhängigkeit erklärt und diese kurz danach, im Krieg von 1992 bis 1994, in dem Bergkarabach von Armenien besetzt wird, wieder verliert. 1994 konnte ein Waffenstillstandsabkommen zwischen Armenien und Aserbaidschan erzielt werden. Trotz der Waffenstillstandslinie kam es in den folgenden Jahren, selbst noch 2008, zu Auseinandersetzungen der jeweiligen Minderheiten in Armenien bzw. in Aserbaidschan, zu Pogromen und Unruhen. Die Migration lässt sich als Anpassung von Individuen an veränderte Rahmenbedingungen in der unmittelbaren Umwelt verstehen. Die Menschen wägen verschiedene Gefahr- und Nutzfaktoren des Wohn- und des Migrationsortes ab und entscheiden abhängig von dem persönlichen Anspruchsniveau über die Notwendigkeit der Migration. Die literarisch zum Leben erweckte Familie in Grjasnowas Roman verließ Aserbaidschan wegen drohender Lebensgefahr. Der Nutzenfaktor lag eindeutig nur auf der Seite des Lebenserhalts. So bedeutet Migration zunächst eine sehr individuelle Entscheidung, die nicht unbedingt mit den übergeneralisierten Attributen wie nationaler und religiöser Zugehörigkeit, politischem Widerstand und Armut in Zusammenhang stehen muss.

Mascha begrüßt die Unabhängigkeitsbewegungen in dem Teil der Sowjetunion nicht, im Gegenteil, sie verurteilt sie als Genozid. Dieses Dilemma zwischen Befreiungskrieg und Guerillakrieg ist ein Bestandteil der *neuen Kriege*, die nun in den 1990er Jahren mit dem Fall des Eisernen Vorhangs an Stärke gewannen (Münkler, 2005). Die Einbindung der Erfahrungen der Autorin in den fiktiven Lebenslauf der Protagonistin formt die literarische Konfiguration, denn Mascha erlebt den Krieg zwar individuell, aber er besitzt Züge der real stattgefundenen und stattfindenden Kriege, der *neuen Kriege*. Die neue Kriegsform zeichnet sich durch eine neue kriminelle Gewaltökonomie, neue Gewaltmotive, brutale Gewaltstrategien und durch zahlreiche private Gewaltakteure aus (Heupel 2002). Die Gewalt dieser Kriege wird willkürlich eingesetzt, sie wird privatisiert und kommerzialisiert, zudem richtet sie sich häufig gegen die Zivilbevölkerung. Die *neuen Kriege* werden wie Bürgerkriege geführt, bei denen Rebellen mit militärischer Gewalt gegen den bestehenden legalen Staat vorgehen. Im Roman findet sich diesbezüglich folgende Schilderung:

> Doch mit Sumgait hatte keiner gerechnet. [...] In den nächsten Tagen verwüsteten mehrere Gangs die Stadt und verwandelten sie in eine Todeszone für Armenier: [...] Wohnungen wurden verwüstet und ausgeraubt, die Bewohner erniedrigt, misshandelt, ermordet und vergewaltigt. Mehrere Menschen wurden mit Äxten so zugerichtet, dass ihre Körper später nicht identifiziert werden konnten. Die Mörder konnten oft nicht zwischen Aserbaidschanern und Armeniern unterscheiden [...]. „Sag *fundukh*!", hätte der Angreifer geschrien. „Wenn du *fundukh* sagen kannst, bist du ein Muslim. Dann ist alles gut." Meine Mutter erklärte mir, Aserbaidschaner und Armenier würden das Wort unterschiedlich aussprechen. [...] Etwa dreißig Menschen starben während des Pogroms. Fast alle 14 000 Einwohner armenischer Abstammung flohen aus Sumgait. [...] In den nächsten Monaten und Jahren sollte noch mehr Gewalt, Vertreibungen, Vergewaltigungen und Pogrome auf beiden Seiten folgen. (DR, 45–46)

Mascha erinnert sich in dieser Passage an Verwüstungen der Stadt durch Gangs, Misshandlungen der Zivilbevölkerung, Hinrichtungen, Morde, Pogrome, Massaker und als Folge davon: Flüchtlingsströme. Sie kommentiert die Situation als unübersichtlich, ohne klar konturierte Gegenfraktionen, und nennt neben der ethnischen Frage auch die wirtschaftlichen und machtpolitischen Faktoren. Auf diese Weise wird der in der Geschichtsschreibung als Unabhängigkeitsbewegung dargestellte Prozess als ein von einem Genozid begleiteter *neuer Krieg* entlarvt.

3 Fazit

Zusammenfassend ist festzustellen, dass Grjasnowas Roman ein Beispiel für eine Literatur bietet, in der erstens dargestellt wird, wie die Exklusion eines Menschen in der Gesellschaft des Herkunfts- und des Ziellandes infolge der Migration vollzogen wird, und zweitens, wie das individuelle Gedächtnis einer Protagonistin die Inhalte vor dem Hintergrund der historischen Ereignisse prägt. Des Weiteren lässt sich der Text als Beispiel dafür lesen, inwiefern Krisen, Kriege, Flüchtlings- und Migrationswellen zu Störungen in den gesellschaftlichen und politischen Systemen führen können und zur Hinterfragung bestehender Werte, Normen wie auch gesellschaftlich verbindlicher Toleranzvorstellungen anleiten, denn Migranten und Sprachwechsler aus Krisen- und Kriegsregionen erzählen neue Geschichten über gemischte Herkünfte und hybride Identitäten, über Ortlosigkeit, transnationale Wanderungen und schwierige Integration. Gerade das individuelle Gedächtnis, das in der Figurenrede seine Verdeutlichung findet, erfährt im Zuge der Literarisierung die Umformung zum kulturellen Gedächtnis. Die Migrationsliteratur der Gegenwart leistet mitnichten einen wichtigen politischen Beitrag, denn sie hält in literarischen Bildern den aktuellen Stand des Geschehens fest, ohne dass er durch äußere Einflüsse und zeitabhängige Deutungen verzerrt wird. Damit stellen literarische Texte zum Thema Migration der Gesellschaft Inhalte zur Diskussion bereit und nehmen aktiv Anteil am kritischen Umgang mit nationaler Geschichtsschreibung.

Literatur

Abels, Heinz, *Identität. Lehrbuch*, Wiesbaden: VS Verlag für Sozialwissenschaften, 2010.

Assmann, Aleida, „Vier Formen des Gedächtnisses", in: *Erwägen Wissen Ethik* 13/2 (2002).

Beck, Ulrich, *Was ist Globalisierung?*, Frankfurt a.M.: Suhrkamp, 1997.

Dean, Martin R./Politycki, Matthias/Hettche, Thomas/Schindhelm, Michael, „Was soll der Roman", in: *Die Zeit Online*, 23.06.2005, online verfügbar unter: https://www.zeit.de/2005/26/Debatte_1/komplettansicht (letzter Zugriff: 08.09.2014).

Eigenmann, Philipp/Geisen, Thomas/Studer, Tobias (Hg.), *Migration und Minderheiten in der Demokratie. Politische Formen und soziale Grundlagen von Partizipation*, Wiesbaden: Springer, 2016.

Erll, Astrid/Nünning, Ansgar, „Concepts and Methods for the Study of Literature and/as Cultural Memory", in: *Literature and Memory*, hg. v. Marion Gymnich/Roy Sommer/Ansgar Nünning, Tübingen: Franke, 2006, S. 11–28.

Grjasnowa, Olga, *Der Russe ist einer, der Birken liebt*, München: Hanser, 2012.

Grjasnowa, Olga, *Was bedeutet Einmischung für Dich, Olga Grjasnowa?*, online verfügbar unter: https://www.youtube.com/watch?v=gwqMx7RsUhc, 03.11.2017 (letzter Zugriff: 08.01.2019).

Haslinger, Josef/Sperr, Franziska (Hg.), *Zuflucht in Deutschland. Texte verfolgter Autoren*, Frankfurt a.M.: Fischer, 2017.

Heupel, Monika/Zangl, Bernhard, „Die empirische Realität des neuen Krieges", in: *IS Arbeitspapier 27*, Universität Bremen: Institut für Interkulturelle und Internationale Studien, 2003, o.P.

Jäger, Ludwig, *Störung und Transparenz: Skizze zur performativen Logik des Medialen*, München: Fink, 2004.

Kley, Stephanie, *Migration im Lebensverlauf*, Wiesbaden: Verlag für Sozialwissenschaften, 2009.

Luhmann, Niklas, *Die Gesellschaft der Gesellschaft*, Frankfurt a.M.: Suhrkamp, 1997.

–, *Gesellschaftsstruktur und Semantik*, Frankfurt a.M.: Suhrkamp, 1989.

–, *Soziologische Aufklärung 6: Die Soziologie und der Mensch*. Wiesbaden: VS Verlag für Sozialwissenschaften, 2008.

Lützeler, Paul Michael, *Bürgerkrieg total. Menschenethos und deutschsprachiger Gegenwartsroman*, Paderborn: Fink, 2009.

Münkler, Herfried, *Die neuen Kriege*, Reinbek: Rowohlt, 2002.

Rau, Johannes, *Berg-Karabach in der Geschichte Aserbaidschans und die Aggression Armeniens gegen Aserbaidschan. Geschichtliche Studien und Betrachtungen*, Berlin: Köster, 2009.

Schacter, Daniel L., *Wir sind Erinnerung. Gedächtnis und Persönlichkeit*, Reinbek: Rowohlt, 2001.

Welzer, Harald, *Das kommunikative Gedächtnis*, München: Beck, 2007 (2002).

Wolting, Monika, „‚Identität kann nur als ein Problem existieren.' Zu Identitätskonstruktionen in der Gegenwartsliteratur. Einleitung", in: *Identitätskonstruktionen in der deutschen Gegenwartsliteratur*, hg. v. ders., Göttingen: V & R Unipress, 2017, S. 9–19.

–, „Entwicklungstendenzen der deutschen Literatur nach 1989/90. Neueste deutschsprachige Literatur als Speicher zeitgenössischer Identitätsmodelle", in: *Germanistik zwischen Tradition und Innovation. Akten des XIII. Internationalen Germanistenkongresses Shanghai 2015*, Bd. 10, hg. v. Jianhua Zhu/Michael Szurawitzki/ Jin Zhao, unter Mitarbeit von Christoph Kleinschmidt/Søren R. Fauth/Gabriele Dürbeck/ Monika Wolting, Frankfurt a.M. et al.: Lang, 2018, S. 265–266.

–, *Der neue Kriegsroman. Repräsentationen des Afghanistan-Krieges in der deutschen Gegenwartsliteratur*, Heidelberg: Winter, 2019.

Wolting, Stephan, „Kultureller Mittler – Überlegungen zum Aufgabenprofil interkultureller Wissens- und Dienstleistungsberufe", in: *Berliner Debatte* 1 (2016), S. 50–57.

Zeh, Juli, „Wir trauen uns nicht", in: *Die Zeit Online, Literatur*, 04.03.2004, online verfügbar unter: https://www.zeit.de/2004/11/L-Preisverleihung (letzter Zugriff: 10.08.2018).

Sprache – Identität – Erinnerung

Olga Martynovas transkulturelles Schreiben

Eva Hausbacher

1 Eastern Turn

Beobachtet man die Entwicklung des deutschsprachigen Literaturmarktes, so zeigt sich, dass immer häufiger und mehr AutorInnen mit osteuropäischer Herkunft von dessen Rändern ins Zentrum rücken. So gehen in den letzten Jahren nicht nur jene speziell für Migrationsliteratur installierten Preise wie der Adelbert-von-Chamisso-Preis[1], sondern auch längst etablierte Auszeichnungen und Stipendien, die innovative Texte der deutschsprachigen Literatur prämieren (wie z.B. der Ingeborg-Bachmann-Preis oder der Deutsche Buchpreis) immer wieder an diese Gruppe von AutorInnen. Transkulturelle Literatur, die in migratorischen Kontexten entsteht, ist also ein wichtiges Feld ästhetischer Innovation geworden. Es ist dieser Literatur – so könnte man sagen – gelungen, aus dem ursprünglichen Nachteil der Marginalität ein Kreativitätspotenzial zu entwickeln, das auf das gesamte literarische Feld zurückwirkt, sodass sie zu einem Motor der Veränderung und Innovation der sogenannten Nationalliteraturen wird. Demnach ist auch eine zunehmende Amalgamierung der transkulturellen Literatur mit der deutschen bzw. deutschsprachigen Literatur zu beobachten. Polemisch zugespitzt könnte man die Abgrenzung von Migrationsliteratur als eigenes literarisches Feld als obsolet bezeichnen. Diese Argumentationslinie hat auch die Robert Bosch Stiftung bemüht, um die Einstellung des von 1985 bis 2017 verliehenen Adelbert-von-Chamisso-Preises zu legitimieren. Die fortschreitende Kanonisierung der deutschsprachigen Literatur ausländischer AutorInnen ist evident, sie avanciert vom „Sonderfall" zum „Modellfall" (vgl. Pabis 2018, 192), sie befördere – so Ilija Trojanow – „das Hineinwachsen der deutschsprachigen Literatur ins Weltliterarische mit Hilfe der Agenten der Weltläufigkeit und Mehrsprachigkeit." (Trojanow 2009, o.P.)

Dass gerade im deutschsprachigen Raum signifikant viele transkulturelle AutorInnen einen osteuropäischen Herkunftshintergrund haben, nimmt Brigid Haines (2008) zum Anlass, einen „eastern turn" der deutschen Gegenwartliteratur zu postulieren. Diese AutorInnen bringen nicht nur einen

---

1 Dieser Preis der Robert Bosch Stiftung wurde 2017 letztmalig verliehen. Zur Geschichte und Diskussion des Preises siehe Eszter Pabis (2018).

 | DOI:10.30965/9783846765241_007

anderen Gedächtnis- und Erfahrungsraum in die deutschsprachige Literatur ein, sondern auch andere literarische Traditionen und neue sprachliche Zugriffe.[2] Einen anderen Begriff für dasselbe Phänomen prägt Irmgard Ackermann, wenn sie von einer „Osterweiterung" der deutschsprachigen Literatur spricht: AutorInnen aus Ost- und Südosteuropa wandern in die deutschsprachige Literatur ein, indem sie die deutsche Sprache zum Medium ihrer literarischen Kreativität machen (vgl. Ackermann 2008, 13).

Auch von Seiten der AutorInnen aus dieser Gruppe selbst wird der Befund von der innovativen Kraft, die von ihren Texten ausgeht, bekräftigt, wie beispielsweise folgendes Zitat von Vladimir Vertlib zum Ausdruck bringt:

> [...] die Literatur von Zuwanderern ist in vielen Fällen zeitgemäßer und dadurch „moderner" als die sogenannte Nationalliteratur, weil sie Mehrfachidentitäten, gegenseitige Beeinflussungen und permanente Veränderung direkt oder indirekt zum Thema hat oder zumindest implizit zu vermitteln vermag. (Vertlib, zit. nach Stocker 2017, 7)

Gleichzeitig gibt es aber auch AutorInnenstimmen, die die Rhetorik von einer Spezifik transkultureller Schreibweisen – sei es, diese als Bereicherung der Literaturentwicklung einzuschätzen, ihre interkulturelle Vermittlungsfunktion hervorzuheben oder sie mit postkolonialer Perspektivierung als Hybridkunst des Dazwischen zu definieren – ablehnen.

Ein Blick auf die literaturwissenschaftliche Beschäftigung mit Migrationsliteratur zeigt, dass sich hier in den letzten Jahr(zehnt)en viel verschoben hat: das Verständnis von Migrationsliteratur als Randphänomen, als autobiografische Bewältigungsliteratur oder als Literatur, die fremde Kulturen vorstellt und insofern dem Ideal der interkulturellen Kompetenzbildung dienlich wäre, weicht neueren Ansätzen, die sich mit der poetologischen Identität dieser Literatur befassen, die diese Texte unter dem Aspekt ihrer Transkulturalität beleuchten und sie als ‚neue Weltliteratur' einschätzen. Aus meiner Sicht ist die Rede von einer Spezifik transkultureller Literatur (immer noch) legitim, wenn diese zwei Aspekte transkultureller Schreibweise in den Blick rückt: zum einen die Besonderheit ihrer ästhetischen Sprachlichkeit, denn die Distanz in der Sprache, die diese Bindestrich-AutorInnen als SprachwechslerInnen auch bei hervorragenden Deutschkenntnissen einnehmen, ist aus der Perspektive

2 Vgl. dazu den Aufsatz von Günter Stocker „Neue Perspektiven. Osteuropäische Migrationsliteratur in Österreich" (2017), in dem er die andere literarische Sozialisation von MigrationsautorInnen aus Osteuropa, ihr distanziertes Verhältnis zur deutschen Sprache sowie die Differenzen in den unterschiedlichen literarischen Traditionen, wie beispielsweise das weitgehende Fehlen von Geschichtenerzählen in der modernen österreichischen Literatur hervorhebt.

einer formalistischen Kunstauffassung und mit Harald Weinrich gesprochen „kein schlechter Ratgeber in ästhetischen Dingen" (vgl. Weinrich 1989, 918); zum anderen ist die mit dem Kulturwechsel einhergehende Erweiterung des kulturellen Gedächtnisses ein Merkmal dieser Literatur und markiert die Welthaltigkeit dieser Texte.

Methodisch lässt sich das transkulturelle Potenzial dieser Literatur – wie ich das in meinem Buch *Poetik der Migration* (2009) vorschlage – mithilfe einer postkolonialen Lektürestrategie erfassen. Die Anwendung von Konzepten aus der postkolonialen Theorie auf die Analyse von Migrationsliteratur ist meines Erachtens insofern besonders produktiv, weil die Schlüsselkategorien der Migrationsliteratur – nämlich kulturelle Differenz, Identität/Alterität, Hybridität – auch in den Postcolonial Studies zentral diskutiert werden. Bei der Erarbeitung einer Poetik der Migration gehe ich von der Hypothese aus, dass es sich bei Migrationsliteratur eben nicht lediglich um eine thematische Gruppe von Texten handelt, sondern dass es hier auch ganz spezifische Schreibweisen gibt, die diese Texte kennzeichnen. Zu diesen spezifischen Literaturformen zählen beispielsweise die multiperspektivische Erzählweise, eine Neuverortung in Raum und Zeit, z.B. als Duplizität von Raum und Zeit oder als matrjoschkaähnliche Verschachtelung (vgl. Isterheld 2017, 398) verschiedener Raum- und Zeitebenen, verschiedene Formen von Mehrsprachigkeit, Verfremdungsstrategien wie Mimikry, Ironie, Parodie, ambivalente, rhetorische Figuren und die Konstruktion von Mischgattungen, sogenannten „blurred genres" (vgl. Geertz 1983). Dabei sind diese literarischen Formen, die es allesamt auch außerhalb von Migrationsliteratur gibt, mit semantischen Spezifika verbunden: Neben der autobiografischen Grundierung – häufig sind insbesondere die Debütromane autobiografisch gefärbt – ist das die Fokussierung auf Migration als zentrales Narrativ der Texte. Leslie A. Adelson spricht von Verflechtungsnarrativen bzw. sogenannten „touching tales" (Adelsen 2000), die die deutschsprachige Literatur nichtmuttersprachiger AutorInnen kennzeichnen. Weiters ist auch auffällig, dass darin Familienthemen signifikant häufig vorkommen, ja geradezu eine Dominanz der Gattung Familienroman zu beobachten ist, und es eine Konzentration auf geschichtliche Stoffe gibt, also ein gesteigertes Komplexitätsbewusstsein für historische und kulturelle Zusammenhänge zu beobachten ist. Die neuere Migrationsliteratur, im Speziellen jene mit osteuropäischem Herkunftskontext, bringt sehr viele Texte hervor, die als Medien transkultureller Erinnerungsarbeit funktionieren. In diesem Zusammenhang vertrete ich die These, dass in dieser transkulturellen Erinnerungsliteratur ein neuer Umgang mit traditionellen Geschichtsnarrativen erfolgt, dass die transkulturelle Perspektivierung nämlich sehr häufig deren Dynamisierung auslöst. Die transkulturelle deutsch-russische Gegenwartsliteratur entwirft – so meine ich – in der literarisch konstruierten Erinnerung einen anderen Blick auf die Geschichte, sie kann als eine Art ‚Gegenerzählung' zu den nationalen, das kulturelle Gedächtnis konstituierenden Narrationen gesehen werden und verzichtet dabei aufgrund ihrer transkulturellen Perspektive weitgehend auf Strategien des Othering bzw. einer Exotisierung des Anderen.

Dies gilt auch für das Schreiben von Olga Martynova. Sie definiert Literatur als Erinnerungs- und Gedächtnisarbeit: „Literatur ist dazu da, das Gedächtnis zu sensibilisieren. Und wenn man Vergangenheit anders erzählt, wird sie vielleicht auch anders lebendig." (Martynova im Interview mit Heimann 2012, 26)

Martynova bricht in ihren Texten die binäre Codierung, wie sie beispielsweise für die russische Emigrationsliteratur kennzeichnend ist, auf, indem sie den starren Binarismus von Heimat und Fremde dekonstruiert. Die literarischen Verfahren ihrer Texte sind recht weit von einem realistischen Erzählgestus entfernt und haben sich einer Poetik des Widerständigen und Unvorhersehbaren verschrieben, wie dies Nora Isterheld beschreibt:

> Die geschichtlichen Ereignisse, auf die in den Texten referiert wird, sind äußerst zahlreich und in achronologischer Ordnung zu intertextuell verknüpften Collagen zusammengesetzt. Durch eine dynamische, netzwerkartige Erzählkonstruktion werden zugleich die veränderten Wahrnehmungsmodi des digitalen Zeitalters reflektiert und mit dem poetologischen Programm der Autorin verbunden. (Isterheld 2017, 399)

Bei Martynova wird die Identitätsfrage mit sprach- und literaturtheoretischen Reflexionen verbunden; die Standortbestimmung als Dichterin in Deutschland vollzieht sich im Kontext russischer und sowjetischer Literatur (vgl. dazu Lehmann 2015, 356). Namen wie Tolstoj, Pasternak, Bulgakov, Solženicyn u.a. erscheinen hier als integrale Bestandteile einer von Sprachkunst dominierten Lebenswelt, die mit Hilfe zahlreicher intertextueller Bezüge zur russischen Dichtung gestaltet wird. In ihren Romanen wird deshalb auch neben Themen wie russische Geschichte des 20. Jahrhunderts oder deutsch-russische Begegnungen Literatur selbst zum Gegenstand von Literatur, Erzählen mischt sich mit Reflexion, entworfene Handlungen und Figuren werden spielerisch reflektiert (vgl. Lehmann 2015, 356).

Genauer betrachtet werden im Folgenden zwei Werke aus dem bisherigen Œuvre Martynovas, die mir im Kontext von Migration und transkulturellen Schreibweisen besonders und stärker als spätere Texte der Autorin aufschlussreich erscheinen. Es sind dies zwei Texte, die relativ zeitgleich erschienen sind und zwischen denen es auch einen engen Zusammenhang gibt: ihr erster Prosatext *Sogar Papageien überleben uns* aus dem Jahr 2010 und der Lyrikzyklus mit dem schönen Titel *O Čvirike i Čvirke*, auf Russisch ebenfalls 2010 erschienen und in der deutschen Übersetzung *Von Tschwirik und Tschwirka* 2012 bei Droschl publiziert.

Bevor die oben genannten Verfahren Olga Martynovas am Beispiel dieser Texte näher beleuchtet und im Kontext von Erinnerungsliteratur verortet werden, einem Genre, das – wie ich beobachte – insbesondere in der transkulturellen Migrationsliteratur der letzten Jahre sehr präsent ist, seien zunächst die biografischen Kontexte aufgerufen: Olga Martynova ist 1962 in Sibirien geboren, aufgewachsen aber in Leningrad, wo sie ein Studium der russischen Sprache und Literatur absolviert hat. 1992 ist sie mit ihrem Mann, dem Schriftsteller Oleg Jurjew, nach Deutschland übersiedelt, wo sie seither in Frankfurt a.M. lebt. Martynova ist im russischen Sprachraum eine anerkannte Lyrikerin. Anfang der 1980er Jahre, als eine freie Literatur in der Sowjetunion noch undenkbar war, hat sie in Leningrad gemeinsam mit ihrem Mann die Dichtergruppe „Kamera Chranenija" gegründet. Kamera Chranenija, auf Deutsch „Gepäckaufbewahrung", bewahrt sozusagen in den von dieser Gruppe herausgegebenen Almanachen Literatur auf, die in der Sowjetzeit keine Publikationsmöglichkeiten hatte, Literatur, die die Tradition der gewaltsam abgebrochenen literarischen Moderne wieder aufgegriffen hat. Heute gibt es diese Gruppe noch immer, sie hat allerdings ihre Aktivitäten ins Internet verlegt. Martynova hat sich mittlerweile auch in ihrer Zweitsprache Deutsch als Prosaschriftstellerin, Übersetzerin und Literaturvermittlerin einen Namen gemacht und ist damit eine der wenigen deutsch-russischen AutorInnen, die auch in beiden Sprachen schreiben und publizieren: Sie hat bislang fünf Lyrikbände auf Russisch veröffentlicht, es liegen vier Gedichtbände auf Deutsch vor, die Gedichte sind im Original auf Russisch geschrieben, die Übersetzungen stammen teils von ihr selbst, teils hat sie sie gemeinsam mit Elke Erb u.a. ins Deutsche übertragen. Seit mehr als fünfzehn Jahren wirbt sie im deutschen Feuilleton für russische Klassiker und für Übersetzungen hierzulande weitgehend unbekannter AutorInnen von der russischen Avantgarde bis zur Gegenwart. Eine Auswahl dieser im deutschsprachigen Feuilleton erstveröffentlichten Besprechungen ist in Buchform unter dem Titel *Wer schenkt was wem* (2003) publiziert. Weitere Essaybände sind 2011 und zuletzt 2018 erschienen: *Zwischen den Tischen. Olga Martynova und Oleg Jurjew im essayistischen Dialog*, ihr bislang letztes Buch trägt den Titel *Über die Dummheit der Stunde. Essays.*

Martynovas editorische Arbeit, die von ihrem Mann Oleg Jurjew und ihrem Sohn Daniel Jurjew begleitet wird, richtet sich häufig auf Werke der Petersburger Moderne, die erst in der postsowjetischen Zeit erscheinen konnten – darunter die 1931 verfasste Erzählung *Tatarinova* (*Povest' o Tatarinovoj*, 1997) von Anna Radlova und die in der unmittelbaren Nachkriegszeit entstandene

Novelle *Die Manon Lescaut von Turdej* (*Turdejskaja Mano Lesko*, 2006) des namhaften Kunsthistorikers Vsevolod Petrov. Die drei Bände von Martynovas Romantrilogie sind die am breitesten rezipierten Texte der Autorin: *Sogar Papageien überleben uns* (2010), *Mörikes Schlüsselbein* (2013) und *Der Engelherd* (2016). Die drei Romane, die zwar völlig eigenständig und unabhängig voneinander funktionieren, hängen insofern zusammen, als einzelne Figuren von einem in den nächsten Text mitgenommen werden. Die interkulturelle Thematik nimmt aber von Roman zu Roman sukzessive ab und ist in *Engelherd* weitgehend verschwunden, Bezüge zur russischen Kultur sind dort nur mehr über intertextuelle Verweise auf russische Literaten gegeben. Der Roman widmet sich dem Thema der Euthanasie und stellt eine generationenübergreifende Auseinandersetzung mit dem Nationalsozialismus dar.

Martynova wurde vielfach mit Preisen ausgezeichnet, hervorzuheben sind ihre Platzierung auf der Longlist des Deutschen Buchpreises (2010) und jene auf der Shortlist des aspekte Literaturpreises (2010), der Adelbert-von-Chamisso Förderpreis (2011) und natürlich der Ingeborg-Bachmann-Preis (2012). Die Autorin wird von der deutschsprachigen Literaturkritik mit großer Begeisterung aufgenommen und immer wieder in Verbindung mit der russischen Avantgarde gebracht: Ihre Texte sind „hochkomplex, präzise konstruiert, sorgfältig zusammengefädelt, dass man die Nähte in diesem federleicht erscheinenden Wortgewebe kaum mehr erkennen kann", wie es in einer Kritik (Gösweiner 2013, 7) heißt.

> Martynovas Texte [sperren sich] gegen eindeutige Lesarten oder funktionale Interpretationsversuche. Realistische Erzähltraditionen liegen der Autorin fern, stattdessen fühlt sie sich offenbar dem radikalen Subjektivismus und dem Genie-Gedanken romantischer Prägung nahe. Auch sonst ist Martynovas Literaturverständnis deutlich von der Romantik inspiriert – nicht etwa, weil darin restaurative Tendenzen zu erkennen wären, im Gegenteil, sondern weil es ein gesteigertes historisches Bewusstsein demonstriert. (Isterheld 2017, 318)

2 (Keine) Migrationsliteratur

In die Debatte um adäquate Termini zur Benennung und Beschreibung transkultureller Texte mischen sich immer wieder auch die AutorInnen selbst ein. Viele, in sehr kategorischer Art und Weise beispielsweise auch Julya Rabinowich,[3] reagieren auf eine Verortung ihrer Texte unter der Rubrik „Migrationsliteratur" sehr ablehnend, obwohl dieses Label ihnen auf dem

3 Vgl. dazu Rabinowich in einem Interview mit Tobias Hierl (2009).

Literaturmarkt durchaus mit zum Erfolg verholfen hat. Martynova bezeichnet sich selbst als „Berufsschriftstellerin“ (Martynova 2011, 115), während sie Migrationsliteratur als Aufarbeitungs- und Betroffenheitsliteratur definiert:

> Die „Migrationsliteratur“ ist im Allgemeinen die Literatur der Migranten, in erster Linie der Migrantenkinder, die zwischen zwei Kulturen aufwachsen und von diesem Prozess und Zustand berichten. Ein Berufsschriftsteller, der als solcher bereits sozialisiert wurde, ist kein „Migrant“ in diesem Sinne, er wählt eine fremde Sprache bewusst als seine Literatursprache, als Instrument. […] Als ich nach Deutschland kam, war ich doch schon ziemlich erwachsen. Und ich war schon seit langem eine Autorin. In der Wahl der Form ging ich von ästhetischen Gründen aus. Die fragmentarische Form schien mir die günstigste zu sein, um von so vielen Dingen zu erzählen, ohne den Leser zu ermüden. (Martynova 2011, 117–118)

Auf der anderen Seite argumentiert sie – so wie das auch Edward Said (2000) in seiner Konzeption des „intellektuellen Exils“ tut –, dass eigentlich alle Dichter Migranten sind:[4] „Dichter haben keine Heimat“, meint sie „[u]nd auch sonst nichts. Kein Geschlecht. Kein Alter. […] Nein, als Menschen haben sie all das. Aber nicht als Dichter. […] Also sind alle Dichter sowieso Migranten.“ (Martynova 2015, 81–82) Von MigrantenautorInnen erwarte man, so Martynova, dass sie ihre (traumatische) Erfahrung mitbringen, dabei ist – ihrer Meinung nach – die Erfahrung überbewertet: „Wie ich das in meinem Fall sehe: Nicht die Erfahrung in einem anderen (ersten Land), nicht der Einfluss einer anderen Sprache sind entscheidend [für das Schreiben, E.H.]. Sondern die Schule der ‚ersten‘ Literatur.“ (Martynova 2015, 83) Gleichzeitig bestätigt sie aber auch, dass ihre Herkunft aus Russland und damit der transkulturelle Kontext ihres Schreibens sehr wichtig ist: „Ich fühle mich in zwei Welten zu Hause. Es ist ein Geschenk, die Möglichkeit zu haben, die Welt von zwei Seiten anzuschauen.“ (Martynova im Interview mit Heimann 2012, 27)

Ähnlich widersprüchlich äußert sich Martynova auch zur Frage der Mehrsprachigkeit und des Sprachwechsels bei AutorInnen der Migrationsliteratur. Die Autorin ist diesbezüglich ein besonders interessanter ‚Fall‘: Gedichte schreibt Martynova nach wie vor auf Russisch, einen Großteil davon hat sie – wie bereits erwähnt – gemeinsam mit Elke Erb und anderen ÜbersetzerInnen ins Deutsche übertragen; Prosa schreibt sie auf Deutsch. Befragt nach dem

---

4 „Ein Schriftsteller ist in jeder Gesellschaft nur bedingt ‚integriert‘. Das klingt zwar stark nach einer romantischen Auffassung von der Stellung des Dichters in der Gesellschaft. Aber es ist wahr. Wenn man immer beobachtet und sich überlegt, in welcher Form die Welt aufgefasst und wiedergegeben werden kann, steht man automatisch etwas abseits. Ich habe mich in Deutschland keine Sekunde fremder gefühlt als in Russland.“ (Martynova 2011, 115)

Ausschlag dafür, in der Prosa ins Deutsche zu wechseln, antwortet Martynova folgendermaßen:

> Ich schreibe seit Ende der 90er Jahre Essays und Buchbesprechungen für deutschsprachige Medien. So war die deutsche Sprache eine natürliche Prosasprache für mich. Außerdem war es interessant, das poetische Potenzial einer neuen Sprache zu erforschen. […] Ich sehe mich als russische Lyrikerin und deutsche Prosaautorin. Das entspricht der jeweiligen Sprache. Die Sprache führt den Autor. Dass ich eine doppelte Erfahrung habe, genauer gesagt, dass ich die Welt von zwei Seiten betrachten kann, sehe ich als Geschenk. Und ich fühle mich als Autorin verpflichtet, diese doppelte Erfahrung zu verarbeiten. (Martynova 2011, 119)

Aktuellere Aussagen der Schriftstellerin zu ihrem Sprachwechsel klingen allerdings anders:

> Man fragt mich oft, warum ich Gedichte auf Russisch und Prosa auf Deutsch schreibe, und ob Russisch besser für Gedichte und Deutsch besser für Prosa geeignet ist. Nein, antworte ich, jede Sprache kann alles. Wir, die Schreibenden, haben Defizite. Die Sprachen sind allmächtig und vollkommen. […]
> Jede Sprache kann alles. Wenn dem so ist, warum schreibe ich Gedichte auf Russisch und Prosa auf Deutsch? Ich hatte im Laufe der Jahre verschiedene Antworten, die mir alle nicht befriedigend zu sein schienen. Meine heutige Antwort: Ich schreibe Prosa auf Deutsch, weil ich seit vielen Jahren von der deutschen Sprache, deutschen Büchern, deutschen Kollegen und deutschem Publikum umgeben bin. Deutsch ist zu meiner natürlichen literarischen Sprache geworden. Gedichte schreibe ich auf Russisch, um mich nicht als Verräterin zu fühlen.
> Die Hauptsache: Ich schreibe. In welcher Sprache ich schreibe, ist nicht einmal Nebensache. (Martynova 2015, 79–85)

> [B]eide Sprachen sind meine Sprachen. Ich glaube, der Prozess des Schreibens beginnt vor den Wörtern, bevor wir anfangen, Sätze zu bilden. Deshalb würde ich wahrscheinlich nicht auf andere Gedanken oder Bilder kommen, wenn ich einen Roman auf Russisch schreiben würde. Die Teilung hat sich einfach so ergeben. (Martynova 2016, o.P.)

Auch wenn Martynovas diverse Begründungen der Sprachwahl widersprüchlich sind, zeigt die aufmerksame Lektüre der deutschsprachigen Texte doch sehr eindeutig Phänomene der Vermischung, die neben der gattungsspezifischen Mischung von Prosa und Lyrik auch auf der sprachlichen Ebene zu beobachten ist. In Martynovas deutschen Texten schwingt – ob unbewusst oder gezielt – unter der deutschen Oberfläche Satzbau, Melodie und Idiomatik des Russischen mit (vgl. Vertlib 1999, 33). Selbst deutschsprachige Kritiker wie Jochen Jung (2010) oder Anton Thuswaldner (2010), die des Russischen nicht mächtig sind, erkennen diese Tendenz zur *métissage* bei Martynova, wenn sie in den Rezensionen von der im Text spürbaren Sprachleidenschaft sprechen und in ihm die Energie für eine eigenwillige neue Sprache wahrnehmen (vgl. Thuswaldner 2010, o.P.).

3 *Sogar Papageien überleben uns*

Liest Natasha Gordinsky Olga Martynovas 2010 erschienen Romanerstling *Sogar Papageien überleben uns* als einen Text, der verschiedene Zeitdimensionen – Alltagszeit, Lebenszeit und historische Zeit – und deren Verflochtenheit auslotet,[5] so ist für Lehmann das Thema deutsch-russischer Begegnungen in diesem Text bestimmend, das Martynova auf den Ebenen des Biografischen, Historischen und Literarischen differenziert ausgestaltet (vgl. Lehmann 2015, 356):

> Ausgangspunkt des Erzählens ist eine Daniil Charms gewidmete Veranstaltung in Berlin, in dessen Kontext die Liebesgeschichte einer daran teilnehmenden Literaturwissenschaftlerin aus Leningrad mit dem Deutschen, Begegnungen zwischen Deutschen und Russen sowie die Beschäftigung mit russischer und deutscher Literatur assoziativ erinnernd und episodenhaft erzählt wird. Das geschieht unter umfassender Berücksichtigung deutsch-russischer und deutsch-jüdischer Geschichte (Belagerung Leningrads durch die Deutschen im Zweiten Weltkrieg, Holocaust u.a.) und mit Hilfe einer hochgradigen, die literarischen Beziehungen beider Völker betonenden intertextuellen Strukturierung. Der Text ist gespickt mit Zitaten und Anspielungen auf die deutsche (Goethe, Rilke, Celan, Bernhard u.a.), vor allem aber auf die russische Literatur von Puškin über Gogol', Tolstoj, Mandel'štam bis hin zu Charms, wobei letzterer und seine Freunde aus der Gruppierung „Oberiu" […] im Vordergrund stehen. (Lehmann 2015, 356)[6]

In der Erzählgegenwart, dem Jahr 2006, ist die Petersburger Germanistin Marina unterwegs auf einer Vortragsreise durch Deutschland zum Thema der „Obėriuten". Begleitet wird sie dabei von ihrem Dichterfreund Fjodor, der als Alter-Ego der Autorin in seiner Lyrik die absurde Welt dieser letzten

5 „Her novel does not present the reader with yet another immigrant narrative […] Martynova's novel is a tale about time, or, more precisely, times that are conflicting or incongruent. […] [t]he novel stresses the necessity of including historical time in the process of narrating familiar time. The poetic text beomes a connecting link between different forms of time." (Gordinsky 2015, 243–254)

6 OBĖRIU (Ob"edinenie real'nogo iskusstva – Vereinigung der Realen Kunst) war die letzte Strömung der russischen Avantgarde um Daniil Charms, Aleksandr Vvedenskij und Nikolaj Zabolockij, die vor der Etablierung des Sozialistischen Realismus in den 1930er Jahren eine Poetik des Absurden entwickelte und den Unsinn als Erkenntnismittel einsetzte.

Künstlergruppe der historischen Avantgarde in Russland fortschreibt, und von Andreas, mit dem sie seit ihrer Studienzeit in Liebe und Freundschaft verbunden ist. Die Erinnerungen an die Anfänge ihrer Beziehung, als Andreas als deutscher Austauschstudent Mitte der 1980er Jahre ein Auslandssemester in Leningrad absolvierte, bildet den zweiten Erzählstrang des Romans: Damals führte Marina ihn ein in ihren Freundeskreis von Dichtern, Künstlern und Intellektuellen, die jenseits der Normen der Sowjetunion lebten. Auch auf ihren Reisen nach Sibirien, wo sie Hippies, einem Schneemenschen und einem unverweslichen Lama begegnen, lernten sie ein anderes Russland kennen.

In das aus diesen beiden Handlungssträngen gebildete narrative Gewebe, das in sieben größere Abschnitte gegliedert ist, werden Miniaturen über das vorrevolutionäre Russland, die Epoche des Stalinterrors, den Zweiten Weltkrieg, die Belagerung Leningrads und die Zeit bis zur Perestrojka mosaikartig eingeflochten. Aus diesen kurzen, blogartigen und oftmals szenisch-momenthaft wirkenden Erzählfragmenten – insgesamt handelt es sich um 88 Mikrokapitel – entsteht eine sehr offene Romanform, die die klassischen Erzählkategorien dekonstruiert, viele lyrische Elemente enthält und intertextuell aufgeladen ist.

Besonders auffallend ist die „temporale Kodierung" (vgl. Schöll 2012, 544) des Textes: Die fehlende Erzählchronologie wird durch eine mehrzeilige Zeitleiste kompensiert, die zu Beginn jedes Kapitels angeführt ist und die jeweils relevanten Jahreszahlen im Fettdruck hervorhebt. Dabei wird die spezifische Erinnerungstechnik Martynovas sichtbar: Aus den Zeitschleifen, die die Geschichten prägen, resultiert eine Gleichzeitigkeit des Ungleichzeitigen, eine Präsenz des Vergangenen im Gegenwärtigen. Die Vergangenheit ist nicht wirklich vergangen, sondern sie durchdringt die Gegenwart, wir Menschen sind Zeitspeicher, in denen sich das Vergangene abgelagert hat. Anliegen dieses Textes ist es daher, die Zeitschichten offen zu legen, die seine ProtagonistInnen in sich tragen, die Zeitsplitter, die Andreas, Marina und die anderen Figuren immer wieder treffen, in ihrer Verwobenheit mit dem Jetzt der Figuren zu zeigen, wobei die Auswahl und Reihenfolge des Geschehens willkürlich und assoziativ wirkt.

Unterstützt wird diese Verquickung der Zeitebenen durch die polyphone Qualität des Textes: Eigentlich ist der Text streng monoperspektivisch fokalisiert – wir hören ausschließlich die Stimme Marinas, die ihr eigenes Erleben, ihre eigenen Erinnerungen, Geschichten des Familiengedächtnisses oder das, was von Dritten erzählt wurde, beschreibt.

Der Eindruck eines „mobilen Multiperspektivismus" bzw. einer Polyphonie entsteht im Text aufgrund der zahlreichen intertextuellen Montagen (vgl. Schöll 2012, 545): Aufgerufen werden nicht nur Textpassagen von

Marinas Dichter- und Künstlerfreunden, sondern auch Zitate, Textsprengsel, Aphorismen und Anekdoten zahlreicher bekannter deutscher und russischer AutorInnen – neben den für Marina so wichtigen Obėriuten sind dies u.a. Lev Tolstoj, Iosif Brodskij, Friedrich Nietzsche und Thomas Bernhard.

Der im Hinblick auf seine Gattung und seine narrativen Techniken hybride Charakter des Romans zeigt sich auch in seiner sprachlichen Form: Erzählende und erzählte Sprache wenden sich vielfach ins Lyrische, was sich insbesondere in den vielen präzisen und poetischen Sprachbildern, den vielen neuen Komposita sowie in der Selbstreferenzialität des Textes äußert: „Etwas Flüchtiges hat schon die Anordnung der Zeichen selbst: Martynova arbeitet immer wieder mit verschiedenen Formen von Spiegelstrichen und Aufzählungszeichen, die dem Erzählten den Charakter des Notizhaften und Vorläufigen verleihen.“ (Schöll 2012, 546)

Wie bereits angedeutet, ist der Roman auch ein erinnerungsliterarischer Text. Nora Isterheld, die in ihrer umfassenden Studie zur deutschsprachigen Literatur russischstämmiger AutorInnen (2017) auch Olga Martynova bespricht, hat genau diesen Aspekt des Romans betont und in ihrer Analyse nachgezeichnet, dass darin die russisch-deutsche Geschichte nicht mehr als historisches Kontinuum, sondern als „Mosaikbild“ einzelner Ereignisse dargestellt wird (vgl. Isterheld 2017, 319):

> Zwei Zeiträume nehmen in der Gesamtschau besonders viel Platz ein, und zwar die Jahre zwischen 1941 und 1945 sowie zwischen 1987 und 1995. In beiden Fällen handelt es sich bezeichnenderweise um Zeiten des Zivilisationsbruchs, wobei das Ende der Sowjetunion nicht nur als kollektiver, sondern zugleich als wichtiger autobiographischer Wendepunkt der Protagonistin beschrieben wird. (Isterheld 2017, 319)

„Es war nicht mehr viel übrig von der Substanz der uns vertrauten Zeit.“, heißt es im Roman. „Sie wurde flüssig. Sie wurde spärlich. Man konnte sehen, dass sie fast alle war. Die runde abgeschlossene Welt, in die ich geboren war, flog wie ein Luftballon davon.“ (Martynova 2012, 23)

Im Kontext der Erinnerungstechnik ist Martynovas Aufrufen von materiellen Manifestationen vergangener Epochen sehr auffällig, das Auflisten von Gegenständen, die ihre auratische Wirkung bis in die Gegenwart behalten (vgl. Isterheld 2017, 323). Diese „Dinge von früher“ (Martynvoa 2012, 13) (z.B. eine Rokoko-Vase, ein Spiegel mit Mahagonirahmen, ein Foto aus der Belle Époque oder ein Bärenfell) gesellen sich zu den „Dinge[n] aus dem anderen Leben“ (Martynova 2012, 16), jenen Konsum- und Markenartikeln, die die westliche Kultur symbolisieren (z.B. eine Flasche Gin oder eine Daunenjacke).

> Martynovas Gegenständlichkeits-Konzept steht im Zeichen einer Entautomatisierung des Blicks und knüpft damit – in abgeschwächter Form – an ein zentrales poetologisches Verfahren der Obėriuten an, nach dem reale Objekte zu Medien transzendentaler Erfahrung stilisiert werden und Wirklichkeit und Kunst eine geradezu „mystische Einheit" bilden. (Isterheld 2017, 324)

In all diesen Gegenständen, die Marina umgeben, ist Vergangenheit präsent, sie werden zu „Platzhalter[n] verschiedener kultureller Archive" (Isterheld 2017, 323) und verweisen auf das bereits erwähnte Phänomen der „Gleichzeitigkeit des Ungleichzeitigen", das die Poetik Martynovas kennzeichnet. Gordinsky hat die Formel von der „Gleichzeitigkeit des Ungleichzeitigen" als Verflechtung verschiedener, inkongruenter Zeitdimensionen übersetzt (vgl. Gordinsky 2015, 244). Erinnerungen an die eigene Kindheit, erinnerte Erlebnisse aus dem Alltagsleben vergangener Jahre und erzählte historische Ereignisse mischen sich im Bewusstseinsstrom der Erzählerin. Ein eindrückliches Beispiel für diese Technik findet sich gleich zu Beginn des Romans: Die Erzählerin schildert hier eine Episode aus ihrer Kindheit in den 1970er Jahren, wie sie von einer Frau, dem sogenannten „Zeitflussweib" (Martynova 2012, 7) über einen Bergbach getragen wird. Diese Bilder aus einem Tarkovskij-Film evozierende Erinnerung, die von den Eltern nicht bestätigt wird, in der literarischen Referenz auf ein Gedicht von Gavrila Deržavin allerdings wieder auflebt, zeigt den Charakter von Erinnerung, wie Martynova sie sehen möchte: als Hybrid, in dem sich fragile und subjektive Bilder des individuellen Gedächtnisses mit objektivierbaren und chronologisch verorteten Ereignissen mischen, in kulturellen Texten gespeichert und immer die Gegenwart bestimmend.

4 *Von Tschwirik und Tschwirka*[7]

Der Lyrikband *O Čvirike i Čvirke. Stichi iz romana o popugajach* (*Von Tschwirik und Tschwirka. Gedichte aus dem Roman über Papageien*) hat einen unmittelbaren Konnex zum Prosatext *Sogar Papageien überleben uns* und weist gleichzeitig viele Elemente, inhaltliche als auch formal-ästhetische, des transkulturellen Schreibens auf. Mit diesem Einbezug von Lyrik möchte ich zeigen, dass transkulturelle Schreibstrategien wenig Gattungsspezifik aufweisen, ja transkulturelles Schreiben geradezu dazu tendiert, Gattungsgrenzen zu überschreiten bzw. aufzulösen, wie durch den Untertitel des Bandes bereits angedeutet wird. Das innovative Potenzial transkulturellen Schreibens ist – wie

7 Für eine ausführliche Analyse des Lyrikzyklus siehe Eva Hausbacher (2016).

ich meine – weniger an die Gattungswahl gebunden als an eine verfremdende Ästhetik, die aufgrund des Sprachwechsels der AutorInnen begünstigt wird.

Im Essay „Eine Kuh von Rom" (2012a), in dem Martynova das Entstehen ihres Gedichts „Verse von Rom (3)" beschreibt, spricht sie die Verknüpfung unterschiedlicher Verstraditionen, der westlichen und der östlichen, in ihrem Schreiben an:

> Im Unterschied zu vielen russischen Kollegen bin ich nicht der Meinung, dass die Poesie ohne Reim unmöglich, weil entseelt ist. Aber ich teile auch nicht die Meinung vieler deutscher Kollegen, der Reim sei überholt. Der Geist atmet, wo er will. Auch in den gereimten Gedichten. Auch in den ungereimten. [...] Meine Gedichte [...] werden in Russland oft als „Freie Verse" bezeichnet. Das heißt, dass viele Kritiker und Kollegen die Reime einfach übersehen, weil sie keinem strengen Reimschema folgen. (Martynova 2012a, 90–92)

Dieses Zitat lässt auf eine „russische Spezifik des Modernebruchs" schließen: stärker als in Westeuropa wurde nämlich in der russischen Dichtung an Reim und klassischer Harmonik festgehalten (vgl. Kuhlbrodt o.J., o.P.). Martynova verbindet – und hierin lässt sich ein erster transkultureller Aspekt ihrer lyrischen Texte festmachen – beide Traditionen und überwindet dabei die jeweiligen nationalliterarisch verankerten ‚Dogmen' der Verspoetik. Für sie ist Dichtung weder hermetisch verschlossene L'art pour l'art noch bloßes Medium einer wie auch immer gearteten Botschaft. Ihre häufig selbstreflexiven und metapoetischen Gedichte sind lust- und humorvolle Sprachmusik und wortmalerisches Experiment, sie weisen aber immer auch über sich selbst als Sprachkunstwerk hinaus auf Orte, Landschaften, mythische Namen und historische Ereignisse – „sie öffnen Türen, die der Alltagssprache und dem Alltagsdenken verschlossen bleiben." (Widder o.J., o.P.)

Formal sind Martynovas Gedichte sehr assoziativ gestaltet. Wenn Leopold Federmair Martynovas Arbeit mit Assoziationen als eine Technik beschreibt, mittels derer sie „eine Linie über den Erdball spannt" (Federmair 2013, 155), die geografische und kulturelle Grenzen überwindet, so kann auch dieses transitorische Moment im Sinne einer geopoetischen Betrachtungsweise als transkulturell bezeichnet werden – es betrifft die semantische Ebene. Die Gedichte kombinieren Unverbundenes und weit Auseinanderliegendes und bieten mittels Alliteration, Vokaldehnung, eigenwilliger Tempi und Reime eine Fülle klanglicher Variation. Nicht zuletzt sei auf eine weitere Besonderheit im (lyrischen) Schreiben Martynovas hingewiesen, der ein transkulturelles Potenzial inhärent ist: Im Unterschied zur Gattungskonvention ist ihre Dichtung nämlich sehr dialogisch; nie gibt es bei Martynova ein einsames Dichten, immer ist es eines im Gespräch. Dieser Dialog im lyrischen Sprechen wird teils explizit geführt, wie das beispielswiese bereits der Untertitel des Bandes *Rom liegt irgendwo in Russland. Zwei russische Dichterinnen im lyrischen Dialog* (2006)[8] offenlegt, teils implizit im intertextuellen Spiel mit einer stattlichen Galerie von AutorInnen der Literaturgeschichte von Dante, Novalis und Goethe, über Rilke, Dickinson und Mandel'štam bis zu Chlebnikov, Charms und Vvedenskij.

Der zweiteilige Zyklus *O Čvirike i Čvirke*, der aus insgesamt 24 Gedichten besteht, trägt den zunächst kryptisch anmutenden Untertitel *Stichi iz romana o popugajach* (*Gedichte aus dem Roman über Papageien*), denn diese russischen Gedichte entstanden – so Martynova (2012a, 7) – parallel zum in deutscher Sprache verfassten Roman *Sogar Papageien überleben uns*. Die Gedichte stellen die lyrisch-versponnene Kehrseite des Romans dar, wobei die Verbindung der beiden Werke keine offensichtliche ist und in erster Linie über die zahlreichen Federwesen, die beide Textwelten bevölkern, nachvollziehbar wird.

So wie die Gedichte selbst schwer verständlich sind, erschließt sich auch dem Leser nie gänzlich, wer Tschwirik und Tschwirka eigentlich sind, denn sie zeigen sich immer nur stückweise, „mal eine Locke, mal eine Zehe" (Martynova 2012a, 7). Sie sind ein Paar, das – Zugvögeln gleich – von Kontinent zu Kontinent fliegt, alles Leben beäugt, aber nicht begreifen kann. Die beiden sind Gottes Geschöpfe, vorübergehend der „Welt-hinter-der-Welt" (Martynova 2012a, 19) entsprungen, schwer fassbar, zwei lautmalerische Wörter und als solche Teil der Poesie. Nicht nur mit Emily Dickinson pflegt das lyrische Ich geheime Korrespondenzen,[9] intertextuelle Bezüge finden wir hier auch zu William Shakespeare, Christian Morgenstern, Ossip Mandel'štam und Anna Achmatova, zu Rainer Maria Rilke, Novalis und – ganz wichtig – zu den Nonsens liebenden Obėriuten, die auch hier eine zentrale Bezugsgröße sind. Die Gedichte des Zyklus flattern im Sinne ihrer Erfinderin über alles von der Sprache, der Logik, der Wirklichkeit Vorgegebene hinaus. Sie beäugen, belauschen und prüfen die Welt. Ihre Sprache ist ganz anders als die unsere, sie malen mit Lauten und suchen nach dem Sinn der Worte. Indem Tschwirik und Tschwirka den Klang des deutschen Adjektivs „schwierig" und dessen Steigerung echogleich nachbilden, werden mit dem Buchtitel schon die Dreh- und Angelpunkte der rätselhaften Gedichte, die uns hinsichtlich ihrer Inhalte und Sujets etwas ratlos machen, sichtbar: Komplexität, Humor und Klang. Jeder der Gedichttexte folgt einer Choreografie von Alliterationen, Vokaldehnungen und Sprachspielen, die der Logik des Absurden gehorchen (vgl.

8 Der 2006 in der Edition per procura (Wien) herausgegebene zweisprachige Band umfasst mit Elena Švarc verfasste Gedichte, die Martynova mit Elke Erb ins Deutsche übersetzt hat.

9 Vgl. das Gedicht „Emily Dickinsons Briefe" („Pis'ma Ėmili Dikinson") (Martynova 2012a, 19).

Blum-Barth 2013, o.P.). Martynova arbeitet auch hier mit eigenwilligen Tempi, verblüffenden Kombinationen und Assoziationen. In der deutschen Ausgabe stellt Martynova dem Zyklus ein Vorwort voran, das uns Lesern das Verstehen ein wenig erleichtern soll. Dort heißt es:

> Die [zum Papageien-Roman, E.H.] parallelgeführte Unlogik hat zwei Lebewesen ins Leben gerufen: den Tschwirik und die Tschwirka. Zu sagen, wer genau sie sind, ist schwierig (trotz der Ähnlichkeit der Wörter „schwierig" und „Tschwirik" ist Tschwirik seinem russischen Klang nach etwas sehr Leichtes, leichter sogar als Tschwirka). Tschwirik und Tschwirka zeigten sich nur stückweise [...]. Sie waren ziemlich kommunikativ, aber sie konnten nicht viel mitteilen, weil unsere und ihre Sprache so grundverschieden sind, dass ich inzwischen bezweifle, ob ihre Sprache überhaupt Wörter und Sätze kennt. Während Tschwirik und Tschwirka versuchen, die Sprachen der verschiedenen Erdbewohner zu entziffern, versuchen die Gedichte, Tschwirik und Tschwirka zu begreifen. [...] Alles, was ich über sie herausfinden konnte, ist in diesem Buch. (Martynova 2012a, 7–8)

Diese wechselseitige Unübersetzbarkeit und Unverständlichkeit von Vogel- und Menschensprache wollen die Gedichte überwinden. Die Autorin selbst fungiert dabei als Dolmetscherin zwischen diesen Welten und Sprachen. Wenn ihr dafür das Wortmaterial nicht ausreicht – so lässt sich behaupten –, erfindet sie neues, und orientiert sich dabei am Klang des Vogelgezwitschers.

Wie bereits angesprochen, gibt Martynova immer unterschiedliche Antworten auf die Frage, weshalb ihre Muttersprache Russisch bis heute die Sprache ihrer Lyrik geblieben ist: „Gedichte setzen eine andere Geschwindigkeit voraus. Solche Schnelligkeit habe ich auf Deutsch nicht.", meint sie beispielsweise in dem Essay „Eine Kuh von Rom" (Martynova 2012a, 90) dazu. Um Reimmöglichkeiten gedanklich durchzuspielen, bedürfe es einer Schnelligkeit, die ihr im Deutschen nicht zu Gebote stehe und die für das Schreiben von Prosa auch nicht notwendig sei (vgl. Martynova 2012, 90). An anderer Stelle spricht sie davon, dass es ihr um das Auseinanderhalten der Gattungen gehe: „Ich hasse es, wenn es in einer Kritik heißt: das ist die Prosa einer Lyrikerin." (Martynova im Interview mit Heimann 2012, 27) Die Differenzierung von Lyrik und Prosa gelinge ihr besser, wenn sie sich beider Sprachen bediene, die sprachliche Trennung begünstige so die Trennung der Gattungen. Diese Koppelung der Sprachwahl an die jeweilige Gattung – übrigens kein solitäres, sondern in der Literaturgeschichte immer wieder beobachtbares Phänomen[10] – erklärt Martynova im Vorwort zum Tschwirik-Zyklus auch mit gattungsspezifischen

10 Beispielsweise schufen norditalienische Troubadoure zwischen dem 13. und dem 15. Jahrhundert lyrische Poesie auf Provenzalisch, epische Poesie auf Französisch und Rechtstexte auf Italienisch.

Eigenschaften, wonach Lyrik dem Irrationalen, Prosa hingegen der rationalen Logik zugeordnet werde. Dabei schreibt sie althergebrachte Sprachklischees fort, die dem Deutschen die Vernunft und dem Russischen das Herz und die Unvernunft zuordnen. Während des parallelen Schreibprozesses sei nämlich „alles Rationale und Logische in die Prosa [gegangen]“ (Martynova 2012a, 7), was sich von den im Roman verhandelten Geschichten nicht in Worte fassen ließ, ging in die Gedichte ein bzw. umgekehrt, für das, was übrig bleibe beim Gedichteschreiben – das Logische und Rationale – brauche man die Prosa.

Im Unterschied zu dieser Sichtweise und damit auch entgegen der Aussagen der Autorin verstehe ich Martynovas Textwelt als eine transkulturelle *métissage* von Gattungen und Sprachen. Ihre Romane sind – abgesehen davon, dass sie immer wieder Gedichte beinhalten – nicht ohne Poesie, nicht ohne die spezielle Verdichtung, die sie der Lyrik verdanken. Gleichzeitig ist in ihren klangmalerischen und bildkräftigen Gedichten immer auch ein erzählerischer Duktus der Stimme hörbar, wenn sie historische und mythologische Sujets oder selbstreflexive Überlegungen durchspielen.

Diese einzigartige Verknüpfung von Lyrik und Prosa in Martynovas Schreiben korreliert mit einer sehr originellen Sprachmischung. Genauso wie im russischen Original ihrer Lyrik andere Sprachen mitklingen – im Tschwirik-Zyklus sind es in erster Linie die italienische und die deutsche Sprache –, gibt es in den übersetzten Texten klangliche Sonanzen, die als Echo des Russischen wahrnehmbar sind. Carmine Chiellino hat dieses Phänomen bei mehrsprachigen AutorInnen als Sprachecho und Sprachlatenz bezeichnet (vgl. Chiellino 2002). Und nicht zuletzt bedient Martynova auch das Phänomen der Mischung im Sinne der nicht mehr eindeutigen Abgrenzung von Original und Übersetzung: Sie überträgt, unterstützt durch die deutsche Schriftstellerin und Übersetzerin Elke Erb, ihre Gedichte selbst ins Deutsche.

Viktor Bejlis bezeichnet in seinem zur russischen Ausgabe des Lyrikzyklus verfassten Vorwort dieses Misch-Verfahren Martynovas als „spletenie jazykov“, als ein Sprachflechten, und als ein „Springen zwischen Sprachen“ („pereskoki iz jazyka v jayzyk“) (Bejlis 2010, 27). Dabei überschreiten die Wörter ihre eigenen Sprachgrenzen, was in den ersten Verszeilen des Gedichts „Warum Tschwirka den Papageien nicht helfen kann“ („O tom, počemu Čvirka ne možet pomoč’ popugajam“) nicht nur gut nachvollziehbar ist, sondern geradezu metapoetisch reflektiert wird.

> *Dre-l’* (Drehbohrer)? *Dre-wo* (Baum)? *Dre-nash* (Drainage)?
> Die Wörter mögen nicht enden
> in die Fremdsprache, *Dre-*, spring! dreh durch!
> Unwichtig – das alles bedeutet nicht viel.
> (Martynova 2012, 40)

Abgesehen von diesen Verfahren des Sprachmischens und Sprachflechtens lassen sich in Martynovas Lyrik auch in Inhalten, Themen und Motiven der Gedichte transkulturelle Aspekte nachweisen. Besonders offensichtlich werden diese im Lyrikband *In der Zugluft Europas* (2009) verhandelt. Dort entwirft sie ein Europabild als eine zersplitterte, nicht nur irritierte, sondern seit jeher uneinige kulturelle Formation: „In der Zugluft Europas stehend / Hat unsere Erzählung keine Stimme" (Martynova 2009, 5), heißt es im titelgebenden Gedicht. Dabei kommt wohl auch die beschriebene Lebenssituation Martynovas zwischen zwei Ländern und mehreren Sprachen oder – um es in ihren eigenen Worten zu sagen – zwischen dem „Dürren und Seidenen der deutschen Zunge und dem Brotigen und Euterwarmen der russischen Sprache" (Martynova, zit. nach Widder o.J., o.P.) ins Spiel.

In diesem Lyrikzyklus werden Europa und Russland nicht als Gegensätze entworfen, es besteht beispielsweise keine Trennung zwischen den „Pariser Abflussrinnen" und „dem schwarzen Wasser der Newa" (Martynova, zit. nach Widder 2007). Ein Gedicht aus dem Tschwirik-Zyklus durchbricht in ähnlicher Weise die konventionelle Entgegensetzung von Ost und West. In „Tschwirik im Krieg" („Čvirik na vojne") werden mittels Oxymora das Heim als fremd, der Kreis als Umkehr und West als Ost gesetzt:

> Ich kam noch nicht um
> Im fremden Daheim,
> Noch beruft mich West-Ost
> Zum Feldzug ein.
>
> Meine Müh im Heer –
> Eine Kreisumkehr.
> Der Bruder mein
> War verkehrt der Feind.
>
> [...]
>
> Und es kommt ein Vogeltag
> Im fremden Heimatland.
> Und mein Freund geht fort
> Nach West und Ost.
> (Martynova 2012, 34)

In diesem Gedicht sehen wir auch Martynovas Lust am Spiel mit Sprache, die vielfach den Effekt der Entauratisierung des lyrischen Ausdrucks hat. Konkret ist es hier die Assonanzbildung, die insbesondere im russischen Original zum Einsatz kommt.[11] Mit derartigen sprachspielerischen Verfahren steht Martynova aber auch in der Tradition der russischen Avantgardedichtung.

5 Resümee

Die hier vorgestellten Lektüren von Martynova-Texten sollten zeigen, dass die transkulturelle Schreibweise der Autorin – sowohl in der Prosa als auch in der Lyrik – Gegendiskurse eröffnet: beispielsweise als Gegenporträt zu tradierten Geschichtsbildern, etwa der Leningrader Blockade, in *Sogar Papageien überleben uns*. Dort erzeugt die narrative Inszenierung von Erinnerung, die die zeitliche Ordnung unterläuft, auch ein aus subjektiv erlebten Geschichten gespeistes anderes Bild des späten Sowjetrusslands. In der Lyrik wird diese Erinnerungsarbeit getragen durch ein Überschreiten von alltagssprachlichen Normen – „Hör, hilf mir heraus aus der Logik der – Wörter" (Martynova 2012, 55), heißt es im ersten Gedicht aus dem Zyklus *Über Vvedenskij* (*O Vvedenskom*).

Die sprachkünstlerisch sehr avancierten Texte Olga Martynovas verschieben mittels reicher intertextueller Aufladung, einer innovativen zeitlichen Strukturierung und Erinnerungstechnik traditionelle Geschichtsnarrative. In der Überlappung und Überlagerung der beschriebenen Kulturräume entwerfen sie eine transitorische Identität. Nicht zuletzt bereichern sie die zeitgenössische deutschsprachige Literatur auch, indem sie auf eine aus der kulturellen und sprachlichen Distanz heraus entwickelte spielerische Sprachkunst setzen.

Literatur

Ackermann, Irmgard, „Die Osterweiterung in der deutschsprachigen ‚Migrantenliteratur' vor und nach der Wende", in: *Eine Sprache – viele Horizonte ...: Die Osterweiterung der deutschsprachigen Literatur. Porträts einer neuen europäischen Generation*, hg. v. Michaela Bürger-Koftis, Wien: Praesens, 2008, S. 13–22.

Adelson, Leslie A., „Against between – Ein Manifest gegen das Dazwischen", in: *Literatur und Migration*, hg. v. Heinz-Ludwig Arnold, München: Richard Boorberg, 2006, S. 36–46 (= Text + Kritik Sonderband IX).

11 Beispielsweise in der zweiten Strophe dieses Gedichts: „Мой ратный труд – / Обратный круг. / Мой родный брат – / Обратный враг." („Moj ratnyj trud – / Obratnyj krug. / Moj rodnyj brat – / Obratnyj vrag.") (Martynova 2010, 56)

–, „Touching Tales of Turks, Germans, and Jews: Cultural Alterity, Historical Narrative, and Literary Riddles for the 1990s", in: *New German Critique* 80 (2000), S. 93–124.

Bejlis, Viktor, „Predislovie", in: Ol'ga Martynova, *O Vvedenskom. O Čvirike i Čvirke. Issledovanija v stichach*, Moskva: Centr sovremennoj literatury, 2010, S. 27–35.

Blum-Barth, Natalia, „Gedichte, vom Geiste beseelt. Zum Gedichtband ‚Von Tschwirik und Tschwirka' von Olga Martynova", in: *literaturkritik.de* 1 (2013), online verfügbar unter: http://www.literaturkritik.de/public/rezension.php?rez_id=17405 (letzter Zugriff: 26.02.2019).

Chiellino, Carmine, „Der interkulturelle Roman", in: *Migration und Interkulturalität in neueren literarischen Texten,* hg. v. Aglaia Blioumi, München: iudicium, 2002, S. 41–54.

Federmair, Leopold, „Der Stafettenstab der Poesie. Zu Olga Martynova", in: *Manuskripte* 53/201 (2013), S. 155.

Geertz, Clifford, *Blurred genres: The refiguration of social thought. Local knowledge: Further essays in interpretive anthropology*, New York: Basic Books, 1983.

Gordinsky, Natasha, „Time Configurations: Olga Martynova's Novel *Sogar Papageien überleben uns*", in: *Gegenwartsliteratur* 14 (2015), S. 243–264.

Gösweiner, Friederike, „Rosen im Schnee. In ‚Mörikes Schlüsselbein' schildert die in Nordsibirien geborene Olga Martynova boboeske Lebenswelten von heute – geprägt von äußerst komplizierten Beziehungen und von Geräten, die Nähe nur simulieren", in: *Die Presse*, 08.06.2013, S. 7, online verfügbar unter: http://diepresse.com/home/literatur/1416173 (letzter Zugriff: 25.02.2019).

Haines, Brigid, „The Eastern Turn in Contemporary German, Swiss and Austrian Literature", in: *Journal of Contemporary Central and Eastern Europe* 16/2 (2008), S. 135–149.

Hausbacher, Eva, *Poetik der Migration. Transnationale Schreibweisen in der zeitgenössischen russischen Literatur*, Tübingen: Stauffenburg, 2009.

–, „Von Tschwirik und Tschwirka. Zum transkulturellen Potential von Ol'ga Martynovas Vogelstimmen", in: *Lyrik transkulturell*, hg. v. Eva Binder/Sieglinde Klettenhammer/Birgit Mertz-Baumgartner, Würzburg: Königshausen & Neumann, 2016, S. 289–310.

Heimann, Holger, „‚Literatur ist dazu da, das Gedächtnis zu sensibilisieren.' Bachmann-Preisträgerin Olga Martynova über den Wettbewerb in Klagenfurt, ihren Siegertext und die Vorzüge der Leichtigkeit", in: *Börsenblatt* 179/28 (2012), S. 2627.

Hierl, Tobias, „Und plötzlich ist Grün dann Rot", in: *Buchkultur*, 123 (2009), S. 18–19.

Isterheld, Nora, *„In der Zugluft Europas". Zur deutschsprachigen Literatur russischstämmiger AutorInnen*, Bamberg: University of Bamberg Press, 2017.

–, „Ach, du grause Zeit. Deutsch-russische Spielereien: Olga Martynova und ihr Roman ‚Sogar Papageien überleben uns'", in: *Der Tagesspiegel*, 02.05.2010, online verfügbar unter: http://www.tagesspiegel.de/kultur/literatur/ach-du-grause-zeit/1812752.html (letzter Zugriff: 26.02.2019).

Kuhlbrodt, Jan, „Eine Begegnung. Die Bachmann Preisträgerin 2012 – Olga Martynova", in: *fixpoetry*, online verfügbar unter: https://www.fixpoetry.com/feuilleton/kritiken/olga-martynova/von-tschwirik-und-tschwirka (letzter Zugriff: 25.02.2019).

Lehmann, Jürgen, *Russische Literatur in Deutschland. Ihre Rezeption durch deutschsprachige Schriftsteller und Kritiker vom 18. Jahrhundert bis zur Gegenwart*, Stuttgart: Metzler, 2015.

Martynova, Olga, *In der Zugluft Europas*, Heidelberg: Das Wunderhorn, 2009.

–, *O Vvedenskom. O Čvirike i Čvirke. Issledovanija v stichach*, Moskva: Centr sovremennoj literatury, 2010.

–, „Interview mit Olga Martynova", in: Sylvia Ridlmaier, *Migration – Erinnerung – Identität. Olga Martynovas „Sogar Papageien überleben uns"*, Diplomarbeit, Salzburg 2011, S. 115–119.

–, *Sogar Papageien überleben uns. Roman*, München: btb, 2012.

–, „Eine Kuh von Rom", in: Olga Martynova, *Von Tschwirik und Tschwirka*, Graz/Wien: Droschl, 2012a, S. 89–92.

–, „(Gescheiterter) Versuch, Ornithologe zu sein", in: *Neue Rundschau* 1 (2015), S. 78–86.

–, „Engel sehen mehr als Menschen. Interview", in: *Die Welt*, 10.09.2016, online verfügbar unter: https://www.welt.de/print/die_welt/literatur/article158040590/Engel-sehen-mehr-als-Menschen.html (letzter Zugriff: 26.02.2019).

Pabis, Eszter, „Nach und jenseits der ‚Chamisso-Literatur'. Herausforderungen und Perspektiven der Erforschung deutschsprachiger Gegenwartsliteraturen im Kontext aktueller Migrationsphänomene", in: *Zeitschrift für interkulturelle Germanistik* 9 (2018), S. 191–210.

Said, Edward, „Intellectual Exile: Expatriates and Marginals", in: *The Edward Said Reader*, hg. v. Moustafa Bayomi/Andrew Rubin, New York: Vintage Books, 2000, S. 368–381.

Schöll, Julia, „Unterwegs im Text. Kritische Rückfragen zum Begriff Migrationsliteratur", in: *Das Argument* 298 (2012), S. 539–547.

Stocker, Günter, „Neue Perspektiven. Osteuropäische Migrationsliteratur in Österreich", in: *LebensSpuren: ein Projekt des Österreichischen Bibliothekswerks*, online verfügbar unter: http://www.lebensspuren.net/medien/pdf/Guenther_Stocker.pdf (letzter Zugriff: 26.02.2019).

Thuswaldner, Anton, „Auftritt neuer Namen", in: *Salzburger Nachrichten*, 04.09.2010, online verfügbar unter: http://search.salzburg.com/articles/12831518 (letzter Zugriff: 22.07.2011).

Trojanow, Ilija, „Migration als Heimat. Von den literarischen Früchten der Entwurzelung und den Agenten der Mehrsprachigkeit", in: *Neue Zürcher Zeitung*, 30.11.2009, online verfügbar unter: https://www.nzz.ch/migration_als_heimat-1.4081973 (letzter Zugriff: 19.02.2019).

Vertlib, Vladimir, „Schattenbild“, in: *Literatur und Kritik* 34/1 (1999), S. 32–36.

Weinrich, Harald, „Um eine deutsche Literatur von außen bittend“, in: *Merkur* 37/8 (1983), S. 911–920.

Widder, Roman, „Ein Dialog zwischen den Sprachen – Autorenportrait der Lyrikerin Ol’ga Martynova“, in: *novinki.de*, online verfügbar unter: http://www.novinki.de/widder-roman-ein-dialog-zwischen-den-sprachen (letzter Zugriff: 25.02.2019).

Genderaspekte in Julya Rabinowichs Jugendbuch *Dazwischen: Ich* (2016)

Weertje Willms

1 Einleitung

Julya Rabinowich gehört zu den wichtigen deutschsprachigen AutorInnen der Gegenwart; innerhalb des Bereichs der interkulturellen, russisch-deutschen Literatur nimmt sie einen besonders prominenten Platz ein. Dies ist auf ihren 2008 erschienenen und preisgekrönten Debütroman *Spaltkopf* zurückzuführen, in dem sie auf literarisch innovative Weise Themen verarbeitet, die nicht nur in vielen interkulturellen Werken, sondern auch insgesamt in der deutschsprachigen Gegenwartsliteratur seit einigen Jahren zentral sind: Identität im Allgemeinen, jüdische Identität im Speziellen, Familie und Generationen, Erinnerung, Trauma und Verschweigen, Zeitgeschichte. Typisch für die interkulturelle Literatur ist es, dass diese Themen jeweils unter dem Zeichen der Migration verhandelt werden. Seit ihrem Debüt hat Rabinowich vier weitere Romane vorgelegt, 2016 schrieb sie ihr erstes Jugendbuch: *Dazwischen: Ich*.

Das Buch gibt Einblick in das fiktive Tagebuch der fünfzehnjährigen Madina, welche mit ihren Eltern, ihrer Tante und ihrem kleinen Bruder vor dem Krieg in ihrer Heimat in ein westliches Land geflüchtet ist und dort in einem Asylbewerberheim auf die Bewilligung ihres Asylantrags wartet. Vor dem Hintergrund der Flüchtlingskrise drängt es sich auf, Madinas Herkunft nach Syrien zu verlegen und im Asylland Österreich oder Deutschland zu erkennen, doch werden hierzu keine expliziten Angaben gemacht, wodurch Madinas Geschichte des Ankommens etwas Allgemeingültiges erhält. So hat die Autorin ihr Buch auch für alle Kinder und Jugendlichen geschrieben, die, wie sie in ihrer Widmung sagt, „mir begegnet sind und Heimat suchten" (DI, 5).[1] Wie im Titel angedeutet wird, ist diese Geschichte eines pubertierenden Mädchens geprägt von einem zunehmenden Spalt zwischen der Herkunfts- und

* Dieser Aufsatz ist außerdem in folgendem Band erschienen: Bühler-Dietrich, Annette (Hg.), *Feminist Circulations between East and West/Feministische Zirkulationen zwischen Ost und West*, Berlin: Frank & Timme 2019, S. 223–238.

1 Wie die Autorin auf einer Lesung am 04.12.2018 im Literaturhaus Stuttgart berichtete, hat sie die Hinweise auf Madinas Herkunftsland vor der Drucklegung des Buches getilgt, da in dieser Zeit die Flüchtlingskrise in aller Munde war und sie daher die Fluchtgeschichte verallgemeinern wollte. Während ihrer langjährigen Tätigkeit als Dolmetscherin für Flucht- und

 | DOI:10.30965/9783846765241_008

der Einwanderungskultur, erstere vor allem repräsentiert durch den Vater. Madina muss zwischen beiden Positionen vermitteln und am Ende sogar das Schicksal der Familie gegen den Vater in die Hand nehmen, um den Asylstatus der Familie zu retten.

Die Geschichte von Madina und ihrer Familie zeigt unverkennbare Parallelen zu der autobiografisch geprägten Migrations- und Ankunftsgeschichte in *Spaltkopf*. Doch stand in *Spaltkopf* neben der Identitätsfindung unter dem Zeichen der Migration das Familiengeheimnis der jüdischen Großmutter im Zentrum, versteht sich *Dazwischen: Ich* auch als Antikriegsbuch, das „in einer Zeit, in der die letzten Zeitzeugen des Zweiten Weltkriegs sterben", vor allem jungen Menschen die „Zerstörungskraft eines Krieges ins Bewusstsein holen möchte", wie es Katrin Hörnlein in ihrer Rezension formuliert (Hörnlein 2016, 1). In den letzten Jahren ist eine ganze Reihe von Kinder- und Jugendbüchern zum Thema „Krieg, Flucht und Fremdsein" (Haeming 2016, 1) erschienen; Rabinowichs Roman, der auf den Erfahrungen der Autorin als Dolmetscherin in Therapiesitzungen traumatisierter Kriegsflüchtlinge beruht (Hörnlein 2016, 2), wird eine besonders authentische und sensible Stimme bescheinigt (Metzger 2018, 2; O.N. 2018). *Dazwischen: Ich* wurde mehrfach mit Preisen gewürdigt und erhielt viele positive Rezensionen.

Wie die kurze Inhaltszusammenfassung schon erkennen lässt, ist in dem Jugendbuch *Dazwischen: Ich* die Genderthematik zentral, geht es doch um ein Mädchen, das sich aus den durch den Vater repräsentierten Genderrollen befreien muss, um sich und seine Familie zu retten. Obwohl es sich bei der hier geschilderten Familie nicht um eine russisch-sowjetische Einwandererfamilie handelt, hat auch für dieses Buch die Feststellung Isterhelds Gültigkeit, dass uns die interkulturelle Literatur mit neuen Genderverhandlungen konfrontiert (vgl. Isterheld 2017, 363–394). In meinen folgenden Ausführungen präsentiere ich drei Aspekte, welche unter Gendergesichtspunkten wichtig sind: 1. Die Charakterisierung der Protagonistin und Erzählerin, 2. ihre Auseinandersetzung mit ihrem Vater und 3. – wie man es nennen könnte – eine matrilineare Familienstruktur[2].

Kriegsopfer hatte es Rabinowich vor allem mit Menschen aus Tschetschenien zu tun, deren Geschichten grundlegend für den Erfahrungshorizont des Buches waren.

Zitate aus dem hier untersuchten Buch, *Dazwischen: Ich* von Julya Rabinowich (2016), werden im Folgenden mit der Sigle DI gekennzeichnet.

2 Diesen Begriff verwendet Yanetta Rybalskaya (2016, 97) für ihre Interpretation von Rabinowichs *Spaltkopf*.

2 Die Entwicklung der Protagonistin unter dem Zeichen von Pubertät und Flucht

Madina lebt seit ungefähr anderthalb Jahren mit ihren Eltern, ihrem siebenjährigen Bruder Rami und ihrer Tante Amina in einem Zimmer in einem Asylbewerberheim. Das Leben der Flüchtlinge ist geprägt von den Traumata und den Verlusten der Vergangenheit (z.B. DI, 23, 47), der Angst vor der Zukunft und den prekären und demütigenden Zuständen des alltäglichen Lebens. Alle Bewohner des Heims leiden unter dem zermürbenden Warten auf den Asylbescheid (z.B. DI, 29), den von Misstrauen geprägten Behördengängen, der Enge und den ärmlichen Lebensumständen im Heim. Ein beherrschendes Gefühl für Madina ist die Scham für ihre Situation und ihre Hilfsbedürftigkeit, vor allem gegenüber ihrer besten und einzigen Freundin Laura, die sie nie zu sich einladen und gegenüber der sie sich nie revanchieren kann. Madina begegnet uns in ihrem Tagebuch von Anfang an als ein starkes Mädchen, das, anders als die anderen Familienmitglieder, der Zukunft positiv entgegensieht und für sein neues Leben kämpft (DI, 13), obwohl es nicht nur an Kriegstraumatisierungen und Ängsten sowie den Lebensumständen im Heim leidet, sondern in der Schule als Flüchtlingsmädchen spezifischen Schwierigkeiten und Ausgrenzungen ausgesetzt ist. Laura und deren Mutter unterstützen Madina sehr bei ihrer Integration, doch auch ihnen gegenüber ist immer wieder eine kulturelle Barriere zu spüren (DI, 158).

Neben den spezifischen Migrationsproblemen beschäftigen Madina die typischen Themen der Pubertät – etwa die Veränderungen des Körpers, die Abnabelung von den Eltern, die Orientierung an der Peergroup, die erste, verwirrende Liebe –, die allerdings bei ihr eine spezifische Schärfe bekommen. So empfindet sie eine besondere Unsicherheit gegenüber ihrem weiblicher werdenden Körper, weil sie ihn seit ihrer Ankunft im Asylbewerberheim aufgrund der dortigen räumlichen Gegebenheiten nicht mehr nackt gesehen hat (DI, 65, 71) und sich mit den pubertätsbedingten Veränderungen ihres Körpers nicht auseinandersetzen konnte. Damit wird ein Motiv aufgegriffen, das sich in der interkulturellen Literatur häufig beobachten lässt: Im Zuge der migrationsbedingten Identitätsfindungsprozesse wird der weibliche Körper zum Problem, für die Figuren selbst oder die Umwelt (vgl. hierzu auch Shchyhlevska 2016, 99). Bezogen auf den vorliegenden Text kann dies als ein Ausbrechen aus alten Genderstrukturen interpretiert werden, welches sich zunächst krankmachend, verunsichernd oder zerstörerisch auswirkt. Madina reflektiert, dass sich die migrations- und die pubertätsbedingten Veränderungen vermischen und sie ihre Veränderungen daher nicht klar einordnen kann, was eine besonders schwierige Situation hervorruft:

> Manchmal denke ich, ich werde einfach nie wieder so, wie ich mal war. Aber dann frage ich mich: Wie war ich denn? Kann mich manchmal gar nicht mehr daran erinnern. […] Ich bin verwirrt. Mein Inneres ist ein Wollknäuel, das jemand entrollt und dann ganz schlampig wieder aufgerollt hat. (DI, 51)

Es ist Madinas sehnlichster Wunsch, ein normales Leben zu führen (DI, 129, 131) und – wie für alle Jugendlichen typisch – so zu sein wie die anderen Jugendlichen auch (DI, 76) und dazuzugehören. Doch aufgrund ihrer besonderen Vergangenheit sind alle äußerlichen Angleichungen zum Scheitern verurteilt, wie sie erkennt: „Ich werde nie sein wie die. Sogar wenn ich die tollste Ausrüstung hätte und ein schönes eigenes Zimmer und täglich zum Friseur liefe. Meine Angst wäre noch da." (DI, 75) Neben den Erlebnissen der Vergangenheit ist es vor allem Madinas Vater mit den von ihm vertretenen Genderkonzepten, die Madinas Integration in das neue Leben erschweren, wie im folgenden Abschnitt erläutert wird.

Ein wichtiger Schritt bei der Identitätsfindung und Emanzipation ist – wie so häufig in der interkulturellen Literatur – das Schreiben, in diesem Fall das Schreiben des Tagebuchs.[3] Neben den Tagebucheinträgen sind es Imaginationen einer fiktiven Märchenwelt, die Madina bei ihrer Selbstbewusstwerdung helfen und besonders gegen Ende des Buches, wenn das Mädchen sein Schicksal selbst in die Hand nimmt und sich gegen seinen Vater stellt, zunehmen und ihre Entwicklung allegorisieren.

Mit der Darstellung einer Adoleszenzentwicklung aus der Ich-Perspektive steht das Buch in einer Reihe mit vielen zeitgenössischen deutschsprachigen Jugendbüchern, in denen die Jugendlichen selber das Wort ergreifen. Interessanterweise sind es gerade die weiblichen Erzählerinnen, welche sich selbstbewusst entwickeln. Dass diese Erzählperspektive und Adoleszenzentwicklung auch in diesem Buch gewählt werden, ist besonders bemerkenswert, da die Protagonistin hierfür in der eigenen Mutter kein Vorbild hat. Dennoch spielen weibliche Vorbilder und eine matrilineare Familienstruktur in diesem Prozess eine große Rolle, wie im letzten Abschnitt erläutert werden soll.

---

3 Rybalskaya (2016, 99) stellt fest, dass sich in der Gegenwartsliteratur „eine Tendenz zur Aufarbeitung der Familiengeheimnisse" und „eine Neuinterpretation des literarischen Topos erzählender Großeltern, welche das Erlebte an ihre Enkelkinder weitererzählen" beobachten lasse. Das Besondere daran ist, „dass die Enkelkinder in aktuellen Romanen […] nicht nur als Zuhörer, sondern auch als Aufschreiber fungieren". Zwar schreibt die Protagonistin und Erzählerin in *Dazwischen: Ich* nicht die Geschichte der Großeltern auf, dennoch lässt sich das Buch in dieses Paradigma einordnen, da Madina die Erzählerin ihrer Familiengeschichte ist, in der auch die Großeltern – vor allem die Großmutter – eine wichtige Rolle spielen. Auch in *Spaltkopf* wird das Familiengeheimnis gelüftet und aufgearbeitet, und erst dadurch ist bei der Protagonistin der Weg für die Identitätsfindung geebnet.

3 Der Genderkonflikt

Leitmotivisch ist in Bezug auf den Genderkonflikt der Titel des Buches – *Dazwischen: Ich*. Madina steht zwischen den Eltern, vor allem zwischen dem Vater und dem neuen Land und den jeweiligen Regeln und Vorstellungen, nicht nur, aber besonders bezüglich der Gendervorstellungen.[4] Einerseits existieren bei Madina der Wunsch und die Notwendigkeit, sich weiterzuentwickeln und im neuen Leben anzukommen, andererseits spürt sie Liebe und Solidarität gegenüber den Eltern. Durch das Erwachsenwerden und die Integration gleichermaßen vergrößert sich im Laufe des Textes der Spalt zwischen ihr und ihrer Familie bzw. dem Vater immer mehr, bis es zur Abnabelung kommt; in beiden Fällen steht diese Entwicklung mit dem weiblichen Selbstverständnis der Protagonistin in einem Zusammenhang.

Madina übt von Anfang an eine wichtige Vermittlerrolle zwischen dem Vater und der neuen Gesellschaft aus, da sie die Sprache des Asyllandes beherrscht und bei den Behördengängen für den Vater dolmetschen muss (DI, 26) und außerdem die Regeln des neuen Landes versteht, welche den Eltern fremd bleiben. Nachdem der Vater zunächst stolz darauf ist, dass seine Tochter so gut im neuen Land zurechtkommt und der Familie helfen kann, erzeugt dies bei ihm zunehmend Ängste vor Entfremdung von seinem Kind (DI, 26) und vor dem eigenen Bedeutungsverlust als dem patriarchalen Familienoberhaupt. Während die Mutter sich bemüht, das fremde Land zu verstehen, um der Tochter nahe zu bleiben (DI, 104), dem Vater aber lange nichts entgegensetzt, wird der Vater in Bezug auf seine Gendervorstellungen immer konservativer und traditioneller und wird so letztendlich zu einer Gefährdung der Familie.

Madina berichtet von Beginn an davon, dass ihr vieles nicht erlaubt würde, was ihre Altersgenossinnen dürfen – etwa die Haare offen zu tragen (DI, 17), zu einem Fest zu gehen (DI, 46) oder bei einer Freundin zu übernachten (DI, 78) –, da dies den Vorstellungen des Vaters von einer „anständigen Frau" (DI, 74, 153) widerspricht. Ein anständiges Mädchen hat in diesem traditionell-patriarchalischen System in der Obhut des väterlichen Familienoberhauptes zu bleiben, bis es heiratet und in diejenige des Ehemannes wechselt, dem es dienstbar und liebevoll zur Seite zu stehen hat. Madina ist mit diesen

4 Dass die Kinder (ProtagonistInnen, ErzählerInnen) zwischen den Eltern und dem Einwanderungsland stehen und zwischen diesen beiden Polen hin- und hergerissen sind, ist eine in der interkulturellen Literatur häufig modellierte Konstellation. Auch die Protagonistin-Erzählerin Mischa in *Spaltkopf* erlebt dies, wie der Titel schon erahnen lässt. Häufig ist es dabei vor allem der sich als patriarchalisches Familienoberhaupt definierende Vater, der den Kindern die Integration in die neue Gesellschaft erschwert, während sich die Mütter häufig selber durch Integrationsbemühungen auszeichnen.

Gendervorstellungen, denen sich auch ihre Mutter unterordnet, aufgewachsen, durch ihren Kontakt mit Laura und deren Familie beginnt sie jedoch bald, sie zu hinterfragen und stattdessen Vorstellungen von Gleichberechtigung zu entwickeln:

> Nach unseren Familienfesten habe ich mit Mama stundenlang mit der Hand abgewaschen […], während Rami bei den Männern im Garten sein konnte. Damals fand ich das in Ordnung. Heute nicht mehr. […] Laura muss nur das Geschirr ein- und ausräumen. So wie ihr Bruder Markus. (DI, 39)

Madina erkämpft sich kleine Freiheiten (so kann sie verhindern, ein Kopftuch tragen zu müssen [DI, 17]) und verschweigt den Eltern harmlose Aktivitäten, von denen sie aber weiß, dass der Vater sie verwerflich finden würde (Schminken mit den Freundinnen [DI, 22], ein Besuch bei McDonald's [DI, 63]), ohne die Eltern jedoch zu belügen und größere Regelverstöße zu verüben. Sie assimiliert sich den neuen Denkweisen und Gendervorstellungen auch nicht blind, sondern reflektiert sie stets und distanziert sich immer wieder von Verhaltensweisen, die ihr zu freizügig erscheinen. Es handelt sich also nicht um eine unreflektierte Anpassung, sondern um eine durchdachte Veränderung von Genderkonzepten, die sich durch den Kontakt mit anderen in Madinas Denken und Verhalten vollzieht. Verbote des Vaters nimmt Madina häufig aus Solidarität und Liebe zur Familie hin, im Laufe der Entwicklungen emanzipiert sich das Mädchen jedoch zunehmend und akzeptiert das Verhalten des Vaters nicht mehr. Dies mündet bisweilen in eine Umkehrung der Eltern-Kind-Rollen, da Vorstellungen und Verhaltensweisen des Vaters nicht mit dem neuen Leben kompatibel sind und Madina eigene Entscheidungen treffen muss, um das Asylrecht der Familie aufrechtzuerhalten.

Damit wird deutlich, dass – wie so häufig – der Genderkonflikt auch ein Generationenkonflikt ist, der hier seine Ursache in der Flucht und den Veränderungen im neuen Land hat. Denn dass der Vater immer konservativer wird, ist auf seine Hilflosigkeit und das Gefühl der eigenen Nutz- und Machtlosigkeit im neuen Land zurückzuführen, welche seinen traditionellen Platz als patriarchales Familienoberhaupt in Frage stellen. Dadurch wird seine Identität in ihren Grundfesten erschüttert, was bei ihm eine Verschärfung der mitgebrachten Gender- und Generationenkonzepte hervorruft: Er „verbarrikadiert [sich] hinter seinem ‚Wir werden jetzt traditionell, damit ja niemand vergisst, wer wir sind'" (DI, 112). Selbst die Mutter erkennt, dass mit dem Vater eine Veränderung vorgeht: „Was ist los mit dir? Du hast doch zu Hause nie so gesprochen. Wieso denn jetzt auf einmal?", fragt ihn die Mutter, woraufhin er antwortet: „Weil. Hier. Alles. Anders. Ist." (DI, 161) Während sich Madina wünscht, zu den anderen Mädchen dazuzugehören und so zu sein wie sie – ohne dabei ihre Eigenständigkeit aufzugeben –, will der Vater genau dies verhindern, um so den Abnabelungsprozess, der ihn in Frage stellt, zu konterkarieren: „DU machst das nicht! Du bist nicht eine von denen!" (DI, 152) Damit wendet er sich immer mehr von dem Land ab, in dem sich die Familie eine Zukunft aufbauen wollte: „Dieses Land macht uns kaputt. Du vergisst alles, was war. Du vergisst, was sich für uns gehört. Das wird böse enden." (DI, 160) Madina analysiert dies an anderer Stelle so:

> Glücklich waren wir alle. [...] Ich wollte alles über das Leben hier wissen, alles begreifen. Und je mehr ich begriff, desto mehr veränderte sich. Und auf einmal ging es Mama und Papa zu schnell. Dann bremsten sie. [...] Aus der Freude über das Neue wurde Angst vor der Zukunft, bei Papa und bei Mama. Bei mir eigentlich nicht. Es fühlt sich nach Zukunft an hier. In dieser Sprache. [...] An diesem Ort. Ich weiß, ich habe eine Zukunft hier. Die will ich nicht infrage stellen. Aber andere Dinge stelle ich infrage. Papas Rückzug. Mamas Schweigen. Und dass Rami immer, immer bevorzugt wird. Bei jedem Dreck wird er besser behandelt. Und es gibt nur einen Grund dafür: Er ist ein Junge und ich nicht. (DI, 77–78)

Von Beginn an beschwert sich Madina in ihrem Tagebuch über die im Rahmen des traditionell-patriarchalischen Familien- und Gendersystems stattfindende Bevorzugung ihres Bruders, die darin gipfelt, dass der Vater den siebenjährigen Rami zum Aufpasser seiner großen Schwester bestellt (DI, 111, 159). Rami ist mit dem System identifiziert und nimmt diese Rolle selbstverständlich an (DI, 167), obwohl ihn der Auftrag erwartungsgemäß völlig überfordert (DI, 120). Madina, die in ihrer alten Heimat partnerschaftlich mit dem Vater auf der Krankenstation zusammenarbeitete und viele Lebensweisheiten von ihm gelernt hat, entwickelt Verständnis und Mitleid für den Vater, da sie mit der eigenen Emanzipation seine Verhaltensweisen als Reaktion auf seinen Machtverlust innerhalb der Familie begreift, dem er keine Veränderungen entgegenzusetzen weiß, sondern dem er lediglich mit einem untragbaren Rückfall in überholte Gendervorstellungen begegnet: „Er kämpfte mit sich, mit dem, was er sich wünscht, und mit dem, was er glaubt plötzlich darstellen zu müssen." (DI, 120) Damit verlässt die Tochter die Position des Kindes.

Die beschriebenen Entwicklungen sind für das Mädchen Madina besonders schmerzlich, da der normale Abnabelungsprozess während der Pubertät hier beschleunigt und verschärft wird und sich, wie oben gesagt, die Eltern-Kind-Rollen sogar verkehren. Als Madina einmal bei ihrer Freundin übernachtet, die Heimleiterin den Anruf, mit dem die Eltern darüber informiert werden sollten, jedoch nicht weiterleitet, kommt es zum Eklat: Außer sich vor Sorge und Entsetzen kommt der Vater am nächsten Morgen an die Schule und schlägt die Tochter vor aller Augen, woraufhin Polizei, Schulleitung und eine Psychologin eingeschaltet werden. Für Madina geht es nun nicht mehr um das schmerzliche Wegrücken vom Vater, sondern sie fürchtet, dass durch das Verhalten des Vaters ihr Asylantrag gefährdet sein könnte. Deshalb beginnt sie erstmals, ihr Schicksal selbst in die Hand zu nehmen. Unabhängig davon, dass sie die Gendervorstellungen des Vaters nicht (mehr) teilen und akzeptieren kann, verlangt sie von ihm um des Familienwohls willen eine Anpassung an die Verhaltensweisen des Aufnahmelandes in Bezug auf Frauen („Das macht man hier nicht so." [DI, 165]). Dadurch wird der Riss zwischen ihr und dem Vater immer größer:

> Und trotz all den Tränen und dem Schuldgefühl spüre ich auch, dass ich ein Stück weiter weg stehe als vorher. Wenn unsere Familie ein Haus wäre, stünde ich jetzt auf der Schwelle, mit einem Fuß im Garten, die Gartentür in Blickweite. (DI, 152)

> [...] mir kommen die Tränen, weil ich spüre, wie ein Riss zwischen uns aufklafft, von dem ich nicht weiß, ob er sich jemals wieder schließen wird. (DI, 165)

Hatte im Zuge des Eklats die Mutter schon begonnen, dem Vater zu widersprechen, setzt sich dies mit dem zweiten großen Ereignis fort: Der Vater wird von seinen Eltern gebeten, zurückzukehren, um seinen kleinen Bruder zu retten. Dieser ist gefangen genommen worden und soll angeblich freigelassen werden, wenn der Vater zurückkehre und sich „seiner gerechten Strafe" (DI, 222) stelle, wie es in der Forderung heißt, die an die Großeltern herangetragen wurde. Allen ist klar, dass es sich hierbei um eine Falle handelt, und am Ende höchstwahrscheinlich sowohl der Vater als auch der Bruder von den gegnerischen Kämpfern ermordet werden. Doch der Vater ist, wie nun deutlich wird, innerhalb des patriarchalischen Familiensystems nicht nur Täter, sondern auch Opfer: „[...] er sei nun mal der älteste Sohn und er sei für alle verantwortlich" (DI, 222), schreibt ihm seine Mutter. Der Vater hat diese Verantwortlichkeit als ältester Sohn innerhalb seiner Ursprungsfamilie und als Familienoberhaupt innerhalb seiner Familie stets unhinterfragt übernommen. Mit seiner Rückkehr steht aber nicht nur sein Leben auf dem Spiel, sondern auch der Asylstatus der ganzen Familie. Wenn nämlich der Vater anscheinend ungefährdet in seine Heimat zurückkehren kann, so müssen die Behörden den Umkehrschluss ziehen, dass dies auch für alle anderen Familienmitglieder gilt. Daher nimmt Madina nun ein zweites Mal das Schicksal ihrer Familie in die Hand.

4 Die matrilineare Familienstruktur

Die Identitätsbildung der Tochter über die Identifizierung mit der Mutter (vgl. Rybalskaya 2016, 98) funktioniert für Madina aufgrund der Migrationssituation nicht mehr, denn ihre Mutter unterwirft sich (zunächst) dem patriarchalischen System, welches der Vater vertritt, und verteidigt und unterstützt damit die traditionelle Ordnung, welche einerseits der Tochter die Entwicklung erschwert und andererseits das Ankommen im neuen Land für alle behindert und gefährdet. Madina ist auf ihrem Weg der Emanzipation aber auf HelferInnen angewiesen, und diese findet sie auch, nämlich in anderen weiblichen Figuren: Zuallererst wird sie von ihrer Freundin Laura und deren Mutter unterstützt, welche, wie oben dargestellt, auch vorbildhaft für ihre Genderentwicklung sind; die Deutschlehrerin gibt Madina Nachhilfestunden, damit sie in der Schule mitkommt; nach dem Eklat wird Madina die Psychologin Frau Wischmann zur Seite gestellt, welche sie berät und mit dem Vater ein Gespräch führt. Obwohl Madina zu diesen Frauen in jeweils unterschiedlichem Verhältnis steht, werden sie alle wichtige Identifikationsfiguren für ihre weibliche Selbstbewusstwerdung, wie sie in einem Gespräch mit ihrer Tante Amina zu erkennen gibt:

> „Hier werden Frauen anders behandelt. Besser. […] Denk an Lauras Mama […]. Denk an meine Lehrerin. Denk an Frau Wischmann. Sie leben allein. Sie leben anders."
> „Sind sie glücklich?"
> „Ich weiß es nicht. Aber sie machen, was ihnen richtig erscheint." (DI, 246)

Die wichtigste Figur innerhalb des Rettungsplans wird allerdings die Tante selbst, welche vor allem vom Vater abgelehnt und verunglimpft wird, was Madina stets unhinterfragt als gerechtfertigt hingenommen hatte. Im Zuge ihre Emanzipation beginnt sie jedoch auch, sich mit den Familiennarrativen und -konstellationen auseinanderzusetzen, und erfährt so nach und nach, dass Amina deshalb von ihrem Schwager (d.h. Madinas Vater) abgelehnt wird, weil sie sich den patriarchalen Geboten – und damit den traditionellen Genderregeln ihrer Gemeinschaft – widersetzt hat. Madina kann nun feststellen, dass Amina ihr näher steht als sie je vermutet hätte. Mit großer Überzeugungskraft gelingt es Madina, die Tante zur Aussage zu bewegen, und sie kann in diesem Zusammenhang auch ihre Mutter zur Mitwirkung gewinnen. Während der Vater in die alte Heimat aufbricht, um seinen patriarchalen Familienauftrag zu erfüllen, ist das von ihm vertretene Gendersystem im neuen Land bereits als überholt und untauglich entlarvt (DI, 240). Madina wird zur Anführerin einer weiblichen Restfamilie, die sie vermutlich vor der Abschiebung rettet, damit die Familienmitglieder weiterhin in einem sicheren Land leben können, in dem Madina langsam angekommen ist.

> Und ich lieg da und weiß, dass außer mir keiner mehr da ist, um etwas zu unternehmen. Nur ich. Na ja, nicht ganz. Und Laura. Und Frau Wischmann. (DI, 237)

> Bin das wirklich ich? Gehe da wirklich ich mit meiner Mutter? Und nicht meine Mutter mit mir? Wieso führe ich alle an? (DI, 251)

Neben Mutter und Tante und den drei weiblichen Helferinnen, die alle ungefähr der gleichen Generation angehören, spielt außerdem Madinas Großmutter eine wichtige Rolle. Dies ist umso bezeichnender, als die Großmutter in der russisch-deutschen Literatur stets eine zentrale Rolle spielt und häufig so etwas wie den Identitätskern der Familie darstellt.[5] Auch im vorliegenden Buch wird der Großmutter die entscheidende Funktion im Prozess des Erwachsenwerdens zugeschrieben. Madinas Großmutter ist in der alten Heimat zurückgeblieben (DI, 22), beim Abschied haben sie und die Enkelin Schmuckstücke getauscht und sich das Versprechen gegeben, diese bei ihrem Wiedersehen zurückzutauschen. Spätestens in dem Moment, als Madina aktiv wird und für ihr dauerhaftes Asyl kämpfen möchte, ist klar, dass sie nicht zurückkehren wird. Zu derselben Zeit macht sich Madina verstärkt Gedanken über die Zurückgelassenen und die Erinnerungen an diese. In dieser Phase nehmen ihre Imaginationen zu, mit denen sie sich im Verlauf des ganzen Buches in einen Märchenwald versetzt, um ihrer Realität zu entkommen, ebenso ihre Träume, in denen ihre Situation allegorisch dargestellt wird – so imaginiert sich Madina als Passagierin auf einem Schiff, dessen Steuer sie übernimmt –, und in denen die Großmutter eine zentrale Figur wird. Am Ende des Buches wird Madina in ihrem Traum wieder zum Kind, das sich von der Großmutter hochheben lässt und sich wünscht, im Schutz der Großmutter zu bleiben. Doch diese weist ihr ihren Platz in der neuen Heimat zu:

> *„Du weißt, dass du wieder zurückmusst, oder?“*
> *Ich schließe die Augen. Ich schüttele den Kopf, ganz wild, und ich murmele: „Lass mich bitte einfach dableiben.“*
> *Und sie streichelt mich und sagt: „Aber dein Platz ist nicht hier. Das weißt du doch.“*
> *Und sie streift die Halskette ab, an der ein Schmuckstück, die silberne Handfläche mit dem Auge drauf, das ich ihr bei der Abreise gegeben habe, befestigt ist, und hängt es mir wieder um den Hals.* (DI, 249 [kursiv im Original])

5 Besonders auffällig ist dies beispielsweise in Julya Rabinowichs *Spaltkopf* (2008) und in Eleonora Hummels *Die Venus im Fenster* (2009), vgl. hierzu Willms 2012.

Kurz vor der endgültigen Abnabelung und dem positiv gestimmten, zukunftsgerichteten Ende regrediert die Erzählerin also noch einmal in ein kindliches Stadium aus ihrer Vergangenheit. Mit dem symbolischen Akt der Schmuckübergabe vollzieht Madina dann die endgültige Emanzipation aus dem Stadium der Kindheit und geht ihren Weg selbständig und voller Verantwortung gegenüber der restlichen Familie, aber vor allem gegenüber sich selbst. Die letzten Worte des Buches lauten:

> *Er* [d.i. der Vater, W.W.] *geht.*
> Wir bleiben da.
> Ich werde dableiben. (DI, 255 [kursiv im Original])

Während der Vater dem Ruf der Eltern folgt und damit vermutlich in seinen Tod geht, bleiben die Frauen in dem sicheren Land. Vor allem Madinas Zukunft, ausgedrückt in der futurischen Form, scheint sicher. Die weibliche Emanzipation, das Abstreifen der traditionellen Genderkonzepte und die matrilineare Familienstruktur stehen damit letztendlich für Vorwärtsgewandtheit, Zukunft und Leben, während die traditionell-patriarchalischen Konzepte mit Rückwärtsgewandtheit, Vergangenheit und Tod konnotiert sind. Wie schon einige Male angedeutet, reiht sich *Dazwischen: Ich* mit dieser Konstellation in ein großes Korpus interkultureller – und vor allem russisch-deutscher – Literatur ein, das sich durch starke und in die Zukunft gerichtete weibliche Figuren auszeichnet.[6] In keinem Text jedoch lässt sich eine so deutliche Aussprache für ein modernes, gleichberechtigtes Genderkonzept erkennen wie in diesem Jugendbuch.

5 Fazit

Es lässt sich beobachten, dass in den literarischen Werken, welche Migrationserfahrungen verhandeln – besonders in der Literatur russisch-deutscher Autorinnen –, starke weibliche Erzählerstimmen ebenso prominent sind wie

6 Vgl. hierzu auch Isterheld 2017 sowie ihren Beitrag in diesem Band. Schamma Schahadat vermutet, dass die Gestaltung scheiternder Männer und starker Frauen als Erbe der Sowjetunion gedeutet werden kann. Bereits in den 1970er Jahren sind in der russisch-sowjetischen Literatur (etwa bei Ljudmila Petruševskaja) solche Figurencharakterisierungen durchgängig zu finden. (Ich danke Frau Schahadat für diesen mündlich geäußerten Hinweis.) Diese Darstellung kann man als Reflex auf die realhistorische Situation sehen: Die Frau trug eine Mehrfachbelastung, indem sie Beruf, Kindererziehung und Haushalt managen musste und darüber hinaus in traditionell männliche Berufe gedrängt wurde. Dies stellte letztendlich einen Angriff auf die männliche Rolle dar.

in der deutschsprachigen Jugendliteratur generell. Im Fall von *Dazwischen: Ich* fällt gewissermaßen beides zusammen.

Die weibliche Hauptfigur und Erzählerstimme befindet sich mit ihren fünfzehn Jahren im Stadium des Erwachsenwerdens, was eine verstärkte Orientierung an der Peergroup und Abnabelung von den Eltern bedeutet. Diese Situation erhält eine besondere Schärfe und gewisse Spezifika durch die Situation der Flucht oder Migration, für die Gender- und Generationenkonzepte zentral sind (vgl. Willms 2012). Die gleichermaßen pubertäts- wie migrationsbedingte Entfernung zwischen Kind und Eltern konzentriert sich innerhalb der sich verschiebenden Familienkonstellation auf die Figur des Vaters und die Vater-Tochter-Beziehung.

Wie bereits gesagt, findet sich diese Konstellation sehr häufig in der interkulturellen Literatur. In *Spaltkopf* etwa wird die Figur des Vaters genauso psychologisch gestaltet wie die Figur des Vaters in *Dazwischen: Ich*. Da es sich bei Ersterem um einen russisch-sowjetischen Juden handelt und bei Letzterem um einen muslimischen Mann, wird verdeutlicht, dass es sich bei dem zunehmenden Konservatismus und Traditionalismus – abgesehen von einzelnen Besonderheiten – nicht um Probleme einer bestimmten Religion oder Gesellschaft handelt, sondern um eine typische Reaktion auf die Entmachtung des männlichen Familienoberhauptes innerhalb einer patriarchalisch-traditionellen Familienstruktur. Die Mädchen und Frauen können sich offensichtlich leichter aus dem traditionellen Gender- und Familienkonzept lösen als die Männer, was zunächst paradox erscheint, da sie sich innerhalb des traditionellen Systems in der schwächeren und tendenziell sogar in einer unterdrückten Position befinden. Doch in der Umbruchsituation der Migration gerät ihnen die Benachteiligung zum Vorteil, da sie sich aus dieser Position offensichtlich emanzipieren können – sofern sie HelferInnen finden. Die sich grundsätzlich in der Position der Hegemonialität befindlichen Männer (vgl. Connell 1999) können sich dagegen nicht emanzipieren. Der Begriff der Hegemonialität besagt, dass sich Männer qua Geschlecht in der hegemonialen Position befinden und sowohl über Frauen als auch über andere Formen von Männlichkeit dominieren. Hierfür benötigen sie allerdings das stillschweigende Einverständnis der Beherrschten. Wenn sich also, so kann man weiterdenken, Frauen gegen dieses Einverständnis zur Wehr setzen, so erschüttert dies ein eingespieltes System, in dem es keine alternativen Rollen gibt, welche die ehemals hegemonialen Männer besetzen könnten. Eine Veränderung der erlernten Identitäts- und Genderkonzepte oder ein Ausbrechen aus diesen ist offensichtlich kaum möglich – sei es, weil es die eigene Identität zu sehr in Frage stellen würde, sei es, weil die familiären Verpflichtungen als zu übermächtig erlebt werden. So versuchen es die männlichen Figuren mit dem so häufig zu beobachtenden ‚mehr vom Selben', welches zwangsläufig zum Scheitern verurteilt ist.

Letztendlich wird also eine Art matrilinearer Familienstruktur konstruiert, an deren Spitze sich die junge weibliche Generation befindet, die für weibliche Emanzipation, ein gleichberechtigtes Genderverhältnis, Leben und Zukunft steht, die aber auch den Schutz und die Hilfe aller anderen weiblichen Generationen benötigt. Die in der russischen Kultur so wichtige weibliche Generationenlinie wird also auch in diesem Buch modelliert und damit in einer zukunftsweisenden Art verallgemeinert.

Literatur

Blume, Andreas, „Eine Odyssee des Ankommens", online verfügbar unter: https://literaturkritik.de/rabinowich-dazwischen-ich-eine-odyssee-ankommens-dazwischen-ich-laesst-julya-rabinowich-ein-fluechtlingsmaedchen-wort-kommen,23103.html (letzter Zugriff: 20.09.2018).

Connell, R. W., *Der gemachte Mann: Konstruktion und Krise von Männlichkeiten*, Opladen: Leske + Budrich, 1999.

Grabovszki, Ernst, „‚Abgründe haben mich immer angezogen.' Julya Rabinowich, Trägerin des diesjährigen Rauriser Literaturpreises, über Migrantenliteratur, Russland in der Krise und österreichische Asylpolitik", in: *Wiener Zeitung*, 21.03.2009, S. 6–7.

Haeming, Anne, „Kinderbücher über den Krieg. Der Ball und die Grenze", online verfügbar unter: http://www.faz.net/aktuell/gesellschaft/menschen/kinderbuecher-ueber-flucht-krieg-und-fremdsein-14501983.html (letzter Zugriff: 25.09.2018).

Hausbacher, Eva, „‚Die Welt ist rund.' Transnationale Schreibweisen in der zeitgenössischen Migrationsliteratur (Marija Rybakova, Julya Rabinowich)", in: *Germanoslavica* 21/1– 2 (2010), S. 27–42.

Hörnlein, Katrin, „Flucht-Geschichte. Wut, Scham, Hoffnung", online verfügbar unter: https://www.zeit.de/2016/51/flucht-geschichte-julya-rabinowich-luchs-preis-jugendbuch (letzter Zugriff: 20.09.2018).

Hummel, Eleonora, *Die Venus im Fenster*, Göttingen: Steidl, 2009.

Isterheld, Nora, *„In der Zugluft Europas". Zur deutschsprachigen Literatur russischstämmiger AutorInnen*, Bamberg: University of Bamberg Press, 2017.

Lötscher, Christine, „Dazwischen: Ich. Rezension", online verfügbar unter: https://www.sikjm.ch/rezensionen/datenbank/?id=2339&c=1&keyword=Fl%FCchtlinge (letzter Zugriff: 20.09.2018).

Lückert, Katja/Rabinowich, Julya, „Mir war es wichtig, schnell Deutsch zu lernen", online verfügbar unter: https://www.deutschlandfunk.de/julya-rabinowich-mirwar-es-wichtig-schnell-deutsch-zu.691.de.html?dram:article_id=363896 (letzter Zugriff: 20.09.2018).

Metzger, Damaris, „Review *Dazwischen: Ich*“, online verfügbar unter: https://www.damarisliest.de/2016/12/review-zu-dazwischen-ich-von-julya.html (letzter Zugriff: 20.09.2018).

O.N., „Julya Rabinowich erhält Friedrich-Gerstäcker-Preis“, online verfügbar unter: https://www.sueddeutsche.de/news/kultur/literatur---braunschweig-julya-rabinowich-erhaelt-friedrich-gerstaecker-preis-dpa.urn-newsml-dpa-com-20090101-180417-99-929997 (letzter Zugriff: 20.09.2018).

Püntener, Anna, „Madina schafft den Neuanfang“, online verfügbar unter: https://www.nzz.ch/feuilleton/buecher/dazwischen-ich-von-julya-rabinowich-madina-schafft-den-neuanfang-ld.132958 (letzter Zugriff: 25.09.2018).

Rabinowich, Julya, *Spaltkopf*, Wien: edition exil, 2008.

–, *Dazwischen: Ich*, München: Carl Hanser, 2016.

Rybalskaya, Yanetta, „Die matrilineare Familienstruktur in Julya Rabinowichs Roman *Spaltkopf* oder: Wer ist eigentlich Baba Yaga Girl?“, in: *Zeitschrift für interkulturelle Germanistik* 7/1 (2016), S. 97–114.

Schwaiger, Silke, „Baba Yaga, Schneewittchen und Spaltkopf: Märchenhafte und fantastische Elemente als literarische Stilmittel in Julya Rabinowichs Roman *Spaltkopf*“, in: *Studien zur deutschen Sprache und Literatur* 30/2 (2013), S. 139–152.

Shchyhlevska, Natalia, „Gender, Geschichte und Gewalt in der österreichischen Literatur russischer Migrantinnen“, in: *Aussiger Beiträge* 8 (2016), S. 85–101.

Thuswaldner, Anton, „Ein neues Gesicht in der Literaturszene. Julya Rabinowich erhält für ihr bemerkenswertes Debüt ‚Spaltkopf‘ den Rauriser Literaturpreis“, in: *Salzburger Nachrichten*, 06.02.2009, S. 9.

Vlasta, Sandra, „‚Abgebissen, nicht abgerissen‘ – Identitätsverhandlungen auf der Reise in Julya Rabinowichs Roman *Spaltkopf* (2008)“, in: *Wie viele Sprachen spricht die Literatur? Deutschsprachige Gegenwartsliteratur aus Mittel- und Osteuropa*, hg. v. Renata Cornejo/Slawomir Pinotek/Izabela Sellmer/Sandra Vlasta et al., Wien: Praesens Verlag, 2014, S. 207–218.

Willms, Weertje, „‚Wenn ich die Wahl zwischen zwei Stühlen habe, nehme ich das Nagelbrett‘. Die Familie in literarischen Texten russischer MigrantInnen und ihrer Nachfahren“, in: *Die interkulturelle Familie. Literatur- und sozialwissenschaftliche Perspektiven*, hg. v. Michaela Holdenried/Weertje Willms, in Zusammenarbeit mit Stefan Hermes, Bielefeld: transcript, 2012, S. 121–141.

–, „Zum Zusammenhang von Identität und literarischer Form in Texten russisch-deutscher Autorinnen der Gegenwart am Beispiel von Julya Rabinowich und Lena Gorelik“, in: *Migration et identité*, hg. v. Thomas Klinkert, Freiburg i. Brsg.: Rombach, 2014, S. 169–194.

Erzählen ohne Grenze

Literarische Verfahren als Ausdruck migratorischer Subjektivität

Mara Matičević

1 Jugoslawien und sein kulturelles Erbe

Die nachfolgenden Überlegungen sind dem literarischen Erbe Jugoslawiens gewidmet und nehmen damit einen von jeher transnationalen Raum in den Blick. Vor dem Hintergrund der jugoslawischen Nachfolgestaaten haben sich einige literarische Akteure hervorgetan, in deren Werken Jugoslawien als lebensweltlicher Raum, wenn auch politisch vergangen, nach wie vor eine sehr starke Präsenz besitzt. Unter seinem Einfluss ist in ihrem Schreiben eine Fokussierung auf Themen wie konfligierende Identitäten, Migration und Heimatlosigkeit zu erkennen. Bevor ich mich im Detail damit auseinandersetze, muss zunächst eine grundsätzliche Frage beantwortet werden: Worauf genau bezieht sich das Toponym *Jugoslawien* oder gar *Post-Jugoslawien* (bzw. wohl häufiger in Form des Adjektivs *post-jugoslawisch*) nun überhaupt? Denn auf der Landkarte ist ein solches Post-Jugoslawien selbstverständlich nirgends zu finden; Jugoslawien selbst als sozialistisches, übernationales Projekt ist gescheitert und hat sich mit konfliktreichen und gewalttätigen Konsequenzen in seine sieben Nachfolgestaaten aufgeteilt.

In seiner vielgestaltigen und an Umbrüchen reichen Geschichte blickt Jugoslawien auf keine einheitliche nationale, kulturelle oder sprachliche Entwicklung zurück. Noch heterogener als diese ohnehin schon hybride Ausgangssituation ist demnach der post-jugoslawische Raum. Dennoch ist er auch heute noch als kultureller Raum relevant und existiert in gewissem Sinne sogar noch weiter – als geteilter Erfahrungsraum der unmittelbaren Vergangenheit. In nach wie vor praktizierten kulturellen und alltäglichen Handlungen finden sich handfeste Überbleibsel Jugoslawiens. Dies analysiert auch Andrea Zink, die in ihrem Aufsatz „Land in Bewegung“ (2014) etwa das Phänomenen des Getränks „Cockta“ beschreibt, das die jugoslawische Alternative zu Pepsi und Cola war. Schon in sozialistischen Zeiten hatte es den Kampf gegen seine kapitalistischen Alternativen souverän für sich entschieden und besitzt auch heute noch Kultstatus. Angesichts solcher Beobachtungen spricht Zink unter Bezugnahme auf einen Begriff Tim Judahs vom „Geist einer Jugosphäre“ (Zink 2014, 80) – ein Konzept, das man mit Verweis auf den Bachtin'schen Chronotopos auch als künstlerisches Raum-Zeit-Gebilde beschreiben könnte, das sich in Reaktion auf eine konkrete historische Zeit formt. Der Chronotopos Jugoslawien

 | DOI:10.30965/9783846765241_009

wirkt sich kulturell weiter aus: Neben dem genannten Beispiel können viele weitere genannt werden, etwa die gemeinsame Erinnerung an und der Bezug auf beliebte Fernsehsendungen oder auch Literaturfestivals, die grenzüberschreitend die Literatur der Nachfolgestaaten zusammenbringen und somit eine ganz konkrete Manifestation der Jugosphäre darstellen. In diesem Sinne soll auch die eingangs gestellte Frage nach dem Begriff ‚Jugoslawien' als gemeinsame Wissensbasis und geteilter Erinnerungsraum beantwortet werden, auch wenn dies als Definition freilich nicht annähernd umfassend ist. Die nachfolgenden Überlegungen gehen davon aus, dass Jugoslawien sich nach wie vor in gemeinsamen kulturellen Praxen als Raum manifestiert.

Einer der Schwerpunkte sowohl des vorliegenden Bandes als auch meines Beitrags liegt auf dem Thema Migration. Dabei werden das Spannungsverhältnis zwischen Migration und Literatur sowie die Manifestation der Migration in der Literatur untersucht. Aus deutschsprachiger Perspektive steht dieses Themen- und Untersuchungsfeld in einem engen Zusammenhang mit dem Komplex Jugoslawien und seinem kulturellen Erbe. Denn bereits ab 1968, als mit dem Abkommen zwischen der BRD und Jugoslawien zahlreiche sogenannte „Gastarbeiter" einreisten, begann das Thema Migration im deutsch-jugoslawischen Verhältnis relevant zu werden. Die jugoslawischen Kriege brachten schließlich noch mehr Anlässe zur Flucht mit sich; ganze Familien sind davon geprägt und leben bis heute in transnationalen Konstellationen.

Die Beantwortung der Frage, in welcher Form Migration als literarisches Phänomen greifbar gemacht werden kann, ist komplex. Denn worum genau handelt es sich bei der sogenannten Migrationsliteratur überhaupt, und in welcher Form ist sie von literarischer – und somit literaturwissenschaftlicher – Relevanz? Dies ist keineswegs eindeutig, denn anders als noch mit Bezug auf die Literatur der 1960er Jahre, als die sogenannte Gastarbeiter- oder Betroffenheitsliteratur zum ersten Mal aufkam, bis zu den 1980er Jahren wird in den meisten literaturwissenschaftlichen Auseinandersetzungen heute Migration nicht mehr als biografische Kategorie betrachtet, womit ausschließlich die Autorin/der Autor der entsprechenden Texte in den Mittelpunkt gerückt wurde. Vielmehr sieht man Migration als Phänomen, das die betreffenden Werke zur Gänze prägt. Ereignisse wie der Zerfall von Staaten, Kriege, Flucht und Vertreibung affizieren schließlich nicht nur die Personen, die unmittelbar davon betroffen sind, sondern haben weitreichende Auswirkungen auf gesamte kulturelle Sphären.

Die genannten Überlegungen dienen hier als Argumente für eine Abkehr vom Begriff der Migration als biografisch verstandenem Kriterium zur Bestimmung eines Teilbereichs des literarischen Diskurses. Zugleich lässt sich Migration in einer anderen Hinsicht wörtlich verstehen: *migrare* – als ‚wandern' oder ‚auswandern' sowie als ‚übertreten' und ‚übergehen' – von einem Ort zum anderen, aber auch von einem Zustand in den anderen. Das heißt also, es geht um Bewegung. Diese genauer in den Blick zu nehmen und nicht bloß auf eine biografische oder auch thematische Facette zu reduzieren, erscheint nur folgerichtig. Literarische Erzählungen unter dem Aspekt der Bewegung zu betrachten, könnte sich somit als ergiebig erweisen, vor allem in Hinblick auf textästhetische Verfahren und die Frage, ob sich darin tatsächlich literarische Hinweise auf ein spezielles Genre der Migrationsliteratur wahrnehmen lassen.

Die Autorinnen und Autoren, deren Texte ich nachfolgend heranziehe, um diese Überlegungen konkretisieren und verdeutlichen zu können, sind Saša Stanišić, Aleksandar Hemon, Marica Bodrožić und Terézia Mora. Zur Einführung beziehe ich mich zunächst auf eine Feuilleton-Debatte über Literatur und Migration, die sich als Reaktion auf Saša Stanišićs zweiten Roman *Vor dem Fest* (2014) entspann. Im Anschluss gehe ich auf die englischsprachige Erzählung „Islands" von Hemon ein, um die Gemeinsamkeiten in den Schreibweisen in internationaler Perspektive herausstellen zu können und schließlich im Vergleich mit Bodrožićs *Das Wasser unserer Träume* sowie Moras *Alle Tage* unterschiedliche Formen literarischer Subjektivität vor dem Hintergrund des jugoslawischen Zerfalls zu skizzieren.

2 Saša Stanišić: Migration als literarisches Thema

Zum Einstieg in die Betrachtung von Literatur und Migration möchte ich zunächst an eine vielleicht etwas seltsam anmutende Diskussion im deutschsprachigen Feuilleton erinnern, die der Autor Maxim Biller in einem Artikel mit dem Titel „Letzte Ausfahrt Uckermark" in der Wochenzeitung *Die Zeit* auslöste. Die Probleme und Knackpunkte dieser Debatte verweisen zugleich auf wichtige Fragen, die man sich angesichts des Verhältnisses von Literatur und Migration immer wieder stellen mag.

Am 20. Februar 2014 sprach Biller in der *Zeit* über den aus seiner Sicht tristen Zustand der deutschen Gegenwartsliteratur im Allgemeinen und beschrieb diesen mit einer Reihe drastischer Adjektive: „kraftlos", „provinziell", „narzisstisch", „literarisch völlig folgenlos" sei das gegenwärtige Schreiben. Einen der Gründe für diese desolate Situation sieht er darin, dass die vielen spannenden und an Migrations- und Fluchterfahrungen reichen Autorinnen und Autoren, die aktuell in Deutschland leben und schreiben, sich dem Anpassungsdruck des hiesigen Literaturbetriebs beugten und es vermieden, ihrer migrantischen Vergangenheit literarisch Ausdruck zu verleihen. Spannende Migrantinnen und Migranten werden zu langweiligen Schriftstellerinnen und Schriftstellern, weil sie sich an den langweiligen deutschen Kulturbetrieb anpassen – so könnte man Billers Kritik etwas überspitzt auf den Punkt bringen.

Biller kommt dabei auch auf den bosnischstämmigen Autor Saša Stanišić zu sprechen, dessen Erstlingsroman *Wie der Soldat das Grammofon repariert* aus dem Jahr 2006 von den Grausamkeiten des Kriegs in Bosnien erzählt, von der Flucht des kindlichen Erzählers und vom Ankommen in Deutschland. In diesem Werk schöpft Stanišić ganz direkt aus seinem Leben und seinen Erfahrungen als Kriegsflüchtling: Ebenso wie der Erzähler Aleksandar (dessen Namensverwandtschaft zum Vornamen des Autors Saša, der häufig als Abkürzung für Aleksandar dient, ins Auge springt), floh Stanišić nach der serbischen Besetzung seiner Heimatstadt Višegrad im Bosnienkrieg 1992 nach Deutschland. Mit der literarischen Verarbeitung seiner Erlebnisse hat er somit laut Biller damals noch alles richtig gemacht. Biller schreibt:

> Als Saša Stanišić' erster, grandioser, weil universell verständlicher Roman über das Lieben, Leben und Töten im Bosnien der neunziger Jahre erschien, musste sich Stanišić von vielen unserer Kritiker anhören, das alles sei zu verspielt, zu kitschig, na ja, eben irgendwie zu orientalisch. Wenn er über den Krieg schreiben wolle, solle er sich etwas anderes einfallen lassen als Ironie und einen Icherzähler, der auf Oskar Matzerath mache, das – so stand es irgendwo nicht besonders unauffällig zwischen den Zeilen – könne und dürfe nur der Größte Günter Grass aller Zeiten. Inzwischen wurde *Wie der Soldat das Grammofon repariert* aus dem Deutschen in 27 Sprachen übersetzt, Stanišić ist in den USA und England einer der Stars der neuen Weltliteratur wie Junot Díaz oder Jhumpa Lahiri – doch sein neuer Roman spielt in einem Dorf in der Uckermark, unter ehemaligen Ossis, von denen Stanišić so viel versteht wie seine Kritiker vom jugoslawischen Bürgerkrieg, vor dem er mit 14 Jahren nach Deutschland fliehen musste. Ist dieser radikale, antibiografische Themenwechsel nur Zufall? Hat den ehemaligen Leipziger Literaturstudenten Saša Stanišić der Mut verlassen? Ist es ihm wichtiger, als Neudeutscher über Urdeutsche zu schreiben als über Leute wie sich selbst? (Biller 2014)

Saša Stanišićs zweiter Roman *Vor dem Fest* wird hier angeführt, um zu verdeutlichen, dass der Autor seine „lebendige literarische Stimme" unterdrücke und sich den deutschen Themen des hiesigen Literaturkanons unterordne. Dass ein solcher Ruf nach „wilden, ehrlichen, bis ins Mark ethnischen und authentischen Texte[n]" (Biller 2014) auch noch 20 Jahre, nachdem die ersten Stimmen Kritik an Begriffen wie „Gastarbeiterliteratur" äußerten, in einer der wichtigsten deutschen Wochenzeitungen zu lesen ist, spricht Bände: Die Erkenntnis, dass einzelne Elemente einer Biografie nicht zwingend in einem kausalen Verhältnis zum Schreiben eines Autors oder einer Autorin stehen und dies vor allem keine normativen Implikationen hat, ist also wünschenswert, aber noch keineswegs selbstverständlich.

Wie betrachtet Stanišić selbst diese Debatte? Tatsächlich hat er sich schon vor der Publikation des Biller-Artikels von 2014, nämlich im Jahr 2008 (und damit lange vor dem Erscheinen seines zweiten Romans *Vor dem Fest*, den Biller so kritisiert) in einem kurzen Essay mit dem Titel „Three Myths of Immigrant Writing" zu genau dieser Frage geäußert. Einem so reduktionistisch, ja fast schon nationalistisch verstandenen Begriff von Migrationsliteratur, wie ihn Biller in dem Artikel vertritt, stellt er sich darin deutlich entgegen. Auf diesen kurzen Beitrag, den er im Online-Magazin *Words Without Borders* veröffentlichte, gehe ich an dieser Stelle nicht deshalb ein, um die Perspektive des Autors selbst als Autorität darzustellen, sondern um ihn als ein mögliches Beispiel für das Selbstverständnis anzuführen, das ein Autor mit Migrationshintergrund entwickeln kann und das darüber hinaus gerade *nicht* mit der Meinung Billers übereinstimmt.

Und in der Tat, wenn man sich die drei Mythen, die Saša Stanišić anführt, einmal genauer ansieht, so wird klar, dass er weder sich selbst als Autor noch sein Schreiben auf das Thema Migration reduziert sehen möchte. Als ersten dieser drei Mythen greift er die Annahme auf, dass Migrationsliteratur als eigene philologische Kategorie und somit als „fruitful anomaly" (Stanišić 2008) in Relation zu einer als Norm verstandenen Nationalliteratur behandelt werden sollte. Er schreibt:

> To speak of a single „immigrant literature" is simply wrong, because it is wrongly simple. The nature of migration and the level of foreign writers' integration vary too much to be collected in one category, not to mention the authors' unique biographical backgrounds and differing cultural, religious, or social habits. (Stanišić 2008)

Literatur zu gruppieren ist sicher sinnvoll; dass die Kategorie, anhand der diese Gruppierung vorzunehmen sei, jedoch auf Basis der Lebenserfahrung des Schriftstellers gebildet werden soll, überzeugt Stanišić nicht. Stattdessen betont er, dass ästhetische Kategorien, ebenso wie in anderen Bereichen des literarischen Systems, im Vordergrund stehen sollten. Dabei auf literarische Tradition und Stil einzugehen und diese durchaus auch mit literarischen Kanones mehrerer Nationalliteraturen abzugleichen, sei sicherlich viel produktiver, interessanter und vor allem aussagekräftiger als die Migrationserfahrung.

Der zweite von Stanišićs drei Mythen entspricht genau denjenigen Aspekten, die Biller in den Fokus seines Artikels gerückt hat. Denn dass ein Autor sich thematisch nicht auf Dinge beschränken muss, die seinem unmittelbaren Lebensumfeld entstammen, sollte auch für einen Autor mit Migrationshintergrund selbstverständlich sein. Fiktion bedeutet die Freiheit, über die eigene

Migrations- oder Lebensgeschichte schreiben zu können – oder aber, sich dagegen zu entscheiden, wie Stanišić hier betont:

> Writing fiction also means inventing worlds which are not part of the writer's own world. Through research, travels, interviews, and other methods of approaching the unknown, these experiences are within the reach of any author. Though he can choose not to, any writer can become aware of new aspects of life and, from it, construct the „tellable" by choosing a perspective or a voice that even a writer who stands in the middle of the topic might even have overlooked. (Stanišić 2008)

Der dritte Mythos entspricht einem vor allem in der Anfangszeit der sogenannten Betroffenheitsliteratur häufig vorgebrachten Gedanken – die Überlegung, dass das Schreiben eines Autors mit Migrationshintergrund für das ‚Aufnahmeland' und die darin gesprochene Sprache eine Bereicherung darstelle. Wenn man jede Sprachspielerei lobend als Besonderheit hervorhebt, dann schwingt darin auch eine Art der Herablassung mit – und die ewige Betonung der Fremdheit mit der implizit getroffenen Aussage ‚Sieh mal einer an, wie gut dieser Ausländer Deutsch gelernt hat!'. Und so befreit denn Stanišićs schönes Fazit die Idee der sprachlichen ‚Bereicherung' von der Perspektive des vermeintlich Fremden, wenn er betont, dass die grenzenlose Freiheit der Sprache jedem offensteht: „A language is the only country without borders. Writers, indeed anyone, can (and should) use the privilege to make a language bigger, better, and more beautiful by planting a wordtree here or there, one never grown before." (Stanišić 2008)

3 Aleksandar Hemon: „Islands"

Es bietet sich an, an dieser reflektierenden Selbstpositionierung eines deutschsprachigen Schriftstellers einige Hinweise auf einen bosnisch-amerikanischen Autor anzuschließen, der in ähnlicher Manier die Rolle, die seine persönlichen Migrations- und Fluchterfahrungen für sein Schreiben spielen, thematisiert und reflektiert. Es handelt sich um Aleksandar Hemon, der 1964 in Sarajevo geboren wurde, dort Literaturwissenschaft studierte und währenddessen bereits belletristische und journalistische Texte publizierte. Kurz vor dem Ausbruch des Krieges in Bosnien brachte ihn ein Austausch nach Chicago, wo er sich schließlich als Flüchtling wiederfand. Zuletzt blieb er und schrieb weiter – nunmehr in englischer Sprache. All diese Motive – schriftstellerische Tätigkeit, kultureller Austausch und Reise nach Chicago, Ausbruch des Krieges während seiner Abwesenheit, Blick eines Außenseiters auf das Leben in den

USA – finden sich in seinen Texten wieder, zum Teil nicht oder nur wenig abgeändert. Dennoch besteht Hemon darauf, dass sein Werk nicht autobiografisch sei. In einem Interview mit Menachem Kaiser im *New Yorker* betont er: „To my mind, my stories are not autobiographical; they are *antibiographical*, they are the antimatter to the matter of my life. They contain what did not happen to me." (Kaiser 2009)

Diesem Insistieren des Autors zum Trotz besteht zwischen Autobiografie und Fiktion bei Hemon ein Spannungsverhältnis, das nicht einfach als biografisches ‚Gegenteil' – oder ‚antimatter' – beschreibbar ist. Denn Hemon lässt bewusst die Grenzen zwischen seinen eigenen Erfahrungen als Immigrant und denjenigen seiner Protagonisten verschwimmen und kreiert frappierende Ähnlichkeiten und Parallelen.

The Question of Bruno ist Hemons erste in Buchform publizierte Sammlung von englischsprachigen Kurzgeschichten; im Jahr 2000 veröffentlicht, beschäftigt sie sich zum großen Teil mit dem sozialistischen Bosnien und Jugoslawien vor dem Krieg. Auch in den Erzählungen, in denen der Krieg und die Zersplitterung der politischen Landschaft nicht explizit verhandelt werden, bilden diese Themen den (mal mehr, mal weniger subtilen) Hintergrund. Dies geschieht zum Beispiel in „Islands", dem ersten Text der Sammlung, der, wenn auch paradox verkehrt, Nostalgie zum Hauptthema hat. Im Zentrum der Erzählung steht die idyllische Insel Mljet, narrativ betrachtet und geformt durch die Perspektive des neunjährigen Erzählers einerseits und die Erinnerungen seines Onkels Julius, eines ehemaligen Gulaghäftlings, andererseits; diese werden in einem Binnenerzählstrang wiedergegeben und stehen in einem starken Kontrast zur Rahmenerzählung, welche von einem sommerlichen Strandurlaub der Familie handelt.

In dieser Erzählung fällt zunächst Hemons Kombination von und Wechsel zwischen unterschiedlichen Erzählstimmen und die daraus resultierende Subjektkonstruktion auf. Wie bereits erwähnt, ist der homodiegetische Erzähler ein Kind, das zu jugoslawischen Zeiten in Sarajevo aufwächst; seine kindliche Perspektive ist naiv, jedoch dringen immer wieder unheimliche Elemente, die seine beschränkte Sichtweise und somit die Möglichkeiten seiner Homodiegese überschreiten, in seine Erzählung ein. Ein wichtiges Beispiel für diese Beobachtung stellt die Art und Weise dar, wie der zweite Erzählstrang in die Haupterzählung eingebettet ist, Motive daraus widerspiegelt und als Effekt daraus das Idyll, das im Plot konstruiert wird, unterwandert.

Der Junge singt auf dem Weg in den Urlaub kommunistische Lieder, bis ihm die Stimme wegbleibt – dies ist die erste, aber nicht die einzige Erwähnung des Kommunismus, die sich wiederholt, als Onkel Julius seine erschreckenden Erinnerungen aus dem Gulag mit der Familie teilt. Er leitet seinen Bericht mit einer abfälligen Bemerkung gegenüber dem Jungen ein, der sich vor dem Wasser aus dem Brunnen ekelt, nachdem er eine Nacktschnecke darin erblickt hat:

> „Look at yourself", Uncle Julius said. „You don't want to drink the water! What would you do if you were so thirsty that you were nearly crazy and having one thought only: water, water! and there's no water. How old are you?" „Nine", my mother said. (Hemon 2000, 9)

Hier endet zwar das Kapitel, doch im nächsten fährt Onkel Julius unmittelbar mit seiner Erzählung aus dem Lager Archangelsk fort. Als er dort Gefangener war, wurden unter Stalin Kinder, die wiederholt die Schule geschwänzt hatten, ebenfalls in Lager geschickt.

> So, suddenly, in 1943, the camp was full of children, only a little bit older than *me* – twelve, fifteen years old. They didn't know what to do in the camp, so the criminals took the nicest-looking to their quarters and fed them and, you know (no, *I* didn't), abused them. (Hemon 2000, 9 [kursiv im Original])

Die Erzählerrede springt an dieser Stelle ohne jegliche Markierung vom Jungen als Erzähler zum Onkel. Zunächst wird subtil die Bedrohung des Lagers auf den Jungen erweitert, erst einmal durch die Erwähnung von schrecklichem Durst und daraufhin durch den Vergleich mit Kindern in seinem Alter, die bereits Lagerhäftlinge waren und zudem Missbrauch ausgesetzt waren. Neben dem Bezug auf den primären Erzähler lässt sich das „I" in „no, *I* didn't" auch auf den Onkel beziehen. In dieser Auslegung übernimmt er die Erzählung, indem er von sich weist, selbst Kinder missbraucht zu haben. Somit kombiniert der Text nicht nur verschiedene Perspektiven und Erzählstimmen in einer Geschichte, sondern bewirkt dies sogar innerhalb von nur einem Absatz und kreiert dadurch eine diegetische Bewegung – ein Aspekt, der aufgrund der Tatsache, dass es sich um Migrationsliteratur handelt, für meine Betrachtung besonders interessant ist. Die Intensität und Wahrnehmbarkeit dieser Bewegung wird noch zusätzlich dadurch verstärkt, dass die wechselnden Perspektiven in der erzählten Rede nicht durch Anführungs- oder Satzzeichen hervorgehoben werden, was wiederum den Effekt hat, dass die einzelnen Beobachtungen und die Personaldeiktika ‚I' und ‚me' in der Lektüre nicht eindeutig zugeordnet werden können und im Lektürevorgang durch eigene Rezeptionsbewegungen rekonstruiert werden müssen.

„Islands" verarbeitet nostalgische Erinnerungen an eine idyllische Ferienfahrt, allerdings wird die oberflächliche Harmonie der Erzählung in einer paradoxen Wendung durch Einbrüche von Gewalt unterwandert. Die

Erzählstimme scheint diejenige eines naiven Kindes zu sein, aber der Blickwinkel der erzählenden Instanz wird wiederholt durch Elemente durchbrochen, die dieser Beschreibung keineswegs entsprechen – und somit die zugeschriebene Perspektive und deren narrative Identität transzendieren. Die Form der Erzählerrede ist in ihrer besonderen Dynamik somit tatsächlich sehr auffällig. Ohne dies in ein einseitiges Ursache-Wirkungs-Schema pressen zu wollen, scheint es dennoch fruchtbar, dies im Rahmen des Migrationsparadigmas als ästhetische Manifestation von Bewegung zu lesen.

4 Marica Bodrožić: *Das Wasser unserer Träume*

Marica Bodrožić wurde 1973 im dalmatinischen Svib geboren und verbrachte dort die ersten Jahre ihres Lebens in der Obhut ihres Großvaters, nachdem ihre Eltern in Hessen Arbeit gefunden hatten. Das deutsche Idiom lernte sie damals bereits über die Eltern während ihrer Besuche in Dalmatien kennen. Bei diesen ersten Kontaktversuchen mit dieser nördlichen Sprache erschien sie ihr als etwas sehr Geheimnisvolles und Fremdes – sie ahnte noch nicht, dass sie ein paar Jahre später zum bevorzugten Medium ihres literarischen Ausdrucks werden sollte.

Im Alter von zehn Jahren folgte sie ihren Eltern nach Deutschland und erlernte dort neben der deutschen Hochsprache auch schnell den hessischen Dialekt. Diese Elemente reihten sich neben die zahlreichen dialektalen und historischen Einflüsse, die den hochsprachlichen Standard ihrer Heimat begleiteten wie etwa das Osmanische, das Herzegowinische und das Dalmatinische, um ihre persönliche Klangwelt zu bilden. All diese Schichten überlagern einander in Bodrožićs Prosa – so versucht sie, die Grenzen der Sprachen in ihren Bildern zu überwinden, und verbindet sie dabei zu etwas Neuem, aus dem doch immer wieder das Altbekannte hervorscheint. Dies sorgt für Irritationen, erschließt aber oftmals überraschende und vieldeutige Verbindungen zwischen zuvor getrennten Ebenen.

In vielfacher Hinsicht lassen sich Bodrožićs literarische Verfahren daher im Sinne eines Sprengens von Grenzen begreifen. Bereits *Tito ist tot*, ihr erster Erzählband aus dem Jahr 2002, erweckte in lyrischer Sprache ihre jugoslawische Erinnerungslandschaft zum Leben und behauptete nachdrücklich die Relevanz des Vergangenen für das Hier und Jetzt. Das Fortschreiten der Zeit führt in einer solchen Auffassung nicht zu einem Vergehen oder Vergessen, denn was vergangen ist, manifestiert sich in der Sprache und lebt darin fort. Vermeintliche Scheidelinien zwischen damals und heute verlieren dabei ihre trennende Kraft, Geschichte wird Gegenwart. Mithilfe solcher sprachlichen

Besonderheiten verteidigen die im Band gesammelten Erzählungen zudem die Vorherrschaft des Subjektiven, das keineswegs einen Gegensatz zur vermeintlichen Objektivität einer abstrakten historischen Perspektive darstellt, sondern sie geradezu notwendig ergänzt.

Ein solch grenzenloses Erzählen ist typisch für die Texte der Autorin, verschiedene Zeiten und Sprachen gehen darin ebenso wie ihre poetischen und erzählenden Schreibverfahren ineinander über. Der 2016 erschienene Roman *Das Wasser unserer Träume* folgt diesem Ansatz und ergänzt ihn um eine neue Facette: Er überschreitet narrativ die Trennlinie, die das Individuum von der es umgebenden Welt, von Lebendigem und Leblosem, abgrenzt. Die Erzählung beschreibt die innere Reise eines Komapatienten, der durch einen Unfall in einen Zustand der Bewusstlosigkeit, der Sprachlosigkeit, man kann fast sagen: der Selbst-Losigkeit geworfen wurde. So abgekapselt, ja geradezu eingesperrt in einem unbeweglichen Körper, begibt sich der Erzähler auf die Suche nach sich selbst, nach seiner Erinnerung und seinem Ort in dieser Welt, in der er sich so unvermittelt und orientierungslos wiederfinden muss. Diese Ausgangssituation ist extrem, geradezu paradox, und hat sogar in der Literatur nur wenige Vorbilder, denn der daraus resultierende narrative Modus – der sprachliche Bericht eines Ich-Erzählers über die Unfähigkeit zum sprachlichen Ausdruck – ist eigentlich ein Ding der Unmöglichkeit. Zwischen diesen widersprüchlichen Polen entfaltet sich der Text als ein Versuch über die Macht der Sprache einerseits und ihr Unvermögen andererseits, von dem der Roman berichtet und das er zugleich performiert.

Viele Aspekte dieses Werkes sind in literarischer Hinsicht auffällig. Zunächst möchte ich auf den bereits erwähnten narrativen Modus eingehen: Der Erzähler scheint mit dem Hauptprotagonisten des Romans zunächst identisch zu sein (sofern man in einem fast handlungsfreien Text überhaupt von einem ‚Protagonisten' im Wortsinne, also als von einem Handelnden, ausgehen kann). Der Erzähler berichtet im Präsens von seinen Wahrnehmungen und der Umgebung, die er sich nur nach und nach erschließt. Dieses Vorgehen erweckt eine ungewohnte Unmittelbarkeit, suggeriert es doch, die Zeit des Erzählens sei zugleich die Jetztzeit des Rezeptionsvorgangs.

Die Erzählung versteckt diese Widersprüchlichkeit keineswegs, sondern gibt sich ihr hin. Der Erzähler, so erfahren wir, liegt bewusstlos in einem Krankenzimmer – ein Wort, das ihm sinnlos erscheint, befindet er sich darin doch gerade zur Genesung. Er liegt im Koma und ist daher physisch nicht in der Lage, die Welt über die Sinne zu erfassen, denn er ist bewusstlos, dabei aber keineswegs ohne Bewusstsein: Nach wie vor weiß bzw. spürt er, was um ihn herum vorgeht: „Keiner, der hier ein- und ausgeht, vermutet in mir einen hörenden Menschen. Nicht ohne Grund zweifeln sie an meinen Ohren. Der Zimmerhimmel weiß, dass ich alles hören kann, vor allem das, was nicht gesagt wird und auch jenseits der Wände." (Bodrožić 2016, 1)

Es ist eine Gabe, aber eine, um die er nicht gebeten hat; vielleicht bestärkt jedoch gerade diese Auswegs- und Alternativlosigkeit den Gabencharakter dieser „höheren Heimat", wie er seinen Zustand nennt. Obwohl er sich seiner Lage fügen muss, nimmt er plötzlich mehr wahr, als ihm seine Sinne im wachen Zustand vermitteln konnten. Er kann die Gefühle, die Sehnsüchte und die Gedanken der Menschen um ihn herum lesen und findet sich in seinem Aufwachprozess von eben diesen Menschen begleitet. Seine Reflexionen, die der Leser über die vier nach Jahreszeiten benannten Kapitel hinweg mitverfolgt, betreffen das Innenleben und die Gefühlslage des Klinikpersonals ebenso wie den einnehmenden Geruch der Nürnberger Lebkuchen, die als Mitbringsel nach einem Besuch ihren Duft im Zimmer verströmen.

Bodrožić zeigt hier, dass für sie die Kraft der Literatur darin besteht, paradoxe Situationen zu eröffnen und zu beleuchten. Ihre Fiktion eines mächtigen Ich-Erzählers, der alles sieht und alles weiß, leitet einen literarischen Wort-Traum ein, in dem jedes Wissen ein erlebtes Wissen des Wahrnehmens und des Empfindens ist. Auch die Identität des Erzählers erweist sich dabei als labil, denn der eigentliche Erzähler, so offenbart uns der Roman im Leseprozess, ist mitnichten unser Patient: „Der Raum ist der allwissende Erzähler." (Bodrožić 2016, 61) Die Genesung des Protagonisten stellt einen Rückweg in sein Bewusstsein und seine Sprache dar – sie ist ihm aber erst dann wirklich möglich, als er jenen allmächtigen Raum der Erzählung, in dem er alles spürt, zuletzt hinter sich lässt.

Wie schon in früheren Texten der Autorin haben auch die literarischen Figuren, die den Leserinnen und Lesern in *Das Wasser unserer Träume* begegnen, eine bewegte Geschichte von Reisen, Flucht und Migration hinter sich (wenngleich dieser Umstand hier weniger explizit verhandelt wird als in anderen Erzählungen). Der Roman stellt dabei in gewissem Sinne eine Transzendierung des Migrationsparadigmas dar: Der jenseits jeglicher nationaler Bestimmungen wiedergeborene Patient erlebt eine Neujustierung, nach der er sich endlich von den Schatten seiner persönlichen Vergangenheit zu trennen vermag – auch seine Nationalität ist ein Aspekt dieser Vergangenheit, den er dabei hinter sich lässt. In Wasser der Träume, so deutet es Marica Bodrožićs Poetik an, spielen Grenzen keine Rolle mehr – ob es sich nun um Grenzen des Nationalen, des Medialen oder des Zwischenmenschlichen handelt.

5 Terézia Mora: *Alle Tage*

Terézia Mora wuchs als Teil einer deutschsprachigen Minderheit in Ungarn auf und zog für ihr Studium nach Berlin.[1] Aufgrund dieser spezifischen biografischen Konstellation könnte die Zugehörigkeit ihres Romans *Alle Tage* (2004) zur Migrationsliteratur von manchen bezweifelt werden. Doch der Roman gehört in das Paradigma der vorliegenden Untersuchung hinein, da es auch in ihm um post-jugoslawische Subjektivität geht. Zum anderen lässt sich dem Konzept Migrationsliteratur, wie eingangs schon angesprochen, eine neue, bislang weniger berücksichtigte ‚Wörtlichkeit' entlocken, indem man den Aspekt der Bewegung als ästhetischen Bestandteil von Migrationsliteratur schärft. Auch in diesem Sinne gehört der Roman *Alle Tage* in die Reihe der hier behandelten Migrationstexte. Drittens schließlich ist, worauf ebenfalls schon hingewiesen wurde, der biografische Aspekt ohnedies zweitrangig.

Der gesamte Plot des Romans wird bereits auf den ersten Seiten knapp erzählt und später immer wieder aufgegriffen, wobei der Rest des mit über 500 Seiten recht langen Textes aus zahlreichen Prolepsen und Analepsen besteht. Einzelne Kapitelabschnitte sind dabei voneinander abgegrenzt und verschiedenen Figuren und deren Sichtweisen zugeordnet, der Roman zeichnet sich somit durch eine polyphone Erzählweise aus. Die in den einzelnen Abschnitten erzählten Wahrnehmungen wiederholen und ergänzen sich immer wieder, manchmal entstehen aber auch gerade durch die Wiederholungen Widersprüche im Plot. Der Protagonist trägt den Namen Abel Nema und stammt aus einem südosteuropäischen Provinzort, der stets nur „S." genannt wird und von dem nicht einmal klar ist, in welchem Land er sich befindet. Abel Nema ist doppelt als alteritär gekennzeichnet: neben seinem migrantischen, ja geradezu nomadischen Leben ist er auch homosexuell.

Am Anfang wird die Poetik des Romans programmatisch erklärt: „Nennen wir die Zeit jetzt, nennen wir den Ort hier." (Mora 2004, 9) Tatsächlich werden konkrete Angaben zu Orten konsequent vermieden und stattdessen nur Anfangsbuchstaben genannt: ein Großteil der Handlung spielt sich in der deutschen Großstadt „B." ab, die man als Berlin deuten könnte, obwohl der Text auch Hinweise streut, die dieser Deutung entgegenstehen. Von der Herkunftsregion des Protagonisten erfahren wir, dass es dort einen Krieg gibt, durch

1 Ihr erster Erzählband *Seltsame Materie* aus dem Jahr 1999 versammelt vignettenartig eine Reihe von Texten, die sich mit der Sozialisation in dieser von Katholizismus und dem sozialistischen Regime geprägten repressiven dörflichen Umgebung aus der Perspektive von Mitgliedern einer Randgruppe auseinandersetzen.

welchen sein Land in mehrere Nationen aufgespalten wird; seine Muttersprache gehört zur štokavischen Dialektgruppe und ist vermutlich kroatisch. Diese Unsicherheiten in Bezug auf geschichtliche und örtliche Fakten tragen zur semantischen Leere der Begriffe und Ortsbezeichnungen bei. Das ist aber nicht mit Beliebigkeit zu verwechseln, vielmehr durchziehen den Text sehr gezielt eingestreute Marker der Vieldeutigkeit und Alterität. Zum Beispiel weisen die Deiktika ‚jetzt' und ‚hier' aus dem eingangs genannten Zitat ein Oszillieren auf, einen Einbruch der Zeit der Erzählung in die Zeit des Rezipienten, der aufgerufen ist, den fehlenden semantischen Gehalt von ‚jetzt' und ‚hier' mit Bezug auf die eigene Lage zu füllen – ‚jetzt' und ‚hier' sind somit eben gerade nicht beliebig und stellen das genaue Gegenteil von ‚irgendwann' und ‚irgendwo' dar. Ein solcher Effekt stellt sich auch immer wieder auf der Ebene des *discours* durch wechselnde, einander ohne Markierung überlagernde Figurenstimmen sowie durch die Metastimme des Erzählers ein, der sich selbst laufend korrigiert, semantisch konkrete Einordnungen nacheinander probiert und sie wieder hinterfragt: „Es fing damit an, dass er sich auf dem Weg von der Toilette zurück in das Krankenzimmer verlief und – *wie lange?* – in den Krankenhausfluren umherirrte, bis Bora ihn fand." (Mora 2004, 85 [kursiv M.M.]) Die Migration ist somit nicht bloß thematisches Element und – gerade im Fall Terézia Moras – auch nicht paratextuell, sondern bestimmt die Struktur des Textes mit. Dies bestätigt etwa auch Klaus Siblewski, der in Bezug auf *Alle Tage* von einer „Poetik der Fremde" spricht (Siblewski 2006, 220), Andrea Geier beschreibt denselben Umstand als „Poetik der Alterität" (vgl. Geier 2006).

So gut wie alle im Roman vorkommenden Namen sind sprechend und werden in der Erzählung auf einer Metaebene reflektiert; wenn der Roman sie nicht selbst kommentiert, so fällt dies auf und lädt den Leser umso mehr zu einer Spurensuche ein. Ein Beispiel hierfür ist der Protagonist Abel Nema: nema ist auf Bosnisch/Kroatisch/Serbisch eine Negationsform; wörtlich: „er/sie/es ist nicht da"; zugleich denotiert Nema die Sprachlichkeit beziehungsweise ihre Abwesenheit mit: Nijemac ist heute „der Deutsche", früher generell „nicht-slawisch sprechend", „stumm". Abel erinnert demgegenüber an Babel und deutet damit die Dysfunktionalität der Vielsprachigkeit des Protagonisten an. Auch auf den biblischen Brudermord wird sinnfällig angespielt, denn der Name lässt sich als Hinweis auf den prekären Status des Migranten als eines unschuldigen Opfers verstehen.

Abel erfährt im Lauf des Romans mehrere Traumata, die sein Leben bestimmen, wie beispielsweise den recht frühen Verlust seines Vaters. Aus Angst, in die Armee eingezogen zu werden, verlässt er sein Heimatland. Auf dieser Reise erleidet Abel einen Gasunfall, durch den er einige Zeit außer Gefecht gesetzt wird. Als er wieder zu sich kommt, bemerkt er schnell zwei auffällige Symptome.

> Zuerst sah es so aus, als würde er gar nicht mehr aufwachen, schlief volle drei Tage durch, und als er dann endlich wieder zu sich gekommen war, gab es allerlei Symptome. Es fing damit an, dass er sich auf dem Weg von der Toilette zurück in das Krankenzimmer verlief und – wie lange? – in den Krankenhausfluren herumirrte, bis Bora ihn fand. Armer Junge. Ganz durcheinander. [...] Ein weiteres Symptom war, ist, dass er den Zettel ruhig hätte wegwerfen können oder sich erst gar nichts aufschreiben brauchen, er hatte sich den Namen sofort gemerkt und wusste auch, dass er ihn nicht mehr vergessen würde, weil er ab jetzt nichts, was Sprache und memorisierbar ist, jemals wieder vergessen würde. (Mora 2004, 85)

Diese zwei Indizien sollen sich als zentrale Merkmale Abels erweisen. Neben seiner Homosexualität und dem Leben als Ausländer lassen sich somit nun zwei weitere Alteritätsmarker ausmachen, die ihn im Umgang mit anderen Menschen stigmatisieren. Zum einen ist er hoffnungslos desorientiert, kann sich kaum die einfachsten Wege merken und findet sich nur mit großer Mühe in seiner Umgebung zurecht. Die zweite Auffälligkeit ist seine Fähigkeit, sich ohne Mühe Fremdsprachen anzueignen. Als linguistischem Wunderkind verhilft ihm ein mit seiner Familie bekannter Linguistikprofessor zu einem Stipendium, infolge dessen er in Deutschland bleiben kann und zehn verschiedene Sprachen perfekt und akzentfrei zu sprechen lernt. Diese Gabe ist zweifelsohne wundersam zu nennen: er hat sie immerhin in einer Art Pfingstwunder erworben. Sie wird jedoch durch Abels soziale Isolation tragisch komplementiert. Er erlernt die Sprachen einsam in der klinischen Umgebung eines Sprachlabors und interagiert kaum mit seiner Umgebung; die Sprachen dienen ihm somit nicht zur Kommunikation, sondern werden zum Selbstzweck. Er wird als aalglatter Mann ohne Eigenschaften wahrgenommen; das Fremdsein haftet ihm an, ist aber nicht genau bestimmbar: „[...] etwas Endloses, wofür sie gar keine Worte mehr hat, stieg aus ihm hoch, als trüge er ihn in den Taschen: den Geruch der Fremde. Sie roch Fremdheit an ihm." (Mora 2004, 17) Mit diesen Worten beschreibt ihn seine Expartnerin Mercedes, als sie sich nach einiger Zeit am Tage ihrer Scheidung wiedersehen. Selbst die Person, die ihm am nächsten steht, ist immer wieder von ihm befremdet.

Diese Unmöglichkeit, das Sprachgenie selbst sprachlich zu erfassen, lässt Nema ohne konkrete Merkmale (vielleicht auch: ohne ‚eigene' Sprache?) zur puren Spiegelfläche geraten. Er zieht Projektionen seiner Umwelt auf sich und provoziert unterschiedliche, aber in jedem Fall extreme Reaktionen, die von Liebe bis Hass reichen. Zuletzt wird er von einer jugendlichen Gang angegriffen und fast zu Tode geprügelt. Wie schon nach seinem ersten, beinahe tödlichen Gasunfall kommt er auch diesmal mit dem Leben davon, allerdings in einem neuen Zustand. Er erleidet nicht nur eine Amnesie, sondern bleibt durch eine Aphasie so gut wie sprachlos. Fast vollständig ist alles, was mit Sprache zu tun hat (einschließlich seiner Muttersprache und fast aller Fremdsprachen) aus seinem Gedächtnis gelöscht und die Kommunikation aufs Nötigste heruntergefahren – dennoch ist in den simplen Aussprüchen in der Landessprache, zu denen er noch in der Lage ist, nun eine tatsächliche Interaktion mit seiner Umgebung zu erkennen:

> Entgegen der Erwartungen hat sich nur eine einzige Sprache, die Landessprache, soweit regeneriert, dass er einfache Sätze sprechen kann. Er kann sagen, ob er etwas zu essen haben will vom nahen Kiosk, und kann auch die Kinder fragen, ob sie etwas möchten. Er kann auch anderes sagen, aber es ist ihm anzusehen, dass das sehr anstrengend ist. Am liebsten sagt er immer noch: Das ist gut. Die Erleichterung, ja, das Glück, diesen Satz aussprechen zu können, ist ihm so deutlich anzusehen, dass ihm die, die ihn lieben, jede Gelegenheit dazu bieten. Er spricht es dankbar aus: Das ist gut. Ein letztes Wort. Es ist gut. (Mora 2004, 430)

Einerseits erfährt Abel nach dem Unfall einen Verlust seiner Identität, andererseits verliert er dadurch zugleich auch seine Alterität. Auf paradoxe Art löst sich die Fremdheit Nemas in diesem Ende auf. Seine Kommunikation ist auf einen bloßen Akt der Affirmation heruntergefahren: Aus ‚Abel' wird die liturgische Bekräftigung des ‚Amen', fernab jeglicher Kritikfähigkeit. Er ist in einen Zustand versetzt, in dem seine Fremdheit nicht mehr als solche wahrnehmbar ist und somit erlischt. Sein Erwachen im Krankenhaus lässt sich also als Wiederauferstehung im Körper eines neuen, die Umgebung affirmierenden Subjekts betrachten, da der Verlust seiner Erinnerung und seiner Sprache auch einen Verlust der Fremdheit impliziert.

Der Fall von Abel stellt eine interessante Spielart des Topos ‚Sprache als Grundlage der Identität' dar, der in der Migrationsliteratur immer wieder verhandelt wird. So verliert Abel buchstäblich seine Sprache, ohne zu sterben – fraglich ist aber, um was für eine Art von Überleben es sich handelt. Obwohl das Ende des Romans zunächst idyllisch scheint, ist es angebracht, diese Idylle zu hinterfragen. Hier steht das Bild einer heilen Familie: Sogar ein Kind hat er gezeugt und ist mit Mercedes und ihrem Sohn glücklich vereint. Auch seine Homosexualität scheint keine Rolle mehr zu spielen. Dies stellt zwar einen Ausweg aus allen mit Entwurzelung und Entfremdung zusammenhängenden Problemen in Aussicht, erfolgt aber zum hohen Preis der Selbstaufgabe. Als mögliche Lösung für die Probleme, die Migration und Alterität mit sich bringen, ist diese Vision daher nur zynisch zu nennen.

In Zusammenhang mit dieser pseudo-idyllischen, den Roman abschließenden Wendung erscheint die Thematisierung des Krieges im Roman besonders wichtig. Dieser stellt eine Lücke in der Erzählung dar: Er wird nicht in seinen konkreten, sozialen Folgen ausbuchstabiert, wie viele andere Werke das tun (etwa Saša Stanišićs Erstling *Wie der Soldat das Grammofon repariert*). Er schwingt aber dennoch immer mit als nicht direkt erzählter Grund für Abels Migration. Außerdem spielt er in einem Abschnitt mit dem Titel „Zentrum. *Delirium*" eine zentrale Rolle. Dieser Abschnitt ist schon deswegen von Bedeutung, da er der einzige ist, in dem Abel selbst als Erzähler das Wort ergreift. Sein Beginn mit den Worten „Und ich – also: Ich" (Mora 2004, 359) hebt die Besonderheit dieses Umstands hervor, denn bisher war Abel zwar Hauptfigur der Erzählung, fungierte aber stets als „leeres" Zentrum, als Objekt und Projektionsfläche für andere. In diesem wirren Delirium nun, das Abel nach dem Konsum von halluzinogenen Drogen erlebt, ist etwa die Rede von „Spuren der Zerstörung" (Mora 2004, 405). Besonders der folgende Abschnitt gibt zu denken: „Blut und Boden! Hundegeruch, Flussgeruch! Der Pestgeruch der Wasserleichen, aneinander gepresst wie die Schweinerücken im Transport, verflucht, verflucht!" (Mora 2004, 406) Während die Parole „Blut und Boden" die meisten deutschsprachigen Leserinnen und Leser wohl unmittelbar an die völkische Ideologie der Nationalsozialisten erinnern dürfte, wird es mit der Rede von Wasserleichen spezifischer. Diese Worte scheinen in Kombination mit dem Kontext Jugoslawien an das Massaker von Višegrad zu gemahnen, im Zuge dessen 1992 mehrere Tausend muslimische Zivilisten getötet und deren Leichen in den Fluss Drina geworfen wurden.

Wenn man ‚Vergessen' also als mögliche Reaktion auf solche Nachrichten wie diejenigen aus Višegrad in Betracht zieht, wird klar, dass hier die Vorzeichen umgekehrt wurden: Vergessen wird mit diesem Ende zwar als mögliche Lösung genannt; zugleich aber als eine reichlich verstörende, die sicherlich keine adäquate Reaktion auf die Gewalttaten und die Zerstörung des Krieges darstellt. Vielmehr entpuppen sich im Rückblick die Verstörtheit und Orientierungslosigkeit Abels, die ihn vor seinem Gedächtnisverlust in den Augen der Gesellschaft zum sozial Ausgegrenzten und zum ‚Problemfall' machten, wohl als die einzig adäquate Reaktion darauf. Nicht Abels psychische Reaktionen auf solche Nachrichten wie die aus Višegrad, sondern vielmehr die als Norm erfahrene gesellschaftliche Ignoranz und das Unterdrücken der Erinnerungen, so muss die Schlussfolgerung lauten, werden hier neu und kritisch bewertet.

6 Fazit

In allen betrachteten Texten hat sich Bewegung als ein kritisches Element herausgestellt; sie findet auf mehreren Ebenen statt, die einander begleiten und kommentieren, und drückt das in der *histoire* (mal mehr, mal weniger explizit) behandelte Thema der Migration auf der Ebene des *discours* aus.

Gepaart mit diesen textästhetischen Verfahrensweisen ist die Charakterisierung der Figuren in den Texten: Die Sehnsucht nach subjektiver Verortung spielt für diese eine gewichtige Rolle, da sie sich in prekären Umständen wie Armut, Fremdsein, Krankheit oder Orientierungslosigkeit befinden – der Junge auf einer fremden Urlaubsinsel unter dem Einfluss düsterer Erzählungen aus dem Gulag in Hemons „Islands"; der reglose Patient im Wachkoma aus Bodrožićs *Das Wasser unserer Träume*; der orientierungslose Migrant in Moras *Alle Tage*. Ihre soziale Umgebung ist fremd, teils sogar feindselig und übt zerstörerische Effekte auf sie aus. Die dadurch entstehende Kombination textueller Verfahren der Bewegung mit einer semantischen Verhandlung von Migration bzw. mit einer Charakterisierung von Figuren, die sich in instabilen sozialen Situationen befinden, wie dies für Migrationssituationen typisch ist, bestimmt somit die grenzüberschreitende Poetik der untersuchten Texte.

Zum Abschluss komme ich nochmals auf den eingangs erwähnten Begriff der Jugosphäre zurück. Wie Andrea Zink betont, wird Jugoslawien als literarisches Thema gerade dann virulent, wenn die politischen Verhältnisse besonders instabil geworden sind, wie es etwa während der Auflösungskriege in den 1990er Jahren der Fall ist (vgl. Zink 2014, 98). Die hier untersuchten, mit Bezug auf diese historisch und kulturell vielschichtigen Umstände verfassten Werke sind bevölkert von Reisenden, Heimatlosen und Verschleppten – Figuren, die sich von jeher in Bewegung befinden. Auf der Folie der Jugosphäre als dynamischem Dispositiv dieser Texte lassen sich diese entworfenen Subjektpositionen, die ihre Identitäten durch ein Überschreiten der Erzählposition narrativ transzendieren, als typische Elemente einordnen; vor dem Hintergrund des jugoslawischen Zerfalls halten die literarischen Subjekte ihre eigenen Betrachtungsweisen in den jeweiligen Erzählungen hoch und verweisen damit auf eine von jeher nationale Grenzen überschreitende Traditionslinie.

Literaturverzeichnis

Biller, Maxim, „Letzte Ausfahrt Uckermark", in: *Die Zeit*, 20.02.2014, online verfügbar unter: http://www.zeit.de/2014/09/deutsche-gegenwartsliteratur-maxim-biller (letzter Zugriff: 29.04.2019).

Bodrožić, Marica, *Das Wasser unserer Träume*, München: Luchterhand, 2016.

Geier, Andrea, „‚Niemand, den ich kenne, hat Träume wie ich'. Terézia Moras Poetik der Alterität.", in: *Zwischen Inszenierung und Botschaft. Zur Literatur deutschsprachiger*

Autorinnen ab Ende des 20. Jahrhunderts, hg. v. Nagelschmidt, Ilse/Müller-Dannhausen, Lea/Feldbacher, Sandy, Berlin: Frank & Timme, 2006, S. 153–177.

Hemon, Aleksandar, *The Question of Bruno*, New York: Random House, 2000.

Kaiser, Menachem, „The Exchange. Aleksandar Hemon", in: *The New Yorker*, 08.06.2009, online verfügbar unter: www.newyorker.com/online/blogs/books/2009/06/the-exchange-aleksander-hemon.html (letzter Zugriff: 29.04.2019).

Mora, Terézia, *Alle Tage*, München: Luchterhand, 2004.

Siblewski, Klaus, „Terézia Moras Winterreise. Über den Roman ‚Alle Tage' und die Poetik der Fremde", in: *Literatur und Migration*. Sonderband, hg. v. Heinz Ludwig Arnold, München: Text + Kritik, 2006, S. 211–221.

Stanišić, Saša, „Three Myths of Immigrant Writing: A View from Germany", in: *Words Without Borders*, Nov. 2008, online verfügbar unter: https://www.wordswithoutborders.org/article/three-myths-of-immigrant-writing-a-view-from-germany (letzter Zugriff: 29.04.2019).

Zink, Andrea, „Land in Bewegung. Die Imagination Jugoslawiens in der bosnisch-kroatisch-serbischen Literatur", in: *Erzählte Mobilität im östlichen Europa*, hg. v. Thomas Grob/Boris Previšić/Andrea Zink, Tübingen: Francke et al., 2014, S. 79–99.

Polnisch-deutsche Mehrsprachigkeiten

***Die polnische Übersetzung und Rezeption von Katja Petrowskajas/Katia Petrowskas* Vielleicht Esther/Może Estera**

Jana-Katharina Mende

Um das Buch *Vielleicht Esther* zu schreiben, wechselte die Autorin und Journalistin Katja Petrowskaja Genre und Sprache: vom journalistischen zum literarischen Schreiben und von ihrer Erstsprache Russisch in ihre Fremdsprache Deutsch. Das Werk wurde bis jetzt in 21 Sprachen übersetzt und hat in diesen Übersetzungen immer wieder selbst zwischen Sprachen und Kulturen gewechselt. Die polnische Perspektive in und auf das Buch *Vielleicht Esther*, das die ukrainisch-deutsche Schriftstellerin Katja Petrowskaja 2014 auf Deutsch veröffentlichte, lässt sich zum einen aus dem Werk selbst und zum anderen aus der polnischen Rezeption beschreiben. Dieses Verhältnis steht im Fokus dieser Untersuchung, die zugleich als Beispiel für die Übertragung und Übertragbarkeit eines mehrsprachigen literarischen Textes in eine andere Sprache dienen will. Damit sind die inhaltlichen und theoretischen Schwerpunkte, die sich gegenseitig bedingen, skizziert, die ich im Folgenden weiter ausführen werde. Ich unternehme eine Analyse der polnischen Übersetzung, Übertragung und Rezeption eines mehrsprachig-deutschen Werkes.

Die Autorin Katja Petrowskaja wurde 1970 in Kiew geboren, studierte in Tartu, promovierte in Literaturwissenschaften in Moskau und arbeitet als Journalistin für russisch- und deutschsprachige Zeitungen. Seit 1999 lebt sie in Berlin. Sie erhielt 2013 den Ingeborg-Bachmann-Preis für eine Geschichte aus dem Buch *Vielleicht Esther*, das ein Jahr später bei Suhrkamp erschien und mit weiteren Preisen ausgezeichnet wurde (vgl. Vestli 2016, 149).

Vielleicht Esther ist dabei sowohl der Titel des Buches als auch eines Kapitels, in dem es um die Urgroßmutter der Autorin/der Erzählerin geht, deren Name vielleicht Esther war, die in Kiew lebte und die die Nationalsozialisten ermordeten. Katja Petrowskaja geht in dem autobiografischen Text ihrer Familiengeschichte nach, wobei im Buch die Erzählebene immer zwischen der Zeit des Recherchierens und Schreibens und verschiedenen Episoden der Familiengeschichte wechselt. Das Buch beginnt mit dem Kapitel „Google sei Dank", das die Rahmenerzählung der Recherche der Ich-Erzählerin eröffnet, die mit dem letzten Kapitel „Kreuzung" abgeschlossen wird. Diese Kapitel rahmen sechs Kapitel, die verschiedene Episoden der Familiengeschichte erzählen. Innerhalb der Kapitel wird immer wieder zwischen der Rahmenhandlung – der Recherche und dem Schreiben – sowie der erzählten Geschichte gewechselt.

 | DOI:10.30965/9783846765241_010

Die Recherche führt die homodiegetische Erzählerin Katja an verschiedene Orte in Zentral- und Osteuropa: Warschau, Kiew, Moskau und Mauthausen, um dort nach tatsächlichen und imaginierten Spuren der Familie zu suchen. Die erzählten Geschichten der Familie sind weder chronologisch noch vollständig, stattdessen springt die Erzählung zwischen verschiedenen Fragmenten, die sich nicht immer vollständig rekonstruieren lassen – eben *vielleicht* Esther. Die Autorin ergänzt ihre Recherchen fiktional, was jedoch durch die Reflexion dessen immer gekennzeichnet wird. Die recherchierten, aufgeschriebenen Erzählungen werden mit Fotografien – alten und neuen – bebildert. Neben der Reflexion der Erinnerung und der Fiktionalität ergibt sich durch die transnationale und mehrsprachige Schreibweise eine Ebene der Sprachreflexion, die den Wechsel zwischen verschiedenen Sprachen der Familie sowie der Autorin und Erzählerin berücksichtigt. Diese Wechsel bilden den Fokus der Untersuchung.

Konkret beginnt die polnische Rezeption von *Vielleicht Esther* von Katja Petrowskaja, die in Polen unter der ukrainischen Version ihres Namens, Katia Petrowska, bekannt ist, sehr schnell, nämlich mit der Übersetzung ins Polnische, die von Urszula Poprawska unternommen wurde. Unter dem Titel *Może Estera* ohne den deutschen Untertitel (*Geschichten*) erscheint die Übersetzung 2015, nur ein Jahr nach der deutschen Veröffentlichung, im Universitätsverlag der Jagiellonen-Universität in Krakau. Die Übersetzung wurde durch das Projekt *Kroki/Schritte* finanziert, das von der S. Fischer Stiftung initiiert wurde und dazu dient, deutschsprachige Literatur auf den polnischen Literaturmarkt zu bringen (vgl. Kroki/Schritte). Diese Förderung, ohne die das Buch vermutlich nicht übersetzt worden wäre, ermöglicht eine Rezeption des Buchs auf Polnisch für eine polnische Leserschaft. Gleichzeitig zeigt sie auch die Verhältnisse auf dem Literatur- und Übersetzungsmarkt auf, die diese Übersetzungsrichtung aus dem Deutschen ins Polnische bevorzugen[1]. Damit sind die außerliterarischen Produktionsverhältnisse aufgezeigt, die später noch bei der Sprachverwendung im Text eine Rolle spielen werden.

Ein Wort zur Analyseperspektive: Ich lese diese Texte aus meiner Perspektive als Literaturwissenschaftlerin mit Deutsch als Erstsprache und Polnisch als Fremdsprache, diese Fremdperspektive ist dabei Teil des Blicks auf die Texte (vgl. Kramsch 1997, 359–360) und muss mitreflektiert werden.

---

1 Das zeigen die verfügbaren Daten im Index Translationum, die Deutsch als Herkunftssprache für polnische Übersetzungen auf dem zweiten Platz nach Englisch sehen, wohingegen Polnisch als Herkunftssprache literarischer Übersetzungen ins Deutsche gerade mal den 10. Platz erreicht (siehe Index Translationum Zielsprache Polnisch, Index Translationum Zielsprache Deutsch).

1 Zur theoretischen Einführung: Mehrsprachige Literatur übersetzen

Die Übersetzung eines mehrsprachigen Werkes wie *Vielleicht Esther*, das von der Autorin selbst in einer für sie fremden Sprache, d.h. nicht in ihrer Erstsprache verfasst wurde, wirft mehrere übersetzungs- und mehrsprachigkeitstheoretische Probleme auf, die im Folgenden kurz geschildert werden sollen.

Mehrsprachigkeit und Übersetzung haben als Phänomen und Produkt ein besonders spannungsreiches Verhältnis, das Lennon folgendermaßen beschreibt:

> Translation implies both a translator, the agent who mediates the difference of specific languages, and a reader who is *translated for*, who demands that mediation. The translator is, of necessity, bi- or plurilingual; the reader *translated for* is of necessity monolingual. (Lennon 2010, 75 [kursiv im Original])

Übersetzung und Mehrsprachigkeit stehen sich in diesem Sinne gegenüber. Eine mehrsprachige Person produziert einsprachige Übersetzungen für ein ebenfalls einsprachiges Publikum. Übersetzung wird damit zum einen Ausdruck und Produkt eines mehrsprachigen Prozesses und kann gleichzeitig als einsprachiges Produkt rezipiert werden und damit zu dem beitragen, was Yildiz (2012, 2) „monolingualization", also eine Vereinsprachigung, nennt. Gleichzeitig fordert jede Übersetzung notwendigerweise individuelle Mehrsprachigkeit und ist gleichzeitig ihr typischer Ausdruck: „At the heart of multilingualism, we find translation. Translation is not taking place in between monolingual realities but rather within multilingual realities." (Meylaerts 2013, 537)

Neben diesem grundlegenden Spannungsverhältnis lässt sich auch das Schreiben in der Fremdsprache in Hinblick auf Übersetzung und Mehrsprachigkeit erläutern. Nicht selten wird das Schreiben in einer Fremdsprache (bedingt durch das Leben im Exil, in der Migration, in postkolonialen Räumen) auch mit der Metapher der inneren Übersetzung oder als (Selbst-)Übersetzung ohne Original beschrieben (vgl. Tymoczko 2002, 20; Meylaerts 2013, 538). Hier wäre damit die erste Ebene der Übersetzung von *Vielleicht Esther* gegeben: der Schreibprozess der Autorin in einer anderen Sprache. Petrowskaja beschreibt diesen Prozess als Kampf mit der deutschen Sprache:

> Ich schreibe gemeinsam mit zwei anderen Menschen – mein Mann korrigiert alle meine Fehler, eine Freundin ist meine erste Lektorin. Ohne diese Menschen könnte ich nicht agieren. Zwar spreche ich ganz gut Deutsch. Aber das Schreiben ist doch etwas anderes. Ich nenne das ganz bescheiden „mein Kampf". Es ist ein Kampf mit dieser Sprache. Doch gerade die Schwierigkeit impliziert eine gewisse Qualität. Mein Schreiben muss schwierig und kompliziert sein. [...]

> Mein Wunsch ist es, einmal in beiden Sprachen sehr unterschiedliche Texte zu schreiben. Ich weiß nicht, wie es sich weiterentwickelt. Einige Texte für mein Buch sind auf Russisch oder im Gewühl zwischen den Sprachen entstanden. Sie sind Delirium zwischen den Sprachen. Ich habe gespürt: das leicht Gestörte und Nicht-Funktionierende, genau das ist meine Stimme. (Petrowskaja in: Heimann 2013)[2]

In der Beschreibung der Autorin lässt sich jedoch auch sehen, dass die Metapher der Übersetzung zu kurz greift. Die Texte aus dem „Gewühl zwischen den Sprachen" verweisen einmal mehr auf die postmonolinguale Kondition[3], die hier die Einsprachigkeit hinterfragt und dieser eine kreative Strategie der Mehrsprachigkeit entgegensetzt. Innere Übersetzung und individuelle Mehrsprachigkeit wirken sich dabei auf die Texte aus. Mehrsprachigkeit kann dabei als eine Form von Übersetzung im Text angesehen werden: „The writing and reading act of multilingual literary texts has been defined as an ongoing translation process between the languages involved." (Meylaerts 2013, 538)

Die Übersetzung dieser mehrsprachigen Texte spielt sich dann nicht nur zwischen den Sprachen und Texten, sondern innerhalb der Sprachen in den Texten ab. Dadurch wird die traditionelle Definition von Übersetzung hinterfragt:

> Translation being in the text, not in between texts, and the original and its translation being present side by side within the same text, literary multilingualism challenges the traditional definition of translation as the substitution of one language for another and of one literary text for another. (Meylaerts 2013, 539)

Die nächste theoretische Ebene betrifft die Übersetzung des Werkes in andere Sprachen, also eine Übersetzung, die die Mehrsprachigkeit des Textes in eine andere Sprache übernehmen will. Es scheint zu den Grundsätzen der postmonolingualen Kondition zu gehören, dass sich die neuentstehenden Mehrsprachigkeiten in der Literatur fast noch schwerer übersetzen lassen als Werke, die die Übertragung von *einer* Sprache in *eine* andere verlangen. Es ist paradox, dass literarische Werke, die in mehr als einer Sprache geschrieben sind,

2 Neben den wiederholten Anspielungen auf Sprache im Nationalsozialismus zeigt sich hier auch der humorvolle Umgang damit, der ebenfalls eine Form der Aneignung der deutschen Sprache und des Diskurses ist.

3 Yildiz definiert „postmonolingual" dabei sowohl als Verhältnis von Einsprachigkeit(en) als auch als Versuch, diese zu überwinden: „Taking these dimensions together, ‚postmonolingual' in this study refers to a field of tension in which the monolingual practices persist or reemerge". (Yildiz 2012, 5)

sich umso stärker an diese Sprachen binden und schlechter übersetzen lassen als Werke, die aufgrund ihrer Einsprachigkeit zu einer Sprache zu gehören scheinen. Dabei ist besonders das Schreiben auf Deutsch (als Fremdsprache) für die Autorin und für das Werk in diesem Zusammenhang zentral, wie ich in der Analyse zeigen werde. Die mehrsprachigen Wörter und Phrasen, ihre Einbettung in ein anderssprachiges Umfeld macht jede Veränderung des sprachlichen Umfelds umso schwieriger. Umso mehr gilt das, wenn man dabei die kulturelle Dimension berücksichtigt, die ebenfalls übertragen werden muss. Diese Problematik des Übersetzens mehrsprachiger Texte führt u.a. zu einem Neuverständnis von Übersetzung, da „the focus on multilingual texts […] has blown apart the traditional dichotomy of source text versus target text, as well as many other structural notions such as fidelity and equivalence." (Suchet 2009, 151)

Den Fragen nach der Übersetzbarkeit und der Übertragbarkeit werde ich auf verschiedenen Ebenen nachgehen. Zunächst werde ich den Kontext von Migration und Literatur vorstellen, der für die Rezeption von *Vielleicht Esther* und *Może Estera* relevant ist. Dann werde ich die Funktion der polnischen Sprache im Original und in der Übersetzung sowie die Funktion der deutschen Sprache in der polnischen Übersetzung des Werkes analysieren, diesen konkreten Fall von Mehrsprachigkeit in den Blick nehmen und damit die Verbindung zwischen scheinbarer Ausgangssprache und Zielsprache analysieren. Zuletzt werde ich eine Synthese der textuellen Elemente und des Kontextes der literaturwissenschaftlichen Rezeption wagen.

2 Übersetzte Lesarten von Mehrsprachigkeit und Migration

Katja Petrowskajas literarischem Schreiben wurde im deutschen Feuilleton sowie in der Literaturwissenschaft seit der Verleihung des Bachmann-Preises viel Aufmerksamkeit geschenkt. Das Buch wurde in allen größeren Zeitungen besprochen, und es wurden Interviews mit der Autorin geführt, in denen sie ihr Werk erklärt und vertieft. Die polnische Reaktion auf die Übersetzung war vergleichsweise verhalten, es gab einige Besprechungen in Onlinemedien, die sich positiv über das Buch äußerten. Allerdings wurde das Buch weitaus weniger stark rezipiert als in Deutschland.

In den deutschen Besprechungen wurde das Werk zum einen im Zusammenhang mit Erinnerungsliteratur und zum anderen mit dem anderssprachigen Schreiben im Rahmen von migrationsbedingten Sprachwechseln behandelt. Die Rezeption ist stark von der autobiografischen Lesart, die selbst im Text angelegt ist, beeinflusst. Diese autobiografische Lesart wird dabei auch stark von der Autorin in Interviews forciert, wofür diese Antwort auf die Frage danach, wie sie zum literarischen Schreiben kam, beispielhaft sein kann:

> Was ich mache, bezeichne ich nicht als Literatur. Als ich ungefähr 38 Jahre alt war, schien es mir einfach an der Zeit, meine Familiengeschichte aufzuschreiben. Das ist natürlich nicht sehr originell, das machen alle. Überraschend für mich selbst war dabei, dass ich deutsche Sätze gebildet habe. In dem Konglomerat sowjetisch-jüdischer Geschichte, das sich vor mir auftat, bin ich immer wieder ungewollt über den Krieg gestolpert. [...] Die deutsche Sprache kam da einer Befreiung gleich. (Petrowskaja in: Heimann 2013)

Die migrantische und die jüdische Familiengeschichte, die durch den Sprachwechsel von Russisch zu Deutsch und durch die Spurensuche der Autorin zur Sprache kommen, werden zum Kontext der (literaturwissenschaftlichen) Rezeption des Werks. Damit ist Petrowskajas Buch in Deutschland zum einen im Bereich der Nachgeborenenliteratur der nach 1945 geborenen jüdischen AutorInnen wie auch im Zusammenhang von Literatur und Migration situiert. Ob es hier angemessen ist, von Migrationsliteratur zu sprechen, muss verhandelt werden. Jedenfalls stellt das, was unter Migrationsliteratur verstanden wird, durchaus ein Forschungsparadigma dar, das für das Verständnis des Buches relevant ist. Diesen Kontext möchte ich in Hinblick auf die deutsch- und polnischsprachige Forschung kurz vorstellen und mich damit auch bezüglich der Verwendung des Begriffs Migrationsliteratur positionieren, der für diesen Sammelband so wichtig ist.[4] Der Zusammenhang von Migration und Literatur wird in der polnischen und deutschsprachigen Forschung jeweils unterschiedlich verwendet.

Innerhalb der polnischen Literatur(-wissenschaft) nimmt Migration einen besonderen Platz ein, der sich deutlich von der deutschen literaturwissenschaftlichen Diskussion zwischen Gastarbeiter-, interkultureller und Migrationsliteratur unterscheidet. In Polen ruft die Verbindung von Migration und Literatur die literaturgeschichtlichen Ereignisse seit dem 19. Jahrhundert auf den Plan. Die romantische Große Emigration, von der u.a. die Dichter Adam Mickiewicz und Juliusz Słowacki betroffen waren, wird im 20. Jahrhundert von der Zweiten Emigration (nach 1945) gefolgt, die ähnliche geografische Ziele (besonders Frankreich und Großbritannien) hatte und die schließlich in den 1980er Jahren von der Solidarność-Emigration fortgeführt wurde.[5]

4 Die Vorzüge und Probleme des Begriffs Migrationsliteratur und ähnlicher Termini wird im Beitrag von Matthias Aumüller in diesem Band besprochen.

5 Die Tradierung von Emigration und ihre Bedeutung für die Literaturgeschichte und Literaturwissenschaft wurde in der Forschung schon ausgiebig diskutiert, nicht nur in Bezug auf die

Zahlreiche AutorInnen der letzten Exilwelle gingen dabei in die Bundesrepublik Deutschland (vgl. Henseler und Makarska 2014, 11). Die Zuordnung der Literatur befindet sich aus polnischer Perspektive immer im Zwiespalt zwischen Exil, Ursprungsland und Zielland (vgl. Henseler und Makarska 2014, 10). Terminologisch herrscht auch in der polnischen Literaturwissenschaft Unklarheit. Zduniak-Wiktorowicz nimmt eine Begriffsdiskussion aus polnischer Perspektive vor, in der sie die verschiedenen Termini wie *post-*, *semi-* und *quasi-emigracja* (Post-, Semi-, Quasi-Emigration) bespricht und diese zum einen aus semasiologischer als auch aus onomasiologischer Perspektive kritisch betrachtet, also einmal von den Bezeichnungen und einmal vom Gegenstand der Migration ausgeht (vgl. Zduniak-Wiktorowicz 2014, 36). Sie kommt zu dem Schluss, dass sich die literarischen Gemeinsamkeiten in einer „Poetik des *Aus*lands" [poetyka *za*granicza] niederschlagen (Zduniak-Wiktorowicz 2014, 42), und geht damit in eine ähnliche Richtung wie die deutsche Forschung, die ebenfalls die poetischen Merkmale von Migrationsliteratur durch ein mehrsprachiges Schreiben für konstitutiv ansieht (vgl. z.B. Sturm-Trigonakis 2007, 108). Die Diskussion in der polnisch-deutschen Literaturwissenschaft beschäftigt sich mit der Situation polnischer SchriftstellerInnen, die in Deutschland leben, schreiben und ihre Werke auf Deutsch verfassen. Die Diskussion muss in diesem Zusammenhang folglich um die Literatur mit nicht-polnischem Migrationshintergrund erweitert werden. Hier scheint mir der Terminus der polnischen Forschung zur Literatur und Migration besonders produktiv, der *literatura migracyjna*, der migrierten Literatur (vgl. Henseler und Makarska 2014, 10). Das deutsche Kompositum, in dem *Migration* die *Literatur* bestimmt, wird zu einer Konstruktion, in der Literatur durch ein Adjektivattribut beschrieben wird, was nur *eine* mögliche Zuschreibung ist und damit das Genre weniger festlegt. Migrierte Literatur ist damit für andere Zuschreibungen und Gattungszuordnungen offen, ohne ihr poetologisches Alleinstellungsmerkmal zu verlieren. Diese bleibt allerdings ebenfalls offen und kann sich sowohl auf die Mehrsprachigkeit, die Migrationserfahrungen der Autoren/Autorinnen wie auch die Thematik beziehen. Im Falle von *Vielleicht Esther* werde ich also von einer migrierten, autobiografischen Erinnerungsliteratur sprechen, wodurch die verschiedenen Deutungskontexte zusammengefasst und theoretisch begriffen werden können. Dabei stößt gerade die Ebene der Erinnerungsliteratur aus einer migrierten Perspektive auf großes Interesse in der polnischen Rezeption. Bezüglich der Zuordnung von *Vielleicht Esther* zur Erinnerungsliteratur der Zweiten Generation herrscht in

---

deutsch-polnischen AutorInnen, sondern auch in Bezug auf den englischsprachigen Raum (siehe dazu Rostek und Uffelmann 2011).

der Forschung Einigkeit. Hahn analysiert *Vielleicht Esther* aus der Perspektive einer jüdischen Identitätskonstruktion, die im Spannungsfeld zwischen den Sprachen, Kulturen, Gattungen steht (Hahn 2018). Die Familiengeschichte liest er vor dem Hintergrund der kollektiven Erinnerung, die darin zum Vorschein kommt (vgl. Hahn 2018, 247).[6] Die jüdische Identitätskonstruktion wird durch das theoretische Konzept der Desintegration bei Battegay behandelt, wobei Desintegration „ein ironisches, aktives Hinterfragen einer vermeintlich angestrebten Integration" bezeichnen soll (Battegay 2018, 53). Die bewusste Vagheit der Erinnerung stelle eine desintegrative Strategie dar, die Geschichten erzähle, die letztendlich nicht überprüfbar seien (vgl. Battegay 2018, 58). Eine besondere Rolle kommt dabei auch hier der Sprache zu: „Die Verwendung des Deutschen als Form einer (jüdischen) Selbstermächtigung beinhaltet eine besondere Aussagekraft." (Battegay 2018, 61) Ähnlich argumentiert auch Capone, die die transnationalen Erinnerungsräume in *Vielleicht Esther* in ihrer Studie in den Vordergrund rückt (vgl. Capone 2018). Sie nimmt jedoch Migration als zweites Paradigma hinzu, um besonders die transnationale Dimension des Werkes zu beleuchten:

> Dank der Migrationsperspektive bringt Petrowskajas Buch [...] auf beeindruckende Weise andere sprachliche Impulse aus der Herkunftssprache, besser gesagt aus einem interlinguistischen und interkulturellen Raum mit und behandelt darüber hinaus in virtuoser Manier die Aufarbeitung der Familiengeschichten und die Schrecken des Holocaust. (Capano 2018, 95–96)

Die sprachliche Form ist der Fokus der Analyse von Vestli, die bezüglich der Sprachigkeit von Petrowskajas Werk zu folgendem Urteil kommt: „Durch die vielfältigen Überlegungen zu den verschiedenen Sprachen, durch den Assoziationsreichtum der komparativen Kommentare demonstriert Katja Petrowskaja nicht, dass ihr Deutsch ungenügend bzw. unzureichend ist, sondern vielmehr ihre literarische Mehrsprachigkeit." (Vestli 2016, 157)

Die Zugehörigkeit zu einem weiten Begriff migrierter Literatur, der vor allem den Sprachwechsel sowie die thematische Beschäftigung mit Migration als Kriterien nimmt, zeigt sich auch im Literaturvergleich. Als Vertreterin einer migrierten Literatur wird Petrowskajas literarisches Werk in eine Reihe mit

6 In den Geschichtswissenschaften wurde in den letzten Jahren in der deutsch-polnischen Forschung das Konzept des Erinnerungsortes für die Beschreibung von Konflikten und Gemeinsamkeiten polnisch-deutscher kollektiver Erinnerung produktiv genutzt. So erschienen mehrere Bände zu polnisch-deutschen Erinnerungsorten auf Deutsch und Polnisch (vgl. Hahn und Traba 2015).

dem Schreiben von Melina Nadj Abonij, Dimitré Dinev, Terézia Mora oder Saša Stanišić u.a. gestellt (vgl. Vestli 2016, 144).

In der polnischsprachigen Literaturwissenschaft, die sich bis jetzt in einigen wenigen Aufsätzen mit dem Werk befasst hat, ist Erinnerungsliteratur das zentrale Paradigma der Analyse. Dabei basieren zwei polnische Literaturwissenschaftlerinnen ihre Analysen auf das deutsche Original, während ein Text auf die polnische Version zurückgreift. Die Analysen des deutschen Originals gehen dabei jeweils auch stark auf die Fremdsprachigkeit des Deutschen und die Rolle der Sprachreflexion ein. Rutka stellt das Werk Petrowskajas in den Kontext einer transterritorialen, mehrsprachigen jüdischen Literatur und berücksichtigt dabei auch die besondere Rolle der deutschen Sprache (Rutka 2016, 88, 90). Dubrowska beschäftigt sich mit den zentral- und osteuropäischen Erinnerungsorten im Text:

> Opowieść Petrowskiej jest, w obszarze kreowanych przestrzeni pamięci, tekstu i języka, nie tylko prozą ukraińsko-niemiecko-żydowską czy europejsko-żydowską, ale zyskuje status eksterytorialności, będąc jednocześnie przykładem literatury zakorzenionej w rodzinnej i lokalnej pamięci. (Dubrowska 2014, 98)
>
> [Petrowskas Erzählung ist, im Bereich der konstruierten Räume der Erinnerung, des Textes und der Sprache, nicht nur eine ukrainisch-deutsch-jüdische oder eine europäisch-jüdische Prosa, sondern erlangt auch einen Status der Exterritorialität und ist gleichzeitig ein Beispiel für Literatur, die im familiären und im lokalen Gedächtnis verwurzelt ist.]

Kuchta, die sich auf die polnische Übersetzung stützt, begreift Petrowskajas Werk als eine Form der intergenerationalen Erinnerung, die sie mit Marianne Hirschs Konzept der *Postmemory* zu fassen sucht und in der Petrowskaja als Angehörige der Nachkriegsgeneration versucht, die Kriegstraumata und Holocausterfahrungen der Familie nachzuvollziehen.

> W swojej nieformalnej autobiografii Petrowska podkreśla, iż zagubienie, niepokój, a także tęsknota za tym, co nigdy niepoznane i niemożliwe do odzyskania, oraz powracające myśli o tragedii poprzedniej generacji towarzyszyły jej niemal na każdym kroku – „tak czy owak zawsze myślę o wojnie" […], tłumaczy autorka. (Kuchta 2016, 58)
>
> [In ihrer informellen Autobiografie betont Petrowska, dass Verlust, Unruhe, Sehnsucht nach dem, was nie bekannt war, unmöglich wiederzuerlangen ist, und immer wiederkehrende Gedanken an die Tragödie der vorherigen Generation sie auf fast jedem Schritt begleitet haben – „ich denke sowieso immer an den Krieg" […] erklärt die Autorin.]

Petrowskajas Werk wird quasi kommentarlos in einen polnisch-jüdischen Interpretationsrahmen eingefügt, zu dem etwa auch die Werke *Oskarżam Auschwitz. Opowieści rodzinne* [Ich beschuldige Auschwitz. Familiengeschichten] (M. Grynberg, 2014) und *Mała Zagłada* [Die kleine Shoah] (A. Janko, 2015) gehören (vgl. Kuchta 2016, 56).

Nun liegt die Hypothese nahe, dass die deutsche Rezeption den Zusammenhang von Migration und Erinnerung stärker in den Mittelpunkt stellt, während sich die polnische Rezeption auf die (intergenerationale) Erinnerung konzentriert. Diese Lesart findet sich auch in den Rezensionen der polnischen Übersetzung. Das deutlichste Beispiel ist die Rezension in dem populären polnischen Internetmagazin *histmag.org*, das sich als Informationsquelle zu historischen Themen versteht. Schon der Publikationsort verweist auf die Rezeption in Bezug auf Erinnerung. In der Rezension wird besonders die historische Spurensuche Petrowskas hervorgehoben, die die polnischen LeserInnen interessieren:

> Na początku recenzji napisałem, że książkę Petrowskiej trudno zakwalifikować do któregoś z kanonicznych gatunków książki historycznej. Ale można śmiało wrzucić ją do worka książek, które traktują o pamięci. I w tym zbiorze będzie to pozycja bardzo oryginalna. Znajdziemy w niej opisane doświadczenia związane z II wojną światową, Holocaustem, ale również te współczesne. Do tego dochodzi terytorium, na którym rozgrywają się losy rodziny, którego granice są fantomowe. Dlatego dla polskiego czytelnika książka może okazać się szczególnie ciekawa. (Majchrzak 2015)
>
> [Am Anfang der Rezension habe ich geschrieben, dass Petrowskas Buch sich schwer einer kanonischen Gattung historischer Bücher zuordnen lässt. Aber man kann es zusammen mit Büchern betrachten, die sich mit dem Gedächtnis auseinandersetzten. Und in dieser Sammlung wird es eine sehr originelle Position haben. Wir finden darin eine Beschreibung von Erfahrungen verbunden mit dem 2. Weltkrieg, dem Holocaust, aber auch zeitgenössische. Dazu kommt das Gebiet, auf dem sich das Schicksal der Familie abspielt, dessen Grenzen Phantome sind. Deshalb kann sich das Buch für den polnischen Leser als besonders interessant erweisen.]

Das Feuilleton re-kontextualisiert dabei das Werk noch stärker als die polnische Literaturwissenschaft und liest das Buch als polnisches bzw. polnisch-jüdisches Werk.[7] Die deutsche Migrationsgeschichte, der Sprachwechsel, die Form und Funktion der deutschen Sprache spielen für diese Rezeption keine Rolle.

7 Weitere Rezensionen der polnischen Übersetzung, die in eine ähnliche Richtung gehen und das Buch in einen polnisch-jüdischen Kontext stellen, finden sich z.B. bei „Chyba miała na imię Estera" (2015) und Buchaniec-Bartczak.

Unterstützt wird diese Hypothese dadurch, dass die Sprache und Sprachreflexion des Werkes in keinem deutschsprachigen Artikel unerwähnt bleibt, einzig der polnischsprachige Artikel, der sich auf die Übersetzung stützt, berücksichtigt diesen Kontext nicht. Dagegen spricht, dass (bis jetzt) die polnische Rezeption weitaus überschaubarer ist als die entsprechende Rezeption im deutsch- und englischsprachigen Raum. Die Schlussfolgerung, dass es diese Unterschiede in der Rezeption gäbe, wäre also aufgrund dieser Informationen erst einmal eine Überinterpretation. Dennoch können wir daraus Forschungshypothesen ableiten, die in der Analyse überprüft werden sollen: Tritt durch die Übertragung ins Polnische das Spannungsverhältnis zwischen der deutschen Sprache und dem Thema der jüdischen Familiengeschichte in den Hintergrund? Rückt der Fokus auf die Erinnerungskultur und die traumatischen Familienerinnerungen im Holocaust aus der Perspektive der nachgeborenen Generation in den Vordergrund?

Inwieweit eine solche Lesart durch den Text und die Übersetzung angelegt wurde, sollen die folgende Analyse des Buches und ein Übersetzungsvergleich zeigen. Dabei gehe ich davon aus, dass die kulturelle Übertragung von Text und Sprache als Rezeptionsgrundlage des Werkes dienen können.

3 *Vielleicht Esther*/*Może Estera*: polnisch-deutsche Textbeziehungen

Im Original ist *Vielleicht Esther* ein Buch mit deutschen, polnischen, russischen, jiddischen, englischen Stimmen, die im Text erscheinen, sich vermischen, übersetzt und diskutiert werden. Die Sprachenverwendung wird dabei im Text selbst reflektiert. Zum einen funktioniert die Fremdsprache Deutsch als literarisches Instrument poetischer Verfremdung: „Mein Deutsch blieb in der Spannung der Unerreichbarkeit und bewahrte mich vor Routine" (Petrowskaja 2015, 78). Zum anderen wird durch das Schreiben auf Deutsch und die Reflexion das Paradox jüdischen Schreibens auf Deutsch nach der Schoah thematisiert, wie auch Vestli bemerkt:

> Durch ihre metanarrativen Überlegungen zu(r) Sprache(n), zu nationalen und transnationalen Zuschreibungen thematisiert Petrowskaja das Phänomen der sogenannten „Unmöglichkeitsbedingungen" [...]: Wie können Autoren jüdischer Herkunft nach der Schoah auf Deutsch schreiben? (Vestli 2016, 156)

Dieses Spannungsverhältnis zwischen der deutschen (Sprach-)Geschichte und damit dem ‚ideologischen' Gehalt des Deutschen und Petrowskajas deutschem Idiolekt wird auf unterschiedliche Weise im Buch reflektiert. Als Kampf mit der und um die Sprache wird dieses ambivalente Verhältnis explizit:

> Oft verbiss ich mich in die Sprache, mit dem Recht der Besatzungsmacht, ich wollte diese Macht, als müsste ich die Festung stürmen, mich mit dem ganzen Körper in die Schießscharte werfen, à la guerre comme à la guerre, als wäre mein Deutsch die Voraussetzung für den Frieden, der Blutzoll war beträchtlich und die Verluste sinn- und gnadenlos, wie bei uns zulande üblich, aber wenn sogar ich auf Deutsch [sic], dann ist wirklich nichts und niemand vergessen, und sogar Gedichte sind erlaubt, und Friede auf Erden. (Petrowskaja 2015, 80)

Petrowskaja selbst kommentiert ihr Werk und den Schreibprozess zwischen Russisch und Deutsch häufig in Interviews und Zeitungsartikeln und zeigt sich darin als promovierte Literaturwissenschaftlerin, die ihren Text selbst virtuos auslegt.[8] In einem Artikel über die Übersetzungen von *Vielleicht Esther* schreibt sie: „In Wahrheit nämlich ist schon der deutsche Text meines Buchs eine Übersetzung, so tröstete ich die Übersetzer, das Original fehlt leider, es hätte auf Russisch geschrieben werden müssen oder in beiden Sprachen gemischt, aber es ist nicht vorhanden" (Petrowskaja 2014, 35). Die deutsche Sprache ist dagegen das poetische Ausdrucksmittel, das die Geschichten formt: „Ich habe mich auf Deutsch nicht ausgetobt, das Deutsche hat mich viel eher gezügelt, diszipliniert, mir überhaupt ermöglicht, ein Narrativ zu kreieren, eine Formbildung" (Petrowskaja 2014, 35).

Auch zur besonderen Position der deutschen Sprache im Schreiben über den Holocaust positioniert sie sich: „Von der gleichen Begebenheit in deutschen Worten zu berichten, bedeutete […], sich ein deutsches Gegenüber zu imaginieren. Und so konnte ich davon erzählen, dass die Geschichte von Opfer und Täter für mich passé ist." (Petrowskaja in: Heimann) Die Kommentare Petrowskajas sind auch für das Verständnis des Buches relevant, kaum ein Beitrag, der ohne den Verweis auf die Interviews und Artikel der Autorin auskommt. Die polnische Rezeption muss hingegen ohne diese zusätzlichen Erklärungen und Verweise funktionieren. Auch der Gegenstand, das Schreiben auf Deutsch über die deutsche Sprache, verändert sich in der Übersetzung. Genau darin liegt die Schwierigkeit der Übersetzbarkeit des Textes. Die polnische Übersetzung überträgt die Sprachreflexion, allerdings verlieren sie auf Polnisch etwas ihre Wirksamkeit. Gleichzeitig entsteht durch die polnische Sprache eine neue Dimension, die die polnischen Themen des

---

8 Auch Hahn erwähnt schon ihre literaturwissenschaftlichen Kompetenzen, die sich auf das poetische Verständnis auswirken: „Petrowskajas Verständnis literarischer Sprache lässt sich zudem auch auf Jurij Lotman und sein Konzept von Literatur „als sekundäres modellbildendes System" beziehen. Lotman, bei dem Petrowskaja Anfang der 1990er Jahre in Tartu studierte, geht davon aus, ‚daß die Literatur ein nur ihr eigenes System von Zeichen und Verknüpfungsregeln besitzt, das zur Übermittlung besonderer, auf andere Weise nicht zu übermittelnder Mitteilungen dient.' (Lotman 1972, 39)" (Hahn 2018, 256).

Werkes besonders hervorheben. Diese Verschiebung zwischen Deutsch und Polnisch innerhalb der Mehrsprachigkeit des Buchs soll durch die Analyse gezeigt werden.

Die deutsche Sprache ist im Original dominant, die anderen Sprachen erscheinen als einzelne Wörter oder Zitate im Text. Quantitativ zeigt sich folgende Verteilung der Sprachen außer Deutsch im Text (Anzahl der Wort- oder Mehrwort-Äußerungen in den Sprachen):

Englisch	Russisch	Poln.	Franz.	Jiddisch	Hebräisch	Ital.	BKS[9]	Ungar.	Lat.
40	26	13	7	7	3	3	1	1	1

Englisch, Russisch und Polnisch kommen also zahlenmäßig am häufigsten vor. Andere Sprachen werden nur in einem bestimmten, eng begrenzten thematischen Bezug verwendet (z.B. Ungarisch auf einer Kopie eines Berichts jüdischer Ungarn im KZ-Außenlager Gunskirchen [Petrowskaja 2015, 273]) und spielen daher für die poetische Gestaltung keine große Rolle. Die quantitativen Angaben gehen mit der qualitativen Verwendung einher, die deutlich wird, wenn man sich die Funktionen der einzelnen Sprachen ansieht. Das Englische fungiert zum einen als Kommunikationssprache zwischen der Protagonistin und anderen, die sie auf ihrer Rechercherereise trifft, z.B. zu Beginn der Reise am Berliner Hauptbahnhof, wo sie einen jüdischen Amerikaner trifft, der auf denselben Zug wartet: „I am a Jew from Teheran, sagte der alte Mann, als wir noch am Bahnsteig standen." (Petrowskaja 2015, 11) Englisch ist im Werk außerdem die Sprache der internationalen Holocaustforschung, wie etwa in den Kapitelüberschriften *Family Heritage* und *Life Records* deutlich wird (Petrowskaja 2015, 106, 118) und auch in den Text eingewebt wird: „Das Wort Death, diese abgespielte Platte von Death Records, beschäftigte mich in seiner Endgültigkeit so sehr, dass ich das Wort Testimony übersehen hatte." (Petrowskaja 2015, 118) Auch die Internetrecherche der Protagonistin wird häufig mit englischen Wörtern beschrieben: „Miras Bücher bestellte ich sogleich bei Amazon. [...] Ich schrieb an die Bestelladresse, ships from the UK" (Petrowskaja 2015, 121). Die englische Sprache wird dabei zum einen pragmatisch eingesetzt, um anzudeuten, dass Gespräche, Recherchen etc. auf Englisch stattgefunden haben,

9 Bosnisch-Kroatisch-Serbisch, die Sprache lässt sich in der Textstelle nicht endgültig zuordnen.

und zum anderen wird mit den Assoziationen, die durch die Ebene der englischen Sprache geschaffen wurden, gespielt (z.B. mit der Konstruktion *Life records*).

Russisch fungiert zum einen als Familiensprache, als Sprache der Familienerinnerungen wie in der Übersetzung und Beschreibung des Rezepts für Kwas der Tante Lida (vgl. Petrowskaja 2015, 30), die in eine Reflexion über die Herkunft des Rezepts und der Familie mündet:

> Lange Zeit verstand ich nicht, was EBP:KBAC bedeutete, so stand es ganz oben auf dem Zettel, ich starrte auf diese EBP, denn die kyrillische Abkürzung hätte genauso gut als EBРопейский, JEWropejskij, europäischer, wie als EBРейский, JEWrejskij, jüdischer Kwas verstanden werden können – eine unschuldige Utopie der russischen Sprache und das Urbi et Orbi meiner Tante, als ob Europa und die Juden aus einer Wurzel stammten und hier in diesem Rezept und in dieser Abkürzung die erfrischende Hypothese steckte, dass alle Juden, auch die, die gar keine Juden mehr waren, sich zu den letzten Europäern zählen dürfen. (Petrowskaja 2015, 31)

Zum anderen ist Russisch die Quelle zahlreicher sprachreflexiver Betrachtungen, die durch die mehrsprachige Beschäftigung entstehen: „Ich dachte immer, das Wort Gymnastik sei aus dem Wort Hymne entstanden, auf Russisch fängt beides mit G an, Gimnastika und Gimn, und ich streckte die Hände eifrig nach oben, im Versuch, die unsichtbare Hülle des Himmels zu berühren." (Petrowskaja 2015, 22)

Polnisch ist eine historische Familiensprache der polnischsprechenden Verwandtschaft und dadurch eine Sprache, die der Protagonistin während ihrer Recherche begegnet. In dem Kapitel „Mein schönes Polen" werden die polnische Sprache, das Land und die familiären Verbindungen beschrieben. Das Polenbild im Text ist dabei sehr positiv und steht im Kontext der sozialistischen Nachbarschaftsverhältnisse: „Als ich in Kiew aufwuchs, war Polen, unser nächster Nachbar, auf Russisch Polscha, unsere Nachbarin, ein unerreichbares, schönes Ausland." (Petrowskaja 2015, 91) Auch der Beginn der Familiengeschichte in Polen ist positiv gekennzeichnet. Diese beginnt mit dem Taubstummenlehrer Schimon Heller, der im 19. Jahrhundert eine Schule für taubstumme Kinder gründete, die von Wien aus „durch die polnische Provinz" zog (Petrowskaja 2015, 54). Assoziativ wird dabei aus der polnisch-jüdischen Umgebung für die Protagonistin ein gelobtes Land: „Polen, Polyń, Polonia, Polania, *po-lan-ja*, hier-wohnt-Gott, drei hebräische Wörter, die aus dem slawischen Polen ein gelobtes Land der Juden machten" (Petrowskaja 2015, 55). Die polnische Sprache ist dabei nah und fremd zugleich:

> Ich fuhr als Russin aus Deutschland in das jüdische Warschau meiner Verwandten, nach Polen, nach Polscha, es schien mir, als machten mich meine beiden Sprachen zu einer Vertreterin der Besatzungsmächte. Als Nachkommin der Kämpfer gegen die Stummheit war ich einsatzbereit, aber sprachlos, ich beherrschte keine der Sprachen meiner Vorfahren, kein Polnisch, kein Jiddisch, kein Hebräisch, keine Gebärdensprache, ich wusste nichts über die Shtetl, ich kannte ein Gebet […]. Mit meinen slawischen Sprachen versuchte ich, das Polnische zu erraten, Ahnungen ersetzten Kenntnisse, Polen war taub, ich war stumm. (Petrowskaja 2015, 101)

Die polnischen Wörter, die im Text verwendet wurden, sind Ortsnamen und Namen, die der Protagonistin bei ihrer Recherche begegnen, wie *Warszawa*, *Stare Miasto* oder der Name des Forschungsinstituts *Żydowski Instytut Historyczny*. Dadurch markiert die polnische Sprache die geografischen Verhältnisse der fremden Familiengeschichte, die recherchiert werden muss. Dieser Verfremdungseffekt wird bei der Beschreibung einer Reise der Protagonistin, die sie nach Auschwitz führt, besonders deutlich. Sie verwendet dabei den polnischen Namen der Stadt, Oświęcim: „Als ich die drei Ketten gekauft hatte und vor dem Tor von Oświęcim stand, machte mein Gedächtnis halt. Von diesem Augenblick an erinnere ich mich an nichts." (Petrowskaja 2015, 58) Die polnische Sprache verweist dabei in der Analyse der Autorin, die sie in einem Interview gibt, zum einen auf Polnisch als Sprache in ihrer Erinnerung und auf den Verfremdungseffekt, der dadurch eintritt:

> Ich habe bewusst den polnischen und nicht den deutschen Namen des Ortes hingeschrieben, nicht nur, weil ich damals die deutsche Bezeichnung gar nicht kannte, sondern weil es für uns ein anderer Ort ist und auch weil man das deutsche Wort zu oft benutzt und ohne Scheu. (Petrowskaja 2014, 35)

Die Verbindung zwischen Erinnerung und Polnisch wird im Buch sogar intermedial hergestellt, da im Kapitel „Mein schönes Polen" ein Foto eingefügt ist, die Aufnahme eines Graffitis aus Warschau, 2012, das *pamiętasz?* [‚Erinnerst du dich?'] lautet (vgl. Petrowskaja 2015, 110).[10] Dieser Schriftzug wird nicht übersetzt, die Verbindung wird also nur für polnischsprachige LeserInnen sichtbar.

10 Das anscheinend mit einem Druckverfahren erstellte Graffito wurde handschriftlich folgendermaßen ergänzt: *A pamiętasz? jak* [‚Und erinnerst du dich? wie']. Durch die Ergänzungen wirkt der Erinnerungsprozess wie nicht abgeschlossen, offen, immer weitergehend.

Die Fremdheit des polnischen Wortes wird auch genutzt, um kulturelle Differenzen im Text stilistisch zu markieren. Eines der wenigen Wörter aus dem Polnischen, das nicht übersetzt, sondern paraphrasiert wird, ist das Wort *kościół* [Kirche], das dreimal vorkommt (Petrowskaja 2015, 56, 59, 134). Da es weder für die Familiengeschichte noch für die Recherche in einem relevanten Kontext erscheint, ist anzunehmen, dass die Funktion hier darin liegt, die spezifisch polnische Rolle der Kirche zu betonen, die über das polnische Wort transportiert wird. Dafür spricht der Kotext, also die Sätze, die das Wort umgeben: „ein kleines hübsches Städtchen im Süden Polens […], mit pittoreskem Marktplatz und *kościół*, einer neugebauten, kahl-modernen Kirche." (Petrowskaja 2015, 59)

Über die polnische Sprache wird die familiäre Herkunft aus Polen und die polnische Geschichte verbunden. Aus der Perspektive der Protagonistin als Kind heißt es:

> Ich war stolz darauf, dass meine Großmutter aus Polen stammte […]. Ich war stolz, als hätte ich selbst einen Hauch von polnischer Anmut, Manieren und Glauben, als hätte auch ich die Haltung der Fronde gehabt – oft erniedrigt, nie unterworfen, *jeszcze Polska nie zginęła*, noch ist Polen nicht verloren, und dies der Erkenntnis zum Trotz, dass ich nie dazugehören würde. (Petrowskaja 2015, 91)

Ein Wort, das einzige, das aus dem Polnischen in der Familiensprache erhalten ist, ist das Wort *cacko* [‚Kleinod', ‚Nippes'], das die Großmutter Rosa manchmal verwendete: „ich erinnere mich an das Wörtchen *cacki*, ein polnisches Wort für Kleinod, das Rosa für meinen Kram, die unnützlichen [sic] Dinge benutzte, *cacki*, wie ein Lutschbonbon, ein *ledenets*, mit einem schnalzenden *ts*" (Petrowskaja 2015, 76).

Das polnische Wortfeld, also die Gesamtheit der im Text verwendeten polnischen Wörter, verweist zum einen auf die Familiengeschichte und die Recherche in einer für die Autorin und Protagonistin fremden Sprache. Zum anderen zeigen sich auch in der Familiensprache Spuren des Polnischen, die sich durch diese Geschichte erklären lassen. Die Auseinandersetzung mit Polen und dem Polnischen im Buch ist getragen von dem Spannungsverhältnis zwischen Nähe und Fremde.

Die polnische Übersetzung dringt jetzt in dieses Verhältnis ein, das beinahe die Sprachen selbst zum Inhalt macht, und bringt Polnisch zum Sprechen.

Die Sprachverhältnisse verändern sich quantitativ und qualitativ in der Übersetzung:

Deutsch	Engl.	Russisch	Jiddisch	Franz.	Hebräisch	Ital.	BKS	Ungar.	Lat.
50	45	26	7	5	4	3	1	1	1

In der Übersetzung gibt es also zahlreiche Wörter und Mehrwort-Äußerungen aus dem Deutschen, die unübersetzt blieben. Daneben bleiben Englisch als Welt- und Kommunikationssprache sowie Russisch als Familien- und Assoziationssprache erhalten. Die polnischen Wörter gehen notwendigerweise in der Übersetzung auf und verlieren damit ihre fremde Markierung. Diese Umkehrung der sprachlichen Verhältnisse ist der Fokus der Analyse der polnischen Übersetzung.

Die polnische Übersetzung muss jetzt notwendigerweise funktionieren, ohne auf Deutsch über Deutsch schreiben zu können. In Bezug auf das Schreiben auf Deutsch als Thema im Buch werden diese sprachreflexiven Stellen zwar übersetzt, allerdings ohne die Möglichkeit zu haben, diese Sprachreflexion auch durch das Schreiben auf Deutsch umzusetzen. Dabei ergeben sich durch die Ähnlichkeiten zwischen Russisch und Polnisch jedoch wieder neue semantische Verbindungen, die die Reflexion über das stumme Deutsch dichter machen, da „deutsch“ ähnlich wie das russische *nemeckij* auf Polnisch *niemiecki* lautet und ebenfalls etymologisch aus der Bezeichnung für den Nicht-Redenden, Stummen abgeleitet sein könnte.[11]

„Niemcy są dla nas niemowami, *niemoj Niemiec*, Niemiec nie umie przeciw w ogóle mówić.“ (Petrowska 2015, 73)

„die Deutschen sind für uns die Stummen, *nemoj nemec*, der Deutsche kann doch gar nicht sprechen.“ (Petrowskaja 2015, 79)

Selbst eine Person, die kein Polnisch spricht, wird die lautliche Dichte der Übersetzung durch *Niemcy* [‚Deutsche‘], *niemowa* [‚Stumme/r‘], *Niemiec* [‚Deutscher‘] erkennen können. Was das deutsche Original erklären muss, kann die Übersetzung sprachlich vorführen.

11 Es gibt keinen abschließenden Beleg für diese etymologische These, sie wird im etymologischen Wörterbuch von Długosz-Kurczabowa diskutiert, kann aber nicht sicher nachgewiesen werden (vgl. Długosz-Kurczabowa 2008, 608).

Das Schreiben auf Deutsch spielt auch insofern eine Rolle, als es vor dem Hintergrund der historischen polnisch-deutschen Beziehungen, die auch Thema des Buches sind, immer noch als ‚Sprache des Feindes' wahrgenommen werden kann. Das zeigt sich im Text, wenn deutsche Wörter für die Beschreibung der Ereignisse während der Schoah und des Zweiten Weltkrieges verwendet werden: *w Reichu* [‚im Reich'] (Petrowska 2015, 106), *Wehrmachtu* [‚der Wehrmacht'] (Petrowska 2015, 118) oder *Reichstagu* [‚des Reichstags'] (Petrowska 2015, 132). Hier markiert die deutsche Sprache die historische und kulturelle Bedeutung.

Noch deutlicher wird das bei Beispielen wie *judenfrei* im polnischen Kapitel über Babij Jar:

„Kijów, najstarsze rosyjskie miasto, w którym od tysiąca lat żyli również Żydzu, stał się *judenfrei*." (Petrowska 2015, 171)	„Kiew, die älteste russische Stadt, in der auch die Juden seit tausend Jahren gelebt hatten, wurde judenfrei." (Petrowskaja 2015, 185)

So wie Petrowskaja im deutschen Original hier den im nationalsozialistischen Sprachgebrauch verwendeten Ausdruck *judenfrei* verwendet, wodurch die historischen deutschen nationalsozialistischen Stimmen in den Text eindringen und durch die folgenden Kommentare im Text kritisiert werden, wird die Historizität und Kritik durch den Sprachwechsel im polnischen Text noch deutlicher.[12] Lexikalisch wird hier auf das Deutsche als Sprache des Nationalsozialismus zugegriffen, wobei dieser Zugriff im Polnischen noch wirksamer ist.

Noch stärker zeigt sich der literarische Umgang mit der deutschen Sprache und ihrer Geschichte in einem Zitat, das den Aufruf an die jüdische Bevölkerung Kiews enthält, sich zu versammeln. Es ist der Aufruf der Wehrmacht, mit dem sie die jüdische Bevölkerung der Stadt zwang, sich auf den Weg in die Schlucht Babij Jar zu begeben[13], um sie dort zu ermorden:

---

12 Zur Denotation und Konnotation von *judenfrei* schreibt Schmitz-Berning im Vokabular des Nationalsozialismus: „Bezeichnung für die vollzogene Verdrängung der Juden aus Institutionen, Berufen, Wirtschaftszweigen, Wohnstätten usw. Gelegentlich auch: frei von jüdischem Einfluss. Vermutlich ist der schon in der Bildung antisemitische Ausdruck *judenfrei* etwas gleichzeitig mit dem Aufkommen des sogenannten [...] *Arierparagraphen* entstanden. Das Suffix *-frei*, das verbunden mit einem Substantiv als erster Konstituente das Nichtvorhandensein bezeichnet, wird immer dann verwendet, wenn das Nichtvorhandensein als Vorzug aufgefaßt wird." (Schmitz-Berning 2010, 333)

13 Das Massaker in der Schlucht Babij Jar bei Kiew war die größte in einer einzelnen Aktion durchgeführten Massenerschießung durch SS Sonderkommandos, bei der am 29. und

„‚Saemtliche Juden der Stadt Kiew und Umgebung haben sich am Montag, dem 29. September 1941 um 8 Uhr, Ecke Melnik- und Dokteriwski-Straße (an den Friedhoefen) einzufinden.‘ So hatte es die Wehrmacht plakatiert, und die Hausmeister hielten ihre Bücher bereit, um sicherzustellen, dass wirklich Saemtliche gingen.“ (Petrowskaja 2015, 185)

„‚Wszyscy Żydzi miasta Kijowa i okolicy mają się stawić w poniedziałek, 29 września 1941 roku, o godzinie 8 rano na rogu ulic Melnik i Dokteriwski (koło cmentarzy).‘ Plakaty tej treści rozkleił Wehrmacht, a dozorcy trzymali w pogotowiu książki meldunkowe, żeby mieć gwarancję, że poszli rzeczywiście Wszyscy.“ (Petrowska 2015, 171)

Wie das deutsche Zitat zeigt, wird das Wort *Saemtliche* durch die Schreibweise wie im Zitat als zu der Sprache der Nationalsozialisten zugehörig markiert und taucht als intertextueller Verweis auf einen nicht-literarischen Text immer wieder in dem Kapitel über Babij Jar auf.[14] Diese innere Mehrsprachigkeit, die unterschiedliche historische Stufen des Deutschen nutzt, um zwischen Objektsprache und Beschreibungssprache zu unterscheiden und zu springen, lässt sich in der polnischen Übersetzung nur bedingt umsetzen. In der polnischen Übersetzung wird das Zitat übersetzt, die historische Differenz, die im deutschen Text auffällig ist, entsteht nicht. Die Verwendung von *Wszyscy* [alle] später im Zitat als Übersetzung von *Saemtliche* verweist durch die im Polnischen ebenfalls unübliche Großschreibung des Indefinitpronomens auf die intertextuelle Übernahme. Auch die weiteren Erwähnungen im Text werden durch die Großschreibung markiert:

„Gdy ogłoszono rozkaz obejmujący Wszystkich Żydów […].“ (Petrowska 2015, 190)

„Als der Befehl an Saemtliche Juden bekannt gegeben wurde […].“ (Petrowskaja 2015, 206)

30. September 1941 33771 Menschen, jüdische Kinder, Frauen und Männer erschossen wurden. (vgl. Laqueur und Baumel 2001, 51)

14 Neben der Verwendung des Wortes in Bezug auf die zwei Texte, also die inter- und intratextuelle Verwendung des Wortes hier, ist hier auch die allgemeine Sprachebene der *langue* in Bezug auf den Ausdruck interessant. Zwar ist der Ausdruck *sämtlich* nicht typisch für die Sprache der Nationalsozialisten, allerdings wurde das Wort in der ersten Hälfte des 20. Jahrhunderts relativ gesehen weitaus häufiger verwendet, wie die Wortverlaufskurve des Digitalen Wörterbuchs der deutschen Sprache zeigt (vgl. DWDS-Verlaufskurve für „sämtlich“). Insofern kann es für eine andere historische Stufe der deutschen Sprache stehen.

An einer Stelle jedoch, die im deutschen Text einen Sprachvergleich zwischen Russisch und Deutsch unternimmt, geht die polnische Übersetzung in ihrer Mehrsprachigkeit über das Original hinaus:

„Damit auf Russisch Alle und auf Deutsch Saemtliche gehen, wurden Schulen, Krankenhäuser, Waisenhäuser und Altersheime durchsucht." (Petrowskaja 2015, 210)

„Żeby poszli Wszyscy, po rosyjsku Wsie, po niemiecku Saemtliche, przeszukiwano szkoły, szpitale, domy sierot i domy starców." (Petrowska 2015, 193)
[Damit gingen Alle, auf Russisch Wsie, auf Deutsch Saemtliche, wurden durchsucht die Schulen, Krankenhäuser, Waisenhäuser und Altersheime (meine interlineare Rückübersetzung)].

Die Gründlichkeit, der Umfang des Unternehmens, des geplanten Massakers, das bis in die Sprachen hineinreicht, wird dadurch in der polnischen Übersetzung ebenso, wenn nicht sogar stärker deutlich. Auch die Differenz zwischen der Sprache der Beschreibung, Polnisch, und den Sprachen des Gegenstandes, Russisch und Deutsch, wird dadurch nachvollzogen. An dieser Stelle wird eindrücklich deutlich, wie das Werk als deutsches Buch mit russischem Unterton ins Polnische übertragen wird.

Anderen Stellen gelingt dieser sprachreflexive Wechsel zwischen der Mehrsprachigkeit des Originals und der Mehrsprachigkeit der Übersetzung weniger gut:

„W Kijowie podczas pierwszej wojny światowej Janusz Korczak zaczął pisać książkę *Jak kochać dziecko*, przy czym w tytule polskim nie ma słowa *soll* [należy] jak w przekładzie niemieckim, po polsku są to tylko trzy słowa." (Petrowska 2015, 65)

„In Kiew hatte Janusz Korczak während des Ersten Weltkriegs sein Buch *Wie man ein Kind lieben soll* begonnen, wobei es im polnischen Titel kein *soll* gibt, nur in der deutschen Übersetzung, auf Polnisch heißt es *Wie man ein Kind liebt*, drei Worte nur, *Wie lieben Kind*." (Petrowskaja 2015, 71)

Die Diskussion der deutschen Übersetzung des polnischen Titels von Korczak wird hier zu einer kurzen Reflexion über die Liebe zum Kind, die im Deutschen durch das Modalverb *sollen* bestimmt zu sein scheint. Die verkürzte Fassung der polnischen Übersetzung nennt sofort den Originaltitel auf Polnisch und auch die nachfolgende Bemerkung, dass in der deutschen Übersetzung von Korczaks Werk das Wort *soll* hinzugefügt wurde, genügt nicht als Erklärung. Die Übersetzung verwirrt an dieser Stelle, da der Kontext des Übersetzungsvergleichs im Originaltext nicht übertragen wird. Die Schwierigkeit, die hier durch die polnisch-deutsche Mehrsprachigkeit im Originaltext besteht, wird nicht gelöst.

Generell ist es so, dass die polnisch-deutschen Mehrsprachigkeiten im Buch meistens in der polnischen Zielsprache untergehen, auch wenn sie häufig, aber nicht immer, typografisch kursiv markiert werden, um anzuzeigen, dass sie auch im Original polnisch waren (vgl. z.B. Petrowska 2015, 69, 70). In einem Fall führt das auch zu einer größeren semantischen und stilistischen Veränderung.

Die Fahrt nach Auschwitz – das Petrowskaja, wie oben schon ausgeführt, in ihrer Sprache der Erinnerung mit dem polnischen Namen *Oświęcim* bezeichnet –, wird in der polnischen Übersetzung leicht verändert. Im polnischen Erinnerungsdiskurs und in der Erinnerungspolitik ist die polnische Bezeichnung deutscher Konzentrationslager heftig umstritten und weitgehend verpönt. Den Hintergrund bildet dabei die politische Diskussion um die Formulierung „polnische Konzentrationslager", die historisch falsch ist, aber dennoch häufig benutzt wird, um Konzentrationslager im heutigen Polen zu bezeichnen (vgl. Gebert 2014, 33).[15] Auch der polnische Name der Stadt für ein deutsches Konzentrationslager kann daher ein Problem darstellen. Aus polnischer (politischer) Perspektive ist die Wahl Petrowskajas also höchst problematisch, was wiederum die polnische Übersetzerin vor ein Dilemma stellt. Im Text wird das Problem so gelöst, dass *Oświęcim* als Ortsname verwendet und ergänzt wird: *teren obozu w Oświęcimiu* [Lagergelände in Oświęcim] (Petrowska 2015, 52). Dies ist als Kompromiss zu verstehen, der zum einen versucht, der Mehrsprachigkeit im Original gerecht zu werden und zum anderen dem polnischen öffentlichen Diskurs keine Kritikpunkte liefern will.

15 Gebert gibt eine ausführliche Erklärung zur Verwendung und Problematik der Formulierung: „The term appears not infrequently in journalistic reports on the German death machine, and usually means nothing more than a geographical reference, shorthand for the cumbersome ‚German death camps set up on occupied Polish territory'. Yet on the face of it, it can also be read to mean ‚death camps set up by Poles', or ‚run by Poles', or even ‚run by Poland'. With knowledge of the history of the Second World War getting dimmer with each passing decade, such a reading could well emerge, to the obvious detriment of both the historical record and of the Polish national interest. It is hardly surprising that Polish public opinion reacts violently to such a threat, and that Polish diplomatic missions abroad have standing instructions to protest forcefully each time the expression appears in the media". (Gebert 2014, 33)

Insgesamt verweist das deutsche Wortfeld in der polnischen Übersetzung zum einen auf die historische Funktion der deutschen Sprache in der Zeit des Nationalsozialismus, z.B. durch die Namen *Auschwitz-Birkenau, Hindenburg, Gleiwitz, Mittelbau-Dora, Bergen-Belsen* (Petrowska 2015, 117), oder durch die Wörter *Wehrmacht, Reichstag, judenfrei* (siehe oben). Zum anderen erscheint sie in intertextuellen Verweisen auf deutsche Autoren und Werke wie *Goethe* (Petrowska 2015, 118), *Kafka* (Petrowska 2015, 129) oder den Filmtitel *Kuhle Wampe oder: Wem gehört die Welt?* (Petrowska 2015, 139).

Die dritte Ebene der Verwendung deutscher Wörter im polnischen Text betrifft die Recherche der Protagonistin und damit die Beschreibungsebene. Z.B. beginnen die Reise und das Buch am Berliner Hauptbahnhof, *na Hauptbahnhofie* (Petrowska 2015, 7), wodurch der geografische Ort auch sprachlich situiert wird.[16]

Die polnische Übersetzung kreiert also durch die Übernahmen aus der deutschen Sprache ihre eigene Mehrsprachigkeit, wobei die deutsche Sprache diese drei Funktionen der historischen Positionierung, als intertextueller Verweis und als aktueller Bezug auf die Protagonistin hat. Neben den neuen Mehrsprachigkeiten übernimmt der Text auch die anderen Mehrsprachigkeiten des Originals, die Umsetzung gelingt manchmal sehr gut, manchmal lassen sich die mehrsprachigen Sprachkonstellationen nicht wiedergeben.

---

16 Eine vollständige Übersicht des deutschen Wortfeldes führe ich hier an. Dabei handelt es sich um alle deutschen Wörter, Orts- und Personennamen, die im polnischen Text vorkommen und damit sprachlich das Bild der deutschen Sprache im Text formen. Die Wörter habe ich dafür in der Reihenfolge ihres Erscheinens belassen, jedes Wort wird nur einmal angeführt, auch wenn es mehrfach im Text erscheint. Mehrworteinheiten, Titel u.a., werden zusammen angeführt:

Bombardier Willkommen in Berlin, Hauptbahnhofie, Führerin, Das allgemeine österreichische israelitische Taubstummen-Institut in Wien, soll, Jüdische Lieder aus Osteuropa, trist, Trost, Wehrmacht,, Jenseits, Auschwitz-Birkenau, Hindenburg, Gleiwitz, Mittelbau-Dora, Bergen-Belsen, Auschwitz, KZ Hindenburg, Adolf Taube, Reich, Goethe, Abg. in. unb. Rich., Reichstag, Kölnische Zeitung, Stern, grafa von mirbacha, Reichswehr, Stern, Reichsbank, SED, Kuhle Wampe oder: Wem gehört die Welt?, Reichstag, heil, Ernst Thälmann, Adolf Hitler, Paul von Hindeburg, Herbert von Dirksen, Rote Fahne, Johann Wolfgang von Goethe, Gustav Hilger, Ribbentrop-Molotov, Wir und der Kreml, van der Lubbe, Baby Jahr, judenfrei, Paul Celan, Mahler, Saemtliche, Engels, Mauthausen, Bauer, Stapo, Gunskirchen, Im Schatten der Mozartkugel, Salzburg, Russenfriedhof, St. Johann im Pongau, In grosser Dankbarkeit und Trauer, Wasserwerk, Sisyphusarbeit, Duden, Marbacher Linde, gerettet, Geräte, Karl Liebknecht, lieber Knecht.

Diese Wortliste kann einen Eindruck der Themen vermitteln, die direkt über die deutsche Sprache ausgedrückt werden. Der Bezug auf die Geschichte wird durch die Namen deutlich. Für den poetischen Umgang mit der deutschen Sprache in der Übersetzung ist jedoch immer der Blick auf die einzelne Textstelle notwendig.

4 Fazit: Von deutsch-polnischer zu polnisch-deutscher Mehrsprachigkeit

Zusammenfassend kann das Urteil von Meylaerts, das zu Beginn zitiert wurde, bestätigt werden, dass Übersetzung zwischen mehrsprachigen Realitäten stattfindet (vgl. Meylaerts 2013, 537). Die Übertragung aus dem mehrsprachigen Deutschen schafft eine mehrsprachige polnische Version. Thematisch lässt sich zeigen, dass durch die Übersetzung im Polnischen das Spannungsverhältnis zwischen der deutschen Sprache und der jüdischen Familiensprachen nicht über die deutsche Sprache poetisch verhandelt wird. Allerdings entsteht ein neues Spannungsverhältnis zwischen Deutsch, als historischem Zitat in Bezug auf die NS-Zeit und der polnischen Sprache als Sprache der Opfer, auch der Opfer der Familie Petrowskajas. Tatsächlich rückt dadurch der Fokus auf die Erinnerungskultur und die traumatischen Familienerinnerungen im Holocaust aus der Perspektive der nachgeborenen Generation noch weiter in den Vordergrund. Die vorangestellten Forschungshypothesen lassen sich also nur zum Teil bestätigen. Die polnisch-deutschen sprachlichen Verhältnisse führen nämlich zu größeren Veränderungen zwischen der Beschreibungssprache und den Sprachen des Gegenstandes. Die Verschiebung des Werkes in die polnische Sprache führt zu einer weiteren Verfremdung des Deutschen, was gleichzeitig ein Verlust und ein Gewinn ist. Das Schreiben auf Deutsch über den Holocaust aus der Perspektive einer Nachgeborenen geht notwendigerweise verloren. Die Erzählung der Familiengeschichten auf Polnisch, eine der historischen Sprachen der Familie, eröffnet aber neue Rezeptionsmöglichkeiten und betont die polnische Herkunft der Familie. So kann das Buch ohne große Schwierigkeiten innerhalb der polnischen Erinnerungsliteratur seinen Platz finden.

Literatur

Battegay, Sylvia, „Sprache der Stummen. Katja Petrowskajas *Vielleicht Esther* als literarische Praxis der Desintegration", in: *Yearbook for European Jewish Literature Studies* 5 (2018), S. 51–66.

Buchaniec-Bartczak, Aleksandra, „Może Estera Katia Petrowskaja", online verfügbar unter: http://www.fzp.net.pl/ksiazki/moze-estera?fbclid=IwAR3ejEKXrmVsbQhIBt1zZXBRCHfs_PqC_zNUYXB44eUeVZHWyDluKvWZJUc (letzter Zugriff: 20.06.2019).

Capano, Lucia Perrone, „Migrierende Geschichte. Transnationale Erinnerungsräume in Katja Petrowskajas *Vielleicht Esther*", in: *Interkulturelle Blicke auf Migrationsbewegungen in alten und neuen Texten*, hg. v. Raluca Radulescu/Lucia Perrone Capano/Nicoletta Gagliardi/Beatrice Wilke, Berlin: Frank & Timme, 2018, S. 93–109.

„Chyba miała na imię Estera", online verfügbar unter: http://news.o.pl/2015/10/08/katia-petrowska-moze-estera-wuj/#/ (letzter Zugriff: 20.06.2019).

Dubrowska, Malgorzata, „Palimpsest Pamięci. O symbolice przestrzeni w Vielleicht Esther Katji Petrowskiej", in: *Archivum Emigracji Studia - Szkice - Dokumenty* 20–21 (2014), S. 91–99.

DWDS-Wortverlaufskurve für „sämtlich", erstellt durch das Digitale Wörterbuch der deutschen Sprache, online verfügbar unter: <https://www.dwds.de/r/plot?view=1&corpus=zeitungen&norm=date%2Bclass&smooth=spline&genres=0&grand=1&slice=1&prune=0&window=3&wbase=0&logavg=0&logscale=0&xrange=1945%3A2017&q1=s%C3%A4mtlich> (letzter Zugriff: 28.6.2019).

Gebert, Konstanty, „Conflicting Memories: Polish and Jewish perceptions of the Shoah", in: *Holocaust education in a global context*, hg. v. Karel Fracapane/Matthias Haß, Paris: Unesco, 2014, S. 28–39.

Hahn, Hans-Joachim, „‚Oak Ridge hat die Welt gerettet'. Sarkastische Neophyten und nichtjüdische Juden als letzte Europäer in Katja Petrowskajas *Vielleicht Esther*", in: *Yearbook for European Jewish Literature Studies* 5 (2018), S. 247–262.

Hahn, Hans Henning, Traba, Robert, *Deutsch-Polnische Erinnerungsorte. Bd. 1: Geteilt, gemeinsam*, Paderborn: Schöningh, 2015.

Heimann, Holger, „Die deutsche Sprache kam einer Befreiung gleich. Interview mit Katja Petrowskaja", in: *Die Welt*, 08.07.2013, online verfügbar unter: https://www.welt.de/kultur/literarischewelt/article117810166/Die-deutsche-Sprache-kam-einer-Befreiung-gleich.html (letzter Zugriff: 20.06.2019).

Henseler, Daniel/Makarska, Renata, „Die literarische E-Migration der 1980er Jahre. Einführung", in: *Polnische Literatur in Bewegung: Die Exilwelle der 1980er Jahre*, hg. v. dens., Bielefeld: transcript, 2014, S. 9–20.

Index Translationum Zielsprache Deutsch, online verfügbar unter: http://www.unesco.org/xtrans/bsstatexp.aspx (letzter Zugriff: 20.06.2019).

Index Translationum Zielsprache Polnisch, online verfügbar unter: http://www.unesco.org/xtrans/bsstatexp.aspx (letzter Zugriff: 20.06.2019).

Kramsch, Claire, „The Privilege of the Nonnative Speaker", in: *PMLA* 112 (1997), S. 358–369.

Kroki/Schritte, online verfügbar unter: http://www.kroki.pl/projekt-pl.html (letzter Zugriff: 19.06.2019).

Kuchta, Anna, „Między pamięcią a wyobraźnią: ‚Może Estera' Katii Petrowskiej jako opowieść o kreowaniu autobiografii", in: *Autoportret, autobiografia, autotematyzm. Monografia naukowa*, hg. v. Katarzyna Kleczkowska/Katarzyna Kuchowicz/Anna Kuchta/Maria Tadel, Kraków: AT Wydawnictwo, 2016, S. 55–62.

Laqueur, Walter/Baumel, Judith T., *The Holocaust Encyclopedia*, New Haven/London: Yale University Press, 2001.

Majchrzak, Bartłomiej, „Katia Petrowska – ‚Może Estera' – recenzja i ocena", online verfügbar unter: https://histmag.org/katia-petrowska-moze-estera-recenzja-12453 (letzter Zugriff: 20.06.2019).

Meylaerts, Reine, „Multilingualism as a challenge for Translation Studies", in: *Routledge Handbook of Translation Studies*, hg. v. Carmen Millan-Varela/Francesca Bartrina, London: Routledge, 2013, S. 519–533.

Petrowska, Katia (= Petrowskaja, Katja), *Może Estera*, übers. v. Urszula Poprawska, Kraków: Wydawnictwo Uniwersytetu Jagielloński, 2015.

Petrowskaja, Katja, „Die aufflatternde Dankbarkeit der Wörter. Wie ich, gemeinsam mit zahlreichen Übersetzern aus aller Welt, versuchte, das fremde Deutsch meines Romans ‚Vielleicht Esther' in alle anderen Sprachen zu verwandeln", in: *Frankfurter Allgemeine Zeitung*, 28.09.2014, S. 35.

–, *Vielleicht Esther. Geschichten*. Berlin: Suhrkamp Taschenbuch, 2015.

Rostek, Joanna/Uffelmann, Dirk, *Contemporary Polish Migrant Culture and Literature in Germany, Ireland, and the UK*, Frankfurt a.M. et al.: Peter Lang, 2011.

Rutka, Anna, „‚Wünschelrute' Deutsch: Über Sprachkritik und Sprachreflexion als Modi der Erinnerungshandlungen in Katja Petrowskajas ‚Vielleicht Esther'", in: *Colloquia Germanica Stetinensia* 25 (2016), S. 85–99.

Schmitz-Berning, Cornelia, *Vokabular des Nationalsozialismus*, Berlin et al.: de Gruyter, 2010.

Sturm-Trigonakis, Elke, *Global in der Literatur. Ein Versuch über die Neue Weltliteratur*, Würzburg: Königshausen & Neumann, 2007.

Suchet, Myriam, *„Translating literary heterolingualism: Hijo de hombre's French variations"*, in: *Translation Research Projects 2: Intercultural Studies Group*, hg. v. Anthony Pym, 2007, S. 151–164, online verfügbar unter: http://www.intercultural.urv.cat/media/upload/domain_317/arxius/TP2/TRP_2_may_3.pdf (letzter Zugriff: 22.10.2019).

Tymoczko, Maria, „Post-Colonial Writing and Literary Translation", in: *Post-colonial Translation: Theory and Practice*, hg. v. Susan Bassnett/Harish Trivedi, London: Routledge, 2002, S. 19–40.

Vestli, Elin Nesje, „‚Mein fremdes Deutsch' Grenzüberschreitungen in der deutschsprachigen Gegenwartsliteratur: Katja Petrowskajas Vielleicht Esther", in: *Language and Nation: Crossroads and Connections*, hg. v. Guri Ellen Barstad et. al., Münster: Waxmann, 2016, S. 143-160.

Yildiz, Yasemin, *Beyond the Mother Tongue. The Postmonolingual Condition*, New York: Fordham University Press, 2012.

Zduniak-Wiktorowicz, Malgorzata, „E-Migranten. Zwischen Polen und Deutschland", in: *Polnische Literatur in Bewegung: Die Exilwelle der 1980er Jahre*, hg. v. Daniel Hensele/Renata Makarska, Bielefeld: transcript, 2014, S. 31–46.

Migration und das transkulturelle Gedächtnis

Der traurige Gast *von Matthias Nawrat*

Renata Makarska

1 „Toter Kadaver" der Migrationsliteratur?

Die Beschäftigung mit dem literarischen Werk der Schriftsteller-Migranten[1] ging verschiedene Etappen durch – „Ausländerliteratur, Literatur der Betroffenheit, Literatur von außen, Migrantenliteratur, Literatur der Migration, Literatur ohne festen Wohnsitz, interkulturelle/multikulturelle/transkulturelle Literatur" (Blum-Barth 2013) – und, unabhängig von der jeweiligen literaturwissenschaftlichen Bezeichnung, die deutlich der Forderung nach politischer Korrektheit und zugleich der Dynamik der Literatur selber folgte, begründete seinen Sonderstatus. Die Sonderposition der sogenannten Migrationsliteratur[2] wurde zudem erfolgreich von dem Adelbert-von-Chamisso-Preis der Robert-Bosch-Stiftung mituntermauert, der 1985–2017 an die „Sprachwechsler" (Hillgruber 2009), „deutsch schreibende Autoren nicht deutscher Muttersprache", und später an „herausragende auf Deutsch schreibende Autoren, deren Werk von einem Kulturwechsel geprägt ist und die ein außergewöhnlicher, die deutsche Literatur bereichernder Umgang mit Sprache eint",[3] verliehen worden ist. Die Begrifflichkeiten und Preisinitiativen[4] haben Fakten geschaffen: Gefeiert wurde die deutschsprachige „Migrationsliteratur", während die Werke, die in den deutschsprachigen Ländern in den jeweiligen ersten Muttersprachen der

---

1 Im Folgenden verwende ich der Einfachheit halber das Generische Maskulinum.

2 Ich entscheide mich hier für diesen Begriff, aber genauso könnte ich auch von der interkulturellen oder der transkulturellen Literatur sprechen, die terminologischen Veränderungen der letzten Jahre haben nicht viel im Verständnis des hier besprochenen Phänomens geändert.

3 Der Name des Preises und die Gruppe der Preisträger wurde 2012 erweitert. Vgl. https://www.bosch-stiftung.de/de/projekt/adelbert-von-chamisso-preis-der-robert-bosch-stiftung (letzter Zugriff: 12.04.2019).

4 Obwohl der Adelbert-von-Chamisso Preis 2017 eingestellt worden ist, wurde schon 2019 der Chamisso-Preis/Hellerau ins Leben gerufen, der sich ähnliche Ziele setzt (vgl. https://www.chamissopreishellerau.de/, letzter Zugriff: 29.09.2019). Auch werden in Österreich zwei Preise an Autorinnen und Autoren mit „Migrationshintergrund" verliehen: Seit 1997 verleiht der Wiener Verein Exil den Preis „Schreiben zwischen den Kulturen" (http://www.zentrumexil.at/index.php?id=4, letzter Zugriff: 27.04.2019) und seit 2009 wird der „Hohenemser Literaturpreis für deutschsprachige AutorInnen nichtdeutscher Muttersprache" jedes zweite Jahr vergeben (https://www.hohenems.at/de/kultur/literatur2/hohenemser-literaturpreis, letzter Zugriff: 27.04.2019).

 | DOI:10.30965/9783846765241_011

Migranten entstanden, kaum Beachtung fanden. Selbstverständlich lassen sich in dem Phänomen der sogenannten Migrationsliteratur etliche Konstanten finden, die den begrifflichen Eifer rechtfertigen; zuerst folgte sie dem autobiografischen Impetus (Emigration und ihre Folgen, „Literatur der Fremde" [Weigel 1992]), dann konzentrierte sie sich auf die Form und die Sprache („bereichernder Umgang mit Sprache"), lernte zu provozieren, zu unterhalten und schließlich generell den Marktbedürfnissen zu entsprechen. Die Literaturwissenschaft war zuerst damit beschäftigt, das neue Phänomen zu begründen und entsprechend zu definieren, dann folgten verschiedene Interpretationszugänge: Seit über zwei Jahrzehnten bestimmt das Konzept der Hybridität die Untersuchungen zu Literatur und Migration, oft wird auch die Mehrsprachigkeit der schreibenden Migranten (und die Heterolingualität der Texte) zum Gegenstand der Forschung. Trotzdem bleibt das Konstrukt der Migrationsliteratur weiter verdächtig, denn eine eindeutige Antwort haben wir nicht: Ist der Sonderstatus der Migrationsliteratur tatsächlich in ihrer Andersartigkeit und Besonderheit begründet oder ist das Migrantische dieser Literatur eher eine diskursive Kategorie, die sich vor allem in ihrer Rezeption realisiert? Hat Feridun Zaimoğlu recht gehabt, als er bereits 2006 die Migrationsliteratur für einen „toten Kadaver" (Zaimoğlu/Abel 2006, 162) hielt?

Im Folgenden lese ich – mit einem Abstand zu den Zuschreibungen, die die Untersuchung der sogenannten Migrationsliteratur mit sich brachte und immer noch bringt – den Roman *Der fremde Gast* (2019) von Matthias Nawrat im Kontext der neuen Entwicklungen in der Gedächtnisforschung. Zwar sind Studien zu Migration und Erinnerung keine Seltenheit, sie beziehen sich jedoch vordergründig auf das Autobiografische der Texte und das darin festgehaltene individuelle Gedächtnis. Im Sinne der „transkulturellen Wende" in der Gedächtnisforschung, die gezeigt hat, dass „viele Erinnerungen *zugleich* individuellen, familiären, regionalen, urbanen, nationalen und transnationalen Gedächtnisrahmen zuzuordnen sind" (Erll 2017, 124), untersuche ich, wie in Nawrats Roman die individuellen Erinnerungsbilder und das (trans) kulturelle Gedächtnis Deutschlands (hier am Beispiel Berlins) zusammengeführt werden.[5]

5 Vgl. u.a. das DFG-Projekt von Astrid Erll „Migration und transkulturelle Erinnerung: Literatur, Film und das ‚soziale Leben' von Erinnerungsmedien" (2014–2019).

2 Literatur zwischen Polen und Deutschland

Einzelne polnische (e)migrierte Schriftsteller lebten in (West)Deutschland bereits nach 1945, einige wenige kamen nach der antisemitischen Hetze des Jahres 1968 dazu. Für diese erste Zeit können u.a. solche Namen genannt werden wie Józef Mackiewicz, Marek Hłasko, Witold Wirpsza, Arnold Słucki, Christian Skrzyposzek oder Włodzimierz Odojewski.[6] Im Kontext der Migration neueren Datums werden in der Forschung Vertreter insbesondere der sogenannten Solidarność-Migration, d.h. der Migration der 1980er Jahre, die zum großen Teil nach Westberlin ging, berücksichtigt. Charakteristisch für beide Gruppen (vor 1981 und nach 1981) war/ist eine enge Bindung an die erste (Mutter)Sprache – nur wenige von ihnen haben sich für einen Sprachwechsel entschieden;[7] mittlerweile werden einzelne Romane der polnischen Migranten in Deutschland (insbesondere aus Berlin) ins Deutsche übersetzt.[8]

Noch vor einigen Jahren ließ sich die Gruppe der polnischen und polnischstämmigen Autoren in Deutschland relativ geschlossen durch ihre Poetik der Überschreitung der Grenzen charakterisieren – nicht nur der geografischen, politischen, kulturellen, sondern auch der sprachlichen Grenzen, was sich oft in einer heterolingualen Schreibweise abzeichnete; dabei war es häufig auch die Überschreitung der Grenzen der politischen Korrektheit (vgl. Makarska 2013, 135–138). All diese Eigenschaften waren sowohl für die Autoren der polnischen Sprache als auch die Gruppe der polnischstämmigen Schriftsteller der deutschen Sprache sowie andere migrierte Schriftsteller in Deutschland typisch. Die vielmalige Überschreitung der (kulturellen und gesellschaftlichen) Grenzen lässt dabei gleich an das gut bekannte Genre des Schelmenromans denken (vgl. u.a. Wimmer 2011). Zusätzlich wurden die Protagonisten in vielen Texten migrierter Autoren im Modus einer Selbstorientalisierung kreiert (Uffelmann 2009; 2011). Mittlerweile ist eine neue Generation der aus Polen

6 Leider werden diese Autoren in dem Handbuch *Interkulturelle Literatur in Deutschland*, hg. Carmine Chiellino (Stuttgart: J.B. Metzler, 2007) nicht berücksichtigt. Vgl. dazu auch Brandt 2014, 150.

7 In Deutschland sind es Dariusz Muszer und Artur Becker, in Österreich Radek Knapp.

8 Ich meine hier die Romane von Magdalena Parys (*Tunnel*, übers. v. Paulina Schulz, Münster/Berlin: Prospero Verlag, 2014; *Der Magier*, übers. v. Lothar Quinkenstein, Greifswald: freiraum-verlag, 2018) und Brygida Helbig (*Engel und Schweine*, übers. v. Lothar Quinkenstein, Greifswald: freiraum-verlag, 2016; *Kleine Himmel*, übers. v. Natalie Buschhorn, Berlin: KLAK-Verlag, 2019). Davor wurde ins Deutsche auch eine Auswahl von Erzählungen Janusz Rudnickis übertragen (*Der Grenzgänger*, übers. v. Henryk Bereska et al., Herne: Gabriele Schäfer Verlag, 2006). Die erste deutsche Übersetzung des Werkes eines polnischsprachigen Migranten in Deutschland war die *Freie Tribüne* von Christian Skrzyposzek (übers. v. Olaf Kühl, Berlin: Rotbuch, 1983).

migrierten Autoren zu Wort gekommen: Sie sind zwar auch in den 1980er Jahren nach Deutschland eingewandert, allerdings als (Klein)Kinder, und wurden bereits in der deutschen Sprache/Kultur sozialisiert. Das Bedürfnis der Überschreitung der sprachlichen Grenzen ist in ihrem Werk beinahe abgeklungen, ebenso der Wunsch nach Provokation und nach der Selbstorientalisierung (bzw. Selbstproletarisierung). Die polnische Sprache und Sprachspiele sind zwar in ihren Texten ansatzweise immer noch vorhanden, sie bilden aber nicht mehr deren Hauptthema. Die Sprache wird wieder (nur) zum Material, und in den Mittelpunkt rücken die geschichtliche Dimension der Narration und das Transkulturelle der dargestellten Welt. Dies wurde bereits in Sabrina Janeschs *Katzenberge* (2012) deutlich[9], es ist auch im neuesten Buch *Der traurige Gast* (2019) von Matthias Nawrat gut sichtbar.

Das literarische Werk der polnischen Migranten in Deutschland ist relativ gut erforscht – sowohl von der Seite der deutschen (und deutschsprachigen) Slavisten als auch der polnischen Polonisten und Germanisten. Dies ist ebenso ein Verdienst der Diaspora selbst, die die Aktivitäten der Vertreter der polnischen Kultur in Deutschland dokumentiert (z.B. in Form von Anthologien[10]) und erforscht (vgl. Stach 1998). Die ersten Publikationen, welche die nach 1981 nach Deutschland „(e)migrierte Literatur" zu erfassen versuchten, erschienen gleich nach 2000.[11] Hier sind zuallererst die Studien des Slavisten Wolfgang Schlott (2000; 2006) zu nennen, der die aus Polen nach Deutschland „emigrierte" Literatur im Kontext anderer Zielländer der Solidarność-Emigration, aber auch im Kontext der polnischen Literatur nach der Wende untersucht hat.[12] Schon 2010 veröffentlichte Małgorzata Zduniak-Wiktorowicz ihre dem „polnischen Schriftsteller in Deutschland" gewidmete Monografie, in deren Zentrum das Werk von Janusz Rudnicki, Brygida Helbig, Krzysztof Niewrzęda und Krzysztof Maria Załuski steht, aber auch der polnische Diskurs des „Abschieds vom Exil" und die Topografie der polnischsprachigen Literatur in Deutschland. Erst im nächsten Schritt folgte eine Untersuchung der aus Polen stammenden deutschsprachigen Autoren mit der Monografie von Agnieszka Palej *Fließende Identitäten. Die deutsch-polnischen Autoren mit Migrationshintergrund nach 1989* (2015). Palej konzentriert sich auf die Texte von Artur

9 Zu Janesch vgl. u.a. Palej 2015, 187–210.

10 Vgl. Anthologien: *Neue Geschichten aus der Pollakey. Anthologie zeitgenössischer polnischer Prosa*, hg. v. Brigitte Helbig-Mischewski und Krzysztof Maria Załuski, Jestetten: b1, 2000; *Die neuen Mieter. Fremde Blicke auf ein vertrautes Land*, hg. v. Iwona Mickiewicz, Berlin: Aufbau, 2004.

11 Vgl. auch Trepte 2006.

12 Vgl. hier ein Kapitel aus der Monografie von Wolfgang Schlott (2004): „Auf der Suche nach anderen Orten der Entfremdung: die ‚emigrierte' polnische Prosa nach 1985" (S. 171–192).

Becker, Radek Knapp, Dariusz Muszer, Sabrina Janesch, Adam Soboczyński und Magdalena Felixa. Die Beschreibung dieses neuen Phänomens (der aus Polen stammenden deutschsprachigen Schriftsteller und der in Deutschland lebenden polnischsprachigen Autoren) setzen Tagungsbände fort, die sich jeweils mit der zeitgenössischen Migrationskultur und -literatur in Deutschland, Irland und Großbritannien (Rostek und Uffelmann 2011), mit der polnischen (E)Migration der 1980er Jahre (Henseler und Makarska 2013),[13] mit der (E)Migrationsliteratur in Berlin und Stockholm (Teodorowicz-Hellman und Gesche 2013) sowie mit dem Wandel der Migrationsliteratur der letzten Jahre befassen (Helbig-Mischewski und Zduniak-Wiktorowicz 2016). Die Thematik des letzten Bandes ist für den hier behandelten Kontext insofern zentral, als er auch die Emigranten der sogenannten „Podolski-Generation" (Trepte 2013) berücksichtigt (auch „zweite Generation" genannt [Makarska 2016]), also diejenigen, die als Kinder nach Deutschland kamen und sich heute oft als „neue Deutsche" definieren (Bota et al. 2012). Die Liste der in diesem Bereich besonders aktiven Forscher schließt der schon vorher erwähnte Slavist Dirk Uffelmann, der in seinen Publikationen das Phänomen der Selbstorientalisierung (und Selbstproletarisierung) der Autoren mit „polnischen Wurzeln" in Deutschland und Großbritannien untersucht (Uffelmann 2011).

Wie bereits ersichtlich geworden ist, befasst sich die slavistisch-germanistische Forschung sowohl mit dem Werk der in Deutschland lebenden Autoren polnischer Sprache als auch der deutschsprachigen Autoren mit polnischem Migrationshintergrund. Die beiden Forschungsschienen ergänzen sich gegenseitig und ergeben somit ein komplettes Bild des Phänomens der sogenannten Migrationsliteratur mit „polnischen Wurzeln". Die erwähnten Publikationen können eine solide Basis für weitere – viel detailliertere – Projekte bilden.[14]

---

13 Neben dem deutschsprachigen Band erschien auch eine fast identische polnischsprachige Publikation: *Poetyka migracji. Doświadczenie granic w literaturze polskiej przełomu XX i XXI wieku, hg. v. Przemysław* Czapliński et al., Katowice: Wydawnictwo Uniwersytetu Śląskiego, 2013.

14 Trotz der guten Forschungslage sind bis heute viele Themen nicht untersucht worden, so z.B. das Werk von Christian Skrzyposzek (1943–1999), dem Autor der *Freien Tribüne* und der deutschsprachigen *Annonce* (die bis heute nicht in polnischer Übersetzung erschienen ist).

3 Das Konstrukt der „Migrationsliteratur"

Migrierte Schriftsteller (schreibende Migranten) waren eine Entdeckung der deutschsprachigen Literatur(wissenschaft) der letzten vierzig Jahre, sie führten in den Bereich der deutschsprachigen Literatur ihren eigenen kulturellen Hintergrund ein: den türkischen, japanischen, russischen, ungarischen, syrischen, kroatischen, serbischen, bosnischen, tschechischen oder polnischen, und sensibilisierten die Leser auf andere Kulturkontexte und vor allem auf weniger bekannte Narrationen ‚fremder' (nicht nur europäischer) Regionen. Schriftsteller-Migranten, von denen hier die Rede ist, haben auf diese Weise eine ‚Übersetzung' der eigenen Kulturen in die Sprache der neuen Heimat geleistet; die deutsche Kultur hat sie als einen Teil ihrer Selbst akzeptiert und gelesen. Die ‚Fremden' wurden schrittweise zu den ‚eigenen Fremden', ihre Andersartigkeit wurde immer wieder thematisiert.

Der bereits erwähnte Adelbert-von-Chamisso-Preis förderte ausschließlich Autoren, die den Sprachwechsel vollzogen haben, als wenn die Integration in die neue Gesellschaft beim Beibehalten der ersten Kultur und Sprache nicht möglich wäre. Der Begriff der „Chamisso-Literatur" wurde mehrmals kritisiert, u.a. schon 2011 von Dieter Lamping: „die Rede von einer ‚Chamisso-Literatur' ist unglücklich, kaum mehr als ein philologisches Provisorium, das nach einer Ablösung verlangt" (Lamping 2011, 18). Eine solche Ablösung leisteten teilweise die Begriffe der interkulturellen bzw. transkulturellen Literatur; dabei wurde jedoch fast nur der Name verändert, nicht das Verständnis des Phänomens selbst.

Nicht alle Immigranten haben sich entschieden, in der Sprache der neuen Heimat zu schreiben. Über die Literaturen, die in Deutschland in den Sprachen der ersten Heimaten entstehen, wissen wir relativ wenig: Sie werden kaum von der (interkulturellen) Germanistik untersucht und immer noch zu selten von den Neophilologien. Zwar gab es für eine kurze Zeit das Postulat, den Gegenstand der germanistischen Forschung eben um diese Texte zu erweitern (Göttsche 2004, 575), es fand aber nicht genug Befürworter. Die Frage, ob ein dermaßen breiter Begriff der „Migrationsliteratur" (sowohl die Literatur, die in der deutschen Sprache als auch die Literatur, die in den ersten Muttersprachen der Migranten entsteht) in der Forschung überhaupt erwünscht (oder möglich) wäre, ist natürlich berechtigt. Während jedoch im deutschsprachigen Raum eindeutig die auf Deutsch entstehende „Migrationsliteratur" favorisiert wurde, zählte man in Schweden zu der *invandrarlitteratur* auch die Werke, die in den ersten Sprachen der Migranten verfasst worden sind.[15] Dies war

15 Die Migrationsliteratur wurde parallel zu den Literaturen der ethnischen Minderheiten, die Schweden bewohnen, gelesen und interpretiert (vgl. u.a. Gröndahl 2002).

freilich nicht nur eine Entscheidung der Literaturwissenschaft(ler), sondern eine Maßnahme der schwedischen Migrationspolitik: Das dortige *Immigrant institutet* förderte über einen langen Zeitraum konsequent die Publikation der literarischen Werke der Migranten, unabhängig von der Sprache, in der sie entstanden sind.[16] Der schwedische literaturwissenschaftliche Diskurs hat sich gleichzeitig auch relativ schnell von der Kategorie der „Migrationsliteratur" distanziert, denn sie führt(e) zwar zu einer positiven Diskriminierung dieser Literatur, aber auch zur Stigmatisierung (und unnötiger Schubladisierung) (vgl. Gröndahl 2002; Behschnitt und Mohnike 2007).

4 Vom heterolingualen Schreiben zum transkulturellen Gedächtnis

Falls man die Literatur der „deutsch schreibenden Autoren nicht deutscher Muttersprache" wirklich als ein besonderes Phänomen betrachten würde, würde man darin verschiedene (nacheinander oder nebeneinander vorkommende) typische Poetiken finden, z.B. eine intensive Beschäftigung mit dem Autobiografischen (auch als Autobiografie vs. Autofiktion), die bereits erwähnte Vorliebe für die Picaro-Ästhetik (nicht nur in der Literatur, sondern auch im Kabarett oder Theater, vgl. el Hissy 2012) und schließlich das Heterolinguale (bzw. das Sprachexperiment, das z.B. zé do rock *ad absurdum* treibt) (vgl. u.a. Arndt et al. 2007; Sturm-Trigonakis 2007). Eine andere Erscheinung (und eine feste Sparte der Politik vieler Verlage) bildet „Migration als Unterhaltung": So werden beispielsweise einzelne Publikationen aus der Reihe des Ullstein-Verlags, in der auch Alexandra Tobors *Teutonische Abenteuer* (2012) erschienen sind, als „humorvoll und einfühlsam" (Tobor 2012), „mit Humor und feinsinnigem Spott" (Birschel 2011) oder als „[m]it viel Witz, Sympathie und Augenzwinkern erzählt" (Herrmann 2010) beworben.

Mittlerweile ist in der Literatur der migrierten (oder auch: inter- bzw. transkulturellen) Autoren nach der Zeit der vielfachen Provokation, des heterolingualen Schreibens und schließlich auch der Leserunterhaltung der Moment gekommen, in dem deutlich das transkulturelle oder -nationale Gedächtnis zur Sprache kommt. Nachdem sich die historische und kulturwissenschaftliche Gedächtnisforschung von ihrem ersten Fokus auf die Gedächtnisse der jeweiligen Nationen (vgl. Nora 2005; François und Schulze 2001) gelöst hat und sie sich nun mehr der transnationalen Erinnerung (*Transnational Memory*)

16 Das Institut, gegründet 1973, definiert sich heute als „Centrum för dokumentation om invandrare, flyktingar och rasism". Vgl. die Homepage des Institutes, auf der auch Biogramme der migrierten Schriftsteller zu finden sind: http://www.immi.se/kultur/authors/ (letzter Zugriff: 12.08.2018).

widmet (vgl. u.a. Levy und Sznaider 2001; Kroh 2008; De Cesari und Rigney 2014; Schoor und Schüler-Springorum 2016), spielt die Erforschung des transnationalen (und transkulturellen) Gedächtnisses im Werk der migrierten Autoren eine bedeutendere Rolle. Die „‚transkulturelle und transnationale Wende' in der Gedächtnisforschung" (Erll 2017, IX) hat indirekt die Untersuchung von Migrationsbewegungen (vgl. u.a. Boesen und Lentz 2010) und von Texten migrierter Autoren beeinflusst (Meyer 2012; Behravesh 2016; Zink 2017). Die „migrantischen" Narrationen (und ihre Erforschung) spezialisieren sich in der letzten Zeit nicht mehr auf die Herkunftsländer der jeweiligen Autoren, sondern auf die Inter- und Transkulturalität der neuen Heimat; es handelt sich dabei nicht nur um die individuelle Erinnerung an die Migration, sondern um transnationale (und transkulturelle) Entwürfe des kommunikativen Gedächtnisses. Dies kommt in dem Entwurf des Gedächtnisses von Berlin in Nawrats Roman *Der traurige Gast* gut zum Ausdruck.

5 Matthias Nawrat, *Der traurige Gast*

Matthias Nawrat, geboren 1979, in Deutschland seit 1989, gehört zu der „zweiten Generation" der Migranten. Bereits sein Debütroman *Wir zwei alleine* (2012) brachte ihm den Adelbert-von-Chamisso-Förderpreis, für den zweiten Roman (*Unternehmer*, 2014) wurde er zum Deutschen Buchpreis nominiert, für den dritten (*Die vielen Tode unseres Opas Jurek*, 2015) erhielt er u.a. die Alfred Döblin-Medaille der Akademie der Wissenschaften und der Literatur in Mainz und dank dem vierten (*Der traurige Gast*, 2019) kam er auf die Shortlist des Preises der Leipziger Buchmesse.

Noch *Die vielen Tode unseres Opas Jurek* scheinen einige der ästhetischen Vorstellungen der sogenannten Migrationsliteratur zu verwenden: Der Roman ist stark autobiografisch, und das Autobiografische bezieht sich auf die polnische Familie des Erzählers, der aus der Perspektive eines Kindes ‚von damals' (Kindheit) und ‚von dort' (Polen) berichtet (der kindliche Erzähler spricht als Repräsentant der Familie immer in der „wir"-Form). Das Buch schreibt sich deutlich in die „Erfahrung der Fremde" der deutschsprachigen Literatur ein, es spielt mit ‚fremden' Realien, Topografien und Erfahrungen. Immer wieder greift es nach heterolingualen Elementen, obwohl hier keine wirklichen „Gemengselsprachen" (Arndt et al. 2007, 27) entstehen. Da sich *Die vielen Tode unseres Opas Jurek* bewusst in das Phänomen der „Migrationsliteratur" einschreibt, kann man die Ironie der Narration sowohl als ein Element der Schelmenroman-Strategie (einer der Rezensenten sah darin den Einfluss der Benigni-Ästhetik: „Als hätte Roberto Benigni Nawrat beim

Schreiben über die Schulter geschaut" [Bleutge 2015]) als auch eine Relektüre von mitteleuropäischen Autoren (z.B. der Erzählungen von Ota Pavel) interpretieren.[17] Mit dieser Ironie lässt sich der Roman als eine Sammlung „d[er] besten Geschichten aus den früheren Zeiten in Polen" (Nawrat 2015, 64) lesen.

Mit dem neusten Buch *Der traurige Gast* verlässt Matthias Nawrat das Gebiet der allzu leichten Zuschreibungen und Assoziationen mit der „Migrationsliteratur". Möglicherweise behält einer der Rezensenten recht, indem er schon in Bezug auf *Die vielen Tode unseres Opas Jurek* schreibt: „Der [...] Autor ist ein äußerst raffinierter Stimmenarrangeur" (Bleutge 2015). Es geht also nicht vordergründig um die „fließenden" Identität(en)[18] des Erzählers, des Autors oder der Migranten generell und nicht um die Schubladisierung, sondern vielmehr um eine „feinmaschige" (Becker 2015) ästhetische Übung, die sich jedes Mal (bewusst) einer anderen Methode bedient.

In *Der traurige Gast* lässt der Erzähler die polnische Geschichte (fast) hinter sich und lebt – als *Alter ego* des Autors – mit seiner Freundin in Berlin; er ist Schriftsteller, spricht Polnisch und erlebt gerade eine unfruchtbare Phase im Schreiben. Über den Erzähler selber erfährt der Leser kaum etwas, sehr viel dagegen über die zufällig getroffenen Berliner, die ihm ihre (Lebens)Geschichten erzählen und mit ihm ihre Lebensphilosophien teilen. Die ungewöhnliche Langsamkeit des Romans, die der Leser zuerst als eine verstörende Ausbremsung der Narration wahrnimmt, bildet die Voraussetzung für die Aufmerksamkeit und Achtsamkeit, die der Erzähler an den Tag legt, um seinen Gesprächspartnern zuzuhören. Es handelt sich hierbei jedoch nicht wirklich um Gespräche, sondern eher um Monologe der polnischen Architektin Dorota, des rumänischen Schauspielers Eli oder des ständig alkoholisierten, aus Polen stammenden Familienvaters Dariusz. Die Herkunft der drei spielt dabei nicht die zentrale Rolle, sie ist eine der vielen Eigenschaften der Gesprächspartner; sie werden als Individuen dargestellt – durch den aufmerksamen Blick des Erzählers und durch die Selbstdarstellung(en) in den langen Monologen.

Der namenlose Erzähler scheint fast wie ein „Mensch ohne Eigenschaften" zu sein, aus seinen Gesprächen mit der Architektin erfährt man, dass er verheiratet ist, noch keine Kinder hat, eine Wohnung mietet, die er (vielleicht) umgestalten möchte (Nawrat 2019, 26–27).[19] Von Eli aufgefordert, seine Geschichte zu erzählen – „Na, über das Leben, was denn sonst [...]. Was hast

17 Vgl. Becker 2015: „Doch Nawrat [...] ist auch noch bei unseren östlichen Nachbarn in die Lehre gegangen: Bohumil Hrabal, Witold Gombrowicz, Stanislaw I. Witkiewicz und Bruno Schulz sind die Patronen [sic] dieser feinmaschigen Prosa, was auch sein neuer Roman ‚Die vielen Tode unseres Opas Jurek' auf beeindruckende Weise bestätigt".

18 Vgl. den Titel der Arbeit von Agnieszka Palej.

19 Weiter in Bezug auf Nawrat 2019 – nur die Angaben der jeweiligen Seitenzahlen.

Du bisher so erlebt, ich will alles hören, erzähl!"–, erwidert der Erzähler, dass er „[n]icht viel" erlebt habe, „[n]ichts Besonderes" (163).[20]

Seine Gesprächspartner sind hingegen ‚etwas Besonderes' und machen ihn auf ihre Geschichten und auf das transnationale Gedächtnis Berlins aufmerksam. Im Gegensatz zu Protagonisten, die ‚typisch' für die „Migrationsliteratur" wären (vgl. den Roman von Magdalena Felixa, *Die Fremde*), d.h. in der neuen Kultur noch nicht angekommen waren, sind Nawrats Protagonisten nicht wirklich ‚fremd', sie sind Kosmopoliten, die sich überall wohl oder – im Gegenteil – nirgends wirklich heimisch fühlen. Möglicherweise deswegen begeht Dorota Selbstmord und ist Dariusz ständig alkoholisiert (auch suizidgefährdet). Eben diese Protagonisten führen in die Narration eine Perspektive des kosmopolitischen Gedächtnisses ein, das eng mit der (Topografie der) deutschen Hauptstadt zusammenhängt. Die Erinnerung ist hier konsequent transnational – sie bezieht sich auf Migrationen, Sprachen und auf „Neue Berliner". Im Roman werden Elemente des Speichergedächtnisses wachgerufen und in Bewegung gesetzt – zum Funktionsgedächtnis der Stadt hin, so wie Aleida Assmann den Begriff definiert.[21]

Einen Teil des Monologs der Architektin Dorota macht die Erzählung über den polnischen Fürstbischof (und Dichter) Ignacy Krasicki aus, der zu Zeiten Friedrichs des Großen für zwanzig Jahre in Berlin lebte, Mitglied der Preußischen Akademie der Wissenschaften war und zu den Gästen der Königsfamilie gehörte. Auf Schloss Sanssouci schrieb er „angeblich" seine *Monachomachia* (69).

> „Bevor seine Überreste nach Gniezno überführt wurden […], habe man ihn in der St.-Hedwigs-Kathedrale am heutigen Bebelplatz beigesetzt, also an einer Stelle, die ich noch heute jederzeit, wenn ich das wolle, aufsuchen könne …" (68) –

berichtet der Erzähler über die Begegnung mit der Architektin und ihren fortdauernden Redefluss. Krasicki gehört unmittelbar zur Stadtgeschichte, sein Leben schreibt sich direkt in Berlins Topografie ein; damit liegt die transnationale Geschichte Berlins und Preußens zwar in unmittelbarer Nähe („es sei nun mal so"), aber sie drängt sich einem nicht auf, „[d]as müsse man

---

20 Noch einmal aufgefordert, von sich zu erzählen, beantwortet er leidglich ein paar Grundfragen (Nawrat 2019, 178): „Was soll ich erzählen? sagte ich. Irgendetwas Interessantes, sagte er, Warst du vielleicht auf Reisen? Nicht wirklich, sagte ich. Bist du verheiratet?, fragte er. Ich nickte. Liebt ihr euch? Ich nickte. Wir lieben uns, sagte ich. Das ist gut. Man muss lieben! Ihr müsst Kinder bekommen. Das ist sehr wichtig."

21 Vgl. in Bezug auf die beiden Begriffe z.B. Erll 2017, 28–29.

auch nicht wissen" (68), schlussfolgert die Architektin. Das Gedächtnis, insbesondere das transnationale Gedächtnis, ist hier ein möglicher Zugang zur Geschichte der Stadt.

Ebenso besteht für den Erzähler die Möglichkeit, den „Dichter jiddischer und polnischer Sprache" Arnold Słucki kennenzulernen (98), der wegen seiner jüdischen Abstammung während der antisemitischen Hetze 1968 die Volksrepublik Polen verlassen musste und über Israel nach Westberlin kam, wo er 1972 verstarb. Der Erzähler wird nicht nur mit dessen Biografie konfrontiert (geboren 1920 als Aron Kreiner in Tyszowce, als einziger in der Familie überlebte er – in der Sowjetunion – die Shoah, ein überzeugter Kommunist, der sich nach dem Zweiten Weltkrieg „selbst polonisiert hatte" [100]), sondern auch mit dessen Dichtung und dessen Grab auf dem Friedhof in Ruhleben (die Ortsbeschreibungen der Architektin sind sehr präzise und an der Topografie orientiert: „in Sichtweite der Müllheizkraftwerks" [98]). „Das Grab liegt vereinzelt auf einer Wiese zwischen sporadisch verstreuten anderen. Eine Inschrift auf einer überwucherten Terracotta-Kachel gibt Auskunft, dass es sich um ein Ehrengrab der Stadt Berlin handelt" (102). Durch seine Berliner Lebensjahre und das Grab ist Słucki ein Teil der Spree-Stadt und der deutschen Geschichte geworden; durch seine polnisch-jüdisch-jiddisch-sowjetisch-israelisch-deutsche Biografie ist dieser Dichter ein Teil des transnationalen Gedächtnisses *per se*. Interessanterweise bezeichnet ihn die Architektin nicht als einen „polnischen Dichter" und nicht als einen „jüdischen Dichter", sondern als einen „Dichter jiddischer und polnischer Sprache" (98), womit sich der Roman indirekt in der Debatte über die deutsche Literatur mit und ohne Migrationshintergrund verortet und vom Konstrukt der Nationalliteratur distanziert: Die Bezeichnung „Schriftsteller deutscher Sprache" könnte viel universaler als eine Eingliederung in eine Nationalliteratur sein.

Durch die Geschichten der ‚Altberliner Migranten' findet der Roman einen Zugang zu den ‚Neuen Berlinern' und zu ihren Geschichten – so stammt Dorota, wie auch der autobiografische Erzähler, aus Opole, aber schon ihre Mutter hatte einen längeren und erzwungenen Migrationsweg hinter sich, aus Stanisławów (heute Ivano-Frankivs'k) in die neuen polnischen Westgebiete. Bei einer Salongesellschaft im Stadtteil Charlottenburg lernt der Erzähler weitere Mitteleuropäer kennen: Jemand stammt aus dem Banat und der Schauspieler Eli aus Siebenbürgen, daher spricht er Deutsch mit dem dortigen Akzent („Du bist halt ein Sachse aus dem 12. Jahrhundert, sagte Tecla", 160). Die Geschichte Deutschlands bzw. die deutsche Geschichte wird hier immer mehr mit der Ostmitteleuropas verflochten – dass dies aber nicht erst die Entwicklung der letzten Jahrzehnte ist, zeigt der Roman deutlich. Die ‚Neuen Berliner' erinnern ganz deutlich an die frühere transnationale Geschichte der Stadt und die

Transnationalität der deutschen Länder überhaupt (auch an die „versprengten Deutschen“[22]). Zum Thema wird hier die Migrationsgeschichte – nicht als eine polnische, deutsche oder rumänische, sondern als eine transnationale, individuelle und universale zugleich. Sie wird von dem überindividuellen transnationalen Gedächtnis begleitet, das im Roman freigelegt wird. „Beobachten – zuhören – mitdenken – weitergeben“ – so erfasst die Kritikerin Ursula März die Idee des Romans (2019).

6 Fazit

In der Erforschung der „Migrationsliteratur“ (auch interkulturelle oder transkulturelle Literatur genannt) wird immer deutlicher, dass diese Kategorie einen diskursiven Charakter hat und mehr den Prozess der Rezeption (und Vermarktung) eines Werkes charakterisiert als seine wirkliche literarische Struktur und Eigenart. Die über vierzig Jahre ‚gefeierte‘ „Migrationsliteratur“ in Deutschland verdient derzeit eine systematisierende Geschichte, die die Entwicklung dieser Kategorie (auch) im internationalen Kontext erfasst und beschreibt.[23]

Das Phänomen, das ich im Fall des letzten Romans von Matthias Nawrat skizziert habe, das Schreiben einer transnationalen Geschichte und die Freilegung eines transnationalen und transkulturellen Gedächtnisses einer Stadt, ist aber auf ähnliche Weise in Werken der migrierten Autoren, die in Deutschland in ihren ersten Muttersprachen schreiben, enthalten. So wie Nawrat den Berlinern den vergessenen Fürstbischof und Dichter Krasicki oder den „Dichter jiddischer und polnischer Sprache“ Arnold Słucki zurückgibt, so schreibt die seit 1984 in Berlin lebende Magdalena Parys die multikulturelle Geschichte Berlins in die Geschichte ganz Mitteleuropas ein und adressiert sie an polnische Leser. In ihrem Erstlingsroman *Tunnel*[24] verschiebt sie den Bau eines Fluchttunnels zwischen Ost- und Westberlin (sie geht vor allem auf den Bau des Tunnels 29 und die Flucht vom September 1962 zurück[25]) in den Sommer

22 Vgl. den Titel der Essays von Karl Markus Gauß (2005).

23 Einen solchen Versuch unternimmt Walter Schmitz, vgl. ders. (Hg.): *Literatur der Migration in den deutschsprachigen Ländern seit 1945 (Handbuch)*, Bd. I: *„Einwanderungsländer wider Willen“. Prozess und Diskurs*, Dresden: Thelem, 2018.

24 Polnische Ausgabe: Magdalena Parys, *Tunel*, Warszawa: Świat Książki 2011. Deutsche Übersetzung: *Tunnel*, übers. v. Paulina Schulz, Münster/Berlin: Prospero 2014.

25 Vgl. hierfür das Nachwort der Autorin: „Die Berliner Mauer, die dramatischen Fluchtgeschichten des letzten Jahrhunderts, die Menschenschmuggler, die zahlreichen Tunnels, darunter auch der ‚Tunnel 29‘, haben tatsächlich existiert.“ (Parys 2014, 339).

1981, um dadurch zwei wichtige Ereignisse für die DDR und die Volksrepublik Polen miteinander zu verbinden und eine gemeinsame (transnationale) Narration (den ‚Weg zur Freiheit') zu entwerfen. Schließlich stehen die Jahre 1980–1981 in Polen für die Augustabkommen und u.a. für die Legalisierung der Solidarność-Gewerkschaft, aber auch für die Einführung des Kriegsrechts im Dezember 1981, d.h. für eine Liberalisierung und Einschränkung der Freiheit zugleich.[26]

Eine parallele Betrachtung beider Teile der literarischen Produktion der migrierten Autoren in Deutschland (des deutschsprachigen Werkes und des in den jeweiligen Muttersprachen der Migranten verfassten) ist schon lange fällig. Bis das geschieht, bleibt die Kategorie der „Migrationsliteratur" nicht nur eine systematisierende (und gleichzeitig eine schubladisierende), sondern auch eine exkludierende.

Literatur

Arndt, Susan/Naguschewski, Dirk/Stockhammer, Robert (Hg.), *Exophonie: Anders-Sprachigkeit (in) der Literatur*, Berlin: Kulturverlag Kadmos, 2007.

Becker, Artur, „Die ganze Geschichte Polens", in: *Frankfurter Rundschau*, 16.10.2015, online verfügbar unter: http://www.fr.de/kultur/literatur/matthias-nawrat-die-vielen-tode-die-ganze-geschichte-polens-a-429957 (letzter Zugriff: 16.08.2018).

Behravesh, Monika, *Migration und Erinnerung in der deutschsprachigen interkulturellen Literatur*, Bielefeld: Aisthesis, 2016.

Behschnitt, Wolfgang/Mohnike, Thomas, „Interkulturelle Authentizität? Überlegungen zur ‚anderen' Ästhetik der schwedischen ‚invandrarlitteratur'", in: *Über Grenzen. Grenzgänge der Skandinavistik. Festschrift zum 65. Geburtstag von Heinrich Anz*, hg. v. Wolfgang Behschnitt/Elisabeth Herrmann, Würzburg: Ergon, 2007, S. 79–100.

Birschel, Annette, *Mordsgouda. Als Deutsche unter Holländern*, Berlin: Ullstein, 2011.

Bleutge, Nico, „Der Yukon im Keller", in: *Süddeutsche Zeitung*, 12.10.2015, online verfügbar unter: https://www.sueddeutsche.de/kultur/deutsche-literatur-der-yukon-im-keller-1.2682188 (letzter Zugriff: 12.04.2019).

Blum-Barth, Natalia, „Chamisso-Literatur. Einige Bemerkungen zu ihrer Definition, Provenienz und Erforschung", in: *literaturkritik.de* 8 (2013), online verfügbar unter: https://literaturkritik.de/id/18242 (letzter Zugriff: 12.04.2019).

26 „Nach all den Jahren weiß ich natürlich, dass es kein besonders guter Zeitpunkt für eine Flucht war. Die allgemeine Unruhe in Polen sandte ein breites Echo durch ganz Europa, sogar im Osten. Wenn ich mich richtig erinnere, kam es eben im August zu Streiks auf der Danziger Werft und ich fühlte, dass eine heiße Phase begann." (Parys 2014, 156)

Boesen, Elisabeth/Lentz, Fabienne (Hg.), *Migration und Erinnerung. Konzepte und Methoden der Forschung*, Berlin: LIT Verlag, 2010.

Bota, Alice/Pham, Khuê/Topçu, Özlem, *Wir neuen Deutschen. Wer wir sind, was wir wollen*, Reinbek: Rowohlt, 2012.

Brandt, Marion, „Deutsch-polnische Literatur aus postkolonialer und interkultureller Perspektive", in: *Bild – Reflexion – Dialog. Interkulturelle Perspektiven in der Literatur und im Theater*, hg. v. Miłosława Borzyszkowska/Eliza Szymańska/Anastasia Telaak, Gdańsk: Wydawnictwo Uniwersytetu Gdańskiego, 2014, S. 149–161.

Chiellino, Carmine (Hg.), *Interkulturelle Literatur in Deutschland*, Stuttgart: J.B. Metzler, 2007.

De Cesari, Chiara/Rigney, Ann (Hg.), *Transnational Memory. Circulation, Articulation, Scales*, Berlin: de Gruyter, 2014.

el Hissy, Maha, *Getürkte Türken. Karnevaleske Stilmittel im Theater, Kabarett und Film deutsch-türkischer Künstlerinnen und Künstler*, Bielefeld: transcript, 2012.

Erll, Astrid, *Kollektives Gedächtnis und Erinnerungskulturen. Eine Einführung*, 3. Aufl., Stuttgart: J.B. Metzler, 2017.

Felixa, Magdalena, *Die Fremde*, Berlin: Aufbau, 2005.

François, Etienne/Schulze, Hagen (Hg.), *Deutsche Erinnerungsorte*, Bd. I–III, München: C.H. Beck, 2001.

Gauß, Karl Markus, *Die versprengten Deutschen. Unterwegs in Litauen, durch die Zips und am Schwarzen Meer*, Wien: Paul Zsolnay, 2005.

Göttsche, Dirk, „Postkolonialismus als Herausforderung und Chance germanistischer Literaturwissenschaft", in: *Grenzen der Germanistik. Rephilogisierung oder Erweiterung?*, hg. v. Walter Erhart, Stuttgart/Weimar: J. B. Metzler, 2004, S. 558–576.

Gröndahl, Satu, „Invandrar- och minoritetslitteratur i Sverige. Från förutsättningar till framtidsutsikter", in: *Litteraturens gränsland. Invandrar- och minoritetslitteratur in nordiskt perspektiv*, hg. v. Satu Gröndahl, Uppsala: Centrum för multietnisk forskning, 2002, S. 35–70.

Hammerstein, Katrin, *Gemeinsame Vergangenheit – getrennte Erinnerung? Der Nationalsozialismus in Gedächtnisdiskursen und Identitätskonstruktionen von Bundesrepublik Deutschland, DDR und Österreich*, Göttingen: Wallstein, 2017.

Helbig, Brygida, *Engel und Schweine*, übers. v. Lothar Quinkenstein, Greifswald: freiraum-verlag, 2016.

–, *Kleine Himmel*, übers. v. Natalie Buschhorn, Berlin: KLAK-Verlag, 2019.

Helbig-Mischewski, Brigitte/Załuski, Krzysztof Maria, *Neue Geschichten aus der Pollakey. Anthologie zeitgenössischer polnischer Prosa*, Jestetten: b1, 2000.

Helbig-Mischewski, Brigitte/Zduniak-Wiktorowicz, Małgorzata (Hg.), *Migrantenliteratur im Wandel. Junge Prosa mit (nicht nur) polnischen Wurzeln in Deutschland und Europa*, Leipzig: Leipziger Universitätsverlag, 2016.

Herrmann, Gunnar, *Elchtest. Ein Jahr in Bullerbü*, Berlin: Ullstein, 2010.

Hillgruber, Katrin, „Raus aus dem Migrantenstadl. Schreiben ist Heimat: die deutsche Einwandererliteratur, die Sprachwechsler – und der 25. Chamisso-Preis", in: *Der Tagesspiegel*, 01.12.2009, online verfügbar unter: https://www.tagesspiegel.de/kultur/literatur/chamisso-preis-raus-aus-dem-migrantenstadl/1836682.html (letzter Zugriff: 12.04.2019).

Kroh, Jens, *Transnationale Erinnerung. Der Holocaust im Fokus geschichtspolitischer Initiativen*, Frankfurt a.M. et al.: Campus, 2008.

Lamping, Dieter, „Deutsche Literatur von nicht-deutschen Autoren. Anmerkungen zum Begriff der ‚Chamisso-Literatur'", in: *Chamisso. Viele Kulturen – eine Sprache* 5 (2011), S. 18–21.

Makarska, Renata, „Im Zeichen des Uneindeutigen. Lässt sich die ‚zweite Generation' der polnischen Migranten in Deutschland als eine Generation beschreiben?", in: *Migrantenliteratur im Wandel. Junge Prosa mit (nicht nur) polnischen Wurzeln in Deutschland und Europa*, hg. v. Brigitte Helbig-Mischewski/Małgorzata Zduniak-Wiktorowicz, Leipzig: Leipziger Universitätsverlag, 2016, S. 131–141.

–, „Topographie der Emigration. Grenzen und Durchgangslager", in: *Polnische Literatur in Bewegung. Die Exilwelle der 1980er Jahre*, hg. v. Daniel Henseler/Renata Makarska, Bielefeld: transcript, 2013, S. 133–149.

März, Ursula, „Ein Flaneur in Berlin", in: *Die Zeit*, 06.03.2019, online verfügbar unter: https://www.zeit.de/2019/11/der-traurige-gast-matthias-nawrat-roman-berlin/ (letzter Zugriff: 12.04.2019).

Meyer, Christine (Hg.), *Kosmopolitische ‚Germanophonie'. Postnationale Perspektiven in der deutschsprachigen Gegenwartsliteratur*, Würzburg: Königshausen & Neumann, 2012.

Mickiewicz, Iwona (Hg.), *Die neuen Mieter. Fremde Blicke auf ein vertrautes Land*, Berlin: Aufbau, 2004.

Nawrat, Matthias, *Der traurige Gast*, Reinbek: Rowohlt, 2019.

–, *Die vielen Tode unseres Opas Jurek*, Reinbek: Rowohlt, 2015.

–, *Unternehmer*, Reinbek: Rowohlt, 2014.

–, *Wir zwei alleine*, München: Nagel & Kimche, 2012.

Nora, Pierre (Hg.), *Erinnerungsorte Frankreichs*, übers. v. Michael Bayer, München: C.H. Beck, 2005.

Parys, Magdalena, *Tunel*, Warszawa: Świat Książki, 2011.

–, *Tunnel*, übers. v. Paulina Schulz, Münster/Berlin: Prospero, 2014.

Rostek, Joanna/Uffelmann, Dirk (Hg.), *Contemporary Polish Migrant Culture and Literature in Germany, Ireland, and the UK*, Frankfurt a.M. et al.: Peter Lang, 2011.

Rudnicki, Janusz, *Der Grenzgänger*, übers. v. Henryk Bereska/Ursula Kiermeier/Doreen Daume, Herne: Gabriele Schäfer, 2006.

Schlott, Wolfgang, „Auf der Suche nach anderen Orten der Entfremdung. Die ‚emigrierte' polnische Prosa nach 1985", in: *Die polnische Emigration und Europa 1945-1990. Eine Bilanz des polnischen Denkens und der Literatur Polens im Exil*, hg. v. Łukasz Gałecki/Basil Kerski, Osnabrück: fibre, 2000, S. 219–245.

–, „Die polnische Realität nach 1990 fiktional erfassen: Erzählmodelle in Texten deutscher und emigrierter polnischer Autoren", in: *Berührungslinien. Polnische Literatur und Sprache aus der Perspektive des deutsch-polnischen kulturellen Austausches*, hg. v. Magdalena Marszałek/Alicja Nagórko, Hildesheim/Zürich: Olms, 2006, S. 167–183.

–, *Polnische Prosa nach 1990. Nostalgische Rückblicke und Suche nach neuen Identifikationen*, Münster: LIT Verlag, 2004.

Schmitz, Walter (Hg.), *Literatur der Migration in den deutschsprachigen Ländern seit 1945 (Handbuch)*, Bd. I: *„Einwanderungsländer wider Willen". Prozess und Diskurs*, Dresden: Thelem, 2018.

Schoor, Kerstin/Schüler-Springorum, Stefanie, *Gedächtnis und Gewalt: Nationale und transnationale Erinnerungsräume im östlichen Europa*, Göttingen: Wallstein, 2016.

Skrzyposzek, Christian, *Freie Tribüne*, übers. v. Olaf Kühl, Berlin: Rotbuch, 1983.

Stach, Andrzej, *Das polnische Berlin. Polski Berlin*, Berlin: Ausländerbeauftragte des Senats, 1998.

Sturm-Trigonakis, Elke, *Global playing in der Literatur. Ein Versuch über die Neue Weltliteratur*, Würzburg: Königshausen & Neumann, 2007.

Sznaider, Natan, *Erinnerung im globalen Zeitalter: Der Holocaust*, Frankfurt a.M.: Suhrkamp, 2001.

Teodorowicz-Hellman, Ewa/Gesche, Janina (Hg.), *Między językami, kulturami, literaturami. Polska literatura (e)migracyjna w Berlinie i Sztokholmie po roku 1981*, Stockholm: Stokholms universitet, 2013.

Tobor, Alexandra, *Sitzen vier Polen im Auto. Teutonische Abenteuer*, Berlin: Ullstein, 2012.

Trepte, Hans Christian, „Alternatywa – Niemcy? Polscy pisarze w Niemczech przed i po roku 1989", in: *Po(st)mosty. Polacy i Niemcy w nowej Europie*, hg. v. Gabriela Matuszek, Kraków: Księgarnia Akademicka, 2006, S. 121–136.

–, „Zwischen den Sprachen und Kulturen. Sprachverweigerung, Sprachwechsel und Mehrsprachigkeit von Schriftstellern polnischer Herkunft vor und nach 1989/90C, in: *Polnische Literatur in Bewegung. Die Exilwelle der 1980er Jahre*, hg. v. Daniel Henseler/Renata Makarska, Bielefeld: transcript, 2013, S. 269–285. ,

Uffelmann, Dirk, „‚Self-Orientalisation' in Narratives by Polish Migrants to Germany (by Contrast to Ireland and the UK)", in: *Contemporary Polish Migrant Culture and Literature in Germany, Ireland, and the UK*, hg. v. Joanna Rostek/Dirk Uffelmann, Frankfurt a.M. et al.: Peter Lang, 2011, S. 103–132.

–, „Selbstorientalisierung in Narrativen polnischer Migranten“, in: *Zeitschrift für Slavische Philologie* 1 (2009), S. 153–180.

Weigel, Sigrid, „Literatur der Fremde – Literatur in der Fremde“, in: *Gegenwartsliteratur seit 1968*, hg. v. Klaus Briegleb/Sigrid Weigel, München/Wien: DTV, 1992, S. 182–229.

Wimmer, Marta, „‚Egal, ‚wo ich hingehe, bin ich zuhaus. Egal, wo ich ankomme, bin ich ein Gast […].‘ Von der Erfahrung des Andersseins im Werk von Dimitré Dinev, Radek Knapp und Vladimir Vertlib“, in: *Kulturanalyse im zentraleuropäischen Kontext*, hg. v. Daniela Finzi/Ingo Lauggas et al., Tübingen: Franke, 2011, S. 59–68.

Zaimoğlu, Feridun/Abel, Julia, „‚Migrationsliteratur ist ein toter Kadaver‘. Ein Gespräch“, in: *Literatur und Migration*, Sonderband, hg. v. Heinz Ludwig Arnold, München: Text + Kritik, 2006, S. 159–166.

Zink, Dominik, *Interkulturelles Gedächtnis. Ost-westliche Transfers bei Saša Stanišić, Nino Haratischwili, Julya Rabinowich, Richard Wagner, Aglaja Veteranyi und Herta Müller*, Würzburg: Könighausen & Neumann, 2017.

Sprachliche Suche nach eigenen Wurzeln

Anna Zonová und ihr Roman Za trest a za odměnu *in deutscher Übersetzung* (Zur Strafe und als Belohnung) *im Vergleich mit Katharina Betas* Katharsis

Eva Maria Hrdinová

1 Vorüberlegungen

Unser Beitrag setzt sich zum Ziel, das Konzept der Migration in zwei literarischen Werken vorzustellen und in mehreren Facetten und Funktionen zu analysieren. Gegenstand der Untersuchung ist zum einen der Roman *Za trest a za odměnu/Zur Strafe und aus Belohnung* (tschechisches Original von 2004, deutsche Übersetzung 2008) der bedeutenden tschechischen Gegenwartsautorin Anna Zonová. Die von Zonová mehrmals im Werk verwendete Mehrsprachigkeit wird im Vergleich zwischen dem tschechischen Original und der von Christa Rothmeier verfassten deutschen Übersetzung des Romans erörtert. Der Schwerpunkt liegt dabei auf dem Verhältnis zwischen Migration und Literatur/Sprache. Unter Migration verstehen wir hier in einem weiten Sinne des Wortes einen (erzwungenen oder nicht erzwungenen) Orts- und Kulturwechsel.

Zum Vergleich herangezogen wird der Roman[1] *Katharsis. Aus dem Wasser geboren* (2001) der in Österreich lebenden und aus Deutschland stammenden Autorin Irmhild Katharina Paterok, eher bekannt als Verfasserin von „spirituellen Ratgebern" unter dem Pseudonym Katharina Beta.[2] Das Werk unterscheidet sich in seinem narrativen Charakter von den anderen Werken Betas.

Ausgangspunkt der vorliegenden Untersuchung ist vor allem die Übersetzungswissenschaft. Wichtig sind für uns religiöse Termini und Realien als Träger der Kultur, und zwar der ersten Kultur der ProtagonistInnen der hier zu analysierenden Texte. Die Ziele unseres Beitrags sind demnach einerseits thematisch (1), im Sinne der Vorstellung zweier Migrationsgeschichten mit ihren interkulturellen Problemen und Besonderheiten, und andererseits

1 Bei dem Text handelt es sich um einen Roman mit stark autobiografischen Zügen. Obwohl Beta selbst den Text als ihre Autobiografie bezeichnet, sind dennoch starke fiktionale Züge vorhanden.

2 Mehr zum Vergleich zwischen Anna Zonová und Katharina Beta vgl. Hrdinová 2017. Zur religiösen Terminologie bei Katharina Beta siehe Hrdinová 2009, 5–15.

 | DOI:10.30965/9783846765241_012

hermeneutisch (2), im Sinne der Bedeutung der in Zonovás und Betas Werken gebrauchten religiösen ostkirchlichen Lexik.

Ad (1): Ziel ist die Verortung sowohl des Romans von Anna Zonová als auch des Werks von Katharina Beta im Kontext der Migrationsthematik. Obgleich Zonovás Werk, sprachlich gesehen, zur tschechischen Literatur gehört, ist es mit der deutschen Geschichte eng verbunden und verknüpft die Vertreibung der Deutschen mit der der Ruthenen. Es zeichnet sich unter anderem dadurch aus, dass es einen bestimmten Migrationskomplex nicht isoliert behandelt, sondern mit einem anderen kombiniert. Darüber hinaus ist das gemeinsame Thema der beiden Romane, der ostkirchliche Hintergrund, von essentieller Bedeutung.

Ad (2): Ziel ist die Identifikation und Interpretation von fremden Realien im Text, die als Merkmale von Migration gelten können, seien es im Falle Zonovás mehr oder weniger isolierte Lexeme, oder seien es im Falle von Katharina Beta ganze Wortfelder oder Textwelten.[3] Hierbei handelt es sich um religiöse Termini der christlich-orthodoxen und der seit dem 16. und 17. Jahrhundert (Unionen von Brest Litowsk und Uschhorod, als sich ein Teil der Orthodoxen in den heutigen Staaten Ukraine und Rumänien vor allem aus politischen Gründen für die Einheit mit dem römischen Katholizismus entschied) mit Rom verbundenen griechisch-katholischen Kirche. Insbesondere wird dabei die Translation dieser Termini betrachtet, nicht zuletzt unter Berücksichtigung von allgemeinen Prinzipien, die bei der Realienübersetzung wirksam sind.

2 Zur ostkirchlichen Terminologie im Deutschen

Die Tatsache, dass ostkirchliche liturgische Texte mehrmals ins Deutsche übersetzt wurden, mutet fast wie eine *contradictio in adjecto* an, weil der deutsche Sprachraum schon seit Jahrhunderten mit der westkirchlichen Kultur verbunden ist. Die Übertragung fremder kultureller Realien christlichen Charakters ist für den deutschen Kultur- und Sprachraum bereits im Mittelalter anzunehmen, als sich in der deutschen Sprache die westliche christliche Terminologie etabliert hatte. Weniger bekannt ist dagegen die Tatsache, dass es zu einer ähnlichen Durchdringung fremder christlicher Inhalte im deutschen Sprachraum nochmals zu einem viel späteren Zeitpunkt kam, konkret ab dem Ende des neunzehnten und im Laufe des zwanzigsten Jahrhunderts. Bei jenen fremden Inhalten handelt es sich um christliche Realien der Ostkirchen (orthodox und griechisch-katholisch), deren Übernahme in die deutsche Kultur

3 Für den Begriff der Textwelt vgl. Wolf 2008, 23–33.

in Zusammenhang mit der Ankunft des russischen Adels sowie russischer Kaufleute in deutschsprachigen Ländern gegen Ende des neunzehnten Jahrhunderts erfolgte. Dieser Trend setzte sich dann im zwanzigsten Jahrhundert weiter fort, vor allem dank der Gastarbeiter aus den slavischen südost- und osteuropäischen Ländern, aber auch beispielsweise aus Rumänien und Griechenland. Für die Bedürfnisse dieser Personengruppen wurden in größeren Städten Deutschlands orthodoxe Kirchen errichtet. Die orthodoxen und griechisch-katholischen nationalen Gemeinden blieben nicht isoliert, und es wurden Kontakte mit der deutschsprachigen Bevölkerung gepflegt.[4]

Für die neuen, ursprünglich deutschsprachigen Gläubigen wurden Übersetzungen liturgischer Texte ins Deutsche angefertigt. Bereits bei der Untersuchung der Übersetzung der Chrysostomos-Liturgie ins Deutsche muss man sich folgenden Problemfalls bewusst werden: Die Originalfassungen der zu analysierenden Texte (Griechisch und/oder Kirchenslavisch) gehören in Gänze der ostkirchlichen, zumeist orthodoxen, Kultur an (vgl. Hrdinová 2018). Diese sollte dementsprechend auch in den deutschen Übersetzungen präsent sein. Die Übertragung einer fremden, in unserem Falle ostkirchlichen Kultur in die westeuropäische fällt verschieden aus, je nachdem, ob es sich bei dem Zielland um die slavischen böhmischen Länder handelt (eine Art Übergangszone zwischen dem christlichen Osten und Westen), oder aber um den deutschsprachigen Zielraum. Dennoch muss ergänzt werden, dass für liturgische Texte die Translation der liturgischen Fachtermini auf eine Weise vollzogen wird, dass ihr Charakter im Sinne einer Funktionskonstanz beibehalten wird. Die meisten Termini wie „Ikonostase", „Gottesgebärerin", „Pope" usw. sind Übersetzungen der griechischen/kirchenslavischen Originalwörter oder Übernahmen aus dem Griechischen und ebenfalls aus anderen Sprachen des christlich-orthodoxen Areals (hier weiter als *Civis Orthodoxa* bezeichnet). Manche davon wurden auch schon vor dem 19. Jahrhundert übernommen. Bei einigen terminologisierten, also in der theologischen Fachwelt kursierenden Lexemen, handelt es sich um sogenannte Realien (vgl. z.B. Šabršula/Svobodová/Krejzová 1983; Tellinger 2012, 95),[5] also Dinge, die mit

4 Als ArbeitsmigrantInnen kamen auch griechisch-katholische Gläubige aus der Ukraine oder Rumänien nach Deutschland, und für sie wurden ebenfalls Übersetzungen ihrer liturgischen Texte etwa seit dem 19. Jahrhundert vorbereitet. Die religiöse Lexik der christlichen Orthodoxie und der Unierten ist zudem sehr ähnlich und bezeichnet oft ähnliche Sachverhalte, zumal sich die Unierten des östlichen („orthodoxen") Ritus bedienen.

5 Vgl. die Definition von Dušan Tellinger: „Die Auffassung von Realien im eigenen Sinne des Wortes ist bei manchen Übersetzungstheoretikern ziemlich unterschiedlich. Meistens hält man sie für einen wichtigen Bestandteil der schwer übersetzbaren äquivalentslosen Lexik und man definiert sie als Elemente des Alltags, der Geschichte, der Kultur, der

einer bestimmten Kultur verbunden sind und welche sich in Bezug auf deren translatorische Umsetzung nach Jiří Levýs Auffassung zwischen zwei Polen bewegen, zwischen Exotisierung und Naturalisierung.

Bei der Exotisierung wird die Originalrealie beibehalten, so etwa, wenn man über den US-amerikanischen *Santa Claus* in einer tschechischen Übersetzung eines englischsprachigen Textes spricht und dessen Namen ohne Änderungen beibehält. Bei der Naturalisierung desselben Namens *Santa Claus* würde man etwa das tschechische *Ježíšek* (= Jesulein, Christkind) wählen, um die fremde Realie der einheimischen Realität anzupassen, auf Grund gemeinsamer Funktion (= eine mythische Person, von der die Kinder zu Weihnachten Geschenke bekommen). Heutzutage wird in der deutsch-tschechischen Relation bei der Realienübersetzung mehr exotisiert, während die Naturalisierung oft bei der Märchenübersetzung verwendet wird (Hrdinová 2017).

Zwischen diesen Extrempositionen gibt es Zwischenstufen, denen Levý leider keine Aufmerksamkeit schenkt. Die Funktion der fremden Realien ist vorrangig die nähere Schilderung oder Kennzeichnung einer fremden Kultur. Im Falle von deren Vorkommen in der Zielsprache und -kultur kann der Translator die Neutralisierung wählen. Somit entsteht dann bei dem Translat die Illusion eines Originals. Eine exotisierendere Übersetzung ist demgegenüber eine nicht-illusionistische (vgl. Levý 1983).

3 Anna Zonová und Katharina Beta

Anna Zonová

Anna Zonová (geboren 1962) ist eine zeitgenössische tschechische Autorin, die mehrmals im Leben mit dem Thema „Vertreibung" konfrontiert wurde. Als Tochter eines ruthenischen Dissidenten musste sie im Kindesalter mit ihrer Familie in der Zeit des kommunistischen Regimes aus der Ostslowakei nach Nordmähren im heutigen Tschechien ziehen, eine neue Sprache lernen (und ihre Muttersprache verlernen) und sich einer neuen Kultur anpassen. In Nordmähren lernte sie neben der tschechischen auch die deutsche Kultur kennen, und später als Erwachsene unternahm sie mehrere Reisen nach Deutschland und Österreich, die sie geprägt haben.

Politik eines bestimmten Volkes, also als Identitätsträger einer nationalen Kultur, die keine Entsprechungen bei anderen Völkern haben. Im Allgemeinen hält man die Realien für die wichtigsten Träger der historischen und nationalen Spezifik eines Werkes." (Tellinger 2012, 95)

Die Handlung von Anna Zonovás teilweise autobiografischem Roman *Za trest a za odměnu/Zur Strafe und aus Belohnung* (2004, deutsche Übersetzung 2008)[6] spielt im nordmährischen „Sudetenland".[7] Die Romanhandlung thematisiert auf mannigfaltige Art und Weise die Lage der Altvater/Jeseníky-Region nach der Vertreibung der Sudetendeutschen, insbesondere im Zusammenhang mit den Überresten der dort befindlichen deutschen Kultur und den Kulturen, Sprachen und Religionen der neugekommenen Tschechen, Sinti und Roma, Slowaken und Ruthenen – innerhalb der kommunistischen „Schmelztiegelkultur" nach 1948 bis zum Zerfall des Kommunismus im Jahre 1989. Die Hauptfiguren sind Mitglieder einer ruthenischen Familie, die teils aus materiellen, teils aus religiösen Gründen (die kommunistische Herrschaft in der damaligen Tschechoslowakei verfolgte Griechisch-Katholiken)[8] ins nordmährische Sudetenland (Altvatergebirge) übersiedelte. Zu Wort kommen die Eltern: der frustrierte, einsame, alkoholkranke Vater und die lebenspraktische Mutter, vor allem aber Jozef und Tereza, die bereits im Sudetenland heranwachsenden Kinder dieser Familie, die beide wechselweise Erzähler des Geschehens sind. Hinzu kommt eine lokale tschechische kommunistische Familie, in die Tereza einheiratet. Terezas Schwiegermutter Lise, mit deutlichen biografischen Zügen von Jozefa Slánská, der Ehefrau eines später von den Kommunisten verfolgten kommunistischen Politikers, wird zur dritten Erzählerin des Geschehens. Obwohl immer wieder der Topos „Sudetenland" auftaucht – als eine öde, trostlose Gegend, als ein *locus horribilis* –, kommen deutsche Figuren oder Motive fast nur isoliert vor. Als die prägenden Kulturen treten die slowakisch-ruthenische und die tschechische in den Vordergrund. Die Ödnis des Sudetenlandes scheint jedoch auch nach 1989 (im Buch sehr

---

6 Die deutsche Übersetzung erschien als zweisprachige Ausgabe inklusive des tschechischen Originaltextes. In diesem Beitrag werden Original und Übersetzung aus dieser Ausgabe zitiert.

7 Die tschechische Bezeichnung ist „Sudety"/ˈsuːdɛtiː/. Bei Zonová wird das Sudetenland als ein trister Ort, als ein *locus horribilis* angesehen. Es handelt sich um das Areal im Nordwesten der Tschechischen Republik, das an Deutschland und Südwestpolen (damals Schlesien) grenzt und nach dem Ersten Weltkrieg der Tschechoslowakei zugeschlagen wurde. Nachdem die Nationalsozialisten im Münchner Abkommen 1938 das Areal okkupiert hatten, fiel es nach dem Zweiten Weltkrieg wieder an die Tschechoslowakei zurück.

8 Diese Konfession ist in den 1950er Jahren beinahe ausgerottet worden. Aus politischen Gründen sollten sich die Gläubigen der christlichen Orthodoxie anschließen, was jedoch viele Probleme mit sich brachte. Vor allem diejenigen, die diesen Schritt nicht gehen wollten, wurden von der tschechoslowakischen Staatsmacht verfolgt und eingekerkert. Zu diesen Dissidenten gehörte auch der Vater Anna Zonovás, der mit seiner Familie in die nordmährische Altvater-Region umzog.

plastisch beschrieben) nicht verlorengegangen zu sein. Auch nach der Wende sind Jozef und Tereza verloren und entwurzelt in dieser Welt, Jozef als arbeitsloser Trinker, Tereza als alleinstehende Frau, nach der Abkehr von ihrem Mann und nach dem Tode ihres Liebhabers. Die ostslowakische alte Heimat kann da nicht zu einer Katharsis beitragen. Ein *locus amoenus* kündigt sich nirgendwo an.

Katharina Beta

„Katharina Beta wurde in Berlin geboren, studierte Medizin und ist Mutter dreier Söhne. 1970, nach einem Autounfall, musste sie ihre berufliche Laufbahn beenden. Nach langer Lebenskrise und mühevoller Genesungsarbeit hat sie Geschichte des Ostens und Russisch studiert. Seit 1984 lebt sie als freiberufliche Autorin in Österreich und kann zahlreiche Publikationen zur Geschichte des Ostens vorweisen."

Mit diesen Worten charakterisiert sich die Autorin selbst im Klappentext zu ihrem Buch *Katharsis* (2001), einem autobiografischen Roman, in dem der Unfall, ihr Gedächtnisverlust (totale Amnesie, von der sich die Autorin und Ich-Erzählerin nur langsam erholt, während ihr zugleich erstaunlicherweise russische Sätze in den Sinn kommen, obwohl sie vorher mit russischer Sprache und Kultur nichts zu tun gehabt haben will) und ihre Glaubenssuche thematisiert werden. Katharina Beta, mit eigentlichem Namen Irmhild Paterok, ist eine katholisch erzogene und zunächst ohne religiöses Bekenntnis lebende Deutsche, die schließlich in der russisch-orthodoxen Auslandskirche ihr spirituelles Zuhause findet, deren Milieu ebenfalls ihre weitere berufliche Laufbahn prägt. Nach der Konversion wendet sie sich (vor allem aus gesundheitlichen Gründen) von allem Bisherigen ab, schließt neue Freundschaften, erlebt eine echte menschliche Gemeinschaft – im Unterschied zu ihren früheren, eher konventionalisierten Beziehungen und zwischenmenschlichen Kontakten. Dabei kommt sie auch zu neuen Beschäftigungen: zum Studium der Ostkirchengeschichte, zum Kirchenchorsingen, zur Teilnahme an Pilgerfahrten, zum Bücherschreiben usw., verliert dafür aber ihre Familie, die ihren neuen Weg nicht akzeptieren kann. Mit dem Schreiben wachsen ihr allmählich neue Wurzeln. Beta begegnet der christlich-orthodoxen Textwelt auf allen möglichen Ebenen (Ikonen, Liedtexte, liturgische Gesänge, katechetische Literatur, Bibel usw.) und rekonstruiert gleichzeitig – nach der im Koma verbrachten Zeit – ihr eigenes sprachliches und Textwelten erschaffendes Bewusstsein. Somit nähert sie sich dem Verständnis von rituellen Texten im normativen und formativen Sinne an, was schon Menschen in früheren Kulturen dazu verhalf, eine bestimmte Weltsicht zu konstruieren (Assmann 2000, 53). Zum Schluss gliedert sich Beta in diese Textwelt auch selbst ein und schildert sich als Verfasserin von Fachtexten zur christlichen Orthodoxie und von spirituellen Ratgebern. Betas ‚Flucht' in die russische Diaspora kann somit als eine Art ‚innere Emigration' interpretiert werden, als eine ‚Flucht' in eine Kultur, in der sich die Heldin gut fühlt und wo sie zum Schluss auch Wurzeln findet. Wie die Heldin auf lange Sicht in der russischen Diaspora wahrgenommen wird und ob es sich schließlich um eine vollständige Integration handelt, bleibt jedoch unklar.

4 Religiöse Terminologie bei den Autorinnen

Anna Zonová

Die ostkirchliche religiöse Terminologie stellt bei Anna Zonová eine Isotopie dar. Die Realien sind somit gewissermaßen eine Kulisse, vor der sich die einzelnen Figuren auf der Ebene der erzählten Geschichte bewegen. Natürlich handelt es sich dabei um eine wichtige Kulisse, denn sie erinnert an die alte Heimat der RomanprotagonistInnen. Der Glaube dieser Figuren ist ein Teil ihrer Identität. Die Ostkirchlichkeit wird dabei eher angedeutet als ausführlich dargestellt, so etwa in Bezug auf einige Bräuche oder die Verwendung des julianischen Kalenders. Es wird nicht explizit angegeben, um welche Konfession es sich handelt, ob um die orthodoxe oder die griechisch-katholische. Nur aus dem biografischen Hintergrund Anna Zonovás lässt sich ableiten, dass es sich um die griechisch-katholische Konfession handelt. Die ostkirchlichen Realien kommen vor allem am Textanfang zum Vorschein, gegen Ende des Romans schwinden sie dann allmählich, weil die Generation der Kinder keine Kontakte mehr mit der Ostslowakei pflegt. Die Vertreibung der Eltern wird im Buch nur indirekt angedeutet statt direkt beschrieben. Auch der Grund dieser Vertreibung (politische und materielle Gründe) lässt sich nur über Umwege feststellen.

Was den Charakter der religiösen Realien bei Anna Zonová angeht, sind vor allem Verweise auf diverse religiöse Gegenstände zu finden, die in der Theologie als Termini gelten (z.B. „Ikone") oder Bezeichnungen von Heiligen usw. Weiter sind auch intertextuelle Bezüge zu Gebetsanfängen zu finden. Diese sind jedoch nicht in der Originalsprache Tschechisch überliefert, sondern im Ruthenischen, der Sprache der in der Ostslowakei und Ukraine lebenden ruthenischen Minderheit.

Der erste Abschnitt entstammt den Erinnerungen Lises, einer der Hauptfiguren. Diese ist eine überzeugte Kommunistin, die als Ehefrau eines kommunistischen Offiziers die Befreiung der Ostslowakei am Ende des Zweiten Weltkrieges unmittelbar miterlebte:

> Pět měsíců je okupovali Němci. Nechápu, že k nim byli loajální. Teda ne všichni. Ti, které nepostříleli. Dokonce jim i pomáhali při vaření. Ten den měli karbanátky. Tohle by se mělo po našem vítězství vyhodnotit a potrestat. I to modlení.
> *O Marie Mati Boža, Prečista!*
> *Prosi za nas Syna Svojho Isusa Christa.*
> *Svitla zornice, nebesnaja Carice,*
> *Svjata, prečista Divo Marie!*
> *Pomozi nam Divo Mati, Prečista – prosi za nas ...*
> *Ne dopusti na nas vojnu, Prečista – prosi za nas ...*
> My se tady snažíme a bojujeme za jejich lepší život, a oni si zpívají. K někomu nahoře.
> Jenom nechápu, proč nikdo nesmetl dřevěný kostel na vyvýšenině na konci vesnice. Ani my, ani nepřítel. Vesničané si z toho samozřejmě udělali zázrak. (Zonová, 2008, 40, 42)
>
> Fünf Monate lang hatten die Deutschen sie okkupiert. Ich begreife nicht, dass sie loyal zu ihnen waren. Das heißt, nicht alle. Die, die nicht erschossen worden waren. Sie halfen ihnen sogar beim Kochen. An diesem Tag hatten sie Faschiertes gehabt. Das hätte nach unserem Sieg ausgewertet und bestraft gehört. Wie auch dieses Beten.
> *O Marie Mati Boža, Prečista!*
> *Prosi za nas Syna Svojho Isusa Christa.*
> *Svitla zornice, nebesnaja Carice,*
> *Svjata, prečista Divo Marie!*
> *Pomozi nam Divo Mati, Prečista – prosi za nas ...*
> *Ne dopusti na nas vojnu, Prečista – prosi za nas ...*
> Wir strengen uns hier an und kämpfen um ein besseres Leben für sie, und sie singen. Zu jemandem irgendwo in den Wolken.
> Ich begreife nur nicht, warum niemand die Holzkirche auf der Anhöhe am Ende des Dorfes hinweggefegt hat. Weder wir noch der Feind. Die Dorfbewohner haben sich daraus natürlich ein Wunder konstruiert. (Zonová 2008, 41, 43)

Das Gebet in der Textmitte verfügt über eine doppelte Funktion. Einerseits evoziert es religiöse ruthenische Lieder, die in der Ostslowakei gesungen wurden, andererseits stellt der Verweis auf den Krieg eine verdeckte Polemik gegen den Kommunismus dar, weil eine Kommunistin sich an dieses Lied erinnert. Das Ruthenische hat dabei klar exotisierende Tendenz. Dem tschechischen Rezipienten ist er nur teilweise verständlich (dieser kann z.B. Wörter wie „Mutter", „Maria" oder „Krieg" entziffern). Der deutsche Rezipient aber kann außer den Namen „Maria" oder „Christus" eigentlich nichts verstehen, denn im Text selbst befindet sich keine Erklärung; über den Text hinaus (Fußnotenapparat o.ä.) auch nicht. So kann ein Verlust in der Übersetzung festgestellt werden.

Ähnlich verfährt die Übersetzerin auch bei einem anderen (diesmal kirchenslavischen) Gebet, wo die Verständlichkeit allein für den tschechischen

Rezipienten noch geringer ist als bei dem schon erwähnten Lied. Hier erinnert sich Jozef an seine Geburt noch in der Ostslowakei:

> Porod už se skutečně nedal oddálit. Přesně jsem věděl, co bude následovat.
> Třídenní modlitby – *Pomiluj mja, Bože, po velicij milosti Tvojej, i po množestvu ščedrot Tvojich očisti bezzakonije moje. Najpače omyj mja ot bezzakonija mojeho, i ot hricha mojeho očisti mja ...* – a nakuřování posvěcenou svíčkou. To všechno, abych zakřičel, třeba i ze spánku. Do toho neustálé kvílení žen.
> „Vzdávám se," takže jsem se po třech dnech probral. Mamča o tom ani chvíli nepochybovala.
> Uli s Gudžou vypadají trošku zklamaně. „Joj, to mohl být tak krásný pohřeb. Andělňátka, pokřtěného a celého v bílém, bez jediného hříchu, kromě narození." (Zonová 2008, 18)

> Die Geburt ließ sich wirklich nicht mehr aufschieben. Ich wusste genau, was folgen würde.
> Drei Tage lang Gebete – *Pomiluj mja, Bože, po velicij milosti Tvojej, i po množestvu ščedrot Tvojich očisti bezzakonije moje. Najpače omyj mja ot bezzakonija mojeho, i ot hricha mojeho očisti mja ...* – und Räuchern mit einer geweihten Kerze. Alles, damit ich einen Schrei ausstieße, und sei's aus dem Schlaf. Dazu unaufhörliches Wehklagen der Frauen.
> „Ich ergebe mich!", womit ich nach drei Tagen zu mir kam. Mama hatte keine Sekunde lang daran gezweifelt.
> Uli und Gudža sehen ein bisschen enttäuscht aus. „Joj, das hätte ein schönes Begräbnis werden können. Von einem Engelchen, getauft und ganz in Weiß, ohne eine einzige Sünde, außer seiner Geburt." (Zonová 2008, 19)

Auch hier geht eine innere Polemik zwischen dem Gebet und dem erzählten Geschehen durch die Übersetzung verloren. Im Originaltext wird tschechischen LeserInnen ein Kontrast zwischen der Geburt eines (reinen) Kindes und Bußgebeten um die Reinigung aller Sünden vermittelt (durch Worte wie „waschen", „reinigen", „vergehen", „Sünde"). Dadurch wird ein Widerspruch erzeugt, da ein Kind doch nichts Schlechtes verursacht haben kann. Theologische Diskussionen über die Erbsünde lassen wir beiseite. In der Übersetzung aber wird der kirchenslavische Text ohne jegliche Erklärung zu einem inhaltlosen Ornament, welches lediglich eine fremde, unbestimmte und nicht näher charakterisierte Ur-Kultur kennzeichnet.

Kehren wir nun zu den Realien zurück, die für religiöse Gegenstände stehen. Diese stellen für die Übersetzerin eigentlich kein Problem dar. Hier beschreibt Jozef den Besuch bei seinen Verwandten in dem ostslowakischen Dorf, wo er an einem Begräbnis teilnimmt:

> Ikony jsou v parádním pokoji tři.
> Nejvíce se mi líbí ta s Lazarem.

> Příběh znám, co jsem začal vnímat. [...]
> Na ikoně s Lazarem jsou hory a k těm máme všichni blízko. Taky se mi líbí město nad nimi. Vypadá cizokrajně. U nás jsem nikdy nic podobného neviděl. Vysoké věže a pohádkové kupole. Zpočátku jsem nechápal, proč je Lazar zavinutý v plátěné kukle.
> „Ježíš ho právě vzkřísil," to mám od mamči. Je jasné, že když vás právě někdo vzkřísí, není hned čas na odvazování. (Zonová 2008, 138)
>
> Ikonen hängen drei im Galazimmer.
> Am meisten gefällt mir die mit Lazarus.
> Die Geschichte kenne ich, seit ich denken kann. [...]
> Auf der Ikone mit Lazarus sind Berge, und die sind uns allen vertraut. Auch die oberhalb von ihnen gemalte Stadt gefällt mir. Sie wirkt exotisch. Bei uns habe ich nichts ihr Ähnliches gesehen. Hohe Türme und Kuppeln wie in einem Märchen. Anfangs verstand ich nicht, warum Lazarus wie ein weißer Leinenkokon aussieht.
> „Jesus hat ihn soeben auferweckt," das habe ich von Mama. Es leuchtet ein, dass, wenn einen gerade jemand zum Leben erweckt, nicht gleich Zeit zum Auswickeln ist. (Zonová 2008, 139)

Interessant ist auch ein Hinweis auf die Hostie, wodurch mittels eines einzigen Elements die Zugehörigkeit zum griechischen Katholizismus festgestellt wird, zumal in der orthodoxen Kirche Hostien nicht vorkommen.

> Na strýce totiž nebyl zrovna krásný pohled. Tlustý, to on byl i před smrtí a teď se v tom horku ještě nějak víc nafoukl. Šátek, co jím měl podvázanou bradu, byl napnutý k prasknutí. Nevím, jestli ho raději neměli nechat s otevřenou pusou.
> „Zase by mu vypadla hostie," to mám od mamči. (Zonová 2008, 140, 142)
>
> Besonders schön anzusehen war Onkel nämlich nicht. Dick war er auch schon vor dem Tod gewesen, und bei der jetzt herrschenden Hitze blähte er sich irgendwie noch mehr auf. Das Tuch, mit dem sein Kinn hinaufgebunden war, war zum Zerspringen gespannt. Ich weiß nicht, ob sie ihm den Mund nicht lieber hätten offen lassen sollen.
> „Dann wär ihm wieder die Hostie herausgefallen", das habe ich von Mama. (Zonová 2008, 141, 143)

Aufmerksamkeit verdient ein subtiler Unterschied in Bezug auf die Mutter Gottes Maria, die im ostkirchlichen Usus als *Gottesgebärerin* verehrt wird, im Westen eher als *Jungfrau Maria*:

> Ono je to fakt těžké tady k něčemu dojít. Každý jsme odjinud. Třeba Rosťa někde z vnitrozemí. Asi proto dost věří. Myslím, že do kostela jich stejně nechodí víc než pět. Těch věřících. Ani mamča tam nechodí.
> „Tady tomu nerozumím," říká. „Také nevěřím farářovi, co není ženatý a nemá vousy."

> Já to neposoudím. Jako jestli je ta vousatá brada tak důležitá. Nezdá se jí rovněž neposkvrněné početí. Vstávání z mrtvých to jo, i nějaký ten zázrak, ale nazývat *Matku Boží Pannou Marií* tomu se brání. (Zonová 2008, 92 [kursiv E.H.])

> Es ist hier wirklich schwer, sich auf etwas zu einigen. Rosťa zum Beispiel kommt irgendwoher aus dem Landesinneren. Wahrscheinlich ist er deswegen ziemlich gläubig. Mehr als fünf, glaube ich, sind es ohnehin nicht, die in die Kirche gehen. Gläubige. Nicht einmal Mama geht hin.
> „Es ist mir hier unverständlich", sagt sie. „Außerdem traue ich keinem Pfarrer, der nicht verheiratet ist und der keinen Bart hat."
> Ich sehe das anders. Ob dieses bärtige Kinn nämlich so wichtig ist. Auch die Unbefleckte Empfängnis ist ihr nicht geheuer. Die Auferstehung von den Toten, das schon, auch das eine oder andere Wunder, aber die *Gottesmutter Jungfrau Maria* zu nennen, dagegen wehrt sie sich. (Zonová 2008, 93 [kursiv E.H.])

Erzählt wird der Abschnitt ebenfalls von Jozef. Seine kindlichen Überlegungen darüber, ob ein Priester Bart tragen soll oder nicht oder wie die Mutter Gottes zu nennen ist, scheinen auf den ersten Blick lächerlich zu sein. Sie weisen jedoch auf tiefere historische Realitäten hin, also konkret auf die Integration der (mit Rom unierten) Griechisch-Katholiken in einer römisch-katholischen Umgebung und ferner auch auf die Integration der ostslowakischen Ruthenen im nordmährischen Sudetenland. So beschreibt Anna Zonová als vertriebene Autorin das schwere Los der nachfolgenden Vertriebenengenerationen, deren Entwurzelung und Hoffnungslosigkeit.

Katharina Beta

Das Wortfeld Orthodoxie scheint am Anfang des Buches mit dem Wortfeld Russland zusammenzufließen. Neben russischen *Nomina propria*, von denen die aktuell gebräuchlichen (wie z.B. „Olga" oder „Tatjana") nach der Duden-Konvention transkribiert und die historischen teils übersetzt („Sergius von Radonesch"), teils transkribiert sind („Sosima"), sind im Buch zahlreiche Zitatwörter und -sätze aus dem Russischen präsent, seltener aus dem Altkirchenslavischen (z.B. „Gospodi pomiluj!" [Herr, erbarme Dich!]). Obwohl die Ich-Erzählerin über längere Jahre hinweg Russisch lernte, sich mit der Geschichte Russlands auseinandersetzte und sich mit der russischen Sprache und Kultur geistig und spirituell verbunden fühlte (vgl. ihre ersten – russischen – Sprachversuche nach dem Erwachen aus dem Koma), sind ihre Kenntnisse der russischen Sprache doch nicht einwandfrei, was auch die Transkriptionen einzelner russischer *Nomina propria* zeigen: so transkribiert die Ich-Erzählerin manchmal den kyrillischen Buchstaben „c" fehlerhaft und – wohl nach der angelsächsischen Konvention – als „c", obwohl es sich eigentlich um ein „s" handelt; dasselbe wiederholt sich bei „x" und „ch" sowie „v" und „w", vgl. z.B. *Dmitrievskij Cobor, Uspenskij Cobor, Derewjanix, Kleckix cerkov, Derew.*

Des Weiteren kommen Entlehnungen unterschiedlichen Grades vor, meistens ebenfalls aus dem Russischen (oder Altkirchenslavischen und/ oder Griechischen), wie z.B. „Batuschka", „Matuschka", „Pope", „Metropolit", „Staretz", „Ikonostase" usw. Diese werden entweder durch ihre Funktion im Text im Hinblick auf ihre Bedeutung markant (der Seelsorger Betas, Vater Avenir, der im Werk des Öfteren auftritt, wird wahlweise mit „Väterchen Avenir" oder „Batuschka Avenir" bezeichnet, ohne dass die synonyme Beziehung zwischen „Batuschka" und „Väterchen" im Buch erklärt wird) oder sie werden synonymisch umschrieben (z.B. die „Ikonostase" mit „Bilderwand"). Eher vereinzelt kommen Lehnübersetzungen und -übertragungen zum Vorschein, wie z.B. „Seine Heiligkeit", „Hochfest der Orthodoxie", „Väterchen". In sehr starkem Maße bedient sich die Autorin universal-christlicher bzw. -religiöser und biblischer Ausdrücke, wie z.B. „Kirche", „Chor", „Kloster", „Seelsorger", „Taufe", „Beichte", „Ostern", „Kathedrale", „Empore", „Gott", „Kreuz", „heilig", „Mönch", „Propst".

Die Verwendung des christlich-orthodoxen religiösen Wortschatzes ist bei Katharina Beta bewusst gewählt worden zur Bezeichnung einer Welt „A" (*locus amoenus*), mit der sich die Autorin identifizieren möchte. Die Welt „B" (*locus horribilis*), also die Welt, der die Autorin entstammt, scheint nun fremd zu sein.

Die tröstende und Geborgenheit versprechende Welt A wird auf der Story- und Plot-Ebene mit positiven Figuren belebt, die sich in übersichtlichen Konstellationen bewegen und mehrere *loci amoeni* bewohnen (vgl. z.B. die Beschreibung der orthodoxen Kirche in Weimar oder die russischen Passagen). Sie treiben auch die Handlung im positiven Sinne voran (z.B. materielle Hilfe der Orthodoxen, Unterstützung seitens der Geistlichen und Gläubigen). Demgegenüber ist die Welt B der Heldin sogar feindlich gesinnt. Die Heldin wird von der Welt B nicht verstanden, sie selbst versteht diese Welt B auch nicht (mehr). Das sieht man anhand von Szenen, in denen fast niemand – zu den Ausnahmen gehört die Krankenschwester Monika – begreifen kann, dass Katharina zuerst eine Rehabilitationsmaßnahme durchlaufen müsste, und zwar vor allem in psychischer Hinsicht, und nicht gleich nach ihrer Entlassung aus dem Krankenhaus ihr altes Leben fortführen kann. So wird nach ihrer Entlassung von der eigenen Schwester sofort ein Mann zu Katharina bestellt – höchstwahrscheinlich einer von Katharinas zahlreichen Exfreunden, an den sich Katharina aber nicht erinnern kann. Dieser Mann zwingt dann die vernarbte, innerlich erschütterte, verletzte und erschreckte Frau zum Oralsex und anderen Praktiken und ist lieblos zu ihr.[9] Hinzu kommt das völlige Desinteresse der Mutter an dem psychischen Zustand ihrer Tochter, das sich bei den anderen Familienmitgliedern wiederholt. Die Welt B ist formal römisch-katholisch geprägt, was aber keine besonders große Rolle zu spielen scheint.

Die zwischen diesen zwei Welten bestehende Kluft wird schon auf den ersten Blick von bestimmten textuellen Merkmalen angezeigt, auffälligen Diskrepanzen im Schreibstil der Autorin. Die Passagen, die die Welt A schildern, beschreiben diese sehr genau, manchmal fast lyrisch. Folgendermaßen wird z.B. der Propst Michael Stefirtza, der erste orthodoxe Seelsorger Betas, beschrieben:

> In mir spürte ich eine Anspannung, als mir ein Greis im langen schwarzen Gewand, mit üppigem weißen Bart und weißem gelockten Haar, das ihm weit über die Schultern reichte, entgegenkam. Auf seiner Brust trug er ein großes goldenes Kreuz, das er mit einer Hand festhielt, während er mir die andere entgegenstreckte. Wie gut es ist, ihn nur anzusehen, dachte ich. Ob er weiß, wie tröstlich sein gütiges Lächeln ist? […] Er sprach sehr leise, sehr deutlich und schaute mich aus dunklen Augen an, die wie ein braunes Samtpolster wirkten, aber ich konnte mein Gesicht darin erkennen, nachdem ich den Kontakt gefunden hatte. Dicke, buschige hellgraue Augenbrauen bogen sich darüber, rahmten die Augen ein und gaben die hohe Stirn frei, auf der sich viele Faltenrillen paarten; wenn er lächelte, legte sich sein ganzes Gesicht in Falten. (Beta 2001, 187)

Von den drei Söhnen Betas wissen wir außer ihren Namen nicht so viel, wie wir von dem Geistlichen wissen. Auf ähnliche Weise beschreibt Beta auch andere Orthodoxe. Die orthodoxe Weimarer Gemeinde hinterlässt bei Beta etwa folgenden Eindruck:

> Einige Gemeindemitglieder wurden mir vorgestellt. Zwei ältere Damen luden mich zum Mittagessen ein. Gütige Augen schauten mich aus Gesichtern an, in denen das Lächeln kleine Falten um die Augen und um den Mund herum bewegte. Keine Neugierde sprach aus den Blicken, nur eine Meerestiefe, aus der alles Wissen um Menschen und Leben, alle Geheimnisse der Seelen herausleuchteten. Sie erzählten von ihrem Land, von der russischen Frömmigkeit. (Beta 2001, 189)

Und so sah ein russischer Geistlicher aus, den Beta in der damaligen Sowjetunion traf: „Vater Alexander, ein junger, überaus sympathischer Mann, den ich mir in sportlicher Kleidung, Jeans und T-Shirt sehr gut vorstellen konnte.

---

9 Laut der Familie sollte dies eine Halluzination sein – hervorgerufen beim Anblick des nackten Schwagers im Haus der Schwester (Beta 2001, 121).

Seine schönen gepflegten Hände fielen mir auf." (Beta 2001, 374) Wie aus dem Bilderbuch herausgetreten scheint auch ein Kiewer Mönch zu sein: „Ein weißhaariger, langbärtiger Mönch stand vor der linken Tür der Ikonostase und tröstete Hilfesuchende. Weihrauch stieg an den Säulen auf." (Beta 2001, 366)

Die sich in der Civis Orthodoxa bewegenden Personen werden bei Beta manchmal auch in einem den katholischen Pfarr-Heimatromanen nicht unähnlichen Stil beschrieben. Der orthodoxe Pfarrer aus Wien, der wie der Propst Michael heißt, erweckt – während der Rückreise von der Pilgerfahrt nach Moskau – in einem österreichischen Zöllner (wir sind noch vor der Wende!) folgende Gefühle:

> Nicht nur die Passkontrolle, sondern auch die Sprache kam uns wieder entgegen. So wie Sie, sagte der Zollbeamte freundlich zu Vater Michael, habe ich mir immer einen russischen Priester vorgestellt, so weißhaarig, mit wunderschönen gütigen Augen und verheiratet. Ja, antwortete Vater Michael, bei uns wird vor der Priesterweihe geheiratet, oder aber jemand entschließt sich zum monastischen Leben. Danke, hörten wir die Stimme des Zollbeamten. Er bekam eine Einladung in unsere Kirche. Er werde gern einmal kommen. (Beta 2001, 383)

Fast allen „Bewohnern" der Civis Orthodoxa wird ein Name gegeben, und zwar auch denjenigen Figuren, die nur episodisch auftreten. Neben den öfter auftretenden Nebenfiguren, wie z.B. dem Vater Michael oder Väterchen Avenir, lernt man namentlich z.B. den Propst Boris Siborenko, Tatjana, „Tatjana und Vidja aus unserem Chor", Vater Alexander usw. kennen, denen im Text oft nur ein oder zwei Sätze gewidmet sind.

Demgegenüber tragen viele Menschen der Welt B oft keine Namen: ein „junger Assistent", „Kolleginnen" und „Kollegen", „mein Schwager", eine gleichaltrige „Anästhesistin" aus Teheran, „meine Nachbarin" usw. Dies mag auch damit zusammenhängen, dass die Welt B vor allem am Anfang des Textes vorherrscht, als sich die Ich-Erzählerin nicht so gut an Namen erinnern kann (Beta 2001, 108).

Bei manchen Personen treten sogar Spitznamen auf, die sich auf bestimmte körperliche oder geistige Merkmale beziehen. So wird der lutherische Seelsorger, den Beta in Bad Herrenhalb kennenlernt, zuerst mit „der evangelisch-lutherische Pfarrer in Herrenhalb" bezeichnet, später aber auch als „Fisch" oder „Schildkröte" charakterisiert. Dann kommt eine kontextuelle Expressivität zum Vorschein, in Form von Vergleichen und Metaphern, wie etwa in folgenden Textstellen:

> Der Pfarrer saß am Tisch *wie die dicke Schildkröte*, die ich kürzlich auf einem Bild gesehen habe. Er neigte seinen Kopf sehr tief, *wölbte sich wie der Panzer dieses Tieres*, wenn er einer Frage lauschte, die an ihn gerichtet wurde.

> *Der Schildkrötenkopf* schnellte hoch, die Lider hoben sich von den Augen, die mich jetzt durchdringend anstarrten. *Ein Fisch*, durchzuckte es mich, *wie ein glatter, großer Fisch*, der *sein Maul aufreißt*, um nach Luft zu schnappen.
> In Herrenhalb beantworteten die Therapeuten Fragen nach Geist und Seele und *die dicke Schildkröte* sprach von zwei Weisheiten, also einem geteilten Menschen, und verwirrte mich zusätzlich. (Beta 2001, 180, 181, 189 [kursiv E.H.])

Kommen wir noch einmal zur religiösen Lexik bei Katharina Beta zurück: Die bei Beta verwendete Lexik, welche in mehreren Fällen einen terminologischen Charakter besitzt, kann unter den Begriff „Realien" gefasst werden. Beta geht exotisierend vor. Sie verwendet die orthodoxe deutsche Terminologie ohne Erklärungen und Glossare. Die Bedeutung der fremden Lexik wird jedoch meistens aus dem Kontext klar.

5 Fazit

Beide Autorinnen, Anna Zonová und Katharina Beta, beschreiben eine exotische ostslavische Welt. Beide verwenden dabei den ostkirchlichen religiösen Wortschatz. Dennoch gibt es zwischen Zonová und Beta Unterschiede. Zum einem ist es die Textgattung: Bei Zonová handelt es sich um einen artifiziellen Roman (wenn auch mit autobiografischen Zügen), bei Beta um eine ‚belletrisierende Autobiografie'. Die autobiografische Erfahrung der beiden Autorinnen steht jeweils im Vordergrund. Zum anderen unterscheidet sich die Ausgangsbasis: Vertreibung versus ‚innere Emigration' der beiden Autorinnen, deren Gemeinsamkeit jedoch in der ostkirchlichen Kultur besteht. Auch ist es bei beiden die Flucht, die vieles in ihrem Leben beeinflusst. Einerseits verursacht diese Flucht Narben (Zonová), andererseits heilt sie diese (Beta). Immer wieder ist die ostkirchliche Welt (Ostslowakei, Welt der russischen Diaspora) ein *locus amoenus*, ein Ort des verlorenen Paradieses, an den Zonovás Helden gerne denken und in den sich Betas Heldin voll und ganz flüchtet. Die Flucht ist es, die zur Urheberin der Geschichten wird. Ohne die Flucht wäre die Entwurzelung Terezas und Jozefs im Roman von Zonová nicht vorhanden, ohne die Flucht wäre Katharina, Betas Heldin, nicht seelisch geheilt. Dennoch sind hier auch mehrere Facetten zu finden, die für die beiden Werke jeweils spezifisch sind: So thematisiert Anna Zonová die Migrationserfahrung ihrer Eltern, indem sie auf eine poetische Art und Weise die Region der Ostslowakei beschreibt. Diesen poetischen Charakter behielt auch Christa Rothmeier bei, und zwar durch die Nicht-Übersetzung der ruthenischen Textabschnitte. Ruthenisch wird so zu einer unverständlichen Sprache eines verlorenen Paradieses. Dieses verlorene Paradies vermag es jedoch nicht, die in der weiten Welt verlorenen ruthenischen Kindeskinder zu erlösen. Auch eine Integration der Ruthenen in die tschechische Mehrheitskultur misslingt. Jozef und Tereza stehen zwischen den Kulturen – sprachlos.

Katharina Beta ist national betrachtet kein Mensch mit Migrationshintergrund oder keine Migrantin, die einen Sprach- und Kulturwechsel vollzieht, dennoch entscheidet sie sich für eine ‚innere Migration' in eine andere Kultur, in eine fremde Welt, um ihren Seelenfrieden zu finden. So nimmt sie auch die russische Sprache an und integriert sich in eine fremdsprachliche Diaspora-Gemeinde. Diese Integration gelingt, oder zumindest scheint sie zu gelingen. Katharina Betas entwurzeltes Leben schlägt neue Wurzeln. Metaphorisch gesagt, gleichen die positiv oder negativ konnotierten Wortfelder Betas dem Wurzelgeflecht, welches sie am Anfang ihrer Geschichte, noch krank und einsam, in einem Kurpark betrachtet. Dieses Wurzelgeflecht einiger dort stehender Bäume symbolisiert das Geflecht ihrer Gefühle, die sie entwirren muss, um ihre Identität zu finden. Sie entdeckt sie schließlich in der russischen Orthodoxie, was natürlich nicht nur ihr weiteres Leben, sondern auch ihre Betrachtung der Welt und deren Beschreibung auf eine bedeutende Art und Weise beeinflusst.

Literatur

Assmann, Jan, *Religion und kulturelles Gedächtnis*, München: Beck, 2000.

Aleš, Pavel, *Pravoslavná církev u nás. Přehled dějinné cesty*, Olomouc: Světlo světa, 1996.

Beta, Katharina, *Katharsis. Aus dem Wasser geboren. Autobiographie*, München: Ullstein, 2001.

Beyer, Klaus, *Religiöse Sprache. Thesen zur Einführung*, Münster: LIT Verlag, 2004.

Bochynski, André, „Onomastisches und Onomasiologisches zum Ausdruck von Exotik in Walter Moers ‚Die 13 ½ Leben des Käpt'n Blaubär'", in: *Studia Germanistica* 3 (2008), S. 35–46.

Halas, František Xaver, „Prešovský sobor", in: *Fórum Velehrad I. Communio ecclesiarum – očištění paměti*, hg. v. Pavel Ambros, Olomouc: Refugium Velehrad Roma, 2007, S. 99–121.

Hrdinová, Eva Maria, *Kultura v procesu překladu*, Olomouc: Vydavatelství UP, 2017.

–, *Překlad termínu v mezikulturních relacích (Na příkladu překladu Chrysostomovy liturgie)*, Olomouc: Vydavatelství UP, 2018.

–, „Über die Wurzeln Katharina Betas oder darüber, wie sich religiöse Lexik übersetzen lässt", in: *Studia germanistica* 4 (2009), S. 5–15.

Levý, Jiří, *Umění překladu*, Praha: Odeon, 1983.

Petríková, Anna, „Preklad religióznej lexiky“, in: *Vzťahy a súvislosti v odbornom preklade*, hg. v. Anna Valcerová, Prešov: Prešovská univerzita v Prešove, 2007, S. 76–85.

Skirl, Helge/Schwarz-Friesel, Monika, *Metapher*, Heidelberg: Winter, 2007.

Schwarz-Friesel, Monika, *Sprache und Emotionen*, Tübingen/Basel: Narr, 2007.

Straková, Vlasta, „Termín jako překladatelský problém“, in: *Překládání a čeština*, hg. v. Zlata Kufnerová et al., Jinočany: H a H, 2003, S. 90–96.

Šabršula, Jan/Svobodová, Jitka/Krejzová, Anna, *Základy jazykovědy pro romanisty*, Praha: UK, 1983.

Tellinger, Dušan, *Der kulturelle Hintergrund des Translats – Kultur als Substanz der Kommunikation*, Košice: Typopress, 2012.

Wolf, Norbert Richard, „Welttexte und Textwelten“, in: *Studia Germanistica* 3 (2008), S. 23–33.

Zonová, Anna, *Zur Strafe und als Belohnung. Za trest a za odměnu*. Aus dem Tschechischen übers. v. Christa Rothmeier, Klagenfurt: Wieser, 2014.

Codeswitching und mehrfache Adressierung in Maxim Billers Texten

Marek Nekula

1 Einführung

Mein Beitrag bezieht sich auf Maxim Biller, der dem Leser in den Jahren 2015 bis 2016 als einer der Protagonisten des Literarischen Quartetts bekannt sein dürfte, also als jemand, der sich in der deutschen Literatur bestens auskennt und ihr auch angehört. Auch im Rahmen dieses Bandes ist Maxim Biller ein geeignetes Untersuchungsobjekt, da er zu den Autoren gehört, die man – biografisch und literarisch gesehen – als „Grenzgänger" bezeichnen kann.[1] 1960 in eine russisch-jüdische Familie in Prag geboren, emigrierte er mit ihr im Alter von zehn Jahren nach Deutschland. Hier studierte er später Germanistik und Journalistik; heute lebt er als freier Schriftsteller in Berlin. In Deutschland ist er eine wichtige Stimme der deutschen bzw. deutschsprachigen Gegenwartsliteratur geworden. Er selbst versteht sich allerdings – so etwa in seinem Selbstporträt *Der gebrauchte Jude* (2009) – als ein jüdischer Autor. Bettina Codrai rechnet ihn der zweiten Generation jüdischer Autoren in Deutschland zu, die meist in Mittel- oder Osteuropa geboren wurden, mit den Eltern nach Deutschland eingewandert sind und – anders als die ‚unsichtbare' erste Generation der Juden nach dem Zweiten Weltkrieg – mit der Vergangenheit und der Erinnerung daran sowie dem Jüdischsein offensiver umgehen.[2]

In seinen Erzählungen und Romanen wechselt Biller allerdings nicht zum Jiddischen oder Hebräischen, sondern zum Tschechischen. Daher stellt er trotz seiner Sonderstellung – er ist ein in Prag geborener jüdischer Autor russischer Herkunft – nicht nur das Phänomen der Migration in der Gegenwartsliteratur im Allgemeinen dar, sondern steht im Konkreten stellvertretend auch für die Autoren, deren Erstsprache Tschechisch ist und deren Zweit- und später auch Literatursprache durch die Emigration der Eltern Deutsch geworden ist. Davon gibt es gar nicht so wenige. Man könnte etwa Katja Fusek

* Dieser Beitrag baut auf Nekula (2011, 2012) auf, fokussiert aber neu auf das Codeswitching und entwickelt die Interpretation von Maxim Billers Texten methodologisch weiter.

1 Zum Begriff vgl. etwa Pfeifferová 2010.

2 Mehr zu Billers Einordnung und seiner Schreibweise an der Grenze zwischen Fiktionalität und Authentizität vgl. Codrai 2015.

 | DOI:10.30965/9783846765241_013

oder Michael Stavarič nennen. Andere – wie Pavel Kohout, Ota Filip, Jiří Gruša, Libuše Moníková, Jan Faktor oder Eva Profousová – haben den Sprachwechsel zur deutschen Literatursprache nach ihrer Emigration im Erwachsenenalter vollzogen. Einige von ihnen werden in der Monografie *Die Heimat im Wort* sowie in der Anthologie *Ich träume von Prag* vorgestellt (vgl. Corneio 2010; Fischerová und Nekula 2012). Sie haben dabei ihre Wahlverwandten auch in Frankreich – wie Milan Kundera oder Věra Linhartová –, in Amerika – wie Jan Novák, Joseph Hurka oder Mark Slouka – sowie im Mittelmeerraum – wie Monika Zgustová oder Sylvia Richterová. Während also im Mutterland – in Böhmen und Prag – mit dem Zweiten Weltkrieg die einst zweisprachige literarische Welt endgültig verlorengegangen ist, in der die mehrsprachigen, meist jüdischen Schriftsteller als Leser – wie Franz Kafka – oder als Autoren – wie Jiří/Georg Mordechai Langer – zwischen den Literatursprachen simultan wechseln konnten,[3] entstand außerhalb des Heimatlandes eine anders geschriebene tschechische Literatur bzw. Weltliteratur,[4] für die die konsekutive literarische Mehrsprachigkeit charakteristisch ist. Während bei den genannten Autoren im Kontext des Habsburgerreiches durch die Dominanz des Deutschen in öffentlichen Institutionen sprachlich entsprechende Weichen gestellt wurden, wird der Wechsel von der Herkunfts- zur Umgebungssprache bei den zeitgenössischen Autoren mit der Migration, die einen Bruch in ihrer Biografie bzw. ihrer literarischen Biografie bedeutet, vollzogen. Diejenigen, die diesen Wechsel vor dem kritischen Alter im Spracherwerb vollziehen, nutzen die Umgebungssprache als ihre erste Literatursprache in der Regel problemlos, während die, die erst im Erwachsenenalter von der einen zur anderen Literatursprache wechseln, in der Regel auf das assistierte Schreiben zurückgreifen, indem sie ihre Texte sprachlich überarbeiten lassen.

In beiden Fällen ist dies mit einer Verunsicherung verbunden – sei es in Bezug auf die Sprache und den damit einhergehenden Zugriff auf die Welt, oder in Bezug auf ihre Identität. Neben dem starken Bezug auf Sprache, der sich in der Darstellung von Mehrsprachigkeit oder Sprachlosigkeit manifestiert, fallen ihre Texte u.a. auch durch Identitätssuche ihrer Protagonisten und Thematisierung kultureller Hybridität, Erinnerung an die alte Heimat und Abgrenzung davon sowie Verhandlung von Heimatsuche, Heimatverlust und Heimatlosigkeit auf.

3 Zur Begrifflichkeit vgl. Kremnitz 2015, zur literarischen Mehrsprachigkeit und der Prager Moderne vgl. Nekula 2017, zu Lektüren Franz Kafkas vgl. Nekula 2016 und zur textübergreifenden Mehrsprachigkeit Langers vgl. Koschmal 2010.

4 Zum Begriff der Weltliteratur, die jenseits der Tradition der nationalen Literatur steht, vgl. etwa Löffler 2014.

Auch in Billers Werk begegnet man immer wieder Emigrations- oder Immigrationsthemen. In den Erzählbänden *Land der Täter und Verräter* (1994) und *Bernsteintage* (2004) sowie in seinen Romanen *Die Tochter* (2001) und *Esra* (2003) finden sich neben jüdischen Themen auch tschechische Motive, Figuren und/oder Textfragmente, die seine Prosa – teilweise erinnernd – für den tschechischen Kontext öffnen oder – auf der Spurensuche des Erzählers nach dem eigenen Ich, nach der eigenen Identität – in den tschechischen Kontext sogar versetzen, wobei sich diese Welt dem lediglich deutschsprachigen Leser bei einer solchen Kontextualisierung nur partiell bzw. anders als dem bilingualen Leser erschließt. Dieser Kontextualisierung sowie dem Umgang mit der Sprache werde ich mich nun anhand der Erzählung „Ein trauriger Sohn für Pollok" aus dem Erzählband *Land der Täter und Verräter* (1994) widmen, wobei ich jedoch Billers Werk als Ganzes im Auge behalten werde.

2 Fragestellung und Methode

In Bezug auf den untersuchten Text stelle ich in meinem Beitrag die Frage nach der Adressierung und damit auch nach dem *Modellleser*, wie ihn Umberto Eco (1998) versteht, der – in Bezug auf die Adressierungsebenen – zwischen einem *naiven* und einem *kritischen Leser* unterscheidet. Angesichts der Art und Weise der Verwendung des Codeswitchings in dem untersuchten literarischen Text sind diese analytischen Kategorien mit sprachlichen Kategorien zu verbinden. Die naive Lesart fällt mit einer einsprachigen (deutschen) Lesart, die kritische Lesart mit einer mehrsprachigen (deutsch-tschechischen) Lesart des Textes zusammen. Damit stellt sich auch die Frage nach der Funktion des Codeswitchings. Dabei scheint es, dass das nicht immer übersetzte und damit nicht verständlich gemachte Codeswitching vom Deutschen zum Tschechischen und zurück in der sonst deutsch geschriebenen Erzählung ein wichtiger Trigger ist – für die Frage nach dem Sinn bzw. für eine mehrsprachige, sprachlich und semantisch hybride, kritische Lesart. Daher gehe ich auch auf das Codeswitching in diesem Text näher ein. Im Anschluss daran versuche ich zu zeigen, dass sich diese kritische Lesart der Erzählung in der Interpretation der tschechischen bzw. teilweise sprachlich hybriden Figurennamen vollendet und einen semantischen Mehrwert der erzählten Geschichte erschließen lässt. Lediglich der durch das Codeswitching implizierte und aktivierte sprachlich und kulturell hybride Leser bzw. Modellleser ist im Stande, das mit den Figurennamen angestellte Spiel und damit auch den Text zu verstehen. Dies träfe auch bei der Übersetzung aus dem Deutschen in eine andere Sprache zu, in der dem Leser ein tschechischer Lesehorizont fehlen würde. Bei der

Übersetzung ins Tschechische in *Země otců a zrádců* (2011), die sich an den tschechischen Leser wendet, geht wiederum das Codeswitching verloren, das die Lesbarkeit, das Textverstehen und den eindeutigen Sinn der Geschichte hinterfragt und die kritische Lesart triggert.

In diesem Sinne gehe ich davon aus, dass der Modellleser ein hybrider ‚dritter Leser' ist, der sich, sprachlich und kulturell gesehen, in einem ‚dritten' Raum befindet, d.h. in einem Verflechtungsraum, der weder deutsch noch tschechisch ist, wie man dies in Anlehnung an Homi Bhabha formulieren kann (Bhabha 2000, 55–57). Wie es sich mit dem Unterschied zwischen naivem und kritischem Leser verhält und wie der dritte Leser in Billers Texten durch das nicht übersetzte Codeswitching und die Hybridität der Figurennamen modelliert wird, will ich im Folgenden im Detail erläutern. Ausgehend von der Lektüre des Textes – und nicht von der Biografie des Autors –, möchte ich abschließend ein Charakteristikum des Autors herausarbeiten, der es versteht, über die sprachliche Hybridisierung bzw. Mehrsprachigkeit mehrfache Lektüren nicht nur in diesem Text anzuregen.

3 Erzählen einer Geschichte?

Die Geschichte, die in der ersten Erzählung des Bandes *Land der Väter und Verräter* (1994) mit dem Titel „Ein trauriger Sohn für Pollok" mehrfach und jeweils unterschiedlich erzählt wird, hat zwei Hauptprotagonisten: Milan Holub und Pavel Pollok. Milan Holub ist „Philosoph und Schriftsteller" (Biller 1994, 13), der sich aktiv an dem kommunistischen „Putschfebruar 1948" (eigentlich Februarputsch) in der Tschechoslowakei beteiligte (Biller 1994, 14), „in seinen *Teplitzer Elegien* Stalin und Gottwald besang" (Biller 1994, 14) und im Jahre 1949 als „Kulturattaché an der Prager Botschaft in Moskau" arbeitete (Biller 1994, 17). Da „brachte" er einen tschechoslowakischen Auslandsstudenten und „seinen besten Freund" Pavel Pollok, den Vater des Ich-Erzählers, durch einen „Bericht" (Biller 1994, 18) über dessen Ansichten über Stalin „mit ein paar schnellen, beiläufigen Sätzen um die Zukunft" (Biller 1994, 13). Sein Freund Pavel musste sich auf Grund dieses Berichtes einem „Studententribunal" stellen, bei dem er Selbstkritik zu üben hatte, bevor er „in einem kleinen Schauprozeß von den Kommilitonen" abgeurteilt (Biller 1994, 18), von der Lomonossow Universität ausgeschlossen und in der Tschechoslowakei anschließend zu fünf Jahren in die Uranminen in Jáchymov verdammt wurde.

In den 1960er Jahren wurde der Denunziant Milan zu einem der Protagonisten des ‚Prager Frühlings', „in zweiter Reihe hinter Forman, Mňačko und Kohout" (Biller 1994, 14). Nach dem Einmarsch der sowjetischen Truppen in die Tschechoslowakei wollte er dann nicht mehr klein beigeben, blieb in der Opposition und wurde später zu einem der Unterzeichner der Charta 77, die „zu seiner neuen Partei" wurde (Biller 1994, 15). Nachdem der Druck auf ihn weiter zugenommen hatte und sein „Dackel Pepa" getötet worden war, „beschloß der Schriftsteller, das Land zu verlassen" (Biller 1994, 15). Nach der Ankunft im Westen, wo er „eine prachtvolle Wohnung am Münchner Prinzregentenplatz" bezog (Biller 1994, 15), „schilderte er [alles] [...] selbst in *Ich, Böhmen und die Welt*" (Biller 1994, 14). Der Ich-Erzähler, eine weitere handelnde Figur dieser Geschichte, erhält diese Memoiren vom Verlag zur Begutachtung und beschließt, seinen Vater Pavel Pollok zu rächen und das Manuskript seines Denunzianten abzulehnen.

Bei der Figur *Milan* Holubs lassen sich die intertextuellen Fäden nicht übersehen, die aus dem Text heraus in die diskursive Welt der Literatur und Literaturgeschichte führen (Baßler 2008, 134). So sind die verwendeten Biografeme von Pavel Kohout auch für einen deutschen Leser, der nur Pavel Kohouts Biografie bzw. seinen autobiografischen Roman *Wo der Hund begraben liegt* (1987) in deutscher Fassung kennt, kaum zu übersehen.[5] Kohout wird bereits 1947 Kommunist, 1949 bis 1950 ist er Kulturattaché in Moskau, 1952 bis 1960 Mitglied des Zentralkomitees des Sozialistischen Jugendverbandes, währenddessen er drei Gedichtbände voll von stalinistischem Enthusiasmus veröffentlicht.[6] Im Laufe der 1960er Jahre findet er zu sich, liest beim Schriftstellerkongress im Jahre 1967 Solschenizyns Protestbrief und wird als Chef der Kommunistischen Partei in Prag zu einem der Gesichter des Prager Frühlings 1968. In der Zeit der sogenannten Normalisierung nach dem Einmarsch der sozialistischen Bruderstaaten findet er zu anderen Dissidenten, schreibt an der Charta 77 mit und wird durch die Staatspolizei schikaniert. In diesem Zusammenhang wird auch sein Dackel getötet. 1978 reist er nach Wien aus, um dort am Burgtheater tätig zu sein, wonach er ausgebürgert wird. Nicht unbekannt ist dem deutschen Leser auch die an Selbstparodie grenzende Überhöhung des eigenen Schicksals als Exempel der Epoche, die im fiktiven Titel der Autobiografie Milan Holubs *Ich, Böhmen und die Welt* durchschlägt und später im Titel der Erinnerungen Pavel Kohouts *Mein tolles Leben mit Stalin, Hitler und Havel* (2010) anklingt.

5 Der Roman ist 1987 auf Tschechisch im Exil-Verlag Index und nach der Wende 1990 im Atlantis Verlag erschienen und trägt in dieser Ausgabe den Untertitel „Memoáromán", in dem die zwei Genrebezeichnungen „Memoiren" und „Roman" verflochten werden und auf diese Weise die Romanhaftigkeit von Kohouts persönlicher Geschichte und deren literarisch freie Aufarbeitungen zum Ausdruck bringen.

6 Kritisch zu seinem Lebenslauf und Lebenswandel vgl. Kosatík 2001.

In der Figur *Pavel* Polloks lassen sich wiederum Verweise auf Milan Kundera erkennen. Dieser schrieb nämlich nach seiner stalinistischen Phase im Roman *Der Scherz* (geschrieben 1965, veröffentlicht 1967) eine regimekritische Geschichte über ein „Ehrengericht" (Kundera 2013, 62), das Pavel Zemánek und andere Kommilitonen seinem „Freund" und ihrem „Kameraden", dem jungen Kommunisten Ludvík Jahn, in den frühen 1950er Jahren wegen eines Scherzes über das Regime machten. Der kurze provokative Text „Optimismus ist Opium für die Menschheit. Ein gesunder Geist stinkt nach Dummheit! Es lebe Trotzki! Ludvík" (Kundera 2013, 41), den Ludvík in einer Aufwallung schmerzlicher Eifersucht an seine in ein Schulungslager freudig verreiste Freundin Markéta geschrieben hatte und der öffentlich geworden war, kostete ihn im Kontext der großen Schauprozesse zwar nicht das Leben,[7] ruinierte es aber, trotz seiner „öffentlichen Selbstkritik", durch den Parteiausschluss und den Abgang von der Hochschule sowie die damit verbundene Stigmatisierung „für den Rest des Lebens" (Kundera 2013, 71) durchaus.

Und auch wenn es sich um Biografeme und somit nicht um die Biografien konkreter Personen, sondern um eine prototypische Biografie eines mitteleuropäischen Intellektuellen der 1950er bis 1980er Jahre handelt, sind Billers spezifische Erzähltechnik und der spezifische Sinn der Geschichte über die mitteleuropäische Geschichte ohne die Anspielungen auf Pavel Kohout und Milan Kundera nicht ganz erschließbar. Deswegen wurde diese doppelte Allusion auch verdeutlicht, auch wenn Pavel Kohout in der Emigration in Wien und nicht in München lebte und Milan Kundera die Geschichte des kleinen Schauprozesses in den 1960er Jahren nur schrieb und nicht in den 1950er Jahren als unmittelbar betroffene Person erlebte. Indem ihre Vornamen Milan und Pavel in der Erzählung vertauscht und beide nebeneinander auf einem Foto abgebildet werden, was ihre Gleichsetzung mit ihren Biografien ausschließt, wird der Text für den Leser durch die Realität nicht entzaubert, sondern in einen dem Leser – im Idealfall – bekannten kulturhistorischen Kontext eingesetzt, wodurch sich für ihn ein eigener Interpretationsrahmen öffnet.

Nach der rachelustigen Ablehnung des Manuskriptes von *Ich, Böhmen und die Welt* trifft der Ich-Erzähler seinen Kontrahenten Milan Holub in dessen Wohnung, wo Fotos von Holub mit Pavel Kohout, Emil Zátopek, Alexander Dubček, Yves Montand, Jorge Semprun, Philip Roth und Milan Kundera an den Wänden hängen (Biller 1994, 19). Der Ich-Erzähler unterhält sich mit Milan Holub über dessen Manuskript, bis er schließlich seine Identität preisgibt und Milan Holub mit der Leidensgeschichte seines Vaters Pavel Pollok konfrontiert und damit auch seine Ablehnung des Manuskripts, in dem diese

7 Zum Rudolf Slanský Prozess vgl. Gerber 2017.

Leidensgeschichte verschwiegen wird, begründet. Darauf bietet Milan Holub, der in sein Deutsch zuvor tschechische Floskeln einfließen ließ, um die Sprachkenntnisse seines Gegenübers zu prüfen, dem Ich-Erzähler eine andere Interpretation der Vorkommnisse in Moskau an, die er sogar in einem Kapitel seiner Memoiren festgehalten haben will, welches in die Endfassung des Buches nicht aufgenommen wurde. Er holt dieses Kapitel hervor, will es dem Erzähler zum Lesen geben, und weil jener das Kapitel nicht annehmen will, trägt er ihm eine andere Fassung der Moskauer Geschichte mündlich vor: Pavel Pollok, der Vater des Erzählers, habe seinem einstigen Freund Milan Holub, dessen Familie ihn (eigentlich Chaim Pollok) und Lula (eigentlich Zelma Rubinstein) während des Krieges in einem Versteck vor dem Konzentrationslager bewahrt hatte (Biller 1994, 43), selbst eine Vorlage für dessen Anzeige gegeben. Denn in einem Wettkampf um Lula, die Mutter des Erzählers, der bereits in dieser Zeit begonnen zu haben scheint, soll er extreme Mittel eingesetzt und aus seiner Tasche einen Brief gezogen haben,

> den er an das Innenministerium geschrieben hatte. In dem Brief stand, daß ich, Milan Holub, tschechoslowakischer Student der Lomonossow-Universität, während des Krieges der Gestapo die Namen und Verstecke tschechischer Kommunisten verraten und später, im Jahre 1947, bei einer Reise nach Wien Kontakt mit dem amerikanischen Geheimdienst aufgenommen hätte ... Dieser Brief bedeutete mein Todesurteil, das wußte ich, und Pavel wußte es auch, und als ich ihn gelesen hatte, war es mit meiner Freude über unsere neu erwachte Freundschaft sofort wieder vorbei [...]. [...] [dann] sagte er [aber], ich solle mich beruhigen, er habe den Brief schließlich noch nicht weitergegeben [...] [und wird ihn auch nicht weitergeben], wenn ich innerhalb von zwei Tagen selbst einen Brief schriebe, einen Brief an Lula in Prag, worin ich ihr erklären sollte, daß ich sie nicht mehr liebte und deshalb zu seinen Gunsten auf sie verzichtete. (Biller 1994, 59-60)

Nun ließ Milan Pavel glauben, dass er den privaten Brief an Lula abgeschickt habe, damit Pavel den Brief an das Innenministerium fallen lassen würde. Von Angst angetrieben, schrieb aber Milan nun selbst eine Anzeige bzw. eine eigene „Meldung ans Parteikomitee“, worin er

> lang und detailliert ausgeführt hatte, wie oft und unter welchen Umständen der Jude und Kosmopolit Pavel Pollok, tschechoslowakischer Student der Lomonossow-Universität und KPČ-Mitglied, den Genossen Stalin beleidigt und verleumdet habe als verrückten alten Mann, der die Juden hasse und die Russen einer wirren, pseudo-kommunistischen Fantasie opfere, und natürlich schrieb ich auch, daß Pavel Pollok ein Anhänger Trotzkis war [...]. (Biller 1994, 61)

So ist Pavel zu seiner Leidensgeschichte gekommen, während Milan – sich seiner Schuld bewusst – dem Ich-Erzähler gegenüber bemerkt, dass „Pavel

[...] jedes Recht dieser Welt gehabt hatte, Lula seine Version der Geschichte zu erzählen" (Biller 1994, 61) und zum Vater des Ich-Erzählers zu werden. Dadurch wird die geglaubte Realität als Fiktion dekonstruiert und dabei ein Raum für die Aushandlung des Sinns dieser Leidensgeschichte eröffnet, in dem sich neben Milan und Pavel auch Lula und der Erzähler befinden. Die am Anfang scheinbar so eindeutige Zuweisung von Opfer- und Täterrollen und der Schuld wird durch die zweite Fassung der Geschichte aufgehoben, sie gelten nun beide: Milan Holub („Milan Taube") ist zwar keine unschuldige „Taube", er wird aber zum ‚Täter', um nicht ‚Opfer' zu werden und orientiert sich dabei an der Vorlage von Pavel, während Pavel Pollok zum ‚Opfer' wird, weil er Milan zuvor angedroht hatte, ‚Ankläger' – und damit auch ‚Täter' – zu werden. Die Aufhebung von schwarz-weißen Rollenzuteilungen spielt auch bei der Interpretation der weiteren Lebensgeschichte von Milan eine Rolle: Ohne einst ein glühender Kommunist gewesen zu sein, wäre er nicht zum Chartisten geworden.

Der Ich-Erzähler – neben Pavel, Lula und Milan also nur einer der vielen Erzähler dieser Geschichte – scheint dabei zunächst genauso ahnungslos zu sein wie der naive Leser. Auch Lula und er erhalten zunächst allein die Fassung von Pavel, deren scheinbare Wahrhaftigkeit für den Leser[8] durch die Verbindung der Biografeme von Milan mit der Biografie von Pavel Kohout zusätzlich gestützt wird. Danach liegt die Schuld allein bei Milan. Der Ich-Erzähler scheint diese Fassung zu glauben, bis er mit Milan Holubs Fassung der Geschichte konfrontiert wird und so zum kritischen Hörer/Leser wird und die erste Fassung der Geschichte, die er von seinem Vater kennt, als naiv verwerfen muss. Ähnlich geht es dem Leser dieser Erzählung, wobei die kritische Lektüre der darin enthaltenen Geschichte – wie auch der großen Geschichte – ohne die naive Lektüre, die durch neue Informationen widerlegt wird, nicht möglich wäre. Der implizite Autor, bzw. das auktoriale Subjekt der Erzählung, der darin die Geschichte doppelt erzählen lässt, steht nun sowohl über dem Ich-Erzähler, der die Geschichte seines Vaters paraphrasiert, als auch über Milan Holub, der jenen mit seiner Version der Geschichte konfrontiert. Auch diese scheint nicht endgültig zu sein, da sich das Versteck der beiden jüdischen Kinder während des Krieges im mährisch-slowakischen Dorf „Lanovo" befunden haben soll (Biller 1994, 44), dessen Name, der an die Computer-Marke „Lenovo" erinnert, vielmehr eine virtuelle als referentielle Realität abruft.

---

8 Hajo Steinert spricht bereits im Titel seiner Rezension des Prosabandes, die in der *Zeit* am 4. November 1994 veröffentlicht wurde, vom „Hardcore-Realismus".

4 Codeswitching in der Erzählung

Die Sprache, die dem auktorialen Subjekt zur Verfügung steht, ist subtil und explizit zugleich. Sie besteht – subtil – in der Komposition und dem Umgang mit dem Wissen und – mehr oder weniger explizit – in der Namensgebung, der Codewahl oder der Wahl des Titels. Die Hinterfragung des eindeutigen Sinns der Geschichte sowie die sinngebende Spiegelung der beiden Geschichte/n und deren semantische Mehrdeutigkeit scheint dabei auch durch die sprachliche Hybridität der Figuren gestiftet zu sein. Die Mehrsprachigkeit spielt ja bei der rezeptiven Sinnproduktion der Geschichte durch den Leser der Erzählung als markantes Stilmittel eine wichtige Rolle. So kommen in den Dialogen immer wieder tschechische Repliken vor (Biller 1994, 20, 24, 28, 31, 41, 53, 55, 64), die auf 50 Seiten der Erzählung insgesamt zehnmal, d.h. relativ häufig in den Mund des Schriftstellers Milan Holub und des Ich-Erzählers gelegt werden. Letzterer ist – nebenbei bemerkt – 1960 in Prag geboren, 1970 nach Deutschland emigriert und dort als Lektor tätig gewesen, wodurch er biografisch an den Autor der Erzählung selbst erinnert.[9]

Um die besondere Funktion, ja die Schlüsselrolle des Codeswitching bei der Aktivierung des implizierten Lesers und bei der Sinnproduktion durch den kritischen Leser nachvollziehbar zu machen, gehe ich auf das Codeswitching zunächst im Allgemeinen ein, um vor diesem Hintergrund dann seine Spezifik und Funktion im Text zu erläutern.

In der Sprachwissenschaft gibt es zum Codeswitching eine umfassende Literatur, die an dieser Stelle nicht umfassend referiert werden kann. Vereinfacht gesagt, unterscheidet man u.a. zwischen dem funktionalen, bewusst ausgelösten Codeswitching und dem nicht-funktionalen, durch einen Trigger unbewusst ausgelösten Codeswitching (vgl. Riehl 2014, 21–34). In Billers Text haben wir es wohl mit dem ersteren, dem bewussten Codeswitching zu tun.

Was das bewusste Codeswitching betrifft, unterscheidet man unter anderem einerseits zwischen dem Codeswitching, bei dem – in Erwartung des uneingeschränkten Verständnisses seitens des Adressaten – Wörter, Phrasen oder Sätze einer Sprache in eine andere Sprache, in die sogenannten Matrix-Sprache, ‚einfach so' – also ohne Übersetzung – eingefügt werden, und andererseits dem Codeswitching, bei dem Wörter, Phrasen oder Sätze einer Sprache durch Wörter, Phrasen oder Sätze einer anderen Sprache übersetzt oder paraphrasiert werden (müssen).

---

9 Dabei wird gerade dieses Spiel mit Biografemen im Falle des Romans *Esra* (2003) für Biller sogar zum juristischen Problem. Mehr dazu u.a. in Codrai 2015.

Dem ersten Typus, bei dem man switcht, ohne zu übersetzen, kann man u.a. da begegnen, wo sich der Sprecher an Bilinguale wendet. Die Funktionen des zweiten Typus, bei dem das Codeswitching der Übersetzung des bereits Gesagten oder des anschließend Gesagten dient, sind sehr unterschiedlich. Man kann dadurch etwas betonen, sich oder jemanden als Bilingualen inszenieren oder Verständnis sichern, falls man Grund für Zweifel an der Sprachkompetenz des Anderen hat.

Die meisten Codeswitchings in der untersuchten Erzählung Maxim Billers entsprechen diesem zweiten Typus, d.h. sie gelten den ein- bzw. deutschsprachigen Lesern, für die die Figuren durch die Verwendung des Tschechischen als andersartig charakterisiert werden, für die aber die Inhalte in der ihnen verständlichen (deutschen) Sprache wiedergegeben werden müssen:

> Er sah mich jäh wieder an. „Jetzt sagen Sie endlich, was Sie wissen!" rief er „*Tak už to řekněte*!" (Biller 1994, 41)
>
> „Aber Sie können sich ruhig entspannen. Denn das, was vor vierzig Jahren vorgefallen ist, ist ohnehin nicht Ihr Problem. *Ne, Váš problém to opravdu není.*" (Biller 1994, 53)

Diese charakterisierende Funktion des Codeswitchings wird überdeutlich, wenn das Codeswitching – bei Aufregung des Sprechers – mimetisch vorgeführt wird:

> ... er murmelte abwechselnd auf deutsch und auf tschechisch „Pavel, wo bist du? *Pavlíčku, kde jsi?*" (Biller 1994, 31)

Man begegnet allerdings in Billers Erzählung auch dem anderen Typus des Codeswitchings, dem ohne einer Verständnissicherung durch Übersetzung:

> Sie sind, scheint mir, ein kluger Mann, und ich habe das, was Sie mir vorwerfen, beim Schreiben natürlich selbst oft gedacht. *Nejsem přece úplně senilní.* Er zog ein benutztes Papiertaschentuch aus seiner Jacke und hielt es sich über den Mund. (Biller 1994, 24)
>
> „Ich habe auch keine Kinder." Er überlegte eine Weile, und dann sagte er vorsichtig: „Kinder behindern einen beim Schreiben nur. *Miluju děti, ale musím být sám.*"
>
> Hatte er das wirklich gesagt? Meine Wut war plötzlich unermesslich. (Biller 1994, 28)

Damit wendet sich Milan an den Ich-Erzähler, nachdem er sich vorher vergewissert hat, dass dieser ihn in der anderen, der eigenen tschechischen Sprache wirklich verstehen kann:

> Wir sprachen Deutsch miteinander, das Holub inzwischen offenbar ganz gut beherrschte, ab und zu streute er jedoch ein tschechisches Wort, einen tschechischen Satz ein, so als wolle er prüfen, ob ich seine Muttersprache auch wirklich verstand.
> „*Rozumíte*?“ sagte er.
> „*Ano a ne*.“ (Biller 1994, 20)

So antwortet der Ich-Erzähler und testet in dem ersten Codeswitching dieser Geschichte – seinerseits – auch den Leser und lässt ihn indirekt wissen, dass der tiefere Sinn der Geschichte möglicherweise nur unter Einbeziehung der anderen Sprache und Kultur vollständig erschließbar sein wird.

Damit spielt die sprachliche Hybridität der mehrsprachigen Figuren nicht nur in der Kommunikation zwischen ihnen eine Rolle, sondern – durch die Typen des Codeswitchings sowie durch die Namensgebung durch das auktoriale Subjekt – auch in der Kommunikation mit dem dadurch implizierten, sprachlich hybriden, mehrsprachigen Modellleser, der durch seine Mehrsprachigkeit und Verankerung in dem anderen Kontext am ehesten ein kritischer Leser der Geschichte werden kann.

Denn eben ein solcher – auch kulturell gesehen – ‚dritter Leser‘ kann erkennen, dass sich die Austauschbarkeit der Leben von Pavel und Milan (beide arbeiten dem kommunistischen Regime zu, leben zeitweise in Moskau und lieben dieselbe Frau) und ihrer Opfer-Täter-Rollen (beide sind bereit, eine Anzeige gegen den anderen einzusetzen, um ihn auszuschalten) in der *deutsch* geschriebenen und mehrmals erzählten Geschichte auf der Ebene des auktorialen Subjekts in der Austauschbarkeit der Vor- und Nachnamen der beiden Protagonisten wiederholt und durch diese Wiederholung sinngebend geschärft wird.

5 Figurennamen

Wie bereits erwähnt, heißen die beiden Protagonisten der Erzählung *Pavel Pollok*, der durch sein Schicksal Milan Kunderas Roman *Der Scherz* abruft, und *Milan Holub* („Milan Taube“), dessen Biografeme die Biografie Pavel Kohouts spiegeln. In diesen Namen scheint der Name von *Pavel Kohout* („Paul Hahn“), auf den in der Erzählung angespielt wird, gleich doppelt vorzukommen. Erstens: Die Chartisten haben für *Kohout* („Hahn“) den Spitznamen *Holub* („Taube“) benutzt.[10] Damit wären aber der Vorname *Pavel* und der Nachname *Kohout* allusiv in beiden Figurennamen wiederzufinden: ***Pavel** Pollok* und *Milan **Holub*** alias „Kohout“. Zweitens: Den im deutschen Sprachraum oft jüdisch verstandenen

10 Vgl. Dienstbier 2006 mit Kommentaren der Herausgeberin dazu.

Namen *Pollok* (vom polnischen Ausdruck für jemanden, der aus Polen kommt, der Pole ist) dürfte man wiederum als eine Kombination der französischen Wörter *(la) poule* („Henne") und *(le) coq* („Hahn") lesen, die sinngemäß den Nachnamen Pavel Kohouts („Hahn") abrufen, durch den französischen „Klang" aber auch als Hinweis auf den nach Frankreich emigrierten und Französisch schreibenden Milan Kundera zu verstehen sind, dessen „Name" dann ebenfalls in zwei Figurennamen wiederzufinden wäre: ***Milan** Holub* und *Pavel **Pollok*** alias „Kundera".[11]

Dadurch erscheinen nicht nur die Geschichten und die Opfer-Täter-Rollen, sondern auch die damit über die Namen assoziierten Identitäten völlig austauschbar. Diese Austauschbarkeit der Namen und Charaktere reflektiert dabei sehr wohl die Schizophrenie des Stalinismus, in dem die Opfer zu Tätern und die Täter zu Opfern wurden, wie sich dies bereits auf der Ebene der erzählten Geschichte/n abzeichnete. Durch die Wiederholung dieser Austauschbarkeit in der Namensgebung wird allerdings dieser Sinn der Geschichte deutlicher: *Pavel Holub* „Hahn" alias *Milan Pollok* „Poul(c)oq" werden zum Prototypen des tschechischen Intellektuellen der 1950er bis 1980er Jahre. Dies ist allerdings der Blick von der Metaebene des impliziten Autors bzw. der Blick von außerhalb der tschechischen/tschechoslowakischen, ostmitteleuropäischen Kultur, während die Akteure ohne diesen Abstand innerhalb dieser Kultur um ihre Opferrolle und gegen ihre Täterrolle mit dem jeweils anderen kämpfen, wie dies in der „Kontestation" in tschechischen Erinnerungskulturen in Bezug auf den Prager Frühling und die sozialistische Vergangenheit im größeren Kontext zu erkennen ist.[12]

Einem nur deutschsprachigen Leser dürfte das gerade skizzierte „polyglotte Namenspiel" (Lamping 1996, 44) mit den ‚Vogelarten' auf der auktorialen Ebene allerdings eher nicht zugänglich sein. Er kann die Namen nicht übersetzen und mit semantischen Assoziationen verbinden, die die kulturellen Allusionen beflügeln. So scheint es, dass der kritische Modellleser, der die beiden Fassungen

---

11 Dass die Namen nur lose mit der Figur verbunden und die Identitäten hybride, austauschbar und unterschiedlich deutbar sind, geht – wie bereits oben angedeutet – mit unterschiedlichen Versionen der zentralen Geschichte und deren Vorgeschichte/n einher.

12 Zum Begriff „Kontestation" in Bezug auf die Erinnerungskulturen in Tschechien, Polen und Ungarn, in denen mal der Stalinismus, mal der späte Sozialismus fokussiert werden, vgl. Troebst 2011. Der Skandal um die angebliche Anzeige, mit der sich Milan Kundera an die Polizei wandte und die einen tschechischen Agenten im Dienste des Westens die Freiheit kostete, wurde allerdings von Adam Hradílek und Petr Třešňák in der Wochenzeitung *Respekt* erst im Jahr 2008 ausgelöst, sodass dies in Bezug auf die Jahre zuvor erschienene Erzählung, die hier analysiert wird, irrelevant ist und hier demzufolge auch keine Rolle spielt, obwohl dies in der Diskussion um die Zuweisung von Opfer-Täter-Rollen zeithistorisch doch nicht uninterressant wäre.

der Geschichte ähnlich wie der Ich-Erzähler zu identifizieren weiß, am ehesten der mehrsprachige ‚dritte Leser' ist, der sowohl des Deutschen als auch des Tschechischen mächtig ist und so diese doppelte Aushandlung des Sinns der Geschichte eher erschließen kann.

Zugleich zeigt dieses Wortspiel, ähnlich wie das nicht übersetzte erste Codeswitching, dass der Erzähler der Geschichte, den der externe Autor durch Mehrsprachigkeit und Biografeme modelliert, in der tschechischen wie in der deutschen Sprache und Kultur verankert sein muss. Diese eignet er sich scheinbar aus einer Eigen-, in Wirklichkeit aber – wie bereits oben erläutert – aus einer Fremd- bzw. Außenperspektive an und begibt sich auf diese Weise in den ‚dritten Raum' außerhalb der beiden konkreten Sprachen und Kulturen, wie dies in der Erzählung selbst – auf der Ebene des Ich-Erzählers – deutlich wird:

> [...] ich war wieder acht Jahre alt, ich befand mich im Zeltlager an der Sázava, es war der Morgen des 22. [21.] August 1968, ein dunstiger, dunkler Sommermorgen, ich hatte verschlafen, und als ich die Augen öffnete, hörte ich, wie alle Kinder um mich herum weinten, sie weinten, weil in der Nacht der Krieg ausgebrochen war, sie riefen mit ihren dünnen Stimmen nach ihren Eltern, und das Schluchzen erhob sich über den ganzen Ort. *Dies war meine einzige Erinnerung* an jenen kalten Sommer; die Panzer und Straßenschlachten, das brennende Prager Rundfunkgebäude und den verweinten Mann, der im Pyjama auf die Straße hinausgelaufen war [siehe Abb. 12.1] und sich mit entblößter Brust vor das Kanonenrohr eines russischen Tanks stellte – das alles kannte ich nur von Fotos und aus Fernsehdokumentationen, ich hatte es erst viel später gesehen und *wirklich zur Kenntnis genommen*, Jahre danach, *im Westen*. (Biller 1994, 53 [kursiv M.N.])

Was in der Textpassage durch das Semikolon zwischen den Worten „an jenen kalten Sommer" und „die Panzer und Straßenschlachten" herbeigeführt wird, überliest man zunächst leicht. Die unscheinbare Trennungslinie ist erst in der Rückschau zu sehen, wenn man den Kontrast bemerkt, der durch den „Panzer und Straßenschlachten" aufgebaut wird: die Verunsicherung der Perspektive zwischen Eigenem und Fremdem und der Hierarchie von Fremdem und Eigenem sowie deren Auflösung in einem ‚dritten Raum'.

Der Begriff des ‚dritten Raums', den wir hier mit dem des hybriden Modelllesers unter der Bezeichnung des ‚dritten Lesers' verbunden haben, ist insoweit hilfreich, als er uns erlaubt, außerhalb der tschechischen und deutschen Kultur zu bleiben und der Richtungsangabe der Kulturaneignung und des Kulturtransfers zu entgehen. Dies ist umso wichtiger, als nicht ganz klar ist, was mit Blick auf Sprache, Land und Kultur als primär und sekundär, eigen und fremd, authentisch und angeeignet gilt, und ob die Paare „tschechisch"

Abb. 12.1
21. August 1968 in Bratislava,
Ullstein Bilderdienst

und „deutsch“ hier überhaupt greifen. Denn im Finale der Erzählung, in dem es noch um einen weiteren Sohn des geschiedenen und neu verheirateten Vaters des Ich-Erzählers geht, den der Ich-Erzähler zunächst nicht sehen wollte und als ‚Halbbruder‘ auf Distanz hielt, identifiziert er sich mit ihm emotional und erzählt sich somit in einen anderen, jüdischen Raum jenseits des Deutschen und Tschechischen:

> [...] und an einem niedrigen, hellen Schreibtisch saß, mit aufgesetztem Kopfhörer, über ein großes Buch gebeugt, ein acht oder neun Jahre alter Junge, er hatte *pechschwarzes Haar*, ein *feines kluges Gesicht* und *dunkle, olivfarbene Haut*, seine *braunen Augen* flogen über das Papier, und das war also der Augenblick, als ich *meinen Bruder David* zum ersten Mal sah. (Biller 1994, 66 [kursiv M.N.])

6 Hybridität und Modellautor

Es wäre auf Grund der gerade analysierten Erzählung sicherlich falsch, Maxim Biller in die auf Deutsch geschriebene Minderheitenliteratur zu ‚verbannen‘, wie dies die auf interkulturelle Literatur ausgerichtete Germanistik in solchen Fällen zu tun pflegt (vgl. Chiellino 2000). Billers Prosatexte kommen im Übrigen auch ohne einen Bezug zum tschechischen, böhmischen oder Prager Kontext gut aus. So findet sich in seinem ersten Prosaband *Wenn ich einmal reich und tot bin* (1990) oder im Drama *Kühltransport* (2001) kein Hinweis auf einen solchen Kontext. Und soll er seine literarischen Vorbilder nennen, greift er auf Namen wie Saul Bellow, Philip Roth oder Isaac Bashevis Singer zurück, nicht auf tschechische Schriftsteller wie Pavel Kohout oder Milan Kundera, auch wenn er diese offensichtlich gelesen hat und kritisch verhandeln kann (vgl. u.a. Biller 2005). Auf der anderen Seite lässt sich nicht übersehen, dass in Billers Büchern zwar immer wieder betont wird, dass „sämtliche Figuren und Handlungen frei erfunden sind", dass er aber seine und fremde Biografeme (in *Esra* führte dies 2003 sogar zum Verbot des Buches, das vom Bundesverfassungsgericht bestätigt wurde),[13] seine tschechische Sprachkompetenz sowie sein Wissen über das tschechische Milieu sehr wohl einsetzt und dass der textuelle Chronotopos durch die zeiträumliche Erfahrung des Autors bestimmt ist. Vor allem auf die 1960er Jahre in Prag sowie auf die Emigration kommt Biller in seinen Texten wiederholt zurück. So etwa in seinen Feuilletons „Deutscher wider Willen" (*Deutschbuch* 2001) oder „Meine schönste Revolution" (*Tempojahre* 1991), in seinem Selbstporträt *Der gebrauchte Jude* (2009) und mehrfach in seinem literarischen Werk. Auch die erste und letzte Erzählung des Erzählbandes *Bernsteintage* (2004) sind in Tschechien bzw. in der Tschechoslowakei situiert und beide beziehen sich u.a. auf die Atmosphäre des Prager Frühlings, die in Billers Texten wie die ausgestorbene Flora und Fauna im Bernstein konserviert ist.

Dieses tschechische – in anderen Texten das deutsche – Milieu ist in Billers Texten allerdings in der Regel zugleich auch ein jüdisches, wie sich dies bereits im Zitat am Ende des vorausgehenden Abschnitts abzeichnete. So lassen sich in der Erzählung „Wenn der Kater kommt" aus dem Erzählband *Bernsteintage* (2004) in der Biografie des Hauptprotagonisten Marek Radek Billers Biografeme erkennen, wohingegen der Name Alfred Radek, wie der Vater von Marek Radek heißt, als Allusion auf den tschechischen Theater- und Filmregisseur Alfréd Radok (1914–1976) verstanden werden kann. Während der reale Alfréd Radok in seinem ersten eigenständigen und später verbotenen Film *Daleká cesta* (1949; Der weite Weg) Erfahrungen aus dem Arbeitslager, in das er als Jude verschleppt worden war, verarbeitete, geht es in dem letzten, verschollenen und besten Film von Alfred Radek mit dem Titel *Das Mädchen in schwarz* um „eine Frau und einen Mann, Rache und Verrat, Holocaust und Gegenwart" (Biller 2004, 194).

In der Erzählung „Hanna wartet schon" aus dem Erzählband *Land der Väter und Verräter* (1994) geht es wiederum eher um eine ironische Auseinandersetzung mit dem Topos von Kafkas Prag und der endogamen, rein jüdischen Ehe, die Hanna anstrebt und als Beitrag zur Überwindung des Holocausts versteht, als um die samtene Revolution, die Anlass für die Reise des Erzählers nach Prag war. Auch in *Esra* unterstreicht das Tschechische lediglich die Andersartigkeit, die sprachliche und kulturelle Hybridität von Billers jüdischem Helden.

In Texten wie „Ein trauriger Sohn für Pollok", in denen ein hybrider Modellleser und auf der Ebene des auktorialen Subjekts vice versa ein hybrider

13 Vgl. Becker 2006; Riedel 2011; Wittstock 2011.

Modellautor konstruiert werden, dem auch in anderen Texten zu begegnen ist, scheint die sprachliche und kulturelle Hybridisierung ein so ausgeprägtes Wesensmerkmal zu sein, dass sich die Frage stellt, ob man nun über die Ebene des auktorialen Subjekts eines Textes gehen und den ‚außertextuellen' Autor Maxim Biller als einen ‚Grenzgänger' bezeichnen kann, der diese Texte durch eine an seiner Biografie orientierten Poetik verbindet.

Die sprachliche und kulturelle Hybridität in Bezug auf sein Werk reflektiert Maxim Biller selbst u.a. in einem Interview für die Zeitschrift *Host* (2005). Weil er auf Deutsch schreibt, bezeichnet sich Biller selbst als einen deutschen Schriftsteller, denn der Schriftsteller existiere nur in der Sprache. Zugleich sieht er aber auch seine Andersartigkeit, wenn er sagt:

> Jetzt könnte ich genauso apodiktisch, wie ich am Anfang gesagt habe, dass ich ein deutscher Schriftsteller bin, sagen, dass ich ein jüdischer Schriftsteller bin, und daher sind mir diese Autoren selbstverständlich nahe. Aber das sind zwei unterschiedliche Sachen, Kategorisierungen von zwei unterschiedlichen Bereichen. Und wie ich am Anfang unseres Gesprächs gesagt habe, dass ich ein deutscher Autor bin, so könnte ich jetzt am Ende des Gesprächs sagen, dass ich vor allem ein jüdischer Autor bin. Ein jüdischer Autor zu sein, bedeutet nicht auf Hebräisch zu schreiben. Jüdische Autoren leben in verschiedenen Ländern und schreiben in der Sprache der Länder, in denen sie leben. Vielleicht widerspreche ich mir gerade, aber ich lasse es einfach so. Es ist nämlich ein Widerspruch, in dem ich lebe. Ich bin manchmal ein deutscher und manchmal ein jüdischer Autor.[14]

In der Einführung zur Sammlung *Der perfekte Roman* (2003) sagt er über sich selbst als Autor:

> Ich habe in München, in Frankfurt und in Berlin geschrieben, jetzt schreibe ich manchmal auch in Prag. Ich mag das. Wenn ich in Prag schreibe, frage ich mich, ob es gut ist, daß ich als Zehnjähriger von dort weggegangen bin. Wahrscheinlich schon. Wer einmal den Boden unter den Füßen verloren hat, wirbelt besonders schön und anmutig durch die Luft, während er fällt. (Biller 2003, 9)

---

14 Mit M. Biller abgestimmte Transkription des Interviews. In Übersetzung vgl. Biller 2005, 63: „Teď bych stejně apodikticky, jako jsem na začátku řekl, že jsem německý spisovatel, mohl říct, že jsem židovský spisovatel, a proto jsou mi tito lidé samozřejmě blízcí. Ale to jsou dvě různé věci, kategorizace ze dvou rozdílných oblastí. A jako jsem na začátku našeho rozhovoru řekl, že jsem německý autor, tak bych na jeho konci mohl říct, že jsem především židovský autor. Být židovským autorem neznamená psát hebrejsky. Židovští spisovatelé žijí v různých zemích a píší jazykem zemí, v nichž žijí. Možná si trochu protiřečím, ale prostě to tak nechám. Neboť je to protimluv v němž žiju. Jsem někdy německý a někdy židovský autor."

Die Metapher der Entwurzelung, der man auch bei Franz Kafka begegnet und die sich bei Achad Haam in der Metapher des „Luftmenschen" mit den „Luftwurzeln" zuspitzt (vgl. Berg 2008), verweist nun stärker auf die jüdische als auf die tschechische literarische und kulturelle Tradition. Prag und Tschechisch sind lediglich Mittel, durch die sich der Autor der deutschen Literatur und Kultur entzieht, während er sich darin durch die Literatursprache einschreibt. Durch den Einsatz von Tschechisch und durch Bezüge auf die tschechische Kultur kann man Maxim Biller auch als einen Teil der auf Deutsch geschriebenen tschechischen Literatur sehen. Nun geht es aber in dem Erzählband mit dem Titel *Land der Väter und Verräter* nicht nur um die Tschechoslowakei, sondern auch um Israel und Deutschland. Eine Zuordnung von Werken der interkulturellen Literatur zu den sprachlich gedachten Nationalliteraturen und den ebenso geprägten Literaturkanons fällt offensichtlich schwer und versagt.

7 Fazit

Um es zusammenfassend noch einmal deutlich auszusprechen, ging es in meinem Beitrag nicht darum, Maxim Biller als einen „Grenzgänger" zu deklarieren und ihn neben dem deutschen auch dem Kanon der tschechischen Literatur zuzuordnen, dessen Revidierung u.a. Ines Koeltzsch (2009, 2011) anregt, oder durch ihn einen Kanon der Literatur an der deutsch-tschechischen literarischen und kulturellen Grenze zu konstruieren, wie dies Renata Cornejo in Bezug auf die anderen Autoren in ihrer eingangs erwähnten Monografie tut. Vielmehr ging es mir darum, zu zeigen, dass es Texte gibt, die sich an dem sprachlich hybriden und dadurch auch inhaltlich eher kritischen Modellleser orientieren, von dem aus diese Texte als Ganze interpretiert werden können. Dieser Modellleser wurde als ‚dritter Leser' bezeichnet, um deutlich zu machen, dass diese Hybridität im ‚dritten Raum' außerhalb scheinbar homogener Kulturen verortet ist. Durch den hybriden ‚dritten Leser' entzieht sich auch das auktoriale Subjekt einer solchen sprachkulturellen Zuordnung. Wenn eine solche Hybridisierungsstrategie im Zusammenhang mit mehreren Texten festzustellen ist, die einem außertextuellen Autor zuzuordnen sind, könnte er in denselben Kategorien reflektiert werden, die auch für seine Texte relevant sind, und somit als „Grenzgänger" bezeichnet werden. Einen Sinn hat aber eine solche Aussage nur, solange sie auf Texten basiert und sich auf eine werkübergreifende Strategie eines Autors bzw. eine mit seinem Namen verbundene Poetik bezieht. Als eine rein biografische Aussage über einen durch seine Migration biografisch auffälligen Autor kann sie kaum weiterführend sein. Das gilt nicht nur für Maxim Biller, sondern auch für die anderen genannten

Autoren und ihre Texte bzw. für die Migrationsliteratur im Allgemeinen. Die Biografie allein ist literaturwissenschaftlich wie literaturhistorisch weniger von Interesse.

Literatur

Ambros, Veronika, *Pavel Kohout und die Metamorphosen des sozialistischen Realismus*, New York et al.: Peter Lang, 1993.

Baßler, Moritz, „New Historicism, Cultural Materialism und Cultural Studies", in: *Einführung in die Kulturwissenschaften*, hg. v. Ansgar Nünning/Vera Nünning, Stuttgart/Weimar: Metzler, 2009, S. 132–155.

Becker, Bernhard von, *Fiktion und Wirklichkeit im Roman. Der Schlüsselprozess um das Buch Esra. Ein Essay*, Köln: Kiepenheuer & Witsch, 2006.

Berg, Nicolas, *Luftmenschen. Zur Geschichte einer Metapher*, Göttingen: Vandenhoeck & Ruprecht, 2008.

Bhabha, Homi K., *Die Verortung der Kultur*, übers. v. Michael Schiffmann/Jürgen Freudl, Tübingen: Stauffenburg, 2000 [1994].

Biller, Maxim, *Wenn ich einmal reich und tot bin*, Köln: Kiepenheuer & Witsch, 1990.

–, *Tempojahre*, München: dtv, 1991.

–, *Land der Väter und Verräter*, Köln: Kiepenheuer & Witsch, 1994.

–, *Tochter*, Köln: Kiepenheuer & Witsch, 2000.

–, *Kühltransport*, München: dtv, 2001.

–, *Deutschbuch*, München: dtv, 2001.

–, *Der perfekte Roman*, München: dtv, 2003.

–, *Esra*, Köln: Kiepenheuer & Witsch, 2003.

–, *Bernsteintage*, Köln: Kiepenheuer & Witsch, 2004.

–, „Jsem někdy německý a někdy židovský autor", Interview geführt von Marek Nekula, in: *Host* 21/9 (2005), S. 62–63.

–, *Der gebrauchte Jude. Selbstporträt*, Köln: Kiepenheuer & Witsch, 2009.

–, *Země otců a zrádců*, übers. v. Jana Zoubková, Praha: Labyrint, 2011.

Chiellino, Carmine (Hg.), *Interkulturelle Literatur in Deutschland. Ein Handbuch*, Stuttgart/Weimar: Metzler, 2000.

Codrai, Bettina, *Ich-Diskurse in Maxim Billers Prosa*, Frankfurt a.M.: Lang, 2015.

Cornejo, Renata, *Heimat im Wort. Zum Sprachwechsel der deutsch schreibenden tschechischen Autorinnen und Autoren nach 1968. Eine Bestandsaufnahme*, Wien: Praesens, 2010.

Dienstbier, Jiří, „Příjem", in: *V hlavní roli Ferdinand Vaněk*, hg. v. Lenka Jungmannová, Praha: Academia, 2006, S. 305–343.

Dudková, Veronika et al. (Hg.), *Na rozhraní kultur. Případ Paul Pavel Eisner*, Ústí nad Labem: Univerzita J. E. Purkyně, 2009.

Koeltzsch, Ines/Kuklová, Michaela/Wögerbauer, Michael (Hg.), *Übersetzer zwischen den Kulturen. Der Prager Publizist Paul / Pavel Eisner*, Köln/Weimar/Wien: Böhlau, 2011.

Eco, Umberto, *Lector in fabula. Die Mitarbeit der Interpretation in erzählenden Texten*, übers. v. Heinz-Georg Heid, 3. Aufl., München: dtv, 1998 [1979].

Fischerová, Andrea/Nekula, Marek (Hg.), *„Ich träume von Prag ...". Deutsch-tschechische literarische Grenzgänge*, Passau: Stutz, 2012.

Fischerová, Andrea/Nekula, Marek, „Der dritte Raum des Traums", in: *„Ich träume von Prag ...". Deutsch-tschechische literarische Grenzgänge*, hg. v. dens., Passau: Stutz, 2012, S. 7–22.

Fišer, Zbyněk, *Překlad jako kreativní proces. Teorie a praxe funkcionalistického překládání*, Brno: Host, 2009.

Gerber, Jan, *Ein Prozess in Prag. Das Volk gegen Rudolf Slanský und Genossen*, Göttingen: Vandenhoeck & Ruprecht, 2017.

Hradílek, Adam/Třešňák, Petr, „Udání Milana Kundery", in: *Respekt* 19/42 (2008), S. 38–46.

Koeltzsch, Ines, „Úvodem. Myslet mezi kulturami", in: *Na rozhraní kultur. Případ Paul Pavel Eisner*, hg. v. Veronika Dudková et al., Ústí nad Labem: Univerzita J. E. Purkyně, 2009, S. 9–13.

–, „Zwischen den Kulturen. Zur Einführung", in: *Übersetzer zwischen den Kulturen: Der Prager Publizist Paul / Pavel Eisner*, hg. v. Ines Koeltzsch/Michaela Kuklová/Michael Wögerbauer, Köln/Weimar/Wien: Böhlau, 2011, S. 9–17.

Kohout, Pavel, *Wo der Hund begraben liegt*, München: Albrecht Knaus, 1987.

–, *Kde je zakopán pes – Memoáromán*, Brno: Atlantis, 1990.

–, *Mein tolles Leben mit Hitler, Stalin und Havel. Erinnerungen*, Hamburg: Osburg, 2010.

Kosatík, Pavel, *Fenomén Kohout*, Praha: Paseka, 2001.

Koschmal, Walter, *Der Dichternomade. Jiří Mordechai Langer – ein tschechisch-jüdischer Autor*, Köln/Weimar/Wien: Böhlau, 2010.

Kremnitz, Georg, *Mehrsprachigkeit in der Literatur*, 2. Aufl., Wien: Praesens, 2015.

Kundera, Milan, *Der Scherz*, übers. v. Susanne Roth, Frankfurt a.M.: Fischer Taschenbuch, 2013 [1967].

Lamping, Dieter, *Literatur und Theorie: Poetologische Probleme der Moderne*, Göttingen: Vandenhoeck, 1996.

Löffler, Sigrid, *Die neue Weltliteratur und ihre großen Erzähler*, München: Beck, 2014.

Nekula, Marek, „Maxim Biller, česká literatura a Praha", in: *Host* 20/9 (2004), S. 81–84.

–, „Kanonizace monolingvalismu. Kanonizace multilingvalismu?", in: *Česká literatura* 59/6 (2011), S. 791–811.

–, „Der dritte Leser in Maxim Billers Prosa“, in: *Aussiger Beiträge* 6 (2012), S. 205–217.

–, *Franz Kafka and His Prague Contexts. Studies in Language and Literature*, Prague: Karolinum, 2016.

–, „Literarische Mehrsprachigkeit und die Prager Moderne“, in: *Brücken – Germanistisches Jahrbuch Tschechien – Slowakei* 2016, N.F. 24 (2017), S. 81–120.

Nünning, Ansgar, „Reconceptualizing Unreliable Narration. Synthesizing Cognitive and Rhetorical Approaches“, in: *A Companion to Narrative Theory*, hg. v. James Phelan/Peter J. Rabinowitz, Oxford: Blackwell, 2007, S. 89–107.

Pfeifferová, Dana, *Libuše Moníková – Eine Grenzgängerin*, Wien: Praesens, 2010.

Riedel, Mareike, *Vermutung des Künstlerischen. Der Esra-Beschluss des Bundesverfassungsgerichtes – eine rechts- und literaturwissenschaftliche Untersuchung*, Heidelberg: Mohr Siebeck, 2011.

Riehl, Claudia Maria, *Sprachkontaktforschung. Eine Einführung*, 3. Aufl., Tübingen: Narr, 2014.

Rutherford, Jonathan, „The Third Space. Interview with Homi Bhabha“, in: ders. *Identity. Community, Culture, Difference*, hg. v. Jonathan Rutherford, London: Lawrence and Wishart, 1990, S. 207–211.

Svatoň, Vladimír/Housková, Anna (Hg.), *Literatura na hranici jazyků a kultur*, Praha: Filozofická fakulta Karlovy Univerzity, 2009.

Troebst, Stefan, „Das Jahr 1945 als europäischer Erinnerungsort“, in: *Erinnerungsorte in Ostmitteleuropa. Erfahrungen der Vergangenheit und Perspektiven*, hg. v. Matthias Weber et al., München: Oldenbourg, 2011, S. 287–298.

Wittstock, Uwe, *Der Fall Esra. Ein Roman vor Gericht. Über die neuen Grenzen der Literaturfreiheit*, Köln: Kiepenheuer & Witsch, 2011.

Die Autorinnen und Autoren dieses Bandes

Matthias Aumüller
ist Privatdozent für Neuere deutsche Literaturgeschichte und Allgemeine Literaturwissenschaft an der Bergischen Universität Wuppertal, und derzeit SNF Senior Forscher an der Universität Freiburg/CH im Projekt „Literaturgeschichte, Interpretationstheorie und Narratologie. Über ihr Zusammenwirken am Beispiel des unzuverlässigen Erzählens im deutschsprachigen Nachkriegsroman". Zu seinen Publikationen gehören: *Innere Form und Poetizität. Die Theorie Aleksandr Potebnjas in ihrem begriffsgeschichtlichen Kontext*, Frankfurt a.M. 2005; *Narrativität als Begriff. Analysen und Anwendungsbeispiele zwischen philologischer und anthropologischer Orientierung* (Hg.), Berlin/Boston 2012; *Minimalistische Poetik. Zur Ausdifferenzierung des Aufbausystems in der Romanliteratur der frühen DDR*, Münster 2015; *Brigitte Reimann in Neubrandenburg*, Berlin 2018.

Till Dembeck
ist Associate Professor für deutsche Literatur und Mediendidaktik an der Université du Luxembourg. Seine Arbeitsgebiete sind Mehrsprachigkeitsphilologie, Neuere deutsche Literatur (mit Schwerpunkten im 18. und 19. Jahrhundert), Lyrikforschung, Kultur- und Literaturtheorie, Medien der Literatur und Mediendidaktik sowie die Geschichte der Sprachforschung. Zum Thema der literarischen Mehrsprachigkeit hat er zahlreiche Artikel und Sammelbände publiziert, darunter *Literatur und Mehrsprachigkeit. Ein Handbuch*, hg. mit Rolf Parr, Tübingen 2017.

Eva Hausbacher
ist Professorin für Slawistische Literatur- und Kulturwissenschaft am FB Slawistik der Universität Salzburg. Dissertation zur frühfuturistischen Dichtermalerin Elena Guro (*„... denn die Geschöpfe lieben Aufmerksame". Weiblichkeit in der Schrift Elena Guros*, Frankfurt a.M. 1996); Habilitation zu transnationalen Schreibweisen in der zeitgenössischen russischen Literatur 2008 (*Poetik der Migration*, Tübingen 2009); Vertretungsprofessur an der Universität Innsbruck; 2012 bis 2016 Leitung des FWF-Forschungsprojekts zu Sowjetischer Mode und Konsumkultur: „Nadel und Faden. Transformationen des sowjetischen Kostüms als Spiegel des Wertewandels in der Sowjetunion am Beispiel der individuellen Herstellung von Kleidung (1953–1985)". Arbeitsschwerpunkte: Russische Literatur im 20. und 21. Jahrhundert im europäischen Kontext, Literatur im Kontext von Migration, Gender und Fashion Studies.

Eva Maria Hrdinová
ist Leiterin des Lehrstuhls für Fremdsprachen an der Pädagogischen Fakultät der Palacký Universität in Olomouc (CZ). Als studierte Germanistin und Bohemistin mit Schwerpunkt Translatologie und habilitierte Übersetzungs- und Dolmetschwissenschaftlerin ist sie auch als Dolmetscherin und Übersetzerin für Deutsch-Englisch-Tschechisch-Kirchenslavisch tätig (so auch die erste Übersetzerin von Jean Pauls *Vorschule der Ästhetik* ins Tschechische). Zum Schwerpunkt ihrer wissenschaftlichen Aktivitäten gehören die Translation von (ostkirchlichen liturgischen) Termini im kulturellen Kontext, die sogenannte Böhmische Redaktion des Kirchenslavischen, aber auch die Spuren des Minderheiten-Schulwesens in der Tschechischen Republik. Autorin von mehreren Monografien in tschechischer Sprache und mehreren Studien (auf Tschechisch, Deutsch und Englisch) zu diesen Themen.

Nora Isterheld
absolvierte eine Ausbildung zur Verlagsbuchhändlerin im Münchner Hanser Verlag und studierte Germanistik, Literaturvermittlung und Russistik an der Otto-Friedrich-Universität Bamberg. Als Stipendiatin der Bayerischen Eliteförderung wurde sie mit einer Arbeit über russischstämmige AutorInnen in der deutschsprachigen Gegenwartsliteratur promoviert (*„In der Zugluft Europas". Zur deutschsprachigen Literatur russischstämmiger AutorInnen*, Bamberg 2017). 2018 erhielt sie dafür den Georg R. Schroubek-Publikationspreis vom Sonderfonds Östliches Europa der LMU München. Derzeit arbeitet sie in einem Verlag in Zürich.

Renata Makarska
ist Professorin für polnische Translations-, Sprach- und Kulturwissenschaft an der Johannes Gutenberg-Universität Mainz in Germersheim. Forschungsschwerpunkte: westslavische Kulturen des 20. und 21. Jahrhunderts (Literatur und Topografie, Migration, Mehrsprachigkeit, Regionalismus, Übersetzungstheorien, Comic sowie Beziehungen zwischen Text und Bild). Neueste Publikationen: *Neue alte Rassismen? Differenz und Exklusion in Europa nach 1989*, hg. mit Gesine Drews-Sylla, Bielefeld 2015; *Comic in Polen, Polen im Comic*, hg. mit Kalina Kupczynska, Berlin 2016; *Erweiterung des Horizonts. Fotoreportage in Polen im 20. Jahrhundert*, hg. mit Iwona Kurz/Schamma Schahadat/Margarete Wach, Göttingen 2018.

Mara Matičević
studierte Allgemeine und Vergleichende Literaturwissenschaft an der LMU München und ist seit 2014 Doktorandin an der Graduiertenschule für Ost- und

Südosteuropastudien in München. Ihr in der Slavistik angesiedeltes Dissertationsprojekt wird von Prof. Raoul Eshelman betreut. Sie untersucht darin zeitgenössische Migrationstexte aus dem postjugoslawischen Raum und widmet sich vor allem der Frage nach den Möglichkeiten textästhetischer Manifestation von Migration.

JANA-KATHARINA MENDE

ist Lektorin für deutsche Literatur und Sprache an der Universität Lüttich, Belgien. Sie forscht zu europäischer Romantik, Migrationsliteratur, Mehrsprachigkeit in (literarischen) Texten, Literaturlinguistik (Verbindungen von linguistischen Methoden und literaturwissenschaftlichen Fragestellungen, besonders in Bezug auf Mehrsprachigkeit und Literaturtheorie) und komparatistischer Diskurssemantik. Dissertation zum Thema der polnisch-deutsch-französischen Literaturbeziehungen, *Das Konzept des Messianismus in der polnischen, französischen und deutschen Literatur der Romantik*, Heidelberg 2019.

MAREK NEKULA

ist Professor für Bohemistik und Westslavistik an der Universität Regensburg, wo er das Bohemicum-Center for Czech Studies und den Forschungsverbund „Grenze/n in nationalen und transnationalen Erinnerungskulturen" leitet. Er publiziert u.a. zum Gedächtnis der Literatur und in der Literatur sowie zur literarischen Mehrsprachigkeit. Zu seinen Buchpublikationen in dem für den vorliegenden Band relevanten Bereich gehören etwa die Monografien *Tod und Auferstehung einer Nation: Der Traum vom Pantheon in der tschechischen Literatur und Kultur*, Köln et al. 2017 und *Franz Kafka and His Prague Contexts: Studies in Language and Literature*, Praha 2016, der Sammelband *Zeitschriften als Knotenpunkte der Moderne/n: Prag – Brünn – Wien*, Heidelberg 2019 oder die Anthologie *Ich träume von Prag. Deutsch-tschechische literarische Grenzgänge*, hg. mit Andrea Fischerová, Passau 2012.

CHRISTIAN STELTZ

ist Akademischer Rat am Lehrstuhl für Neuere deutsche Literaturwissenschaft 2 an der Universität Regensburg. Zu seinen Forschungsgebieten gehören Gegenwartsliteratur, Postdramatisches Theater, Film und Theater, Intermedialität und Interkulturelle Literatur. Zur türkisch-deutschen Literatur hat er mehrere Aufsätze publiziert, zuletzt die Artikel zu „Migrantenliteratur" und „Kanak Sprak" in: *Wendejahr 1995. Transformationen der deutschsprachigen Literatur*, hg. v. Heribert Tommek/Matteo Galli/Achim Geisenhanslüke, Berlin/ Boston 2015.

Weertje Willms

ist außerplanmäßige Professorin für Komparatistik und (interkulturelle) Germanistik am Deutschen Seminar der Albert-Ludwigs-Universität Freiburg. Sie ist stellvertretende Sprecherin des deutsch-russischen Graduiertenkollegs „Kulturtransfer und ‚kulturelle Identität'". Außerdem engagiert sie sich mit innovativen Lehrprojekten in Zusammenarbeit mit verschiedenen KünstlerInnen und Institutionen, wofür sie 2015 mit dem Lehrpreis der Universität Freiburg und 2018 mit dem Lehrentwicklungspreis *Instructional Development Award* des Bundesministeriums für Bildung und Forschung ausgezeichnet wurde. Zu ihren Forschungsschwerpunkten zählen: Deutsch-russische Kulturbeziehungen, Interkulturalitäts- und Kulturtransferforschung, Literatur und Psychologie, Genderforschung, Kinder- und Jugendliteratur, Kreatives Schreiben und Literaturvermittlung in der Öffentlichkeit. Wichtige Publikationen: *Gesellschaftlicher Diskurs und literarischer Text in Deutschland zwischen 1945 und 1970*, Würzburg 2000; *Geschlechterrelationen in Erzähltexten der deutschen und russischen Romantik*, Hildesheim 2009.

Monika Wolting

ist Professorin am Germanistischen Institut der Universität Wrocław, Sprecherin des Internationalen Christa-Wolf-Zentrums und stellvertretende Präsidentin der Goethe Gesellschaft Polen. Studium der Germanistik in Gdańsk und Düsseldorf, Promotion 2002 in Warschau und Habilitation 2010 an der Philologischen Fakultät der Universität Wrocław mit der Schrift *Der Garten als Topos in dem Werk von Marie Luise Kaschnitz, Undine Gruenter und Sarah Kirsch*, Wrocław 2009. Zu ihren Forschungsschwerpunkten gehören Kriegsforschung, Intellektuellenforschung, Engagierte Literatur, Ästhetik und Politik, Kulturpolitik, Realismusforschung. Letzte Publikationen: *Der neue Kriegsroman. Identitätskonstruktionen in der deutschen Gegenwartsliteratur*, Heidelberg 2019; *Klassik als kulturelle Praxis*, hg. mit Paula Wojcik/Stefan Matuschek, Berlin 2019; *Der neue Kriegsroman* (Hg.), Göttingen 2019; *Identitätskonstruktionen in der deutschsprachigen Gegenwartsliteratur* (Hg.), Göttingen 2017.